EL BARCO DE VAPOR

Veinte historias más una

Gianni Rodari

Ilustraciones de Fran Collado

sm

www.
literaturasm
.com

Primera edición: julio de 2010
Cuarta edición: diciembre de 2013

Dirección editorial: Elsa Aguiar
Coordinación editorial: Berta Márquez
Traducción: Consuelo Gallego
Ilustraciones: Fran Collado

Título original: *Venti storie più una*

Impresores, 2
Urbanización Prado del Espino
28660 Boadilla del Monte (Madrid)
www.grupo-sm.com

ATENCIÓN AL CLIENTE
Tel.: 902 121 323
Fax: 902 241 222
e-mail: clientes@grupo-sm.com

ISBN: 978-84-675-5706-0
Depósito legal: M-24770-2012
Impreso en la UE / *Printed in EU*

1 *Teresita-la-que-no-crece*

TERESA era tan diminuta y graciosa que parecía un juguete, y todos la llamaban Teresita. Vivía con sus padres y con su abuela en un pueblo de montaña. Siempre estaba contenta. Caminaba bailando y hablaba cantando.

–¿Estás contenta, Teresita?

Estaba contenta de estar en el mundo.

Al cabo de un tiempo nació un hermanito, al que llamaron Anselmo, y siempre era Teresita quien le llevaba en brazos a ver las flores, a tocar a la vaca, que está muy gorda pero no hace daño a nadie, o a buscar un huevo fresco en el gallinero.

Un día estalló la guerra. El padre de Teresita tuvo que partir como soldado y no volvió nunca más. Su madre y su abuela se abrazaban desconsoladas, y Teresita preguntó:

–¿Por qué lloráis?

–Pobre Teresita –respondió la abuela–, pobre Anselmito, vuestro papá ya no regresará.

–¡Pero yo no quiero! –gritó Teresita–. Papá es muy bueno y yo le quiero mucho. Escribiré al rey para que le ordene que vuelva, porque quiero verle ahora y que se quede siempre con nosotros.

–El rey ya no puede hacer nada por tu papá –dijo la abuela.

–El rey le envió a la guerra, la guerra ha terminado y el rey la ha ganado. Pero nosotros la hemos perdido, porque tu papá ha muerto.

–No es justo –protestó Teresita, roja de ira–. Este mundo no es justo, y yo no quiero estar en él.

–Hija mía –dijo su madre–, cuando crezcas, comprenderás muchas cosas que ahora no puedes entender.

–No quiero comprender, no quiero saber nada –gritó Teresita entre sollozos–, y tampoco quiero crecer. Quiero ser pequeña toda la vida.

Y así fue: desde aquel día, no creció más. Se quedó como estaba, pequeña, graciosa y triste. Anselmo le llegó al pecho, luego a los hombros. Ya caminaba y corría solo, cada día estaba un poquito más grande. Pero Teresita nunca crecía.

–No quiero tener nada que ver con este mundo tan injusto –decía.

La gente comenzó a llamarla «Teresita-la-que-no-crece». Las niñas que habían sido pequeñas con ella se habían convertido en bonitas muchachas, altas y fuertes, y empezaban a bordar la ropa del ajuar para el día que se casaran.

–Teresita –le decían–, si te quedas así de pequeña, nunca te casarás.

–No quiero casarme.

–Si te quedas así de pequeña, los chicos no te darán ninguna serenata.

–No quiero serenatas.

–Ni siquiera podrás ponerte zapatos de tacón.

–No quiero zapatos de tacón, me gustan más mis zuecos.

Las demás chicas se reían, y Teresita huía a esconderse en el pajar. Allí se pasaba los días enteros, pensando, hasta que le empezaba a doler la cabeza. Sin embargo, no encontraba ningún motivo para cambiar su decisión de quedarse pequeña para siempre.

Mientras tanto, su madre, en parte por el dolor y en parte por el cansancio, enfermó gravemente y tuvieron que llevarla al hospital. En casa todo el trabajo se lo llevaba la abuela, que ya estaba muy mayor. Qué pena le daba a Teresita ver andar a su abuela por el camino, encorvada bajo el haz de leña.

–Pobre de mí –decía la abuela, cargando el agua de la fuente–, ya no puedo con estos cubos. Si al menos tú, Teresita, fueras un poco más grande, podrías ayudarme.

Teresita, a escondidas, intentó levantar un cubo lleno de agua, pero no pudo. Intentó llevar sobre los hombros un pequeño haz de ramas, pero se cayó y se hizo un rasponazo en la rodilla.

–Paciencia –se dijo entonces–. Me tendré que resignar a crecer un poquito. Pero solo un poco, lo suficiente como para ayudar a la abuela. Ni un centímetro más. Y luego me pararé de nuevo.

Y así lo hizo. Se dejó crecer un palmo, cogió los baldes y se fue a la fuente. La abuela, cuando la vio regresar con los cubos llenos, ligera, como si tuviera las manos vacías, le dio un enorme beso.

–Te lo agradezco, Teresita, eres muy buena. Mira a ver si puedes echar un poco de heno a la vaca. Hoy me duelen mucho los brazos y la bielda es muy pesada.

Teresita fue al establo, que se encontraba justo debajo del pajar, y cogió la bielda con las dos manos. Parecía de plomo, y Teresita no pudo levantarla lo suficiente para coger el heno del pajar.

–Paciencia –se decía entonces–. Creceré otro poquito, lo suficiente como para ocuparme del establo en lugar de la abuela, pobre abuela. Pero luego me pararé y no creceré ni un solo centímetro más.

Y así lo hizo. Ahora era casi tan alta como sus compañeras, pero la gente, por costumbre, la seguía llamando «Teresita-la-que-no-crece». La gente, cuando inventa un apodo, no lo olvida fácilmente.

Pero esa vez, para variar, la gente tenía razón. Teresita, después de haber crecido dos palmos, se había parado de nuevo, y el sobrenombre le pegaba de maravilla.

Su madre todavía seguía en el hospital cuando la abuela murió. Teresita se quedó sola con Anselmo, que ya estaba en el primer curso de primaria. Ella tenía que despertarle por la mañana, estar pendiente de que se lavara los dientes, debía prepararle la cartera y la comida, llevarle a la escuela, hacer la compra, cocinar la comida, limpiar la casa, hacer las camas, ocuparse de la vaca y de las gallinas, cavar en el huerto... Demasiadas cosas para sus pocas fuerzas. A mediodía ya estaba cansada, y aún tenía por delante varias horas de trabajo.

Al llegar la noche se le cerraban los ojos de sueño, pero todavía tenía que lavar los platos, planchar el uniforme de Anselmo, remendar sus pantalones.

–Tendré que resignarme –se decía Teresita–. Creceré un poquito más, lo suficiente como para ayudar a Anselmo hasta que vuelva mamá. No hay nadie más para cuidar de él, solamente yo. Él todavía es demasiado pequeño para cuidar de sí mismo.

Y así lo hizo. Creció otro palmo, y las tareas le parecieron de repente más ligeras. Alguna vez, al mirarse en el espejo del armario para ver lo alta que estaba, se entristecía enormemente, murmurando para sí: «¡Vaya una firmeza de carácter, Teresita! Habías decidido quedarte pequeña, y aquí estás; dentro de nada no cabrás en el espejo».

Sin embargo, enseguida ahuyentaba su mal humor y volvía al trabajo, pensando: «He crecido, pero no lo he hecho por mí. No tengo nada que reprocharme».

Su madre volvió del hospital completamente curada. Encontró la casa en orden, a Anselmo sin rotos en los pantalones, a Teresita tan crecida que no la reconocía, y se puso muy contenta. Pero Teresita no le permitió que moviera un dedo:

–Quédate ahí disfrutando del sol –decía–, que ya estoy yo aquí para hacer lo que haya que hacer. Recupera fuerzas, y si te aburre estar sin hacer nada, ve a dar un paseo por el bosque.

Pero en casa, ahora que de nuevo eran tres, había más trabajo y Teresita no podía hacerlo todo.

–Paciencia –se decía–. Todavía tengo que crecer un poquito más. No lo hago por mí, lo hago por ayudar a mamá, para que no enferme otra vez.

Y así lo hizo. Y ahora ya estaba tan alta como sus compañeras; en fin, era una de las chicas más altas y bonitas del pueblo. Si hubiera crecido un centí-

metro más, la gente le habría encontrado otro sobrenombre: quizás la Pértiga, o a lo mejor la Vara.

Sus amigas se lo decían riendo:

–Teresita-la-que-no-crece, ahora tienes que pararte de verdad. Si creces más, serás más alta que los chicos, y ninguno querrá casarse contigo.

–¡Qué cosas tenéis! Yo ni siquiera pienso en los chicos.

Teresita no pensaba ni en los chicos ni en sí misma: solamente pensaba, como siempre había hecho, en ayudar a quien lo necesitaba. Ahora estaba contenta por haber crecido, porque podía ayudar a mucha gente. Cuando su madre tomó de nuevo el mando de la casa, y ella estuvo un poco más desahogada, Teresita comenzó a ocuparse de una anciana vecina que no tenía a nadie que la ayudara.

Toda la gente del pueblo que necesitaba ayuda empezó a dirigirse a Teresita-la-que-no-crece. Unos la llamaban para una cosa, otros para que les ayudara en otra: Teresita, siempre dispuesta y de buen humor, nunca decía que no a ninguno.

Un día se supo que en la montaña se había instalado un temible bandolero. Él mismo fue quien se dio a conocer. Se plantó en el pueblo armado hasta los dientes, ordenó que le entregaran un kilo de oro y se sentó en la escalinata de la iglesia a esperar.

–Como falte un solo gramo –amenazaba–, quemaré vuestras casas una por una.

Nadie se atrevía a enfrentarse a él. Las mujeres comenzaron a recopilar anillos, pendientes y cadenas de oro para reunir el peso exigido. La mujer del tendero había prestado su balanza para pesar el oro, y no paraba de explicar que ella, al prestar la balanza, ya había cumplido con su deber, por lo que conservó todas sus joyas.

Teresita, en cambio, iba por las casas y por los campos dando ánimos a los hombres:

–¡Vamos! ¡Id todos juntos, la unión hace la fuerza! Vosotros sois muchos, y el bandolero es uno solo.

–Es uno solo, sí, pero va armado –respondían los hombres temblando–. Es mejor hacer lo que nos dice y tenerle contento.

Teresita insistía, desesperada:

–Pero ¿qué sois: hombres o borregos?

Ninguno le hacía caso. Uno tras otro, los hombres volvían la cara para no dejar ver cómo se ruborizaban de vergüenza.

–De acuerdo –dijo Teresita–, ya pensaré yo en algo.

Volvió a casa y se puso delante del espejo.

«Todavía deseo crecer un poco más», pensó con todas sus fuerzas. «Quiero convertirme en una giganta».

De repente empezó a crecer. Creció hasta que tocó el techo con la cabeza, pero esto no era suficiente, y salió al patio para poder crecer libremente. Cuando llegó hasta el tejado se paró, se echó una ojeada, pero aún no había quedado satisfecha.

–Creceré hasta el camino –decidió.

Y así fue. Ahora estaba segura y preparada para llevar a cabo lo que tenía pensado hacer.

Fue algo muy sencillo. Le bastó con llegar a la plaza y que el bandolero la viera. Este, cuando vio que un gigante se le venía encima, dejó caer la escopeta y echó a correr. Sin embargo, Teresita le alcanzó de cuatro zancadas, le agarró por el pescuezo, le sentó en el campanario y le ordenó:

–Ahí quieto. Ni se te ocurra moverte hasta que vengan los guardias a apresarte.

El villano, por miedo a caerse, cerró los ojos y contuvo el aliento.

Teresita miró a su alrededor, vio a la gente salir corriendo de sus casa, oyó los gritos de alegría, los vítores de las mujeres y los niños, se dio la vuelta y se dirigió hacia su casa.

«Esta vez la he hecho buena», pensaba. «Por ayudar a los demás me he metido en un buen lío. ¡Una giganta! Me he convertido en un monstruo. Bueno, alguien tenía que hacerlo».

Entonces, en ese momento sucedió algo extraordinario. A cada paso, Teresita perdía una buena parte de su tremenda estatura. Un paso tras otro, la giganta empequeñecía, para dar lugar a la Teresita de antes, tanto que ya podía entrar en casa sin agachar la cabeza y podía sentarse a tomar aliento sin romper la silla. Era la Teresita de siempre, una de las chicas más altas y bonitas del pueblo. La gente que iba a felicitarla no podía creer lo que veían sus ojos.

–¿Cómo lo has hecho, Teresita-la-que-no-crece?

Teresita sonreía sin decir nada. Era una chica demasiado sencilla como para saber que quien lucha contra la injusticia se convierte en un gigante, sin dejar de ser una persona normal. Pero estaba contenta, y se sentía en paz con el mundo porque había podido hacer algo para borrar un poco de su maldad.

2 *Pesa-de-más y Pesa-de-menos*

Una mañana, el rey de aquel reino se despertó con unas enormes ganas de ir de caza.

–He soñado con ciervos –dijo a su ministro–. Venían a comer de mi mano. Un buen sueño siempre es una buena señal. Da órdenes en los establos para que ensillen a mi caballo Morito.

El caballerizo encargado de cuidar a Morito era Galindo, un joven diligente y trabajador que mantenía el caballo limpio y sin un solo insecto en la crin ni en la cola. Pero cuando aquella mañana Galindo fue a ensillarlo, Morito había desaparecido. Llama que te llama y no aparecía por ninguna parte. Alguien le había oído relinchar en mitad de la noche. A alguien le había parecido oír el ruido de una puerta.

–Deben de haberlo robado.

–Y ahora, ¿quién se lo dirá al rey?

El rey se enfureció terriblemente y ordenó encerrar a Galindo entre rejas durante tres días; al cuarto día, si no se encontraba a Morito, Galindo moriría.

El ministro fue de nuevo a las cuadras para meter a Galindo en prisión, pero el caballerizo también había desaparecido.

–Alguien debe pagar –decidió el ministro–. Meteré en la cárcel al caballerizo mayor y la suerte de Galindo será la suya.

Galindo se había escondido en la ciudad, en la taberna de un amigo suyo, temiendo la cólera del rey. Cuando se enteró de que otro estaba en peligro de muerte por su culpa, quiso correr a entregarse, pero el tabernero le disuadió:

–Será mejor –le dijo– que vayas en busca del caballo. Si lo encuentras, salvarás la vida del caballerizo mayor y también la tuya.

–¿Pero dónde buscarlo?

Mi mujer ha soñado que un caballero salía al galope por la puerta de Oriente. ¿No será que a lo mejor ha oído, mientras dormía, el sonido de los cascos de un caballo? Inténtalo por ahí.

Galindo se metió en el zurrón un pan y una botella de vino y salió por la puerta de Oriente. Caminó durante toda la mañana. Hacia el mediodía se sentó a la sombra de un roble para almorzar. Entonces oyó una voz que decía:

–¡Sácame de aquí! ¡Sácame de aquí!

Se dio la vuelta y vio un agujero. Dentro del agujero había un hombrecillo de poco más de medio metro, delgado como una vara, con el rostro ceñudo.

–¿Qué haces ahí dentro?

–¡Estoy cazando topos! Sácame y te lo contaré todo.

Galindo le tendió una mano, pero para sacarlo tenía que tenderle también la otra y hacer fuerza con las rodillas.

–¿Tienes una idea de lo pesado que eres?

–Claro que lo sé. Me había quedado dormido a la sombra y mi peso ha excavado este agujero.

–¿Cómo te llamas?

–Pesa-de-más.

–Un nombre muy apropiado para ti. Así, a ojo, no diría que pesas más que un pajarillo.

–¿Y tú quién eres?

–Soy Galindo, y voy de acá para allá haciendo esto y aquello.

–Iré contigo, ya que no tengo nada que hacer.

Galindo y Pesa-de-más caminaron durante toda la tarde y al atardecer se sentaron a merendar a la sombra de una higuera. Mientras comían, oyeron una voz que imploraba:

–¡Sacadme de aquí! ¡Sacadme de aquí!

–¿Dónde estás?

–Aquí, en la higuera.

Levantaron los ojos y vieron a una especie de gigante, gordo como un botijo, encima de la rama del árbol. Era la rama más fina, pero sostenía a aquel hombretón sin siquiera doblarse una pizca.

–¿Por qué no saltas desde ahí tú solo?

–Porque soy demasiado ligero. Me he quedado dormido a la sombra de la higuera y el aire me ha empujado hasta aquí arriba.

–¿Cómo te llamas?

–Pesa-de-menos.

Le bajaron de la higuera y compartieron el pan y el vino con él.

–¿Hacia dónde os dirigís?

–Hacia aquí y hacia allá –y le contaron toda la historia.

–Iré con vosotros, ya que no tengo nada que hacer.

Los tres se pusieron de nuevo en camino: Pesa-de-más y Pesa-de menos iban cogidos de la mano;

así, el primero se sentía más seguro de no hundirse, y el segundo, de no echar a volar.

Al caer la noche llegaron a un castillo totalmente negro y sin ventanas.

–No tiene muy buena pinta –dijo Galindo–, pero es demasiado tarde para ir a buscar una posada. Tendremos que dormir aquí.

Según se acercaban para llamar al portón, el puente levadizo empezó a subir, chirriando.

–Nos quieren dejar fuera –dijo Galindo–. Pensad qué podemos hacer.

Pesa-de-menos dio un salto y se agarró al último tablón del puente; Pesa-de-más se agarró a los pies de Pesa-de-menos y con su peso lo obligó a bajar otra vez. Los tres atravesaron el puente levadizo, mientras una voz descortés los insultaba:

–¡Mendigos! ¡Pordioseros! ¿Andáis buscando problemas? Id a dormir a la pocilga.

En la puerta del castillo había una figura alta vestida de negro, con un sombrero apuntado decorado con signos extraños.

–Ten cuidado –le susurró Pesa-de-menos a Galindo–. Podría ser un mago.

Pero Galindo aguzaba el oído, tenía el corazón en la boca: a lo lejos le había parecido oír un relincho; creía haber reconocido la voz de Morito. Fingió que no pasaba nada y saludó amablemente al señor del castillo, haciendo una reverencia.

–Somos tres pobres caminantes. Solamente os pedimos un plato de sopa y un jergón.

–¿Me habéis tomado por un posadero? Soy el mago Magón, para vuestra información, y en mi casa no hay jergones, solamente colchones de lana.

El mago los acompañó a la cocina y les ofreció, refunfuñando, las sobras de una sopa de cebolla. Después los acompañó a lo alto de una torre, les mostró las camas y se fue, cerrando la puerta con tres llaves.

Los tres amigos se acostaron en su lecho con la intención de dormir. Pesa-de-menos se ató una mano a la cama para no salir volando, Pesa-de-

más se amarró una mano al techo para no hundirse. Al cabo de un minuto, ambos se encontraban roncando. Pero Galindo seguía despierto y con el oído atento. En mitad de la noche, oyó de nuevo el relincho lejano y dedujo que venía del sótano.

–Es Morito, no hay duda. ¿Cómo haré para liberarlo?

Se pasó toda la noche pensando, pero no conseguía imaginar cómo esquivar al mago y recuperar el caballo.

A la mañana siguiente, el mago Magón los despertó temprano.

–Levantaos –ordenó– y ocupaos de vuestros asuntos, que yo tengo mucho que hacer.

–¿Algún encantamiento, por ejemplo? –quiso informarse Galindo–. Vuestra señoría debe de ser un mago de los más poderosos.

–Puedes decirlo bien alto –dijo Magón riendo, encantado con el cumplido–. ¿Quién si no habría sabido reconocer en un caballo cualquiera, encerrado en una cuadra real, a un caballo volador?

–¡Qué maravilla! –dijo Galindo–. Así que ahora Morito volará...

–Volará, volará –respondió el mago–. La operación está casi terminada. Solamente me queda arrancarle un pelo de la crin y otro de la cola... Pero tú... ¿Qué sabes de Morito? ¿Quién eres? ¿Quiénes sois vosotros tres? ¡Ahora lo entiendo, habéis entrado a traición en mi castillo para robarme! Pues bien, os daré una lección.

Ya estaba a punto de pronunciar un encantamiento, cuando Pesa-de-más le saltó encima de un pie con todo su peso, arrancándole un grito de dolor.

–Ya veo –dijo entonces el mago–. Tenéis ganas de pelea. En ese caso, pelearemos.

–¿Un desafío leal? –preguntó Galindo.

–Un desafío leal. El que venza se quedará con Morito.

Subieron al salón y el mago, llamando a un criado, hizo que le trajeran una balanza.

–Veamos quién pesa más –anunció con un guiño.

–De acuerdo –dijo Galindo–. Escoged entre nosotros tres a vuestro adversario.

El mago miró a Galindo, miró al gigante que estaba a su izquierda, miró al enanito que tenía a su derecha.

–Elijo a aquel –dijo señalando al pequeño Pesa-de-más.

Galindo se inclinó. El mago se subió a la balanza, susurró un encantamiento y el criado comenzó a poner pesos en el otro platillo. Un quintal, dos quintales, tres quintales... Cuando llegó a diez quintales, el mago se bajó de un salto de la balanza y se echó a reír.

–Vamos a ver qué sabéis hacer vosotros.

Pesa-de-más, sin mirar la balanza siquiera, posó encima un solo pie. Un quintal, dos quintales, diez quintales... Cuando llegó a quince quintales, retiró el pie de la balanza y se sonó la nariz.

El mago Magón echaba chispas por los ojos.

–Habéis ganado la primera prueba –dijo–. Veamos qué hacéis en la segunda. Ahora comprobaremos quién pesa menos.

Hizo que le trajeran otra balanza. En un platillo puso una pluma, en el otro se tendió él mismo: la pluma resultó más pesada.

–Ahora te toca a ti –dijo el mago señalando al regordete.

Esta vez estaba seguro de ganar. Pero Pesa-de-menos cogió la pluma, la cortó en diez pedazos, tiró nueve y puso en la balanza solamente el décimo. Luego se posó de un salto en el otro platillo y aquel trocito de pluma resultó mucho más pesado que él, tanto que Pesa-de-menos salió volando hasta el techo y se hizo un chichón en la cocorota. El mago, que jamás había desconfiado de aquel juego de encantamientos, cayó de rodillas temblando y pidiendo piedad.

–Os daré la mitad de mis tesoros –lloraba.

–Lo único que quiero es que me devolváis a Morito –respondía Galindo.

–Os daré mi castillo, mis tierras –ofrecía el mago.

–Devolvedme a Morito y me daré por contento.

–Os entregaré mi varita mágica.

Pero no hubo nada que hacer. Magón tenía que devolver el caballo y renunciar a las esperanzas que se había forjado sobre él: con un caballo volador a su disposición, se habría convertido en el hombre más poderoso y rico del mundo.

Galindo y Pesa-de-menos se montaron a la grupa de Morito; Pesa-de-más se tuvo que conformar con ir trotando detrás agarrado a la cola, y así, paso a paso, los tres amigos emprendieron el camino de vuelta. En medio de su alegría, habían olvidado que, con una pequeña operación, habrían podido transformar a Morito en un caballo volador.

En palacio fueron agasajados con grandes festejos. El rey mandó liberar al caballerizo mayor, abrazó a Galindo y le dijo:

–Quiero recompensarte por tus méritos. Veo que vienes con dos amigos. Uno de ellos está gordo como un botijo. Te daré todo su peso en oro. ¿Estás satisfecho?

–Majestad –dijo Galindo–, sois demasiado bueno conmigo. Yo no necesito tanto oro. Dadme solamente lo que pesa mi amigo el pequeño.

El rey le abrazó otra vez, porque era más bien tacaño y ya estaba un poco arrepentido de haber prometido demasiado.

Mandó traer una balanza. Pesa-de-más se sentó en uno de los platillos y la gente, al verlo, se echó a reír. Muchos decían que Galindo era un pobre bobalicón, que en su lugar habrían sabido aprovecharse de su suerte mejor que él, etcétera, etcétera.

Cuando el tesorero del rey empezó a poner el oro en el otro platillo de la balanza, la gente se echó a reír otra vez; ahora, por un motivo muy distinto. Hizo falta la mitad del tesoro real para apenas mover el platillo de Pesa-de-más. El rey se había puesto pálido y se tiraba de los pelos de la barba.

Finalmente no pudo resistirlo más.

–Prended a esos tres impostores –gritó– y metedlos en el calabozo.

Fue justo entonces cuando Galindo recordó las palabras del mago. Arrancó un pelo de la crin de Morito, arrancó otro de la cola, se subió de un brinco sobre la grupa del caballo y salió volando hacia el cielo. Pesa-de-menos, raudo y veloz, dio otro salto para reunirse con él. Pesa-de-más se agarró a sus pies. Y todo el mundo se quedó allí con un palmo de narices viendo al caballo volador irse lejos, muy lejos, volando sobre los tejados y llevándose consigo a Galindo, Pesa-de-menos, Pesa-de-más y la balanza cargada de oro.

3 *Migas fritas*

Había una vez un rey. Se llamaba Adalberto Vigésimo, pero le llamaban el Centésimo porque era muy avaro: ni siquiera se ponía la corona, por miedo a desgastarla. Reinaba en el país de Murlandia y tenía cincuenta y nueve años, uno menos de sesenta.

Unos meses antes de su sesenta cumpleaños, mandó llamar a su primer ministro, el conde Astuto, al que llamaban también el Taimado, y le habló de esta manera:

–Escucha, Taimado. Dentro de poco será mi fiesta de cumpleaños y el pueblo, naturalmente, querrá hacerme un regalo. Yo no quiero saber qué me van a regalar, porque si no, no sería una sorpresa, y sin sorpresa no hay placer, y sin placer ni siquiera la tarta sabe rica. Sin embargo, te advierto: no quiero un regalo estúpido como los que me hacen siempre.

–Majestad, ¿y aquella corona de oro tan bonita que os regalamos el año pasado?

–Por fuera era de oro, pero por dentro era de hierro: me di perfecta cuenta de ello.

–¿Y los magníficos caballos blancos de hace dos años?

–Eran dos asnos, a los que habíais cortado las orejas para que parecieran caballos.

–¿Y la carroza de plata de hace tres años o así? Aquella sí que era de plata verdadera.

–Sí, pero era pequeña, parecía la carroza de un niño; ni siquiera he podido nunca sentarme dentro. Dejémoslo ya. Dime qué habéis pensado regalarme esta vez.

–Majestad, si os lo digo os enteraréis, si os enteráis ya no será una sorpresa y entonces no podréis saborear la tarta.

–¡Pero dímelo sin que me entere! Dime solamente para qué sirve, y ni una palabra más. En fin, encuentra la manera.

El conde Astuto, que ya tenía un plan en mente, simuló ponerse a pensar un poco.

–¿Y bien, Taimado? –estalló el rey Adalberto, que solía perder fácilmente la paciencia.

–Ya lo tengo, Majestad: el pueblo había pensado, si le complace a Vuestra Majestad, regalaros un monumento.

–Buena idea, buena idea. ¿De bronce?

–Eh, no, eso no puedo decírselo. Yo solamente os diré para qué sirve, y ni una palabra más.

–¿De mármol?

–Frío, frío.

–De madera no, ¿verdad? De madera no lo quiero, porque en ese caso el pueblo dirá que tengo la cabeza llena de serrín.

–Majestad, podéis estar tranquilo. Tendréis el monumento más bello que se haya visto jamás.

–¿Se parecerá a mí?

–Muchísimo.

–De acuerdo, vete y haz todo lo que puedas, y si el monumento me gusta de verdad, te regalaré...

–¿Sí, Majestad?

–Te regalaré...

–¿El qué, Majestad?

–Te regalaré un anillo de oro.

–¡Oh, gracias, Majestad!

–Un momento, déjame terminar: a ti te regalaré lo de dentro, o sea, el agujero; el anillo me lo quedaré yo, porque es un recuerdo de mi abuelo.

–Gracias igualmente, Majestad.

El conde Astuto hizo una profunda reverencia y se alejó rápidamente andando marcha atrás, mientras Adalberto se frotaba las manos de contento.

Hay que decir que el conde Astuto, unos días antes, había salido de caza y se había parado a tomar un tentempié en la posada del Mirlo Ahorcado, que se encontraba justamente en la orilla del bosque. Al entrar en la posada, se había quedado de piedra. El caso es que le salió al encuentro un tal... un tipo extraño... con una cara que...

–¿Quién sois?

–Soy el nuevo posadero del Mirlo Ahorcado, Excelencia.

–¿Y el de antes?

–Era mi hermano, y me ha dejado la posada en herencia.

–Bien, entiendo: ahora eres el posadero. ¿Sabes que Su Majestad Adalberto Vigésimo y tú sois como dos gotas de agua?

–¿Yo? ¡Por amor de Dios! Yo me parezco a mi pobre padre, que era herrero en Venecia.

–Pero en Venecia no hay caballos para herrar.

–Precisamente. A él no le gustaba mucho trabajar. Por eso eligió una ciudad sin caballos, para poder estar rascándose la barriga desde que salía el sol hasta la noche.

–¿Y tenía tu misma cara?

–Todos los que le conocieron lo decían. Yo no lo sé. Yo nunca he conocido a mi padre.

–¿Y el rey, le vio alguna vez?

–Nunca.

–Pareces su imagen reflejada en el espejo. Te lo digo yo, puedes creerme, que soy su primer ministro.

–Gracias, Excelencia. ¿Desearía tomar algo?

El conde Astuto comió, mirando furtivamente de vez en cuando al posadero, quien, como le dijo, se llamaba Angelón y tenía el sobrenombre de Migas Fritas.

–Angelón, escucha, tengo algo que decirte –le dijo al fin.

–A la orden, Excelencia.

–¿Cuánto ganas con tu posada?

–Déjeme que eche cuentas: seis por ocho cuarenta y ocho... bajo el nueve... tres maravedíes a la semana, si no llueve mucho.

–¿Por qué?

–Porque si llueve demasiado, pasan pocos cazadores: los demás se quedan en la cama con la gripe.

–Si haces lo que te digo, ganarás veinte maravedíes a la semana.

–¿Veinte?

–Seguro, diecinueve más uno. ¿Te conviene?

–Dejadme hacer la cuenta: seis por ocho cuarenta y ocho... bajo el nueve... ya está.

–De acuerdo, entonces así y asá, tienes que hacer esto y lo otro, etcétera.

El conde Astuto le explicó a Angelón lo que tenía que hacer, Angelón tomó nota de todo en su libreta y dijo:

–Me aprenderé todo de memoria para estar seguro de no equivocarme.

–Perfecto –dijo el conde Astuto–. Para ayudarte a recordar, aquí tienes diez maravedíes.

–Gracias diez veces, Excelencia.

Y llegó el día del cumpleaños de Su Majestad Adalberto Vigésimo. Un gran día. El reino se des-

pertó con el tañido de las campanas y el fragor de los cañones, que disparaban salvas en honor de su sesenta cumpleaños. Disparó sesenta cañonazos, y la gente los contaba suspirando:

–Un cañonazo, un maravedí... dos cañonazos, dos maravedíes... cuarenta cañonazos, cuarenta maravedíes... sesenta cañonazos, sesenta maravedíes... que nos cobrará después con los impuestos.

Al rey Adalberto le despertó un cortejo de ministros, dignatarios, alcaldes y los niños de las escuelas, que agitaban banderines y cantaban:

Cumpleaños feliz,
cumpleaños feliz...

–Basta, basta –gritó Adalberto, que no podía soportar aquella estúpida cancioncilla–. Ya estoy despierto, estoy preparado. ¿Dónde está mi regalo?

–En la plaza, Majestad –dijo el conde Astuto.

Adalberto corrió hacia la ventana. En medio de la plaza se veía la silueta del monumento, cubierta con un telón dorado.

–¿Está ahí debajo?

–Ahí debajo.

–¿Es bonito?

–No, es precioso.

–Rápido, traedme los zapatos, los pantalones, mi capa. Quiero ir a verlo.

–Hoy debéis poneros también la corona, Majestad.

–¡Pero se me va a desgastar! Y si llueve, se mojará.

–Hace un sol espléndido.

–Entonces se recalentará y se derretirá.

–La corona, Majestad: el día de vuestro cumpleaños tenéis que ponérosla sin falta.

–Paciencia –suspiró el rey Adalberto–. Traedme también la corona.

En la plaza, mientras tanto, se reunía el pueblo de Murlandia, a la espera de ver el monumento que le habían regalado, a su costa, al soberano.

–Esperemos que sea de madera –decía un murlandés a su vecino–. Así no nos costará tanto.

–Si no es de madera, que sea de piedra.

–Si no es de piedra, que sea de mármol.

–Si no es de mármol, que sea de hierro.

–¡Esperemos al menos que no sea de oro! –suspiró un anciano.

–¡Esperemos! –se hicieron eco todos los murlandeses.

Le correspondía al rey tirar del cordón que descorría la cortina. El telón aún no había descubierto del todo el monumento cuando se escuchó un «¡oooooooohhhhh!» maravillado, que salía de todas las bocas como un vuelo de palomas.

–¡Ooooooh! –se escuchaba, y más–: ¡Ooooooh!

–Dejad de hacerme eco –gritó Adalberto–. Soy yo quien ha dicho «¡oooh!» el primero. El monumento es realmente bonito. Es más bonito de lo que me imaginaba. Taimado, lo has hecho realmente bien.

El monumento era precioso. Representaba al rey, de pie, empuñando el cetro con la mano derecha, y con la izquierda apuntaba al cielo, como diciendo: «¡Soy tan bello como el sol!».

El rey fue reconociendo, de arriba abajo, toda la vestimenta de la estatua.

–Aquel es el abrigo que llevaba el año pasado, aquellos son mis pantalones de montar a caballo, ¡aquella es una copia exacta de mi corona!

–Sí, Majestad –sonreía el conde Astuto, haciendo una reverencia.

–Tiene mi propia cara: mi nariz, mis ojos, mis bigotes, el color de mi piel.

–Sí, Majestad –decía el truhán.

–¡Vaya! Me pregunto cómo habéis podido darle el color exacto ¡Pero si es de yeso!

–¡No, Majestad!

–¡Es de bronce!

–Mejor, mejor...

–¡Es de plata!

–¡Mejor, mejor!

–¡Es... es... de oro!

–Aún mejor, Majestad: ¡es un monumento vivo!

–¿Vivo? ¿Cómo es posible que esté vivo?

–Miradlo bien, Majestad: es un monumento que respira.

–Sí, sí, cierto: veo que respira.

–Es un monumento que se mueve.

El monumento, ante aquellas palabras, movió una mano e hizo un gesto de saludo.

–Es un monumento que habla.

El monumento, que estaba esperando una señal, abrió los labios y dijo:

–¡Que cumpla muchos más, Adalberto Vigésimo de Murlandia!

Y de nuevo, desde todas partes, se escucharon exclamaciones de «¡oooh!» y «¡aaah!», maravillados ante lo que veían sus ojos.

El monumento, por supuesto, no era otro que Angelón, el propietario de la posada del Mirlo Ahorcado, el también llamado Migas Fritas. Había aceptado aquel trabajo por amor a los maravedíes, pero ahora se daba cuenta de que, además del dinero, se estaba llevando también muchas palmadas, y estaba muy satisfecho de sí mismo.

Fue así como el rey Adalberto Vigésimo tuvo su monumento vivo. Y lo había conseguido cuando aún estaba vivo, mientras que su padre había obtenido su monumento (muerto) solo después de haber fallecido. Así que se convenció a sí mismo de que era un gran hombre y regresó al palacio para comerse la tarta, más contento que unas pascuas. También el pueblo se fue a casa a comer la tarta. Angelón, en cambio, se quedó en su pedestal haciendo de monumento. El pacto estaba muy claro: él tendría que permanecer en su pedestal desde el alba hasta el ocaso sin comer; de noche, sin embargo, podría bajarse tranquilamente, sin peligro, porque de noche, en aquel lejano reino, todos dormían, incluso los guardias nocturnos.

Al principio todo iba sobre ruedas. El rey pasaba todas las mañanas para echar una ojeada a su monumento, y este le decía: «¡Buenos días, Majestad!». Luego volvía al palacio a mirar las ilustraciones de los libros.

Pero un día las cosas cambiaron. Es más, todo se echó a perder. Ocurrió de la siguiente manera. Un cazador, que había estado lejos de la ciudad durante varias semanas, pasó bajo el monumento, lo miró detenidamente y lo reconoció.

–¡Angelón! ¿Eres tú, Angelón? ¿Qué estás haciendo ahí arriba?

–Calla, por amor de Dios.

–¿Cómo que me calle? Te has vuelto loco. ¿Qué llevas en la cabeza?

–Una corona.

–Sí, ya veo que es una corona. Pero no entiendo qué haces tú, subido ahí arriba, con una corona en la cabeza.

–¡Por Dios bendito, calla! Lárgate ya.

Pasó un ciudadano:

–¿Qué pasa aquí? ¿Qué está ocurriendo?

–Pues esto es lo que sucede –dijo el cazador–. Aquí está Angelón haciéndose el loco.

–¿Qué Angelón?

–¡Pues Angelón! ¡Solamente hay un Angelón, y es él, al que llaman también Migas Fritas!

–¿Migas Fritas? ¿Y por qué fritas?

–Porque a él le gustan las migas muy frititas y con mucho chorizo.

El ciudadano, enseguida, pasó a ser dos ciudadanos, tres, cinco, cincuenta. Se enteraban de quien era, escuchaban la historia, se echaban a reír y empezaban a gritar:

–¡Migas Fritas! ¡Migas Fritas!

Durante un rato, Angelón los estuvo oyendo con una paciencia de santo. Pero cuando la plaza se llenó de gente que alborotaba y reía, perdió la calma: no le agradaba que aquella gentuza le llamase «Migas Fritas», ya está. Dicho y hecho, saltó del pedestal y empezó a arrear leñazos a diestra y siniestra con el cetro, que era de plomo.

–Esto es por las migas fritas, y esto es por las migas con chorizo.

Y porrazo por aquí, y leñazo por allá.

Y la gente que no paraba de reír y de gritar, incluso más alto que antes: «¡Migas Fritas! ¡Migas Fritas!».

Cuando se cansó de asestar porrazos, Angelón estuvo a punto de subirse de nuevo al pedestal, pero lo reconsideró: «Ahora ya no vale la pena. No quiero estar aquí eternamente siendo el hazmerreír de todos los tunantes de la ciudad».

Así que tiró el cetro al suelo, se quitó el abrigo y la corona, y regresó al Mirlo Ahorcado para trabajar como posadero, que era lo suyo.

Al rey le dijeron que un mago al servicio de algún rey enemigo y envidioso había hecho desaparecer el monumento por arte de magia. Aunque nadie le dijo toda la verdad; es decir, que desde aquel día el pueblo ya no lo llamaba «el Centésimo». Se había creado un nuevo sobrenombre, que los libros de historia nos han transmitido gracias a una inscripción del conde Astuto. Desde aquel día, el pueblo de Murlandia llamó a su rey «Migas Fritas». Adalberto nunca lo llegó a saber. Murió convencido de que los libros de historia lo llamarían «el Victorioso», o quizás «el Grande».

4 El príncipe leñador

El príncipe Sergio, único hijo del rey de Begovia, era un apasionado cazador. Una vez, persiguiendo a un ciervo huido, se alejó demasiado de los caballeros de su séquito y se perdió en el bosque. Vagó hasta el anochecer por senderos desconocidos, que parecían no conducir a ninguna parte. Al caer la noche, le quitó la silla al caballo para hacerse un almohadón y se echó a dormir tranquilamente, dejando para la mañana siguiente la búsqueda del camino de vuelta a casa.

Durante la noche, el caballo, asustado por algún animal nocturno, salió huyendo a galope tendido y se despeñó por un barranco. Solo y sin montura, el príncipe Sergio estuvo dos días dando vueltas por el inmenso bosque, alimentándose de bayas y raíces.

Al tercer día descubrió entre los árboles la cabaña de un leñador. Pero antes de llamar a la puerta, escondió entre los arbustos su preciosa capa, porque no quería presentarse como el príncipe del reino hasta saber con qué clase de gente se encontraba.

El leñador y su hija lo acogieron con amabilidad, le ofrecieron lo que tenían y no le hicieron muchas preguntas. La vestimenta de Sergio estaba rasgada por las zarzas y sucia de barro: nadie habría podido sospechar que esas ropas pertenecían a un príncipe.

Después de comer algo, Sergio se recostó en un camastro y se durmió. Al atardecer le despertó el rumor de unas voces que discutían. Algunos leñadores de los alrededores habían acudido a la cabaña, como hacían a menudo, y mientras asaban castañas en un enorme caldero, se contaban sus penas.

–Vamos de mal en peor –se lamentaba uno de ellos–. Nuestra vida es dura, pero más duro es el

corazón de nuestro rey, que nos quita con los impuestos lo poco que ganamos.

–Seguro –añadía otro– que no existe un rey más avaro que este.

–Avaro y cruel –decía otro, echando más leña al fuego–. ¿Os acordáis de cuando mandó quemar mi cabaña por una simple sospecha?

El príncipe Sergio escuchaba con las mejillas arreboladas. Las acusaciones llovían, cada vez más encendidas, y se le clavaban en el corazón como puñales. Era imposible dudar de la sinceridad de aquellas pobres gentes. Sergio nunca había sabido nada de sus problemas; pero ahora que los conocía, no podría volver a vivir como antes, feliz y despreocupado.

«Ay, padre, padre», pensaba temblando, «¿por qué has hecho sufrir tanto a nuestro pueblo?».

Cuando los leñadores le llamaron para compartir con él las castañas calentitas, Sergio acudió con la cabeza baja. Habló poco, pues prefería seguir escuchando. Llegó un momento en que amargas lágrimas comenzaron a correrle por las mejillas. La hija del leñador se dio cuenta y dijo a los demás:

–Bueno, dejad ya esta conversación. ¿No veis que hay alguien que está sufriendo más que vosotros?

Aquellas amables palabras tocaron el corazón de Sergio. Decidió en ese mismo momento no regresar jamás a palacio.

«Me haré leñador», decidió. «Compartiré los sufrimientos de esta gente. Trabajaré para ellos y procuraré compensar los errores de mi padre con mi fatiga».

Y esto fue exactamente lo que hizo. Se convirtió en leñador, construyó una cabaña no muy lejos de aquella en la que le habían acogido con tanta bondad y se dejó crecer la barba por temor a que alguien, tarde o temprano, pudiese reconocerle.

Ahora habría sido difícil, incluso para su propio padre, descubrir al príncipe heredero en aquel hombre fuerte, con el rostro bronceado y una espesa barba rubia cayéndole sobre el pecho.

Algunos meses después, Sergio se casó con Estrella, la hija del leñador. Estaba satisfecho con aquella vida sencilla y dura, y todos le querían y le respetaban.

Su padre, sin embargo, el rey Hilarión Tercero de Begovia, aún no se había resignado a la pérdida de su único hijo.

Todos los días enviaba al bosque patrullas de cazadores y de exploradores, con la esperanza de que le encontraran y se lo trajeran de vuelta a casa, aunque fuera muerto. Pero siempre volvían con las manos vacías, y el rey, preso de la rabia, les infligía horribles castigos.

–Registrad en cada arbusto –gritaba mientras enviaba al bosque más desafortunados caballeros–, arrasad los cimientos de cada cabaña, torturad a los leñadores. Un hombre, un príncipe, no puede desaparecer sin dejar rastro.

Los caballeros rebuscaron en cada arbusto y registraron cada cabaña, pero no encontraron nada.

Por fin, un año después, un perro encontró entre la hojarasca la capa del príncipe desaparecido.

–Ya lo decía yo –gritó el rey Hilarión, levantándose de la silla de un brinco–. Ahora os demostraré que se puede encontrar lo que de verdad se busca.

Hilarión, acompañado de cien soldados, rastreó el bosque palmo a palmo, interrogó a los leñadores alternando los bastonazos con las preguntas, pero ninguno de ellos pudo responderle. Aquellos días, Sergio trabajaba solo, bastante alejado de su cabaña, y no tenía ni idea de lo que estaba ocurriendo. Si no, seguro que le habría disgustado que, por su culpa, sus nuevos amigos tuvieran que sufrir tanta prepotencia. Regresó justo a tiempo para caer en la gran redada ordenada por el rey Hilarión.

–¡Los quiero a todos en prisión! –había ordenado–. Estarán a pan y agua hasta que se decidan a hablar.

También su amada Estrella fue arrestada. Sergio, al verla encadenada entre dos guardias, se revolvió como una fiera y, llevándose por delante

a más de una docena de hombres que intentaban detenerlo, gritó:

–¡Hilarión, tú mismo mataste a tu hijo!

Cuando el rey escuchó estas palabras, loco de ira, ordenó ejecutar al joven rebelde.

–Él será el primero, pero no será el único en pagar si la verdad no sale a relucir.

Mientras los otros prisioneros eran conducidos a las mazmorras del castillo, Sergio fue encerrado en la torre donde los condenados a muerte pasaban su última noche.

Se acostó y se quedó dormido casi de inmediato. El justo no teme ni la muerte ni los malos

sueños. Además, Sergio sabía que él diría la última palabra.

Al alba, llamó a un centinela y le dijo:

–Lleva al rey el siguiente mensaje: «Tu hijo está vivo y yo sé dónde se encuentra. Pero si quieres volver a verlo, primero debes poner en libertad a todos los leñadores, acompañarlos a la cámara del tesoro y que dispongan de todo lo que les apetezca».

Y le dio un medallón que llevaba colgado en el cuello, bajo la camisa, y que contenía un retrato de su madre, muerta al dar a luz al príncipe.

El rey, al ver el medallón, comprendió que el mensaje no era una trampa para escapar. Lo abrió con las manos temblorosas y contempló largamente el retrato de su esposa. ¡Cuántos años hacía que no miraba un retrato suyo!

–¡Ay, si no hubieras muerto! –exclamó con un suspiro.

Aunque quizás no eran precisamente estas las palabras que buscaba. A lo mejor, al ver el retrato, la corteza que recubría su corazón se había caído. De repente, se sintió viejo y cansado: cansado de estar solo, cansado de ser rey, cansado de ser cruel.

«Si pudiera ver de nuevo a mi hijo solo un instante», pensó, «moriría contento».

Después se dirigió a los guardias:

–Haced lo que os diga aquel joven.

Los guardias obedecieron, no sin sorpresa.

Liberaron a los prisioneros, los acompañaron hasta la cámara del tesoro y les dijeron:

–Tomad lo que deseéis. Llenaos los bolsillos.

Los pobres leñadores dudaban. Acostumbrados a tantas desgracias, se resistían a creer en su buena suerte. Temían una nueva tortura escondida, quién sabe cómo, entre aquel montón de oro y joyas. Al final, ninguno de ellos movió un dedo ni tocó una joya.

El rey, entonces, mandó llamar a Sergio:

–He hecho lo que querías, pero ellos no han cogido nada. ¿Qué debo hacer ahora?

–Deberías saberlo –respondió Sergio–. Llena tú mismo sus bolsillos. Esto no podrá borrar sus sufrimientos pasados, pero quizás les ayudará a vivir mejor en el futuro.

–¿Por qué me reprocháis todo eso? –dijo el rey–. No soy más que un pobre padre infeliz.

Y era cierto. Sergio vio cómo su padre se agachaba y recogía oro, joyas y piedras preciosas para meterlos en los bolsillos a los leñadores. Pero sobre todo se fijó en las lágrimas que recorrían su rostro, y esto le llenó de dolor y de alegría al mismo tiempo: de dolor porque por nada del mundo habría querido ser la causa de aquellas lágrimas; de alegría porque querían decir que su padre se había convertido en otro hombre.

–Coged, coged lo que deseéis –decía Hilarión llorando–. ¿De qué me sirven a mí todas estas cosas? Devolvedme a mi hijo.

Entonces, Sergio se arrodilló frente a él, le besó el borde del manto y se dio a conocer. Le mostró el anillo de su madre, la cicatriz detrás de la oreja, llamó por su nombre a los criados y recordó miles de cosas del pasado, enumeró todos sus juguetes y sus caballos preferidos...

Pero el rey no necesitaba tanto. En el momento en el que Sergio se había arrodillado frente a él, su corazón había hablado y le había reconocido, como si se le hubiera caído la venda de los ojos.

Luego, el príncipe Sergio dijo:

–Padre, hoy no habéis encontrado solamente un hijo sino que, si lo deseáis, miles de ellos.

Y al decir esto señalaba a través de la ventana a los leñadores que se habían reunido frente al palacio.

–Todos somos vuestros hijos –repitió Sergio.

Y el rey, sin dejar de llorar, asentía con la cabeza.

Entonces llegó el momento de presentarle a Estrella, que se había convertido en princesa sin saberlo. El rey la sentó junto a él y su alegría no tenía límite al contemplar su dulce belleza.

En fin, fue un gran día; uno de aquellos días que, por desgracia, solamente suceden en el mundo de los cuentos. De hecho, en el mundo de las cosas reales y de las personas verdaderas, yo nunca he oído que los reyes y los príncipes se hagan amigos de los leñadores.

5 *El príncipe Tonto*

El príncipe Aurelio era un joven apuesto, un valiente guerrero que poseía muchas otras virtudes. La gente, sin embargo, no le llamaba príncipe Valiente ni príncipe Virtuoso, sino príncipe Tonto. En realidad, Aurelio era de piernas esbeltas y manos finas, pero lento de cerebro, y confundía Roma con Loma y una calabaza con una zanahoria.

Una vez se fue a la guerra y, como era un príncipe, pusieron un ala del ejército bajo su mando.

–Tenéis que tomar aquel puente con vuestros soldados –le ordenó el general.

El príncipe Aurelio hizo todo al pie de la letra: atrapó al enemigo en el puente con un solo asalto, luego... luego hizo desmontar el puente piedra por piedra, ordenó a los soldados que cargaran las piedras a sus espaldas y se presentó al general al mando.

–He tomado el puente, como se me ha ordenado –dijo–. Aquí está.

–Muy bien, ¿y ahora cómo haremos para pasar y perseguir al enemigo?

El enemigo, que no perdía el tiempo en responder a este tipo de cuestiones, llegaba ya con rapidez gritando:

–¡Hurra! ¡Hurra!

Todos escaparon, excepto el príncipe Aurelio, que nunca tenía miedo de nada ni de nadie. Entre otras cosas, al oír gritar «Hurra» al enemigo, pensaba que se había declarado la paz. El enemigo, sin embargo, gritaba «Hurra» porque estaba venciendo.

Aurelio fue hecho prisionero; le identificaron como el que había ordenado desmontar el puente y fue muy festejado.

«Vaya», pensó el príncipe Tonto. «Mira cómo me quieren».

Confundía «suerte» con «puente», ya os lo he dicho.

Así que se sorprendió bastante cuando el enemigo le encerró en una celda oscura y húmeda.

«Qué extraño», pensaba. «Primero me felicitan y luego me encadenan. Qué gente más rara...».

Se echó sobre el jergón de paja y se durmió.

A la mañana siguiente, le despertó un rayo de sol que penetraba en la celda por un ventanuco provisto de gruesos barrotes.

El príncipe Aurelio trepó para mirar al exterior. Lo único que vio fue un pequeño patio rodeado de altísimos muros. Pero al otro lado del patio, justo frente a él, había otro ventanuco, y entre los barro-

tes se adivinaba la silueta de un rostro de rasgos dulces, y vio los ojos de terciopelo de una doncella tan bella como triste. ¿Bella? A Aurelio le pareció tan bella que el corazón empezó a latirle con fuerza y se le saltaron las lágrimas.

–¿Por qué lloras, prisionero? –le preguntó la doncella, saludándole con una mano.

–No lo sé –respondió Aurelio–, lo único que sé es que nada más verte me han entrado ganas de llorar. Tengo miedo de que mis compatriotas tuvieran razón al llamarme Tonto.

La doncella sonrió y dijo:

–He oído hablar de ti. Te tendrán prisionero hasta que tu padre envíe para tu liberación tu peso en oro.

«Ahora entiendo por qué estaban tan contentos», pensó Aurelio.

–No llores –continuó la doncella–. Antes o después, volverás a tu casa. Mucho más triste es mi destino. Debes saber que soy una princesa siciliana, y que mi nombre es Rosa. Cuando estaba de viaje por el mar, los piratas me hicieron prisionera y me vendieron en Oriente. Un terrible mago me tiene en su poder y pretende que me case con él. Este es su castillo. Ahora tú también eres de su propiedad. Te ha recibido del emperador como regalo, para agradecer la magia con la que le ha ayudado a obtener la victoria.

Al escuchar esta dolorosa historia, Aurelio siguió llorando. Gruesos lagrimones rodaron por sus mejillas.

«Qué raro», pensaba mientras tanto. «Lloro y no sé por qué, pero siento que me hace bien. ¿Qué me está ocurriendo?».

–Rosa –gritó entonces, espabilándose–, no desesperes. Tu destino será el mío. Regresaremos juntos a nuestro hogar, y me casaré contigo.

–Te lo agradezco, buen príncipe. Tu corazón es generoso. Pero ¿qué puedes hacer tú contra el mago Bersante?

–Ya pensaré algo.

Puede que fuera la primera vez en su vida que el príncipe Aurelio utilizaba el verbo pensar. Quizás todas aquellas lágrimas le habían lavado el cerebro. A lo mejor el dolor y el amor habían despertado a una nueva vida a aquel necio que se había ganado el sobrenombre de príncipe Tonto.

«No, en serio», pensaba Aurelio. «Ya no soy un tonto. Ahora veo qué obtuso he sido. Pero ya no lo soy gracias a... sí, gracias a esta prisión y gracias a Rosa».

La doncella se había retirado de su ventanuco. También Aurelio se dejó caer en el suelo de la celda y empezó a pensar. Pensaba y pensaba, pero no se le ocurría ningún plan para escaparse y liberar a Rosa.

–Cómo cansa pensar –murmuraba para sí–. Estoy poco habituado. Pero paciencia. Ya me acostumbraré... Y ahora veremos, Bersante, mago de mala muerte, veremos quién vencerá.

También Rosa, mientras tanto, pensaba y pensaba. Ella sí llevaba tiempo habituada: hacía más de un año que el mago la tenía prisionera, y en todos aquellos meses ella no había visto más rostros que el de Bersante, una cara pérfida que reflejaba el alma de su dueño. Las palabras del príncipe Aurelio habían provocado en ella un raro efecto: a pesar de las apariencias, de las desgraciadas condiciones en las que se encontraba, sentía cómo una nueva esperanza le latía en el corazón.

«El príncipe Aurelio debe de haberme transmitido algo de su valentía... Cosa que yo... yo nunca he tenido, ni siquiera una pizca...».

Pero el valor es así: uno se lo encuentra en el cuerpo, en el momento necesario, cuando menos se lo espera.

Aquella noche, Rosa tuvo el valor de levantarse, pasar con cautela por delante de la puerta del aposento de Bersante y dirigirse a escondidas hacia el estudio del mago donde, abierto sobre un atril, se encontraba el *Gran Libro de la Magia, Brujería y Artilugios*. Lo hojeó febrilmente al claro de la luna, leyendo aquí y allá, en busca de algún consejo. De repente, el corazón le dio un vuelco. El dedo se había posado en un capítulo que decía: «Conjuro para salir de prisión».

Rosa leyó, esforzándose por aprender de memoria el conjuro, que no era tan fácil de recordar porque estaba compuesto por ciento veinte palabrejas, la más corta de las cuales sonaba algo así como «supercalifragilisticoespialidoso».

Cuando estuvo segura de haber aprendido el conjuro, volvió sigilosamente a su habitación para esperar a que se hiciera de día.

Al alba, el mago Bersante salió para atender sus asuntos. Rosa corrió al ventanuco y llamó a Aurelio, quien rápidamente asomó los ojos entre los barrotes. Pobres ojos: no se habían cerrado ni un momento en toda la noche. Aurelio había seguido pensando

y pensando, pero, como sabéis, todavía no tenía mucha práctica, y no había encontrado lo que buscaba.

Rosa le enseñó el conjuro. Y Aurelio se lo aprendió tan rápido que ella no tuvo que repetírselo.

–Ahora hay que recitarlo con los ojos cerrados, erguido y a la pata coja –le gritó Rosa–. Empezamos a la vez. Ocurra lo que ocurra, quiero darte las gracias porque me has dado el valor de intentar encontrar la vía de la libertad.

–Pase lo que pase –respondió Aurelio–, quiero darte las gracias porque me has enseñado a emplear el cerebro. ¡Venga, vamos!

Ni siquiera habían terminado de pronunciar la última sílaba del conjuro y ya se encontraban fuera de la prisión, uno junto al otro, sentados en una carroza.

–¡Rosa!

–¡Aurelio!

Los interrumpió un fuerte relincho. Había cuatro caballos enganchados a la carroza, que esperaban piafando un golpe de fusta para lanzarse al galope.

Aurelio agarró las riendas, espoleó a los caballos con la fusta y la carroza emprendió la marcha casi sin tocar el suelo.

–¡Arre! ¡Arre, caballo! –gritaba Aurelio, acariciando las grupas de los caballos con las bridas–. ¡Somos libres! ¡Volvemos a casa!

Pero el alocado galope no duró mucho. Los dos fugitivos, de repente, vieron el guiño de un relámpago en el cielo. La carroza se detuvo casi de golpe. Los cuatro caballos habían desaparecido. En su lugar había cuatro pobres caracoles, alargando los cuernos en todas direcciones y esforzándose en vano por levantar las bridas del suelo.

–¡Vamos, vamos! –gritó Aurelio.

Pero no penséis que seguía siendo tan tonto como para pretender que las cuatro babosas pudieran tirar de su carroza: en realidad, había cogido a Rosa de la mano y se había lanzado a correr por el campo, hacia un bosque cercano.

A sus espaldas resonó una horrenda carcajada. El mago, que había descubierto la fuga de los dos prisioneros, los estaba persiguiendo en una pequeña carroza tirada por un tigre, que devoraba el camino dando saltos enormes. Sobre las rodillas de Bersante estaban las páginas abiertas del *Libro de la Magia*, agitadas por el viento de la carrera.

–He transformado vuestros caballos en caracoles –se burlaba Bersante–, pero esto no es nada. Ahora veréis lo que va a pasar.

–No tengas miedo –le gritaba Aurelio a Rosa mientras corría–. Somos más fuertes que él...

El campo terminó bruscamente en la orilla de un río. Una pequeña barca se mecía plácidamente entre las cañas. Aurelio tiró de Rosa, ambos salta-

ron dentro, y el príncipe agarró los remos y comenzó a bogar.

El mago, ya en la orilla del río, sin cejar en su intento, hojeó rápidamente algunas páginas de su libro.

–¡Ahí va esto para vosotros! –gritó.

Soltó un encantamiento y Aurelio se encontró remando en el aire: los remos se habían transformado en dos gusanos asquerosos, que dejó caer al agua con un escalofrío.

–Ahora estamos en sus manos –murmuró Rosa, palideciendo.

Pero Aurelio la cargó a su espalda y se lanzó al río, nadando con fuerza hacia la otra orilla.

El mago pasó de nuevo las páginas de su libraco sin perder de vista a Aurelio, quien estaba a punto de alcanzar la orilla con su preciosa carga. Allí daba comienzo el bosque.

–Ya estamos –graznó el mago–. Un poquito más, vamos. Muy bien, ya habéis llegado. Y ahora cuidado...

Lanzó otro encantamiento mientras Aurelio salía del agua cargando a Rosa, que casi se había desmayado. Entonces los árboles del bosque, moviéndose como criaturas vivas sobre sus raíces, empezaron a acorralar a los dos jóvenes.

–¡Atrapados! –gritó el mago–. ¡Estáis atrapados!

Con la alegría, se levantó como un resorte y empezó a dar saltos. E hizo mal, porque el libro que tenía sobre las rodillas se cayó al agua y la corriente se lo llevó. Antes de que el mago pudiera darse cuenta, el libro ya estaba lejos... se deslizaba raudo y en silencio como el desecho de una crecida... y un remolino se lo tragó.

–¡Socorro! –gritó Bersante–: ¡Mi libro! ¡Mi tesoro!

El tigre enganchado a la carroza escogió aquel momento para liberarse. Con un salto se arrancó las riendas: el mago no tenía ya ningún poder.

–¡Cógelo, coge mi libro! –gritaba Bersante tirándose de los pelos–. ¡No sé nadar! ¡Ayudadme!

Pero no había nadie para escucharlo. Si alguien le hubiera oído, es posible que le hubiera ayudado.

Mientras tanto, alrededor de Rosa y Aurelio, la jaula se había abierto: los árboles habían vuelto a crecer pacíficamente sobre sus troncos.

–Te lo dije –exclamó Aurelio–. Sabía que éramos más fuertes que él.

Lo siguiente se puede resumir en tres frases: volvieron a casa, se casaron y el sobrenombre de príncipe Tonto acabó por ser olvidado.

Bersante, sin su libro, ya no era nadie. Tuvo que resignarse a pedir limosna para vivir. Mucha gente le echaba en el sombrero monedas falsas, y se reían de él diciendo:

–Vamos, mago, transfórmalas en oro verdadero.

Otros, en cambio, se apiadaban de él y no le negaban algún dinero. Al fin y al cabo, un anciano es un anciano, aunque en el pasado haya sido un mago malvado.

6 *La princesa Alegría*

El rey Raimundo de Brislandia y su esposa, la reina Rosalinda, llevaban casados más de quince años cuando por fin tuvieron una hija. Su nacimiento les alegró tanto que decidieron llamarla Alegría. Se organizaron grandes festejos por todo el país y los fuegos artificiales duraron tres noches. La pequeña princesa, para corresponder con tanto júbilo y para hacer honor a su nombre, manifestó desde muy joven un carácter vivaz y despreocupado.

Una vez, durante una solemne ceremonia en la corte, se puso a hacer cabriolas sobre los escalones del trono. El gran chambelán estuvo a punto de desmayarse del pasmo y le lanzó una mirada reprobatoria:

–¡Alteza, no estamos en el circo!

Pero el rey Raimundo sonrió...

–Déjale que haga lo que quiera. ¿No os gustaría tener cincuenta años menos y poneros a jugar con ella?

En otra ocasión, durante una solemne ceremonia, la princesa Alegría pegó un pez de papel en el traje del primer ministro, el cual, ofendidísimo, quería presentar su dimisión.

Se lamentó ante el rey:

–¡Y para colmo, todavía faltan dos meses para el día de los Santos Inocentes!

Sin embargo, Raimundo procuró calmarle diciendo:

–Admitid al menos que el pez estaba recortado a la perfección.

Alegría entraba y salía del palacio real saltando por las ventanas.

–Alteza –le reñía su aya, la condesa Bibiana–, este palacio tiene más de doscientas puertas. Las personas educadas lo saben bien.

–Es muy aburrido salir por la puerta –respondía Alegría–. ¿No encontráis más divertido saltar por el alféizar?

Por desgracia, también para ella llegaron días más tristes. El rey Raimundo cayó enfermo y murió. Unos meses después, la reina le siguió a la tumba real, que era majestuosa y estaba decorada con ricas esculturas, pero tan fría como todas las demás. Alegría tenía entonces dieciséis años y también ella creyó morir de dolor. Se sometió dócil-

mente a la ceremonia de coronación y se convirtió en reina; participó en las sesiones del consejo de ministros y allí permaneció en silencio, portándose bien de verdad, escuchando interminables discusiones sobre cosas que a ella no le interesaban y que no comprendía en absoluto. Después, la vida en la corte la arrastró por su corriente tumultuosa: entre fiestas, recibimientos, bailes, actuaciones y conciertos, era imposible permanecer triste durante mucho tiempo, y Alegría volvió a ser la de siempre. Tiraba de los bigotes al gran chambelán, hacía cabriolas en los escalones del trono y se escondía debajo de la cama, para desesperación de la condesa Bibiana. El pueblo estaba contento con ella, los grandes dignatarios del reino lo estaban mucho menos.

En una ocasión, Alegría fue sorprendida saliendo al jardín por la ventana en lugar de salir por la puerta, donde los centinelas la esperaban para presentarle armas, y estalló un gran escándalo.

–No es una reina, es un diablillo –dijo en voz alta el gran chambelán a quien quisiera escucharle.

Con mayor atención que los demás le escuchaba el duque Doriberto, primo de Alegría, que llevaba tiempo con los ojos puestos en el trono, como suele decirse en estos casos, pero quizás sea mejor decir abiertamente que deseaba robar la corona a su prima. Para llevar a cabo sus planes, contaba con la despreocupación de la joven soberana y con la ayuda de algunos nobles de la corte, a los cuales había prometido honores y riquezas. También prometió que siempre saldría por la puerta...

Una noche, la fiel aya de Alegría fue a despertarla bruscamente:

–¡Majestad, rápido, vestíos! Debemos escapar sin perder un solo minuto. El duque Doriberto se ha hecho nombrar rey de Brislandia en vuestro lugar y ha ordenado a sus guardias que os apresen.

–¿Doriberto rey? –se echó a reír Alegría–. Con esos pelos siempre revueltos, seguro que llevará la corona torcida.

–Majestad, no hay motivos para reírse. Levantaos, tenemos que huir.

–¡Qué maravilla! He aquí una cosa que nunca he conseguido hacer, mientras que el último mono del reino puede tener esta satisfacción cien veces al día. Vamos, Bibiana. ¡Escapemos, escapemos!

Y mientras la condesa Bibiana la cubría apresuradamente con una capa, Alegría seguía riendo y dando palmas de alegría:

–Huiremos al bosque, como las princesas de los cuentos.

–Estamos en pleno invierno, Majestad. En el bosque hay nieve. Nos helaremos, pobres de nosotras...

–No nos helaremos, boba: haremos carreras con los esquís.

Alegría era así: todo se lo tomaba con alegría, tenía esa suerte.

También tomó su nueva vida alegremente, una vida que habría hecho llorar de humillación y de miedo a cualquier princesa solo un poco menos alegre que ella. Vivía con Bibiana en una cabaña escondida en la espesura del bosque brislandés. Un fiel servidor, llamado Graciano, había seguido a las dos mujeres en aquel duro exilio y les procuraba el alimento y la leña para la chimenea. Doriberto dejó pronto de buscarlas.

Tres años vivió Alegría en el bosque con su querida Bibiana y el bueno de Graciano, y no pasó ni un solo día sin juegos y risas.

Un día Graciano, que había estado en el pueblo consiguiendo provisiones, regresó con una noticia emocionante.

–¡Parece que el ejército se ha rebelado contra el rey Doriberto! El pueblo estaba harto y amenazaba con sublevarse: su gobierno había sido muy duro y cruel. La voz pública reclamaba la vuelta de la buena reina Alegría: dicen que el nuevo chambelán se ha pasado meses recorriendo todas las provincias en busca de Su Majestad.

–¡Qué maravilla! –exclamó Alegría–. ¡Volvemos a casa!

Dos días después, un cortejo de nobles señores aparecieron en la cabaña de Alegría: alguno debía de conocer hacía tiempo dónde se refugiaba, pero había mantenido el secreto para no perjudicarla.

Alegría se presentó ante los mensajeros con su vestido más sencillo, descalza y sin sombrero. Los nobles señores se inclinaron ante ella y la saludaron con el título que le correspondía:

–Majestad, volved a reinar sobre nosotros, por la felicidad de Brislandia.

–Estoy preparada –respondió Alegría–. Vayamos, pues.

Volvió a reinar, alegre como de costumbre, siempre dispuesta a hacer una burla al chambelán o a tirar de la barba al primer ministro. Ni siquiera le dijeron lo que había ocurrido en su ausencia, para no entristecerla. No le informaron de que Doriberto había arrastrado a Brislandia a una guerra ruinosa contra el vecino ducado de Morovia, que habían tenido lugar terribles batallas, que miles de jóvenes habían perdido la vida en la hazaña. Dejaron que se divirtiera, contentos porque ponía de buen humor al pueblo con su simpatía.

No le hablaron seriamente hasta el día en que cumplió veintiún años, para recordarle que era el momento de escoger un esposo.

–Es algo muy importante, Majestad –le dijo el primer ministro, enfatizando las palabras–, algo tremendamente serio. Debéis dar un heredero al trono. Permitidme rogaros esta vez que no os riáis.

–Hago lo posible –respondió Alegría sofocando una risita en el pañuelo–, pero no lo consigo. La idea del matrimonio me parece tan ridícula que...

Y aquí otra carcajada incontenible.

Aquel día, el consejo de ministros duró bastante más de lo habitual. Finalmente, Alegría se decidió.

–De acuerdo –dijo sonriendo astutamente–. Acepto, me casaré. Y para daros una prueba de la seriedad de mis intenciones, prometo que me casaré con aquel joven, noble o plebeyo, brislandés o forastero, que consiga declararme públicamente su amor sin hacerme reír. Si permanezco seria, lo habrá conseguido: se convertirá en mi esposo y príncipe consorte.

Eufóricos por haberle arrancado esta promesa tan comprometida, los ministros se apresuraron a difundir un bando por todo el reino.

El día fijado, a la hora fijada, la plaza frente al palacio real estaba abarrotada de gente.

«Ellos», es decir, los pretendientes, estaban alineados en primera fila, frente al trono instalado sobre el graderío. Eran jóvenes nobles, provenían de todas las ciudades del reino y del extranjero, y cada uno de ellos estaba seguro, en su interior, de que conseguiría que la reina permaneciera seria.

Y aquí llega Alegría. Su aparición fue seguida de un gran aplauso mientras se sentaba en el trono.

Alegría respondió agitando la corona como si fuera un sombrero o un pañuelo.

Los aplausos se redoblaron, mezclándose con el fragor de las risas.

Al toque de trompeta salió el primer pretendiente, se puso de rodillas frente a la reina y empezó:

–Majestad, deposito mi corazón a vuestros pies y...

En este punto se detuvo, pasmado: Alegría, tras haber escuchado atentamente sus primeras palabras, se había levantado de un salto y estaba dando vueltas alrededor del trono, mirando al suelo, como si estuviera buscando algo.

–¿Puedo serle de ayuda? –preguntó el pretendiente, muy solícito.

–Sí –respondió Alegría–. Ayudadme a buscar vuestro corazón. Habéis dicho haberlo depositado aquí, pero no lo veo, en el estrado no hay nada...

Y venga a reír. Y si ella se reía, imaginaos cómo se reía el pueblo. El pretendiente se ruborizó, hizo una reverencia y se retiró: atravesó la plaza, se subió a su caballo y jamás se le volvió a ver por allí.

Se presentó el segundo pretendiente, un príncipe tan apuesto que la gente dejó de reír y todos exclamaron a coro:

–¡Oooh!

–Majestad –dijo el príncipe–, mi amor es una llama que...

–¡Fuego! Llamad a los bomberos –gritó Alegría–. O al menos dadme un cubo de agua: no deseo que este pobre joven se queme el bigote con la llama de su amor.

Por aquí, una carcajada de ella, y por allá, una risotada del pueblo congregado. Uno tras otro, los aspirantes hicieron sus declaraciones, y uno tras otro se retiraron derrotados. Los últimos competidores que quedaban ya temían dar un paso adelante.

–Te toca a ti –se decían el uno al otro, pero ninguno se atrevía a dar el paso.

Justo en aquel momento, en el bello rostro de Alegría se dibujó una expresión extraña e insólita. ¿Cómo es posible? Alegría se había puesto seria de repente, casi triste. Se le vio hacer una seña al primer ministro, preguntarle algo, escuchar su respuesta y discutir acaloradamente con él.

El caso es que, mientras se divertía a costa de sus pretendientes, Alegría se había fijado en un joven cualquiera, un muchacho del pueblo. Él no había sonreído en toda la mañana. A Alegría le había llamado la atención precisamente porque no se reía. Luego se había dado cuenta de que le faltaba un brazo: la manga vacía de la chaqueta estaba metida en un bolsillo y colgaba sin vida. A aquella manga gris le faltaba el brazo y a aquel rostro le faltaba la sonrisa. ¿Quién era? ¿Por qué estaba tan triste? ¿Dónde y cómo había perdido el brazo?

–Es un mutilado –le había dicho el primer ministro a Alegría, tras haberse informado rápidamente.

–¿Un mutilado? ¿Y qué es un mutilado? –había preguntado Alegría.

Y el primer ministro, tremendamente incómodo, se lo había explicado. Le había hablado de la guerra, de las batallas, de los muertos, de los sufrimientos del pueblo. Alegría escuchó, mientras sentía cómo le nacía en el corazón un sentimiento que nunca había experimentado, y una ola de compasión le trajo lágrimas a los ojos. Un gran silencio descendió sobre la enorme plaza. Todos compren-

dían que estaba sucediendo algo extraordinario y contenían la voz y la respiración.

–¿Cómo habéis podido esconderme todo esto? –protestó Alegría–. ¿Cómo habéis podido permitir que me divirtiera y que me riese de todo, mientras a mi alrededor había tanto dolor?

El primer ministro balbuceaba sus explicaciones, pero Alegría ya no le escuchaba. Ella miraba fijamente al joven mutilado y el joven le devolvía la mirada, sin bajar los ojos. En aquella mirada no había ningún reproche, sino solamente una humilde adoración. En un instante, Alegría supo con seguridad que le amaba por todo lo que había sufrido, y también estaba convencida de que el joven la amaba, porque adivinaba su compasión.

Se levantó, descendió lentamente hasta la plaza, mientras la gente se agolpaba en silencio para no perder detalle. Se acercó al joven. Su rostro estaba pálido y sus ojos estaban húmedos, pero su voz no tembló, y todos escucharon sus palabras:

–¿Quieres ser mi esposo?

Y el joven respondió escuetamente:

–Sí.

7 *El mago Garú*

CUANDO alguien posee una cualidad extraordinaria, puede comportarse de dos formas: ir por ahí vanagloriándose, buscando la admiración de la gente, o tenerla escondida buscando el momento de sacarle mayor provecho.

Gustavo era de esta segunda opinión. En todos los mercados de Brislancia y de Turgovia era famoso como callista, vendedor de jarabes contra las brujas, alquimista y trovador. Resumiendo, un gran charlatán. Pero también era ventrílocuo, y se guardaba bien de que nadie lo supiera.

Una vez fabricó una marioneta, la vistió toda de negro y le puso encima una gran capa negra, le fijó a la cabeza un gorro apuntado, la bautizó con el nombre de mago Garú y le dijo:

–Si a partir de ahora te portas bien, serás la fortuna de Gustavo.

Tras haber reunido cierta información, y después de llevar a cabo otros preparativos, se dejó caer por la feria de Bisburgo. Montó una mesita, pidió que le trajeran una silla, puso en el trono al mago Garú y empezó a dibujar en el aire amplios gestos misteriosos, como si estuviera convocando a los espíritus. Cuando hubo reunido a un considerable grupo de personas, se aclaró la voz y anunció:

–¡Pueblo de Bisburgo, ha llegado tu gran día! El mago Garú os concederá el honor de visitaros y a su vez se declara honrado de conoceros. ¿He interpretado bien vuestro pensamiento, Garú?

–Has dicho bien, Gustavo: me siento honrado, honradísimo.

La multitud retrocedió por la sorpresa. ¿Quién había hablado? ¿Aquel títere? ¿Cómo era posible? ¿Estaría embrujado? ¿Estaba vivo?

–Señores, no temáis –continuó Gustavo–. El mago Garú no está aquí para haceros daño. Es más, él alberga por vosotros una gran benevolencia. ¿Digo bien, Garú?

–Lo dices a la perfección, Gustavo. Deseo hacer el bien en Bisburgo y a los bisburgueses. Es gente buena, y no se merece las cosas que le están pasando.

–¡Cáspita! –exclamó un ciudadano–. ¿Cómo es que ese monigote puede saber que el consejo municipal nos ha cargado con más impuestos?

Una mujer se santiguó:

–¡Misericordia! Siento la peste de la brujería.

Gustavo retomó la palabra:

–Ciudadanos, tomad nota. Yo no sabía nada de vuestros impuestos. Todos habéis visto que acabo de llegar a la ciudad hace poco más de una hora, y que no he hablado con nadie. Pero nada se escapa al mago Garú. ¿Queréis hacerle alguna pregunta vosotros mismos?

–¡Yo, por todos los santos! –dijo el ciudadano de antes–. Desearía conocer su opinión precisamente sobre los nuevos impuestos.

Gustavo se cruzó de brazos y se dirigió al mago Garú, como esperando su respuesta. En realidad era él quien hablaba, del modo secreto en que lo hacen los ventrílocuos; pero la voz parecía salir de un punto fuera de él, parecía venir enteramente de la boca del muñeco.

–El impuesto sobre las colas de los caballos es injusto –declaró el mago Garú–, y el de las cofias de las mujeres es indigno de las tradiciones caballerescas de los bisburgueses.

Estas palabras fueron acogidas con un gran aplauso. Hay que decir que el consejo municipal, para rellenar las arcas vacías del municipio, había impuesto recientemente una tasa especial sobre las colas de los caballos: cola corta, un ducado; cola mediana, dos ducados; cola larga, tres ducados. La gente, para pagar lo menos posible, se había apresurado a cortar la cola a todos los caballos, los cuales, viendo que ya no tenían a su disposición su espantamoscas natural, sufrían terriblemente por las picaduras de los tábanos. También el impuesto sobre las cofias estaba en proporción a su altura. Las mujeres de Bisburgo siempre habían estado orgullosas de sus cofias alargadas. De un día para otro, para pagar lo menos posible, se habían tenido que conformar llevando unas cofias pequeñas y escuetas, de las que se avergonzaban lo que no está escrito.

–Sí, señor Garú –gritaron muchas mujeres–, así se habla.

–De acuerdo –dijo un segundo ciudadano–, los impuestos son más odiosos que el granizo. Pero ¿con qué se podrían llenar las arcas municipales?

–¿Has oído, Garú? –preguntó a su vez Gustavo–. ¿Quieres responder a ese honorable ciudadano?

–Con mucho gusto –respondió el títere–. Manda inmediatamente a alguien a la puerta de Levante. Al otro lado de la puerta hay un tilo. Al pie del tilo hay enterrado un pequeño tesoro.

Huelga decir que el «pequeño tesoro» lo había escondido Gustavo antes de entrar en la ciudad. Eran sus últimos veinte ducados, y los había besado uno a uno, suspirando, antes de enterrarlos. De todas formas, esperaba multiplicarlos por cien.

Un grupo de ciudadanos corrió a la puerta de Levante, que se encontraba a pocos pasos de la plaza del mercado. Volvieron al cabo de unos minutos,

gritando entusiasmados y mostrando a la multitud los ducados que habían desenterrado.

–¡Viva Garú!

–¡Queremos a Garú de alcalde!

–¡Abajo el impuesto de las cofias!

En medio de la confusión, entre vítores y aplausos, Gustavo hizo un gesto de querer hablar.

–Mago Garú –le dijo–, ¿estás dispuesto a revelar dónde hay otros tesoros escondidos a estas buenas gentes?

–Y tú, Gustavo –preguntó la marioneta–, ¿estás dispuesto a cederme a estos egregios bisburgueses?

Gustavo fingió estar preocupado y dubitativo. La multitud empezó a levantar tumulto. Justo en

aquel momento, el alcalde y sus consejeros municipales, que venían de una reunión en el ayuntamiento, se presentaron en la plaza. Su aparición fue la señal para más gritos y más bullicio.

Para hacerlo corto, los bisburgueses obligaron a sus administradores a comprar por su peso en oro el precioso títere parlante que revelaba dónde había tesoros escondidos.

–Al fin y al cabo –refunfuñó el alcalde, doblegándose a la voluntad de sus conciudadanos–, un muñeco de cartón no va a pesar un quintal.

Un quintal, no; pero pesar, pesaba, porque Gustavo le había cosido en la ropa una buena cantidad de plomo. Resumiendo, se sacó mil ducados de oro.

Cuando se los hubo embolsado, le entró una prisa enorme. Rechazó las invitaciones a comer y a cenar que le llovían por doquier, alquiló un caballo y salió de la ciudad por la puerta de Poniente. Miles de ciudadanos le acompañaron, llevando triunfantes la figura del mago Garú.

En el momento de la separación, Gustavo dirigió a su muñeco un saludo emocionado:

–¡Adiós, Garú! Te confío esta ciudad y a todos sus habitantes. Hazlos tan felices como me has hecho a mí.

–Adiós, mi buen amigo Gustavo –se respondió Gustavo a sí mismo, fingiendo que era Garú quien hablaba–. Vuelve algún día a Bisburgo para visitarme.

Una mujer entre la multitud se secó una lágrima.

Gustavo espoleó a su caballo y desapareció tras una nube de polvo.

Entonces la multitud se dirigió en cortejo hacia el ayuntamiento, invadió la sala del consejo, sentó a Garú en el sillón del alcalde, sobre un montón de almohadones, e invitó en voz alta al alcalde mismo a interrogar al mago.

El alcalde levantó los brazos para imponer silencio. Luego dijo:

–¡Ciudadanos amigos! ¡La fortuna llovida del cielo sobre nuestra ciudad en este día glorioso me permite anunciaros que el impuesto sobre las colas de los caballos queda abolido!

–¡Viva! ¡Viva Garú! ¡Vivan los caballos!

–También queda abolido el impuesto sobre las cofias de las mujeres.

–¡Vivan las cofias! ¡Viva Garú! ¡Vivan las mujeres!

–Propongo poner una lápida conmemorativa en esta sala, para que se recuerde en la posteridad la llegada de Garú a nuestra ciudad.

–¡Viva la lápida! Y que sea de mármol, con letras de oro.

–De acuerdo –dijo el alcalde retomando la palabra–, con letras de oro. Total, para proveernos del oro necesario, ya está nuestro amigo y protector. ¿No es así, mago Garú?

La muchedumbre permaneció en silencio esperando la respuesta.

Miles de pares de ojos estaban fijos en el títere inmóvil, solemne, silencioso. Tras esperar algunos minutos, el alcalde tomó de nuevo la palabra:

–Mago Garú, ¿queréis darnos, tal como nos habéis prometido, la localización de los tesoros enterrados?

El muñeco no respondió. Es más: escogió aquel preciso momento para desplomarse sobre los almohadones; es posible que simplemente lo hubieran apoyado mal, pero la multitud emitió un suspiro de horror.

–¡Se ha desmayado! –gritó alguien–. Seguro que le falta el aire. ¿No os dais cuenta de que aquí dentro hace mucho calor? Abrid las ventanas, rápido.

Las ventanas se abrieron de par en par. El alcalde se llevó delicadamente a Garú y lo sentó sobre unos cojines. Una mujer le ofreció un frasquito de vinagre:

–Dádselo a oler. Veréis cómo vuelve en sí.

El alcalde destapó el frasquito y se lo puso a Garú bajo la nariz.

A través de las ventanas abiertas entró un soplo de aire fresco que hizo volar la capa del muñeco.

–¡Se mueve! ¡Se mueve! Gracias al cielo que no está muerto.

–¡Un médico! ¿No hay un médico?

Un médico, no, pero había un barbero. Le tomó el pulso a Garú, se inclinó sobre su pecho para escuchar el latido del corazón, y luego se quitó la boina, bajó la cabeza y anunció con voz desolada:

–No se puede hacer nada más. Está muerto. Su corazón ha dejado de latir.

Imaginad la desesperación de los bisburgueses.

–Pero ¿cómo es posible? ¿Qué le ha sucedido? ¡Estaba bien hace un momento!

Pobrecillos, tuvieron que conformarse con hacerle un funeral. Fue un funeral grandioso, conmovedor. Alguno, entre la multitud, pensó también en Gustavo:

–¡Qué pena que no esté aquí para verlo! Se alegraría de ver los honores que rendimos a su amigo.

Gustavo, en cambio, jamás volvió a poner un pie en Bisburgo, quién sabe por qué motivo.

¿Y los impuestos? ¡Ah, ahora mismo os lo cuento! Al día siguiente del funeral, el consejo municipal restableció el impuesto sobre la cola de los caballos y la tasa sobre las cofias de las mujeres. Es más, para compensar los miles de ducados pagados a Gustavo, hubo que instituir un nuevo impuesto, sobre los bigotes de los hombres: aquel que quisiera continuar llevando los bigotes largos, debería desembolsar un ducado a la semana.

CLIC!
CLIC!

8 *La estatua parlante*

El rey Belmondo Tercero de Murlandia, llamado el Justo, era en realidad el soberano más injusto, excéntrico y autoritario que jamás había reinado en aquel desdichado país. Avaro, siempre estaba inventando nuevos impuestos para engrosar su tesoro. Belicoso, declaraba la guerra a sus vecinos un par de veces al año. Desconfiado, llenaba las prisiones de inocentes; bastaba con que un ciudadano dijera algo al oído de algún conocido, para que rápidamente fuera acusado de haber conspirado contra Belmondo y ser encerrado en las mazmorras de la fortaleza.

Y entonces, ¿por qué le llamaban el Justo?

Por razones alfabéticas. Me explico. En Murlandia era costumbre atribuir un sobrenombre al rey por orden alfabético. El primer rey había sido Venceslao I, y fue llamado el Audaz. El segundo fue Roberto I, y fue llamado el Bello; en realidad era más feo que un sapo. El tercer rey debía elegir un sobrenombre que comenzara con la letra ce, y se llamó el Conquistador, pero después no conquistó nada de nada. Cuando Belmondo Tercero subió al trono, le tocaba el turno a la letra jota, y los cortesanos competían sugiriendo:

–¡El Jovial!

–¡El Juvenil!

–¡El Jubiloso!

Sin embargo, en su interior, teniendo en cuenta todos los vicios del rey, decían: el Jactancioso, el Juerguista, el Jeta...

Belmondo escogió el Justo. Y pobre del que se olvidara. Un día se le ocurrió la idea de hacerse una estatua.

–Mas debe parecerse a mí en todo absolutamente –se apresuró a añadir–. Además, como no soy mudo, la estatua también debe ser parlante.

Nada más escuchar el bando real, los mejores escultores del reino no perdieron tiempo en hacer su hatillo y escapar en dirección a los confines del reino. Pero fueron todos atrapados antes de que pudieran huir al extranjero y se les condujo al palacio.

–Bien, bien –dijo Belmondo cuando los tuvo delante–, ¿es así como hacéis honor a vuestro soberano? Habéis hecho la estatua de mi padre, habéis hecho también la de mi abuelo, alguno de vosotros incluso ha esculpido gatos y perros. Pero la estatua del Justo no queréis hacerla.

–Majestad –se arriesgó a replicar uno de los artistas–, es imposible hacer una estatua parlante. El mármol no puede hablar.

–Pues hacedla de hierro, de madera, o quizás de mantequilla. Vamos, a trabajar. Desde esta noche permaneceréis encerrados en vuestros estudios y estaréis vigilados hasta que hayáis acabado. Aquel de vosotros que consiga hacerme la estatua parlante recibirá tanto oro como pesen él y la estatua juntos. Los demás, claro está, acabarán en prisión. ¿Hay alguno que todavía tenga algo que decir?

Se quedaron todos callados. ¡Cualquiera se atrevía a abrir la boca! Se escuchaba, sin embargo,

un extraño ruido como cuando cae el granizo: eran los dientes de los artistas, que castañeteaban del miedo.

Una semana después, Belmondo empezó a pasearse por los estudios para controlar en persona la marcha de los trabajos. Al cabo de un mes, se abrieron las puertas de la prisión y se volvieron a cerrar tras el mejor artista de Murlandia: había terminado la estatua, le había quedado preciosa, pero no hablaba. Uno tras otro, los escultores del reino fueron haciéndole compañía.

Belmondo estaba fuera de sí de la rabia.

–¡Artistas! ¡No me habléis de artistas! Son solo unos inútiles y unos holgazanes, eso es lo que son. No me extrañaría que lo hicieran adrede para faltarme al respeto.

Una mañana se presentó en la entrada del palacio real un extraño visitante.

–¿Cómo os llamáis?

–Gustavo.

–¿Pero no sois aquel charlatán que vende remedios contra el dolor de muelas, las brujas y los temporales, y que tiene un puesto en la plaza los días de mercado?

–¿Charlatán yo? Creo que no habéis oído bien mi nombre. Soy Gustavo, el príncipe de los médicos. Y también soy músico, alquimista, poeta, pintor y escultor.

–¿Y qué lleváis en aquella carreta de la que tiráis? ¿Qué hay bajo el toldo?

–Lo que hay, egregios señores, es la estatua parlante del rey Belmondo Tercero, llamado el Justo. No me hagáis perder tiempo y anunciadme a Su Majestad.

–Veréis, buen hombre, os advierto que podríais salir perjudicado. Hacedme caso. ¿Es que no habéis oído hablar nunca de la prisión y de todos los escultores que están ahí encerrados?

–Cumplid con vuestro deber. Anunciadme al Justo, u os arrepentiréis.

Los guardias se intercambiaron una mirada como diciendo: «Se lo hemos advertido, si quiere meterse en la boca del lobo es asunto suyo». Llevaron a Gustavo y su carreta a la presencia del rey, hicieron una reverencia y se fueron a propagar la noticia de que un loco había cursado la petición para entrar en prisión.

–Majestad –dijo Gustavo al rey–, dignaos aceptar el homenaje de vuestro súbdito más fiel.

Y diciendo esto, levantó la lona que cubría la «estatua» y mostró a Belmondo... una balanza. Ya sabéis, una de esas balanzas con enormes plataformas que sirven para pesar sacos, cajas y otros objetos de grandes dimensiones, y que también se denominan «básculas».

–¿Cómo? ¿Cómo? –balbuceó el soberano, apuntando con un dedo tembloroso en dirección a la

balanza–. ¿Pensáis que voy a tolerar... Creéis que...? –en fin, le faltaba el aliento de la indignación.

–Oh, justo Belmondo –exclamó Gustavo, alzando solemnemente una mano como para hacer un juramento–, esta es la estatua más parecida que he podido imaginar para representar a un soberano de vuestra grandeza. El pueblo ya os llama, y se os llamará en los libros de historia de la posteridad, el Justo. Entonces, ¿cuál es el símbolo de la justicia, sino la balanza? A cada cosa le asigna su peso justo, igual que vos asignáis a cada súbdito lo que le corresponde, según sus méritos o sus delitos. Vos sois, señor, la Balanza del reino, la Báscula del mundo universal. Dignaos, pues, a formular una pregunta cualquiera a la estatua, y ella os responderá.

El rey se quedó pensativo unos instantes, luego preguntó a la balanza:

–¿Quién soy yo?

Una voz cavernosa, pero inconfundiblemente humana, le respondió:

–Eres Belmondo Tercero, llamado el Justo, emperador de Murlandia.

–En realidad soy el rey de este país, no el emperador.

–Hoy sois rey, mañana seréis emperador –continuó la voz–. Conozco vuestro futuro mejor que vos mismo. Conquistaréis nuevos reinos. Vuestro imperio se extenderá entre océanos y mares, desde las llanuras del este hasta las montañas del oeste.

El rey Belmondo dio unas palmadas para hacer entrar a los cortesanos, que estaban escuchando detrás de las puertas. Él no cabía en sí de gozo. Bailaba, reía con lágrimas en los ojos, corría a abrazar a Gustavo, acariciaba la balanza. Y a la vez gritaba:

–¡Señores, ya tengo mi estatua parlante! ¡Y además seré emperador! Y reinaré de este a oeste... Pero escuchad vosotros mismos con vuestras orejas.

Y dirigiéndose a la balanza preguntó:

–¿Quién soy yo?

–Tú eres Belmondo Tercero, llamado el Justo –respondió la voz–, emperador de Murlandia, de Brislandia y de Merovia, gran duque de las tierras de ultramar, señor de los siete desiertos, dominador de los dos Polos.

–¿De los dos Polos también? –repitió incrédulo Belmondo.

–Del Polo Norte y del Polo Sur. Vendrán a rendirte homenaje criaturas de otros mundos: vendrán de la Luna y de otros planetas.

–¿Y cuándo sucederá esto?

–Sucederá antes de lo que crees. Tu rueda del destino se pondrá en movimiento en cuanto hayas pagado al gran artista el premio que merece.

Gustavo, que se encontraba de pie junto a la balanza, con la boca cerrada, bajo las miradas perplejas y atónitas de los cortesanos, hizo ademán de inclinarse y dijo:

–Majestad, no hay prisa.

–No, no –gritó Belmondo–. Quiero que se te pague de inmediato. ¿Cuánto pesas?

–¿Desnudo o vestido, Majestad? –preguntó Gustavo.

–Vestido, vestido. Es más, toma, quiero que te pongas también mi manto real y mi corona, ten. Y vosotros, dadle también vuestras capas y vuestros abrigos. Tú, dale tus botas.

Cuando Gustavo estuvo medio enterrado bajo aquella lluvia de lujosa ropa, ricamente bordada en oro y plata, se puso todo en la balanza. Gustavo estaba a punto de leer el peso, pero Belmondo le detuvo con un gesto:

–¡Calla! Deseo que lo diga mi estatua.

Gustavo cerró la boca y la estatua dijo:

–Ciento sesenta kilogramos y novecientos cincuenta y cinco gramos. Mi peso es de ciento cuarenta kilos.

–Haced la suma –ordenó Belmondo– y traed aquí enseguida el peso correspondiente en oro.

–Justo Belmondo –dijo de repente la voz–, ¿no os olvidáis de algo?

–¿De qué, oh símil mío, oh mi perfecto retrato?

–Tú eres el Justo –prosiguió la voz–, pero deseo que también seáis el Generoso. Añadid al oro un carro para cargarlo y cuatro caballos veloces de vuestras cuadras.

–Así se hará –gritó Belmondo–. Ya lo habéis oído todos: desde hoy se me llamará el Justo y el Generoso.

Cada cosa se hizo en el menor tiempo posible. El oro fue pesado y cargado. Los caballos fueron escogidos personalmente por el rey y enganchados al carro bajo su supervisión. Belmondo mismo ayudó a Gustavo a subirse a la carreta, después de besarle en ambas mejillas. Gustavo se sentó en el pescante, levantó la fusta en señal de saludo, la chasqueó alegremente un par de veces, sacudió las riendas y partió envuelto en una nube de polvo, entre los aplausos de los asistentes.

–Vamos, vamos –dijo entonces Belmondo frotándose las manos–, vamos a hablar con mi estatua. Quiero pedirle consejo para saber si es mejor atacar primero Brislandia o Merovia.

Cuando se reunió la corte al completo en torno a la balanza, el rey se aclaró la voz y preguntó:

–Dime, Belmondo (y que sepas que a partir de este momento te llamaré Belmondo, porque tú eres yo y yo soy tú), ¿por dónde empezaré mis conquistas?

Siguió un silencio de esos en los que solamente se oye el latido del propio corazón. El corazón de Belmondo latía como un tambor de guerra. Pero la balanza no respondía. Allí estaba, grande, pesada, con su plataforma de hierro, el astil graduado en el que se leían las cifras, las pesas de latón: silen-

ciosa, gris, ausente como cualquier otra balanza, como un objeto cualquiera, que ni siquiera es consciente de estar en el mundo.

–Belmondo –dijo el rey dando palmas con las manos–, no te distraigas, estoy hablando contigo. ¿Me oyes?

Ninguna respuesta.

–Belmondo, digo –prosiguió el rey impaciente–, ¿tienes ganas de jugar al escondite?

Y la balanza, callada. Los cortesanos, en cambio, empezaron a murmurar.

–Qué raro –decían–. Nosotros mismos la hemos oído hablar, hace apenas un cuarto de hora.

–Sí, en efecto, y tenía una voz muy clara.

–Y decía cosas sensatas.

–Eh, vosotros, callaos –tronó el rey–. Es más, callaos todos. A lo mejor Belmondo desea hablarme

en secreto. Tendrá cosas que decirme que no debéis escuchar. ¿No es así, Belmondo?

La balanza no dijo nada, pero el rey interpretó su silencio como una señal de que estaba de acuerdo. Los cortesanos se dispersaron rápidamente.

Una vez solo, Belmondo empezó a interrogar a la balanza con suavidad, a rogar, a suplicar que le respondiese. Incluso se puso de rodillas ante ella. Pero la balanza permaneció impasible a sus ruegos. Por lo demás, no podía ser de otra manera. Era solamente la balanza de un panadero. Gustavo la había comprado la noche antes por unas pocas monedas, cuando se había decidido a llevar a cabo su proyecto. Vosotros ya sabéis que Gustavo, charla-

tán, sacamuelas, músico, etcétera, era también ventrílocuo, es decir, que sabía hablar con la boca cerrada, de manera que la voz parecía salir de otra persona. Y así había hecho hablar a la «estatua», o sea, a la balanza.

Cuando el rey comprendió finalmente que había sido engañado, y dio orden de atrapar a Gustavo y de que se lo trajeran vivo o muerto, el charlatán ya había cruzado la frontera con su espléndido carruaje de cuatro caballos.

Y esta es la razón por la que, en los libros de historia, el rey Belmondo Tercero de Murlandia no es recordado como el Justo ni como el Generoso, sino simplemente como el Jocoso.

9 *La guitarra del emperador*

ÉRASE una vez un emperador muy poderoso pero poco listo. Ya se conoce su historia por los libros, de cuando dos impostores le encajaron un traje invisible, pero tan invisible que no existía en absoluto, y él salió al balcón completamente desnudo. Sin embargo, que yo sepa, la historia de la guitarra nunca ha sido contada. Os la contaré yo.

Sucedió hace ya bastante tiempo, un año en que la guitarra se puso de moda, pero tan de moda que noventa personas de cada cien se pasaban las horas aporreando el instrumento y rascando sus cuerdas, y los otros diez aprendían a escondidas a hacer lo mismo. Tocaban la guitarra los viejos, los jóvenes, los barrenderos, los abogados, las mujeres, los cocheros y los traperos. La tocaban los camareros del emperador, los ministros del emperador, los hijos del emperador, la mujer del emperador. Pero no el emperador. Por más que se esforzaba, la música no le entraba por las orejas. Por más que se rompía las uñas con las cuerdas, de su instrumento solamente salían sonidos discordantes que habrían dado escalofríos de disgusto a un hipopótamo. No había nada que hacer, le resultaba imposible.

Lo intentó pagando a maestros y profesores de guitarra con su peso en oro: ellos se enriquecían, pero él no aprendía nada.

También los amenazó con cortarles la cabeza, pero ellos se escapaban y él aprendía aún menos.

–En fin –vociferaba, tirando al suelo la peluca y pisoteándola como si quisiera sacar vino de ella–, ¿será posible que en este país sea el único que no puede tocar, mientras todos los demás se pasan el día haciendo *frin frin* y *fron fron* de la mañana a la noche? Pues ya está bien. Si yo no puedo tocar, los demás tampoco tocarán. De ahora en adelante, queda prohibido tocar la guitarra. Y a quien sea sorprendido tocándola a escondidas, le mandaré cortar los dedos.

–¡Uff! –decía la gente besándose el pulgar, el índice, el corazón, el anular y el meñique–. Mejor decir adiós a la música que a estos de aquí.

Algunos guardaron la guitarra en un armario, otros la escondieron en la buhardilla, hubo quien se apresuró a enterrarla en el sótano, en espera de tiempos mejores. Muchos, además, salieron a las calles y plazas y quemaron sus instrumentos, procurando dejarse ver por los guardias del emperador, frotándose las manos y diciendo:

–Nosotros somos buenos súbditos, ¿eh?

–Cumplimos con nuestro deber, ¿eh? Tomad nota de que nosotros hemos hecho lo que debíamos.

Siempre hay gente que cree que su deber es mostrarse diligente con las autoridades. A los guardias, sin embargo, les importaba un bledo. También a ellos les gustaba tocar la guitarra y también a ellos el veto del rey les había sentado como una patada en el estómago. Alguno no se resignó y fue sorprendido en mitad de la noche, después de haber tapiado puertas y ventanas y tapado todas las fisuras en los muros, arañando suavemente los queridos acordes. Pero enseguida fue arrojado al calabozo, en espera de que le cortaran los dedos.

En aquella ciudad vivían dos jóvenes amigos, Pip y Pop. Por supuesto que tocaban la guitarra. Naturalmente que eran muy valientes. Naturalmente que la idea de quemar sus instrumentos ni se les había pasado por el descansillo que precede a la antecámara del cerebro. Para poder continuar tocando, habían excavado un agujero bajo el pajar de Pip, en pleno campo, y allí se dirigían, al caer la tarde, fingiendo que iban a cazar grillos.

–¡Qué suerte tienen los grillos! –decían riendo a aquellos que tenían ganas de escucharlos–. Por lo menos pueden seguir tocando su guitarrillo sin tener que perder sus patas.

Una tarde, después de desahogarse con algunos acordes y arpegios, Pip dijo a Pop:

–¿Sabes qué estoy pensando?

–Bueno, puedo adivinarlo. Estás pensando que estaría bien estamparle la guitarra en la cabeza al emperador.

–No. Le tengo demasiado aprecio.

–¿A la cabeza del emperador?

–A mi guitarra, tontorrón. Al emperador, en cambio, habría que darle una buena lección.

–Cortarle un dedo mientras duerme.

–Peor.

–Dos dedos.

–Peor todavía.

–Entonces dímelo tú.

Pip expuso su plan, y Pop estuvo de acuerdo. A la mañana siguiente se presentaron en la corte con un gran paquete bajo el brazo, y pidieron ser llevados a la presencia del emperador.

–Le traemos un regalo.

–¿Qué regalo?

–Se lo mostraremos a él.

El chambelán los miró con malos ojos:

–Tenéis toda la pinta de ser unos farsantes, vosotros dos...

–¿Quiénes, nosotros? Nosotros somos Pip y Pop, carpinteros distinguidos. Nos conocen hasta las piedras, nunca hemos engañado a nadie.

–Hum... Ya veremos. Majestad, aquí están Pip y Pop, dicen que traen un regalo.

–Bien, bien, qué jóvenes tan amables. Hacedles pasar, pues.

–Pues verá, Majestad –dijo Pip–, es un poco difícil de explicar. Primero haga salir a todo el mundo y prométanos que no se enfadará y que nos escuchará hasta el final.

–Dejadnos solos –ordenó el emperador–. Hecho. Ahora, escuchemos.

–Majestad –continuó Pip–, le hemos traído una guitarra.

–¿Una qué...?

–Majestad, ha prometido no enfadarse.

–Y escucharnos hasta el final.

–De acuerdo, de acuerdo, lo he prometido. ¡Pero ay de vosotros si habéis venido a tomarme el pelo!

–¡Por el amor de Dios, Majestad! ¿No veis qué cabezas tan bonitas tenemos? ¿Os parece que queremos regalárselas al verdugo? Debéis saber que esta guitarra suena sola. No hace falta aprender música. Nada de maestros, nada de sufrimientos.

–Y no solo eso –añadió Pop–: esta guitarra es tan extraordinaria que suena sin cuerdas.

–¿Sin cuerdas? ¿Pero estáis locos?

–Ya lo oiréis; lo comprobaréis vos mismo, Majestad.

–Y aún hay más –agregó Pip–. Esta guitarra interpreta todos los instrumentos: el piano, el violín, la armónica, incluso el tambor.

–¡Eso no es posible! Pero basta ya de cháchara. Quiero oírla, y si no es como decís, preparaos para el fin que os espera.

Pip desenvolvió el paquete y le mostró al emperador su guitarra. No tenía cuerdas porque se las había quitado él mismo por la mañana.

–Majestad –anunció solemnemente–, ejecutaré la *Sinfonía del Gusano de Seda Silbante*.

–El título me parece un poco raro –observó el emperador–, pero tocad igualmente.

Pip abrazó el instrumento, movió ágilmente los dedos por la caja, donde deberían estar las cuerdas... y una extraordinaria cascada de sonidos invadió el salón, redundó más allá de las puertas y las ventanas, atrajo a la gente en los patios y en las escaleras...

–¿Quién está tocando? ¿Quién está tocando?

El cocinero le preguntó al pinche, el pinche al camarero, el camarero al mayordomo, el mayordomo al chambelán, el chambelán a la emperatriz. La emperatriz, sin siquiera llamar a la puerta, entró en la sala del trono y vio... vio a su marido, el emperador, ¡tocando una guitarra sin cuerdas de la que salía la música de una orquesta entera!

–¡Majestad! ¡Esposo mío!

–Ven, ven, emperatriz querida. ¡Nadie podrá decir ya que no tengo oído! ¡Jamás volverán a decir que soy negado para la música! Y tú, chambelán, ¿a qué esperas? ¡Enseguida, da la noticia al pueblo! ¡Se da plena libertad para tocar la guitarra! ¡Que los prisioneros sean puestos en libertad! Mañana por la mañana, gran asamblea del pueblo en los jardines imperiales, que cada uno traiga su instrumento. ¡Habrá una competición musical y participará Su Majestad el Emperador! ¡Veremos quién se lleva la palma de la victoria!

Un aplauso cubrió sus palabras y los últimos acordes de la sinfonía.

–¡Viva el emperador, padre de la patria y de la guitarra!

–Gracias, gracias –murmuró el emperador, conmovido hasta las lágrimas–. Y vosotros dos, queridísimos Pip y Pop, pedidme lo que queráis. Habéis hecho de mí un hombre feliz, tenéis derecho a una recompensa.

–Pero nosotros no queremos nada, Majestad –exclamó Pip.

–Absolutamente nada de nada –dijo Pop, haciéndose eco de su hermano.

–Ya se lo hemos dicho antes: ¡es un regalo!

–Es cierto, lo habéis dicho. Pero no saldréis de aquí con las manos vacías. Chambelán, llenadles de oro los bolsillos. Y el sombrero también. Y además la guitarra. Ah, no, la guitarra no, que ahora es mía.

–Sí, Majestad –se apresuró a decir Pip–, pero esta noche tendréis que dejárnosla.

–Nos gustaría –añadió Pop– introducir un pequeño perfeccionamiento. ¿No se ha dado cuenta de que el sonido del contrabajo no se oía bien del todo?

–Ya –dijo el emperador para no quedar mal–, y también el oboe, de vez en cuando, silbaba.

–Eso era el *Gusano de Seda Silbante* –explicó Pip–, pero es cierto: el silbido desafinaba.

–Estaba medio tono más bajo –se arriesgó a decir el emperador.

–Exactamente medio tono –aprobó Pop.

Su Majestad sonrió de placer, pensando: «¡Ah, qué pronto se convierte uno en entendido en música!».

–De acuerdo –dijo entonces–, llevaos el instrumento a casa por esta noche. Pero mañana por la mañana, ¡por lo que más queráis!, estad puntuales para el concurso.

–¡Puntualísimos, Majestad!

Y en este punto, los malpensados dirán:

–¡Alto! Ya hemos adivinado cómo termina la historia. Pip y Pop, con los bolsillos y los sombreros llenos de oro, salen por piernas, atraviesan los confines del reino y se van a vivir a un país lejano.

Pues no, el cuento no acaba así.

–¡Ah, sí, ahora lo entendemos! Durante la competición, el emperador toca la guitarra sin cuerdas, no se escucha nada, pero le dan el premio igualmente, para que no se enfade.

Tampoco, totalmente erróneo.

A la mañana siguiente, la guitarra produjo de nuevo la *Sinfonía del Gusano de Seda Silbante*, el pueblo se quedó con la boca abierta y los mejores músicos proclamaron con entusiasmo que nadie había tocado mejor que el emperador. El cual, feliz y contento, mandó que repartieran monedas de oro y almendras garrapiñadas entre todos sus súbditos y regaló a Pip y Pop dos docenas de corbatas.

El caso es que Pip y Pop, además de buenos carpinteros, eran dos óptimos electricistas. Pip había fabricado una «gramola» del tamaño de una caja de cerillas y la había escondido en la caja de la guitarra. Cuando el emperador tenía el instrumento entre sus manos (¡y solamente él podía tocarlo!), la gramola se ponía a funcionar. En fin, era un artilugio electrónico que sería demasiado complicado de explicar. El emperador no se había dado cuenta porque, como ya se ha dicho, no era muy avispado.

La noche antes del concierto, Pip y Pop se habían llevado a casa el instrumento porque se habían dado cuenta de que, dentro de la caja, se veía un hilo minúsculo colgando, quién sabe cómo se había salido, y querían ver si podían repararlo.

La emperatriz, el chambelán e incluso el cocinero de la corte, que eran más listos que el emperador, sospechaban que había un truco, como el del traje nuevo de la vez pasada. Pero el emperador no permitía que nadie hablara mal de su guitarra.

–¡Es pura envidia! –gritaba–. ¡Os escuece tener que admitir que no sabéis tocar tan bien como yo! ¡Pretendíais ser vosotros los únicos en tocar la guitarra!

Pero cuando se quedaba solo, le fastidiaba saber tocar solamente la *Sinfonía del Gusano de Seda Silbante*.

–Me gustaría saber tocar también *Santa Lucía* –refunfuñaba–, pero tengo que conformarme. Soy un principiante... Más adelante, haré venir a esos dos chicos tan encantadores, y ellos me enseñarán.

Y así fue como Pip y Pop pudieron volver a tocar en paz su guitarra. Cuando los poderosos quieren que les tomen el pelo, hay que satisfacerlos.

Y si alguien ahora preguntara:

–Vaya, el emperador tenía que recibir una lección y sin embargo...

Yo le respondería:

–No hay mayor castigo para los ignorantes que dejarles creer que son los mejores y los que más entienden de todo, porque de ese modo seguirán siendo ignorantes toda la vida.

10 *La armónica del soldado*

ÉRASE una vez un soldado que volvía de la guerra. Absorto en sus pensamientos, se decía: «Vaya por Dios, he pasado muchos años lejos de mi casa, he sorteado miles de peligros, he visto la muerte de cerca un centenar de veces, y por si fuera poco he perdido mi paga porque no me he dado cuenta de que tenía un agujero en el bolsillo. ¿Se puede ser más desgraciado que yo?».

En aquel momento vio a un anciano sentado en un mojón. Tendía la mano y decía:

–Sé bueno, soldadito, y échame algún dinerito.

El soldado se enfadó:

–Encima recochineo. Apuesto a que, si le damos la vuelta a nuestros bolsillos, tú serás más rico que yo.

–¿Lo intentamos? –dijo el anciano.

–Probémoslo. ¿La mitad de lo que se encuentre para cada uno?

–La mitad para cada uno.

El soldado estaba seguro de ganar. «Yo no tengo nada», pensaba, «y él, en cambio, pidiendo limosna, algún dinero debe de tener».

El anciano le dio la vuelta a todos sus bolsillos: salió solamente una armónica, tan pequeña que se podía sujetar con tres dedos.

El soldado se sacó los bolsillos de los pantalones, los de la chaqueta, y, mira por dónde, de un pequeño bolsillo cayó una moneda de plata.

–¿Y de dónde ha salido esto? Esta sí que es buena: hace dos días que no como porque he perdido la paga, y ahora me encuentro un tesoro en el bolsillo.

–¿Has visto? –dijo el anciano.

–No sé qué decirte. Pero un trato es un trato. Hemos dicho que la mitad para cada uno, y la mitad para cada uno. Allí hay una posada. Ven, comeremos algo y te daré tu parte.

Fueron hasta la posada, comieron y bebieron. El anciano tocó una canción con la armónica. Se pusieron bastante contentos. Antes de retomar su camino, el soldado dijo:

–Aquí tienes el resto del dinero. Cógelo todo, yo me conformo.

–No, no, todo es demasiado. Tomaré la mitad, como habíamos decidido.

–He dicho todo, y así será. Toma. Antes de que sea de noche, estaré en mi casa y no necesitaré nada.

–Bueno, como quieras. A cambio, quiero darte mi armónica.

–Gracias, me la quedaré con mucho gusto. Un poco de música me hará el camino de vuelta más corto.

El soldado se metió la armónica en el bolsillo, se despidió del viejo y se marchó. Al atardecer se paró en un bosque para apagar su sed con las moras. Detrás de un arbusto descubrió tres hombres agazapados. Estaban armados hasta los dientes.

«¡Madre mía, salteadores de caminos!», pensó el soldado.

Uno de los tres le miró con muy malos ojos.

–Lárgate de aquí, soldado. Se te ve en la cara que no tienes dónde caerte muerto. No queremos nada contigo. Vete y ocúpate de tus asuntos.

Al soldado le faltó tiempo para salir corriendo. Mientras volvía al camino, vio avanzar una diligencia a toda velocidad. El cochero fustigaba a los caballos, cuyos cascabeles tintineaban. Ningún viajero podía sospechar el peligro que los acechaba.

«Ahora, los bandoleros asaltarán la diligencia», pensó el soldado. «¿Qué puedo hacer yo? No es asunto mío».

Se metió las manos en los bolsillos, para disimular, y tocó la armónica del anciano.

«Ya está», pensó el soldado. «Me haré pasar por uno que va tranquilamente tocando la armónica».

Dicho y hecho, se llevó el instrumento a los labios y tocó una alegre melodía. Unos instantes después, los bandoleros saltaron de detrás de los matorrales, apuntando con las armas y gritando:

–¡Alto! ¡Todos quietos! ¡La bolsa o la vida!

El cochero detuvo los caballos. El soldado seguía tocando, fingiendo como si nada. Entonces sucedió algo extraño: los bandidos se miraron a la cara, como si no supieran qué debían hacer; luego, uno de ellos se inclinó, cogió rápidamente unas margaritas y se las ofreció a una señora que asomaba la cara asustada por la ventanilla del carruaje.

–¡Mis respetos, gentil dama! –dijo el villano.

De repente, los demás bandoleros empezaron a recoger florecillas para ofrecérselas a las señoras.

A los caballeros les dieron vino de su bota. Al cochero, que no salía de su asombro, le dieron un escudo. Mientras tanto, seguían quitándose el sombrero y haciendo grandes reverencias a todos.

«Qué bandoleros tan raros», pensaba el soldado, que continuaba tocando por si las moscas. «Hace un momento parecía que querían comerme vivo. En fin, no es asunto mío».

La diligencia emprendió el camino, entre aplausos y saludos con el sombrero. Ya era casi de noche cuando el soldado llegó al pueblo. Justo delante de las primeras casas, dos hombres se estaban peleando violentamente. Cada uno blandía una navaja, parecía que iban a cortarse en pedazos.

El soldado se llevó la armónica a los labios: «No es algo que me importe y no querría que mañana me llamasen como testigo. Yo solo pasaba por ahí tocando la armónica y no quiero meterme donde no me llaman».

Pero en el momento en que se oyeron las primeras notas de la armónica, los dos contendientes soltaron las navajas y se lanzaron el uno contra el otro. Las mujeres gritaron de miedo.

–¡Se van a matar! ¡Se van a matar!

Pero qué va. En realidad se estaban abrazando, jurándose amistad eterna.

«Bien está lo que bien acaba», pensó el soldado.

Satisfecho, se dirigió hacia su casa, besó a su mujer y a sus hijos, y cenó con apetito. Se estaba preparando para pasar la primera noche con los suyos, cuando de repente vino una vecina a reclamar una gallina.

–¿Y yo qué sé de tu gallina? –dijo la mujer del soldado.

–¡Tú me la has robado!

–¿Ladrona yo? ¡Ten cuidado con lo que dices!

–¡Ladrona y mentirosa!

Las dos mujeres estaban a punto de pasar de las palabras a los arañazos cuando el soldado, como el que no quiere la cosa, empezó a tocar la armónica.

La vecina se volvió de azúcar inmediatamente: querida por allí, querida por allá... No paraba de pedir disculpas. Nunca se había visto a dos amigas mejores. Esta vez, el soldado se percató de cómo iban las cosas. La armónica del anciano debía de estar embrujada: quien escuchaba su melodía se volvía amable y tranquilo, incluso si un momento antes hubiera degollado a su hermano.

«No es una armónica», pensó el soldado, «es un pacificador».

El descubrimiento le alegró sobremanera. Sin embargo, decidió no decir nada a nadie, por temor a que la armónica perdiese su virtud y le dejara expuesto al ridículo.

Durante los días siguientes, cada vez que surgía la ocasión, ponía a prueba su instrumento milagroso. De ese modo pudo descubrir algo aún más extraño: la armónica no servía solamente para tranquilizar la pelea en el momento, poner paz en las discordias, cambiar por amabilidad los desaires y las malas palabras; todos los que la habían escuchado alguna vez cambiaban de carácter para siempre, para asombro de sus conocidos, que no podían sospechar el motivo del cambio.

El soldado empezó a reflexionar: «Cuando todos, en mi viaje, se hayan vuelto buenos y generosos, me iré de viaje para resolver los problemas de la gente con la armónica. Pero ¿qué le diré a mi mujer? ¿Cómo me justificaré?».

Finalmente decidió comprar una carreta y algunas mercancías: algodón, agujas, cintas, encajes, zapatillas de lana y otras fruslerías. Y empezó a ir de pueblo en pueblo como un mercader cualquiera. No obstante, donde llegaba se ponía a tocar la armónica.

Las mujeres reían:

–Es listo, el compadre. Nos alegra con la musiquilla y nos saca los cuartos del bolsillo a ritmo de baile.

También él reía, pero no se iba del lugar sin haber pasado por todas las calles, dando una pequeña serenata en todos los patios, saltando la cerca de los huertos, bajo los balcones de la ciudad, y en cualquier lugar donde pudiera haber gente escuchando.

Cuando hubo pasado por todos los pueblos de los contornos, se fue a la ciudad.

Era la primera vez que iba allí, y no sabía que fuese tan grande. Ni siquiera sabía que fuese tan ruidosa. Los tranvías corrían veloces por las vías. Los coches se perseguían, de calle en calle, parándose solamente unos instantes en los semáforos. El soldado, que había dejado su carreta en un patio a las afueras, vagaba desorientado de barrio en barrio. De vez en cuando, se llevaba la armónica a los labios y tocaba tímidamente una canción. Quién sabe por qué, le venían a la mente solo melodías tristes, melancólicas. El débil suspiro del instrumento se perdía en el tumulto del tráfico. Muchos de los peatones que escuchaban el sonido al caminar por la acera se chocaban con el soldado.

«Claro, este me ha pedido disculpas. Este debe de haber oído la armónica». Algunos, tomando al soldado por un mendigo, le echaban en la mano una moneda, antes de alejarse a toda prisa.

«Paciencia. Haré el bien por lo menos a los pocos que me escuchen».

Pero, mientras tanto, se le caía el alma a los pies. Su maravilloso proyecto de hacer cesar en toda la ciudad, en todo el mundo, cualquier manifestación de violencia, de prepotencia, de maldad, le parecía ahora un sueño lejano: un sueño infantil de quién sabe cuánto tiempo atrás, de otro mundo.

Antes de caer la noche, sin embargo, la suerte se puso de su parte. Alguien de la televisión andaba por la ciudad en busca de personajes peculiares para presentarlos en un espectáculo de su creación.

–Debéis saber –había dicho a sus jefes– que también en una ciudad moderna viven personajes que parecen salidos de un libro del siglo pasado. Está el afilador. Hay también algún deshollinador. Hay mendigos a la antigua usanza, acompañados por un perro amaestrado que sujeta el sombrero con la boca.

Y músicos que tocan la flauta, la ocarina y la cítara: instrumentos del pasado que a la gente le gustará ver de nuevo, volver a escucharlos un rato...

–De acuerdo, de acuerdo. Pero no más de veinte minutos de transmisión...

Y fue así como el soldado oyó que le preguntaban:

–¿Le gustaría venir a tocar a la televisión?

Él ni siquiera sabía qué era aquello. Se lo tuvieron que explicar. A medida que iba entendiendo, se le iluminaba la cara: una espléndida idea iba dándole vueltas por la cabeza.

–¿Dice que me escucharán millones de personas?

–Millones. En todo el país. Usted tocará con la armónica esa cancioncilla melancólica que acaba de tocar. Además le pagarán bien.

–Por amor de Dios, no quiero dinero. Me conformo con esto. Es más, me hace muy feliz...

Por una casualidad que sería muy larga de contar, la noche siguiente tuvo lugar la inauguración de la televisión mundial. Cada país tenía cinco minutos de transmisión. A los jefes de la televisión, tras haber dado una ojeada al soldado y su armónica, les pareció que sería original sacarle a él.

–¡Un personaje como este será envidiado en todas las televisiones!

–Una idea extraordinaria. Quién sabe lo que los americanos o los rusos sacarán en antena para dejar a los espectadores pasmados. Luego llegamos nosotros y nuestro hombrecillo, con un instrumento casi invisible, que apenas tiene un hilo de voz, y para escucharla, ¡al menos dos mil millones de personas, desde todos los lugares del mundo, contendrán la respiración! ¡Poesía! ¡Poseía pura! ¡Será un exitazo!

Lo único que el soldado comprendía era que el sonido de su armónica sería escuchado «en todos los rincones del mundo», pondría fin al odio, a las rivalidades, a la violencia; sembraría la amistad de un continente a otro; sus débiles notas caerían sobre toda la tierra como una lluvia de paz. ¡Qué ocasión tan extraordinaria! El soldado se tuvo que poner una mano en el corazón, que le latía como un tambor.

–¡Calma! ¡Calma! –se decía a sí mismo–. Si no, ni siquiera conseguiré tocar.

Luego... luego, de golpe y porrazo, estúpidamente, sucedió el desastre.

El soldado se estaba montando en el coche para acudir al estudio de televisión. Llevaba entre los dedos su precioso instrumento: tenía demasiado miedo de perderla si se la metía en el bolsillo, como le había ocurrido con su paga. El periodista de la televisión también estaba subiendo al coche. Sin querer, se chocó con el soldado. La armónica se le escapó de la mano, que se aflojó de repente; golpeó contra la puerta del automóvil, se cayó, se coló por una rejilla y desapareció.

El soldado se tiró al suelo, intentando desesperadamente meter la mano entre los barrotes de la rejilla. Miró por dentro, en la oscuridad, sin ver nada. Gritó.

–Vamos, rápido –gritaba mientras tanto el hombre de la televisión–, ¿qué hace ahí tirado en el suelo? Venga ya, o llegaremos tarde.

Ha pasado tanto tiempo desde entonces... El soldado todavía está buscando su portentosa armónica. Da vueltas por los espantosos laberintos de las alcantarillas, luchando contra el miedo y las ratas. Ha batido todo el subsuelo de la ciudad. En vano.

En algún lugar, ahí abajo, el minúsculo instrumento se estará enmoheciendo.

El soldado está cansado, envejecido.

–Ayudadme –les dice–, ayudadme a encontrar mi armónica. Vosotros no sabéis que...

–¿Es que acaso es de oro? ¿Está cubierta de diamantes? –la gente se ríe en su cara.

–¿Es un recuerdo de tu pobre abuelita?

El soldado niega con la cabeza, desconsolado. Luego reemprende su búsqueda. No tiene derecho a cansarse. No tiene derecho a perder la paciencia, sabe que de él depende convertir este mundo en un lugar mejor. Y todos lo sabemos.

11 *Nino y Nina*

Un hombre pobre vivía con su familia en una fea casucha, a las afueras de la ciudad. No tenía trabajo, su mujer estaba enferma y a menudo la despensa estaba vacía. Una noche metió en la cama muy temprano a sus dos niños, porque no tenía nada que darles de cena, y se quedó junto a ellos esperando a que se durmieran. Nina, que era la pequeña, se durmió pronto, pero se revolvía en la cama como si tuviera un mal sueño. El mayor de los dos, Nino, no tenía sueño, pero cerró igualmente los ojos para no dar a entender a su padre que tenía hambre. El pobre hombre suspiró, se volvió hacia su mujer y dijo:

–Así no podemos seguir. Esas dos criaturas se pondrán enfermas por falta de alimento, y ni siquiera podremos curarlos porque no tenemos dinero para pagar al médico. Mañana por la mañana llevaré a los niños a la ciudad para que vean la catedral, y encontraré la manera de abandonarlos. Algún alma caritativa se hará cargo de ellos.

La enferma rompió a llorar desconsoladamente.

–No llores –le dijo el marido–, que se van a despertar. Créeme, no nos queda otro remedio. Será por su bien.

Pero Nino no dormía y lo había oído todo. Esperó a que sus padres apagaran la luz, aguardó a que todo estuviera tranquilo, salió de puntillas de la casucha, recogió unas cuantas piedras y se llenó los bolsillos de la chaqueta.

«Sembraré el camino con las piedrecitas», pensaba, «como hacen en los cuentos los niños perdidos en el bosque; así Nina y yo encontraremos el camino a casa y mamá se pondrá muy contenta».

A la mañana siguiente, el padre despertó a Nina y Nino, poniendo una cara alegre y contenta:

–Levantaos, arriba, rápido, que nos vamos a la ciudad a ver la catedral.

Los niños se vistieron a toda prisa. Nino se palpó los bolsillos, tocó las piedrecitas y no sintió miedo.

El padre, sin embargo, para darles una sorpresa antes de abandonarlos, había decidido coger el tranvía y gastó sus últimas monedas comprando tres billetes. Era un día oscuro, caía una lluvia heladora y la gente decía: «Si se para el aire, seguro que nieva».

Las ventanillas del tranvía estaban todas cerradas, y Nino no pudo ir sembrando sus piedrecitas.

«Tengo que tener paciencia», pensó. «Lo único que he de hacer es no perder de vista a papá. Dejaré que se aleje un poquito y le seguiré sin que me vea».

–Mirad –decía el padre mientras tanto–, mirad qué maravilla, cuántos edificios, cuántos coches. ¡Qué bonita es la ciudad!

No era solamente bonita, era inmensa. Parecía que terminaba al final de la calle por la que iba el tranvía, en aquel alegre tumulto, pero al final de aquella calle comenzaba otra, y luego otra, y en todas direcciones salían enormes avenidas con árboles, y por cada avenida, por cada calle, por cada

plaza, pasaban el tranvía, los coches, los camiones y la gente, gente y gente por todas partes. ¿Cómo podía haber tanta gente en el mundo?

Nino y Nina miraban por la ventana con la boca abierta, encantados.

Por fin, el padre dijo que había que bajarse y justo delante de ellos estaba la catedral, toda de mármol gris y reluciente por la lluvia, y en lo alto tenía un bosque de pináculos, una especie de arbolitos de piedra cuyas hojas eran las nubes del cielo.

Entraron en la catedral, agarrados de la mano. Caminaron en silencio entre las columnas, altas y misteriosas. También las columnas parecían formar un gran bosque, y el ojo no llegaba a distinguir, en la parte más alta, las ramas que se entrecruzaban para sostener el techo.

Nino agarraba con una mano a su hermana, con la otra se aferraba a su padre, sintiendo cómo le apretaba cada vez más. Luego, el padre dijo:

–Bueno, esperadme aquí un momentito, mirad mientras tanto esa estatua tan bonita. Sed buenos y no tengáis miedo. Volveré enseguida.

–Sí, papá –dijo Nina.

Nino no dijo nada. Miró a su padre, que le acariciaba el pelo y se esforzaba por sonreírle. Le vio alejarse casi a la carrera, girarse, echar a andar de nuevo y esconderse tras una columna.

«Cuando salga de detrás de la columna», se dijo Nino, «le seguiremos». Esperó y esperó, pero el padre no aparecía. Nino corrió hasta la columna, arrastrando consigo a su hermanita: no se veía a papá por ninguna parte.

«A lo mejor me he fijado en la columna equivocada», pensó Nino.

Vagaron inútilmente de columna en columna, de un lado para otro, por las inmensas naves.

–Estoy cansada –dijo Nina al cabo de un rato–. ¿Por qué no vuelve papá?

Nino la sentó en un banco. La niña, al momento, apoyó la cabeza sobre las rodillas y cerró los ojos. «Le dejaré que duerma un poco», pensó Nino. «Luego saldremos y buscaremos el camino de vuelta a casa».

Sin embargo, cansado y emocionado, él también se quedó dormido.

Alguien los despertó zarandeándolos con cierta brusquedad y con una voz que decía:

–¿Qué estáis haciendo aquí? ¿Os habéis creído que la catedral es un dormitorio?

Abrieron los ojos al tiempo y vieron a una viejecita envuelta en una gran toquilla negra. En su arrugado rostro brillaban unas gafas que daban miedo. Nina se echó a llorar. Nino se levantó, alzó a su hermana, la cogió por el brazo y la arrastró consigo.

–¿Dónde vais? ¡Venid aquí! –ordenó la vieja amenazándolos con el dedo.

O quizás no quería amenazarlos, a lo mejor hasta quería que pidieran limosna, pero los dos niños echaron a correr despavoridos y ella no pudo alcanzarlos. Bajó la cabeza, perpleja, y miró a su alrededor como buscando ayuda, pero solamente vio un turista leyendo su guía. «Pequeños vagabundos», pensó la vieja. Y se fue a ocuparse de sus cosas.

–¿Era la bruja? –preguntó finalmente Nina a su hermano, mientras caminaban agarrados de la mano entre el gentío que andaba por la acera.

–No –dijo Nino–, las brujas no andan por la ciudad.

–¿Dónde vamos? –preguntó entonces Nina.

–A casa.

–Pero para ir a casa tenemos que coger el tranvía –razonó la pequeña–. ¿Por qué no cogemos el tranvía?

–Porque no tenemos dinero.

–¿No podemos preguntar al conductor si nos puede llevar sin pagar? Somos dos niños pequeños, ocupamos poco sitio.

–Hay tantos tranvías que no sé cuál coger.

–¡Pero el conductor tiene que saberlo!

Vagaron durante horas y horas en un bosque hostil de casas, entre el estruendo del tráfico, ateridos y abatidos. De vez en cuando, Nina lloriqueaba, se quejaba del hambre, del frío y del cansancio. Nino la dejaba descansar algunos minutos contra algún muro, bajo algún portal, sentada en el sillín de alguna moto estacionada. Pero si veían un guardia a lo lejos, o la mirada sospechosa de algún transeúnte, salían corriendo de su improvisado refugio.

Hacia el anochecer empezó a nevar. Nino y Nina buscaron amparo en un pasaje cubierto, entre dos calles. Ahí dentro había un montón de cajas de madera, bajo una bóveda de piedra oscura y húmeda.

–Nos haremos una cabaña –dijo Nino.

Por suerte, moviendo algunas cajas vacías, encontró dos más grandes que las demás; las juntó, las cubrió con otra caja y se hizo un pequeño y acogedor refugio. Nina se metió en una de las cajas; Nino, en la otra. Pero no se soltaban de la mano, para darse ánimos. Nadie pasaba por allí, la nieve había amortiguado el ruido del tráfico, era como si se encontraran en una cabaña en el bosque. A su alrededor caía la noche, dulce y maternal a pesar de todo. Los dos niños hablaron un poco más y luego se quedaron dormidos.

Aquellas cajas pertenecían a un panadero, y justo al lado se abría la puerta del horno de pan. Unas horas después de la medianoche, el panadero se levantó para preparar la primera hornada. Estaba de mal humor, porque su aprendiz se había despedido y ahora tenía que hacerlo todo él solo: encender el fuego, amasar, dar forma a los panes y meterlos en el horno.

Hubo un momento en que tuvo que salir bajo el soportal para buscar algo. Le pareció escuchar un ruido extraño, como si alguien roncara suavemente. Aquel sonido era la respiración de Nina, quien, después de pasarse todo el día vagando de un lado para otro, se había cogido un feo resfriado.

–¿Quién está ahí debajo? –gruñó el panadero.

Nino, en mitad del sueño, debió de oír su voz, porque se movió y cambió de posición dentro de su caja, haciendo ruido con los zapatos.

–¿Quién anda ahí? –dijo el panadero subiendo la voz y agarrando un barrote de hierro.

Escrutó en la oscuridad sin moverse. Luego decidió mirar dentro de las cajas y descubrió a los dos niños dormidos. Se inclinó sobre ellos con curiosidad. Nino fue el primero en despertarse. En la penumbra del soportal vio, a dos palmos de distancia, los ojos oscuros y severos del panadero, con sus grandes bigotes y su mandil blanco, y lanzó un grito. Su alarido despertó también a Nina, horrorizada, y se echó a llorar llamando a su madre en voz alta:

–¡Mamá! ¡Mamá!

–¡Venga, vamos! –dijo el panadero con actitud huraña–. ¡Salid de ahí!

Nino fue el primero en obedecer, consolando dulcemente a su hermanita:

–Hagamos lo que él dice. Seguro que no nos hará ningún daño.

Nina estaba convencida de que aquel hombretón, gordo y grande, que daba miedo, era un ogro en persona, pero ni siquiera se atrevía a rechistar.

El panadero los llevó dentro, les hizo sentarse en un saco de harina medio vacío y se dio la vuelta para abrir el horno y controlar el calor.

Cuando vio las llamas, Nina abrazó a su hermano con fuerza y le susurró al oído:

–¡No quiero que me eche al fuego dentro del horno!

Nino no sabía qué responderle. Le dio una palmadita en el hombro y le besó los cabellos como había visto hacer tantas veces a su padre con su madre. El panadero, de vez en cuando, les dirigía la palabra, pero ellos estaban demasiado aterrados como para responder. Volvió a abrir y cerrar varias veces la boca del horno, y cada vez Nina creía que había llegado su hora. Pero el panadero ahora trabajaba sin mirarlos. El lugar estaba calentito, tranquilo, y poco a poco se iba extendiendo una exquisita fragancia, un olor cálido y misterioso. A Nino le pareció reconocer aquel aroma, aquel perfume rico y familiar, pero no se atrevía a darle un nombre. Ahora los dos niños se habían tranquilizado un poco y miraban cómo trabajaba el panadero, siempre abrazados.

De repente, el hombretón se acercó a ellos. Tenía en la mano dos panes dorados, humeantes.

–¿Tenéis hambre? –preguntó–. Vamos, cogedlos. Son solamente dos migajas. ¿Tenéis miedo de que os muerdan?

Nino cogió los dos panes y le dio uno de ellos a su hermana. Abrasaba, pero el aroma era tan fuerte que casi daba dolor de cabeza.

Llevaban mucho tiempo sin comer; en su vida habían probado un pan tan bueno.

Se comieron los dos panes, y después otros dos; el grueso panadero no decía nada: cuando veía que se lo habían acabado, cogía más panes de una cesta.

–¿Pero cuándo habéis comido por última vez? –preguntó después de traerles el sexto pan para cada uno.

Entonces Nina se echó a reír, se puso en pie de un salto y empezó a dar saltos por la tahona como una loca. También Nino sonrió al buen hombre, aunque pensó: «Fíjate por dónde, y nosotros que le habíamos tomado por un ogro».

Hacia las seis de la mañana bajó la mujer del panadero para abrir la tahona, el marido señaló con el dedo a los dos niños y ella le riñó por no haberla llamado antes.

–¿No ves que tienen fiebre?

–Sí –dijo el panadero–, tienen la fiebre del hambre.

Pero la mujer del panadero no estaba para oír historias: cogió a los dos niños, se los subió a la habitación de arriba y los acostó. Y todavía estaban en la cama cuando llegó su padre, que después de haberlos abandonado había vuelto para buscarlos, aunque demasiado tarde, y luego no había hecho más que vagar de comisaría en comisaría, en busca de noticias, y finalmente un agente le había dado la dirección de la tahona.

–Vaya con cuidado –le dijo la mujer del panadero–, no vaya a despertarlos. He telefoneado a la policía porque era mi deber, pero ni siquiera he permitido a los agentes que los despierten. Y ahora tengo todo el derecho de escuchar toda la historia. Adelante, venga aquí y cuéntenos.

–¿Y qué puedo contarles? –preguntó el pobre hombre, atemorizado.

–Todo –sentenció la mujer del panadero.

También el panadero escuchó la historia ensortijándose los bigotes, y luego dijo:

–Escuche, me he quedado sin ayudante, no tengo a nadie que haga las entregas a los clientes. Si le parece bien, puede trabajar para mí.

Entonces, el pobre hombre se puso a llorar y lloró también por todos los días que se había tenido que tragar las lágrimas, para no llorar delante de su familia. Y aceptó aquel trabajo. Nunca olvidó que habían sido Nino y Nina quienes le habían ayudado a encontrarlo. Al igual que en los cuentos, los niños abandonados por sus padres habían regresado a casa con un tesoro.

12 *La casa de Tres Botones*

ÉRASE una vez un carpintero que se llamaba Tres Botones. Quizás se llamara también Santiago o Napoleón, pero todo el mundo le llamaba Tres Botones desde hacía tanto tiempo que nadie se acordaba ya de su verdadero nombre, ni siquiera él mismo.

Vivía en una aldea muy pobre, donde la gente no tenía dinero para hacerse muebles nuevos. Al cabo de un año, más o menos, le habían pedido solamente una mesa y cuatro sillas. Y al año siguiente le pedían, como mucho, un taburete.

–¿No queréis un armario?

–Bueno, depende de cuánto cueste.

–¿Y una cómoda?

–Quizás el año que viene.

–¿Qué tal un perchero?

–Buena idea. ¿Para colgar qué?

La poca ropa que tenían la llevaban puesta.

Tres Botones pensó: «Me conviene mudarme a otra aldea. Sin embargo, si voy a un lugar nuevo, tendré que comprar una casa, o si no, alquilarla. Debería fabricarme una caseta de madera y meter en ella todas mis herramientas: me la llevaré conmigo a todas partes y cuando haga fortuna me casaré, y cuando me case se la daré a mis hijos para que jueguen en ella».

Ni corto ni perezoso, enseguida se puso a trabajar. Como carpintero era bueno, el cansancio no le aburría y no tenía miedo de pillarse los dedos con el martillo.

Además Tres Botones era bajito. Y también delgado. No necesitaba una casa tan grande. En realidad la construyó muy pequeña: dentro solamente cabían él mismo, el martillo y el cepillo, pero el serrucho no, y tuvo que colgarlo fuera en un clavo. Encima de la puerta escribió su nombre: «Tres Botones». Bajo la casa colocó cuatro ruedas. Para tirar de ella, colocó una vara.

–Mira, mira –decía la gente–, Tres Botones se ha hecho una casa con asa.

Y se reían. Pero Tres Botones fingía no haber oído.

Cuando partió, tirando de su casita con ruedas, la gente decía:

–Mira, mira, Tres Botones se ha hecho una «caravana». ¿Y dónde echas la gasolina, si no tiene depósito? ¿Te la bebes?

Tres Botones se levantó el sombrero para saludar y se marchó. La casa era ligera. Cuesta abajo,

Tres Botones se montaba encima, como si fuera una carretilla, ¡y andando!

Caminó y corrió, llegó la noche y Tres Botones se detuvo en un prado a descansar.

–Dormiré aquí. Por hoy ya he hecho bastante camino.

Unas horas más tarde, le despertó la lluvia que caía sobre el techo. Se había desatado una tormenta y caían rayos por todas partes.

«Escucha cómo truena», se dijo Tres Botones.

Pero no eran solamente los truenos. Había alguien golpeando las paredes de la caseta. Llamaba y llamaba, y una voz imploraba:

–Ábreme la puerta, por favor. ¡Ábreme, Tres Botones!

–¿Quién llama?

–Estoy empapado, déjame entrar.

–Ya va, ya va –dijo Tres Botones abriendo la portezuela–. Me he construido la casa a medida, pero si quieres entrar tú también, tan contentos. Donde cabe uno, caben dos.

Entró un viejecito, se escurrió la barba y se recostó.

–¿Ves cómo quepo?

–Sí, lo veo. ¿Pero quién eres?

–Soy tu tío Carmelo. Me he quedado solo, no tengo a nadie que me dé un plato de sopa, y he pensado en ti. Imagínate lo mal que me he sentido cuando me han dicho en el pueblo que te habías marchado. Por suerte, los chavales han visto qué camino habías tomado y me han indicado por dónde ir. Te has construido una casa nueva, ¿verdad? ¿Te van bien las cosas ahora?

–Más o menos, más o menos –dijo Tres Botones.

–Bien, me alegro –dijo el tío Carmelo–. Ahora discúlpame, pero necesito dormir. Hablaremos mañana por la mañana.

–Que descanses –le dijo Tres Botones. Él, en cambio, se quedó despierto rascándose la cabeza y pensando: «Pobre viejo, juraría que tampoco ha cenado. Justo como yo».

Y mientras tanto no paraba de tronar. Pero no eran solamente los truenos. Había alguien llamando a la puerta, y una voz que suplicaba:

–Abre, por favor. ¡Ábreme!

–¿Quién es?

–Una pobre mujer con sus tres hijitos. La tormenta nos ha cogido en mitad del camino y no tenemos dónde cobijarnos.

–Entrad si podéis –dijo Tres Botones abriendo la puerta–. Me he construido la casa a medida, pero si cabéis, todos contentos.

–Donde hay sitio para dos, hay sitio también para otros tres. Cogeré a los niños en brazos.

Entró la mujer, entraron sus niños, se acostaron y todos cabían.

–Se lo agradezco mucho –dijo la mujer–. Se está muy bien aquí dentro.

–Perdone que se lo pregunte, ¿pero dónde iban con este temporal?

–Iba a la desgracia, ahí es donde iba –dijo la mujer echándose a llorar–. Me he quedado viuda y con estos rapaces, no podía pagar el alquiler y el casero me ha desahuciado. ¡Quién sabe qué será de nosotros mañana!

–No piense en eso ahora. Procuren dormir un poco.

Tres Botones, sin embargo, no podía dormir y pensaba: «Pobre de ella y pobres de sus niños. Jura-

ría que ni siquiera han cenado. Como yo y como el tío Carmelo».

La tormenta continuaba. Llovía a cántaros sin parar. Los truenos retumbaban hasta los confines de la tierra. Y de vez en cuando alguien llamaba a la puerta, buscando refugio, y Tres Botones le hacía pasar diciendo:

–Donde hay lugar para cinco hay lugar para seis... Donde hay lugar para seis hay lugar para siete... Donde hay lugar para once hay lugar para doce...

Uno de ellos era un leñador cuya cabaña había sido arrastrada por el torrente de agua. Otros eran dos jóvenes que viajaban al extranjero para buscar trabajo. Luego llegó un viejo al que habían echado

de casa porque no podía trabajar más. Más tarde, un sirviente del rey al que el mayordomo había echado del palacio porque se había puesto enfermo y no quería curarle.

Antes del amanecer, cuando el cielo estaba más oscuro y los truenos eran más violentos, un imperioso puño aporreó la puerta tan violentamente que hizo temblar toda la casa.

–¡Abrid!

«¿No podría añadir "por favor"?», pensó Tres Botones, sorprendido. No obstante abrió la puerta y se encontró frente a...

–¡Dejadme entrar!

Pero si era el mismísimo...

–¡Dejad entrar también a mi caballo!

No cabía la menor duda: el manto estaba chorreando, pero la corona brillaba como si la tormenta le hubiera sacado brillo. ¡Era el rey!

–Donde hay sitio para doce, hay sitio también para trece –murmuró Tres Botones haciendo una reverencia. Y añadió para sí: «Y donde hay sitio para un rey, hay sitio también para su caballo».

–Vista desde fuera –dijo el rey–, tu casa parecía más pequeña.

El rey entró y miró a su alrededor a la luz de los relámpagos.

–En realidad –explicó Tres Botones–, la construí a la medida de mi persona.

–¿Qué madera has utilizado?

–Castaño, Majestad.

–El castaño no es elástico como la goma. Hay algo que no comprendo.

–Y menos mal que lo hay –dijo Tres Botones–, de otro modo habría sido imposible que entrara tanta gente.

Su Majestad el rey Bernardino Cuarto se quedó pensando largo rato.

–Quizás no tenga nada que ver con la madera que se ha utilizado, sino con el corazón –dijo.

–¿Y cómo es eso posible?

–El corazón tiene el tamaño de un puño, pero si uno quiere puede meter dentro a toda la gente del mundo y permanecer en su sitio. Se nota que esta casa la has hecho con el corazón.

Tres Botones se quedó callado.

–¿Y toda esta gente, de dónde ha salido? –preguntó el rey señalando a la pequeña multitud que dormía plácidamente.

–Pues verá: aquel es el tío Carmelo, aquella es una viuda con sus hijos, aquel...

Tres Botones explicó cada detalle al rey Bernardino, quien, escuchándole, se iba poniendo cada vez más triste. Cuando finalmente se fijó en su criado enfermo, que se quejaba mientras dormía, se quitó la corona de la cabeza, como si de repente se hubiera vuelto demasiado pesada para llevarla.

–Pensaba que era un buen rey –dijo–, y mira cuánta gente desgraciada. ¿Qué he hecho yo por estas personas? Mucho menos que tú, que por lo menos les has ofrecido un techo para pasar la noche. Es hora de que me vaya.

–¿Con esta lluvia, Majestad?

–No, no quería decir esto. Es hora de que me vaya a una posada. Si uno no sabe gobernar para hacer felices a los demás, es mejor que se quite la corona de la cabeza.

Se quedó reflexionando unos minutos más, y luego dijo:

–Sin embargo, todavía puedo hacer algo. En cuanto termine la tormenta, venid todos conmigo.

Tú, por lo que veo, eres un buen carpintero y en palacio no te faltará trabajo. Pensaremos también en los demás: quien necesite ser curado lo será, quien busque trabajo lo encontrará. A cambio, tú me darás tu casa con ruedas: con ella recorreré todo el reino en busca de personas que necesiten de mi ayuda. ¿Estás de acuerdo?

No se sabe qué respondió Tres Botones, porque justo en aquel instante se oyó el sonido de una bocina.

Durante la noche, el viento había empujado la caseta en medio del camino y la diligencia no podía pasar.

–¡Eh, vosotros! –gritaba el conductor–. ¡Eh, pandilla de gitanos, despertad! Apartaos a un lado.

La gente se pegaba a la ventanilla y se reía.

–Es la casa de Tres Botones...

–¿La casa? ¡Querréis decir la caravana!

–¡Despierta, Tres Botones!

Tres Botones salió de la caseta y lo primero que comprobó con alivio fue que ya no llovía. Detrás de él salió el tío Carmelo, peinándose la barba. Tras el tío Carmelo salió la viuda acompañada de sus tres rapaces; el último se arrastraba a gatas.

–Pero aquello no es una casa –reía la gente–, ¡es el sombrero de un prestidigitador! ¡Veréis cómo al final sale un conejo blanco!

No paraban de salir personas, y venga a salir más gente.

–¿Pero cómo habéis conseguido estar todos ahí metidos sin quedar aplastados como sardinas?

–¡Mirad! ¡También había un caballo! ¡Un caballo blanco! No un conejo...

Y detrás del caballo salió el rey en persona. En ese momento, todos enmudecieron. El cochero hizo tal reverencia que parecía que se iba a partir la espalda en dos.

–Ya está, ya está, nada de historias –dijo el rey–. Dejad que suban todas estas personas, yo les pago el billete. La caseta de Tres Botones puede ir enganchada detrás, a modo de remolque. Yo iré a caballo y os diré dónde tenéis que parar.

Si los libros de historia dicen la verdad, aquella fue la primera vez que la diligencia llegó a la capital escoltada por el rey a caballo. Y también fue la última.

Tres Botones se casó con la viuda y, para que los niños pudieran jugar, construyó otra casita de madera con ruedas, como la primera. Era igual de pequeña, pero dentro cabían todos los niños de la ciudad y si, por último, un gato quería entrar, también había sitio para él.

13 *El rey Midas y el bandido Filomeno*

Midas, rey de los frigios, recibió como regalo de los dioses una virtud extraordinaria: todo aquello que tocaba se convertía en oro. Imaginaos cómo se aprovechaban sus cortesanos:

–Majestad, por favor, tóqueme este bastón.

–Esta llave, Majestad.

–Esta olla, señor.

–¿Una olla? ¿Y qué quieres hacer con una olla de oro?

–Un capricho de mi mujer, señor: la desea tanto que no me deja en paz ni de día ni de noche.

El rey Midas se echó a reír: rozó la olla con el dedo meñique, y esta se convirtió en oro.

El barbero del rey se había hecho mudar en oro las tijeras, la navaja y la palangana del jabón. Desde todos los rincones del reino partían chalados llevando sus objetos para que Midas los tocara y se convirtieran en oro. Un majadero cargó a sus espaldas, durante días y días, un pesado peñasco recogido del campo. Llegó a la capital exhausto y con los hombros destrozados.

Un muchacho le dijo:

–¿No habría sido mejor recorrer el camino sin peso y recoger piedras en el jardín del rey?

El bobalicón se vio tan afectado por esta observación que se puso a llorar. Las ganas de tener el oro se le habían pasado por completo. Se puso en camino para regresar a casa; sin embargo, como era un tonto, se echó a los hombros su pedrusco.

Aquella mañana, sin embargo, el rey Midas no tenía ganas de obrar milagros. Los cortesanos que se arremolinaban en la antecámara de su dormitorio esperando que se despertara no lo vieron aparecer, ni tampoco fueron llamados.

A mediodía, temiendo que el rey se sintiera mal, abrieron la puerta con cautela. El lecho estaba vacío, en la habitación no había nadie. El rey Midas había desaparecido.

El rey Midas había sido raptado, durante la noche, por una pequeña pero audaz banda de malhechores. La lideraba un tal Filomeno, un minúsculo hombrecillo, astuto como un demonio: era más listo, él solo, que los cinco bribones que obedecían sus órdenes.

Mientras los cortesanos daban la voz de alarma por la desaparición del rey, Midas se encontraba, atado de pies y manos, en la cueva de Filomeno,

rodeado por cinco amenazadores rostros, seis contando el de Filomeno, que en cambio no amenazaba, sino que se reía.

–Y así, Santa Majestad –decía el minúsculo jefe de la banda–, tenemos a nuestro invitado.

–Si queréis el oro –respondió Midas–, no tenéis más que poneros a la cola en la escalera de mi palacio. Todas las mañanas salgo a tocar los objetos que la gente me trae. He transformado en oro cuchillos, cucharas, herraduras de caballo, juguetes infantiles, siempre sin mirar la cara a nadie.

–Seguro –exclamó Filomeno– que es tal como decís. Pero nosotros hemos pensado algo mejor. En lugar de ir a la fuente con nuestro cubo, nos hemos dicho: ¿por qué no nos llevamos la fuente entera?

Ahora eres nuestro, Midas, y trabajarás solamente para nosotros. Nunca más tendremos que tender emboscadas ni asaltar las mansiones de los ricos, arriesgando el pellejo para arrancarles unas migajas como botín. El rey Midas nos proporcionará todo el oro que necesitemos y nos daremos la gran vida.

Los cinco bandidos se echaron a reír:

–¡Bien dicho, jefe! Una buena vida y grandes juergas. Rápido, desatemos las manos al prisionero y veamos si es verdad todo lo que dicen.

–¡Mi sable! Quiero que toque mi sable y que se vuelva de oro.

–Idiota –dijo Filomeno sin levantar la voz–. Sois cinco y no tenéis más cerebro que una gallina hervida.

Los bandidos se ruborizaron y el jefe prosiguió:

–Abrid bien las orejas y procurad comprender mi plan. Si el rey Midas toca las paredes de esta cueva, se convertirán en oro. Es posible que toda la montaña se convierta en oro. ¿Y después qué? ¿Qué haremos con una montaña de oro en este maldito país, donde todo el mundo nos conoce y sabe que estamos fuera de la ley?

Los cinco malhechores se rascaron la cabeza, preocupados, refunfuñando:

–Ya... Seguro... Si bajamos a la ciudad y entramos en una posada, el posadero llamará a los guardias y estaremos perdidos.

Filomeno soltó una risotada.

–Veo que empezáis a distinguir el blanco del negro. Hacéis progresos, me alegro por vosotros. Esto es lo que haremos: nos embarcaremos en una nave y huiremos al extranjero. A Egipto, por ejemplo. Allí las ciudades son inmensas, y nadie nos conoce. Alquilaremos una preciosa casa, con un buen sótano. Midas permanecerá encerrado allí y fabricará oro para nosotros. ¿Os ha quedado clara la idea?

Los cinco bandoleros se rascaron la cabeza, preocupados, rugiendo:

–¡Viva Filomeno! –gritaron los cinco malhechores, saltando e improvisando un baile en honor de su jefe.

–Entonces, de acuerdo –concluyó el enano–. Nos pondremos en marcha al ponerse el sol. Y ahora dadme algo de comer, que tengo hambre.

–Yo también tengo hambre –dijo el rey Midas, que hasta aquel momento había estado escuchando sin pestañear.

Filomeno le lanzó una mirada, luego dio órdenes a uno de sus esbirros para que le desatase las manos al prisionero.

–Dos de vosotros estaréis vigilándole con el puñal desenfundado. Al primer movimiento sospechoso, pinchadle un poquito, pero sin clavárselo del todo.

El rey Midas, en cuanto le desataron los puños, se restregó las manos vigorosamente. Después cogió el plato que Filomeno le había puesto delante, y en un instante el plato se convirtió en oro.

–¡Ooooh! –dijeron los villanos, abriendo la boca de oreja a oreja.

–No empecemos con las bromas –saltó Filomeno–. Si crees que puedes cautivar a mis hombres con estos jueguecitos, los juzgas mal. Son estúpidos, pero fieles.

–Mejor para ti –dijo el rey Midas–. Pero yo no puedo tocar nada sin hacer esta broma, como tú dices. De hecho, tendrás que darme la comida en la boca. Si lo toco yo, ese pernil de cabrito se convertirá en oro, y el oro no es comestible.

Filomeno tuvo que resignarse a dar de comer al rey. Le sujetaba la carne delante de la boca y Midas la mordía con apetito, guiñando un ojo.

–¡Qué bueno! –decía–. Asado justo en su punto. ¿Es que no hay nada de beber?

Filomeno acercó un vaso a los labios del rey.

–Perfecto –dijo el rey Midas después de beber–, un vinillo de oro –o sea, quería decir exquisito, naturalmente. El oro no se bebe.

Los cinco forajidos miraron a su jefe para saber si tenían permiso para reírse o no. Pero Filomeno permaneció callado, y ellos se contentaron con comentar la agudeza de Midas con una mueca ambigua.

–Se me ha quedado un trozo de carne en un diente –dijo el rey en ese momento–. ¿Sabes?, tengo una muela hueca. Tendréis que quitármelo con un mondadientes.

Filomeno perdió la paciencia y respondió al rey con una burla. En pocas palabras, le enseñó la lengua.

Midas estuvo muy rápido, alargó un dedo y se la tocó.

Filomeno soltó un alarido y se quedó allí con un palmo de lengua colgando de la boca: se había convertido en una lengua de oro.

–Me ha... me ha... –gemía Filomeno, tocándose la lengua con las dos manos.

–¿Cómo dices? –le preguntó el rey, solícito–. No te entiendo bien. ¿No es extraño? Con una lengua de oro deberías hablar incluso mejor que con la de antes: deberías decir palabras de oro, palabras preciosas, de oro puro.

Filomeno cayó de rodillas y juntó las manos, en actitud de súplica desesperada.

–Lo siento, amigo mío –dijo el rey Midas–. No puedo deshacer lo que he hecho. Yo solamente produzco oro auténtico, de dieciocho quilates. Si queréis oro falso, tendréis que dirigiros a otra persona.

Los cinco bandidos, aterrados ante semejante prodigio, se habían refugiado uno detrás del otro, formando un tembloroso montón en el fondo de la cueva.

Midas se desató tranquilamente los pies, se levantó, estiró las piernas dando un brinco, y luego se volvió de nuevo hacia Filomeno, riendo:

–Querías oro y ya tienes la boca llena. ¿De qué te quejas? Bueno, ya es hora de irme. Sin embargo, quiero daros las gracias por vuestra hospitalidad.

Al decir estas palabras, tocó las paredes de la cueva, que brillaron como si las hubiera tocado el sol: se habían convertido en oro. Midas tocó también los asientos de piedra, la tosca mesa sobre la que le habían servido la cena y las miserables armaduras de los bandidos, colgadas de un gancho.

–¿Os basta? ¿O todavía queréis más?

Los cinco malhechores parecían enloquecidos. Abrazaban las rocas de oro, se tiraban al suelo para recoger piedras de oro, se peleaban por la mesa de oro.

El rey Midas les echó una última ojeada y salió de la cueva.

Filomeno le siguió, arrastrándose de rodillas, emitiendo gemidos de súplica y de dolor, pero el rey ni siquiera se dio la vuelta para mirarle; es más, apretó el paso en dirección a la ciudad, cuyos tejados resplandecían al pie del monte. Filomeno se puso en pie y salió corriendo detrás, agarrándose a su manto igual que un niño se agarra a las faldas de su madre.

Fue así como los frigios vieron el regreso de su rey, seguido de un enanito que mostraba una larga lengua de oro.

–Este es el jefe de la banda –dijo Midas a los cortesanos que se iba encontrando–. Mandad guardias a la cima de la montaña, a aquel lugar, y encontraréis a los demás.

En efecto, los encontraron. Por nada del mundo habrían abandonado la cueva de oro, que ahora se había convertido en una trampa para ellos. Los hicieron presos y fueron llevados a prisión. Pero no en la misma celda que el jefe. Midas había querido que Filomeno se quedara con él, en palacio. Lo llevaba detrás como un perro, se lo mostraba a la gente

que, como de costumbre, le presentaba cualquier objeto para que lo tocara y se convirtiera en oro.

–¿Queréis que os toque la lengua? –preguntaba Midas–. ¿O quizás la nariz? ¿Preferís tener una bonita nariz de oro?

La gente retrocedía, atemorizada. ¿Qué le había sucedido al buen rey Midas, que hasta el día anterior se había mostrado tan generoso con todos?

–Fijaos: la semana pasada –contaba un cortesano con lágrimas en los ojos– transformó para mí en oro el cuenco donde doy la comida a mi perro. Y ahora mirad...

Sí, el rey Midas había cambiado. Había creído que el oro le habría permitido dar la felicidad a sus súbditos y, sin embargo, había comprendido que ello desencadenaba las más tremendas pasiones.

«Filomeno solamente ha sido el primero», pensaba el rey Midas. «Mañana, quién sabe cuántos soñarán con adueñarse de mí y de mis manos. Y seré yo quien haya hecho nacer en ellos pensamientos de villanía».

Fue entonces cuando decidió liberarse del peligroso don que le habían concedido los dioses. De hecho, como cuenta la historia, se liberó de ello bañándose en las aguas del río Patolo, que anulaba los encantamientos.

Cuando salió del agua, tocó una piedra y la piedra siguió siendo piedra; tocó una flor y la flor siguió siendo una flor. En ese mismo momento, todos los objetos que sus manos habían convertido en oro volvieron a su aspecto anterior y a su naturaleza original.

Las herraduras de caballo volvieron a ser de hierro, las cazuelas fueron otra vez de barro. También la lengua de Filomeno se curó. El enano pudo hablar, y estaba tan conmovido que solamente podía decir:

–¡Gracias!

El rey Midas lo mantuvo en la corte: un enano en la corte siempre viene bien, ya se sabe. Los cinco malhechores, liberados de la cárcel, entraron al servicio del rey como leñadores. También el bobalicón que llevaba a casa su pedrusco había llegado a su pueblo y había vuelto a poner la piedra en su lugar, al pie de una higuera. Era una piedra muy útil porque subiéndose a ella se podían alcanzar las ramas más altas, donde crecen los higos más dulces.

14 *El doctor de los espejos*

No hagáis muecas delante del espejo; este podría vengarse. Reflexionad sobre el caso del doctor Policarpo Rodríguez, dentista de fama reconocida en la ciudad de Castelblanco. Un caso verdaderamente instructivo.

Un día, a las nueve de la mañana, el doctor Policarpo fue visto entrar en el café Italia. Hasta aquí todo normal, diréis: un dentista que entra en el café Italia y pide un café con leche no es algo que vaya a sorprender a nadie. Pero el doctor Policarpo estaba en pijama y al entrar le sacó la lengua a la cajera, y esto explica por qué la cajera se desmayó, el camarero se quedó pálido y el propietario del café Italia telefoneó al hospital:

–¿Sí? ¡Vengan rápido! Nuestro dentista debe de haber enloquecido por el calor.

Los clientes más valientes se acercaron al profesional y le cogieron por el brazo, intentando hacerle razonar: a todos les sacaba la lengua, sin decir nada más. Del hospital partió una ambulancia, pero nunca llegó al café Italia porque, a mitad de camino, tuvo que pararse debido a una gran multitud de gente que bloqueaba el tráfico.

–¡Paso, tenemos que socorrer al doctor Rodríguez!

–¡Pero si el doctor Rodríguez está aquí!

–¿Dónde?

–Mirad, aquí mismo.

En medio de la multitud, el buen dentista, en pantalones y camiseta interior, con los tirantes colgando, se estaba lavando los dientes enérgicamente con su cepillo al efecto, pero de vez en cuando se paraba, enseñaba la lengua o se ponía el pulgar en la punta de la nariz y con los otros cuatro dedos decía:

–¡Tururú!

–Pobrecillo –decían los enfermeros–. Se ha vuelto loco de verdad.

Ya estaban a punto de cogerle y meterle en la ambulancia cuando el estanquero salió corriendo del estanco gritando:

–¡Socorro! ¡Está loco!

–¿Quién?

–Nuestro pobre dentista. Está ahí, en mi estanco, en calzoncillos, haciendo burla con los dedos en la nariz.

–¡Pero si está aquí, en medio de la calle! Y no está en calzoncillos, sino en pantalones y camiseta interior.

En los siguientes diez minutos se localizaron otros veinticuatro ejemplares del doctor Policarpo Rodríguez, uno con bata de flores, otro con el albornoz de baño, etcétera; la vestimenta era de lo más variada, pero siempre ropa de estar en casa. Uno se estaba afeitando la barba, otro se bajaba los párpados para mirarse el blanco de los ojos; casi todos hacían mohínes y muecas inimaginables; el caso es que la ciudad de Castelblanco estaba patas arriba como en un día de feria.

El alboroto era tal que incluso la sirvienta del doctor Policarpo, la vieja señora Rosa, fue obligada a asomarse a la ventana y admitir las informaciones de los vecinos.

–¡Su señor!

–¿Mi señor?

–Pobrecillo, mírelo allí.

–No, mírelo allá.

–¡Qué va! Está ahí arriba.

–¡Por Dios bendito! ¿Pero cuántos hay?

–Pero ¿cómo? –estalló la señora Rosa–. ¡Mi señor se encuentra en su consulta y está extrayendo una muela a la mujer del alcalde!

–¿Y entonces quién es aquel de allí?

–¿Y quiénes son esos otros de allá?

La señora Rosa corrió a avisar a su señor:

–¡Señor doctor, algo de locos, algo del otro mundo!

–No me interrumpas, Rosa. ¿No ves que estoy ocupado?

–Por amor de Dios, venga a ver, rápido. ¡Está en juego su reputación!

El bueno del doctor no quería atender a razones. Terminó su trabajo en la boca de la mujer del alcalde, la acompañó hasta la salida con su amabilidad habitual, le hizo una leve inclinación y... se precipitó a sujetarla mientras se desmayaba ¿por el dolor de muelas?

Qué va. El hecho es el siguiente: la esposa del alcalde, al darse la vuelta para bajar por las escaleras, había visto subir... a otro doctor Policarpo Rodríguez, en traje de baño.

El médico llevó de nuevo a la mujer del alcalde a su consulta, la hizo tenderse en un diván, dio órdenes a la señora Rosa de ayudarla y se dirigió al intruso:

–¿Y usted quién es? ¿De dónde ha salido? ¿Qué quiere?

–¿Yo? Yo soy el doctor Policarpo Rodríguez, dentista.

–¡Yo también! –gritó una voz desde el final de las escaleras.

–¡Yo también! ¡Yo también! –chillaban otras voces desde la calle. Delante del portal había, además, un pelotón de doctores Rodríguez.

–¿Qué clase de broma es esta? –vociferó el doctor propiamente dicho.

–Nada de bromas –le respondió el doctor Rodríguez en camisón–. Nosotros somos personas serias.

–Me gustaría –dijo el doctor auténtico y verdadero–, me encantaría que alguien tuviera la bondad de explicarme qué significa esta confabulación.

–No es ninguna confabulación, distinguido colega.

–¿Colega?

–Pues claro. ¿No es usted, por casualidad, dentista? Y si usted lo es, nosotros también. Porque nosotros somos usted, ilustre doctor. Es más, podríamos tutearnos: nosotros somos tú. Somos tus

«imágenes», salidas de todos los espejos en los que te has mirado, en tu casa, en casa de tus amigos, en los hoteles, en las pensiones, en el café, en la sala de espera de las estaciones.

Casi para confirmar estas últimas palabras, entró en aquel preciso instante un doctor Policarpo vestido con ropa de viaje, sombrero, paraguas, cartera negra bajo el brazo y un palmo de lengua fuera.

–¿Qué está haciendo usted sacando la lengua?

–Me estoy mirando al espejo de la estación del Mediodía.

–¿Y tiene necesidad de sacar la lengua para mirarse?

–Yo no sé nada: es él quien lo hace. Dondequiera que haya un espejo, usted saca la lengua, hace muecas y gestos.

–Así es, efectivamente –aprobaron a voces numerosos doctores–. Tú siempre haces gestos y muecas en los espejos, cuando crees que nadie te está mirando. Los espejos están hartos y el resultado se muestra ahora ante tus ojos.

–¿Vosotros habéis salido de los espejos?

–Precisamente.

–De acuerdo. Y ahora, ¿qué queréis de mí?

–Para empezar –dijo un doctor descalzo–, como es casi la hora de comer, nos gustaría almorzar.

–¿En mi casa?

–¿Y por qué no? También es nuestra casa.

–¿Qué tal unos macarrones con tomate?

–Perfecto –respondieron a coro todos los doctores presentes, que ya sumaban treinta y dos.

El doctor de carne y hueso se dejó caer en el diván, olvidándose de que estaba acostada la mujer del alcalde, esperando recobrar el sentido. La señora soltó un agudo alarido, se puso en pie y se precipitó hacia la salida, sin dejar de berrear como si le estuvieran sacando los dientes sin anestesia.

–¡Rosa! –llamó el doctor.

–Mande, señor –respondió temblando la vieja criada.

–Macarrones con tomate para todos...

–Jesús bendito, señor doctor, no tenemos una olla tan grande.

–Pídela prestada.

–Genial –aprobaron todos los doctores Rodríguez–. Así se habla con los criados: hay que dar órdenes precisas, actuar con severidad y tener prontitud en las decisiones.

Ni siquiera había una mesa lo suficientemente grande para todos, pero el médico no perdió su buen humor por ello: algunos de ellos se sentaron en el suelo, otros se repartieron por los dormitorios, tres o cuatro se acomodaron en el balcón, y todos comieron con buen apetito.

–¿Os apetece también un café?

–¡Café! ¡Café!

–¿Qué tal un licorcito?

–¡Un licorcito! ¡Un licorcito!

El doctor auténtico, en un momento dado, sintió la necesidad de enjuagarse la cara y fue al cuarto de baño pasando a través de sus imágenes, que acampaban en la antesala y charlaban de esto y aquello. Mientras abría el grifo, instintivamente levantó los ojos hacia el espejo que había encima del lavabo y sacó la lengua para examinársela. Inmediatamente salió del espejo su imagen, con la bata blanca, como se encontraba en aquel momento el doctor Rodríguez, y se unió a la compañía, justo a tiempo de tomarse un café con los demás.

–Los espejos me han declarado la guerra –concluyó amargamente el doctor Policarpo–. Aquí hay que poner remedio. Se secó la cara y las manos, sin dejar de pensar en qué podía hacer. Finalmente creyó haber encontrado la idea que buscaba. Sonrió e hizo una mueca en el espejo. Al instante su imagen saltó a tierra, devolviéndole el gesto y dando saltitos para estirar las piernas.

–Ve, ve, colega –dijo riendo entre dientes el doctor Policarpo–. Serás el último de tu especie.

Al salir del baño, el doctor anunció a sus imágenes que tenía que ausentarse durante un cuarto de hora. Salió, cerrando con llave la puerta principal de la casa, y corrió hacia la estación sin prestar atención a sus conciudadanos, que se daban la vuelta a centenares para mirarle, preguntándose si se dirigiría él mismo hasta el manicomio. Cogió el primer tren para Nápoles y, una vez allí, acudió corriendo a casa de un amigo.

–No me hagas preguntas. ¿Tienes alguna habitación a oscuras y sin espejos? ¿Podrías acogerme durante dos o tres días?

–Tengo la habitación y te puedes quedar cuanto desees, pero ¿por qué no me explicas en qué lío andas metido? A lo mejor puedo ayudarte.

–Te lo diré a su debido tiempo, lo siento mucho.

El doctor Rodríguez se encerró en la habitación y soltó un suspiro de alivio:

–Estoy seguro de no haberme reflejado en ningún sitio. Ahora los espejos no saben dónde estoy. Y si mi idea funciona...

Funcionó. Todas sus imágenes, encerradas en casa a cal y canto, al cabo de algunas horas comenzaron a sentir escalofríos.

–¿Qué será? Quizás hay demasiadas corrientes de aire. Cerremos las ventanas.

Cerraron las ventanas, pero los escalofríos se redoblaron. Alguno de aquellos ilustres doctores ya empezaba a fallar.

–¡Me encuentro mal!

–Se nota, te estás volviendo sutil a la vista.

–Tú también, querido, estás casi transparente.

–¿Qué está ocurriendo?

–Diría que nuestro buen Policarpo nos la ha jugado. ¿Dónde está? ¿Nadie tiene noticias suyas? ¿Ha llegado alguna imagen nueva?

No, no había aparecido ninguna nueva. No llegaban más. Y ahora las imágenes, una tras otra, privadas del original del cual habían nacido en los espejos, se consumían rápidamente, se empequeñecían, desaparecían. Una fuera, dos fuera, tres fuera... Al final de la tarde quedaban solamente doce. Durante la noche desaparecieron otras nueve. A la mañana siguiente, las últimas tres se disolvieron en el aire sin siquiera un lamento. La señora Rosa recorrió con atención las habitaciones, miró en los armarios y bajo las camas, y no encontró a nadie.

–Habría que avisar al doctor de que se han marchado.

El doctor dio señales de vida llamando por teléfono dos días después.

–¿Queda todavía alguna?

–Ni una sombra, señor.

–Bien, entonces voy para allá. Pero óyeme bien: cubre todos los espejos. Durante un tiempo me afeitaré la barba a tientas.

Bien mirado, pues, ¿qué necesidad hay de los espejos? Para saber si somos guapos o simpáticos, basta cerrar los ojos e interrogar al corazón y la mente.

15 *El pastor y la fuente*

HABÍA una vez un pastor que vivía en una cabaña en las montañas, pasaba el tiempo guardando sus ovejas y era tan pobre que no conocía el resto del mundo. Cada día se lamentaba: «Ay, si conociera el resto del mundo, quizás yo también podría ser rico».

Una mañana pasó por ahí una viejecita, oyó cómo renegaba y le preguntó:

–¿De qué te lamentas tanto, pastorcillo?

–Me quejo porque no conozco el resto del mundo, así que siempre seré pobre.

–Si me haces un favor, te enseñaré la manera de hacerte rico.

–¿Un favor? Te haré siete, si quieres.

No sabía contar más allá de siete, porque solamente poseía siete ovejas.

–Tendrás que ir a Villanueva –le dijo la viejecita–. Allí encontrarás la fuente de los noventa y nueve caños: cuenta los caños, vuelve a decirme cuántos hay, y te haré feliz.

–¿Y quién cuidará de mis ovejas?

–Yo cuidaré de ellas. Pero no puedo vigilar a más de seis a la vez. La séptima deberás llevarla contigo.

El pastor le dio las gracias, cogió la séptima oveja y se encaminó hacia Villanueva.

Llegó a la ciudad de mañana, en un día de mercado. El pastor estaba muy entretenido observando a la gente que discutía y hacía contratos animadamente, mirando a los animales en venta apiñados en sus jaulas y disfrutando de los puestos en los que se exponían mercancías de todo género.

«Si Villanueva es el resto del mundo, es verdaderamente una belleza», pensaba para sí mismo. Entonces se le acercó un mercader y le preguntó si su oveja estaba en venta.

–No sé si está en venta –respondió el pastor–. Es mi oveja y hasta ahora nunca ha estado enferma.

El mercader se dio cuenta de que podía sacar algo de aquel pazguato. Pero era un mercader honrado y no quería aprovecharse de él. Le ofreció por la oveja una cantidad de dinero justa, y el pastor, que nunca había visto tanto dinero junto, aceptó. Metió el dinero en un pañuelo y emprendió el camino de vuelta a la montaña casi a la carrera. Pero de repente se acordó del favor que debía hacer a la viejecita, preguntó a un transeúnte por dónde se iba a la fuente de los noventa y nueve caños y allí fue.

¡Qué maravilla! La fuente corría alrededor de una plazoleta, y de todas las espitas brotaba el agua fresca y alegre. Si en el país de las hadas hay una fuente, seguro que tiene que ser como esta.

El pastorcillo, tras haberse saciado de admirar la fuente y de escuchar el rumor del agua, empezó a contar los caños. Pero, por desgracia, no sabía contar más allá del número siete. Cuando llegó al siete, comenzó de nuevo por el principio, y así sucesivamente. Después, totalmente satisfecho, regresó a su montaña, saludó a la viejecita que se había quedado guardando sus ovejas y le contó lo que le había sucedido durante el viaje.

La viejecita le preguntó:

–¿Has contado los caños?

–Por supuesto que los he contado: son siete.

–Hijo mío, te has confundido al contar. No puedo revelarte el modo de hacerte rico.

El pastor se sintió muy avergonzado, y estaba a punto de llorar.

Entonces la viejecita, para consolarle, le dijo:

–Dentro de siete días volveré a visitarte. Irás de nuevo a la ciudad y contarás las espitas de la fuente de los noventa y nueve caños, y si encuentras el número justo te satisfaré.

Al cabo de siete días, puntualmente, la viejecita volvió y le dijo al pastor:

–Hoy puedo hacerme cargo de tus ovejas. Ve a Villanueva y haz lo que te he dicho. Pero lleva una oveja contigo, porque estoy mayor y no puedo cuidar a más de cinco a la vez.

El pastor cogió la sexta oveja y bajó a la ciudad a buen paso. De nuevo era día de mercado y de nuevo el pastor encontró al mercader de la otra vez, quien le preguntó:

–¿Está en venta tu oveja?

–Sí –respondió el pastor. Ahora sabía lo que significaban aquellas palabras.

–Muy bien –dijo el mercader–. Te la compro al mismo precio de la otra vez.

–No –contestó el pastor–. Ahora tendréis que darme algo más, porque soy menos ignorante y ya he visto el resto del mundo.

El mercader se echó a reír y añadió unas monedas más al precio pactado. El pastor, muy satisfecho, metió el dinero en el pañuelo, luego se fue a la fuente de los noventa y nueve caños e inició el recuento. Al llegar al número siete se quedó parado, no sabía cómo avanzar. Por suerte, un niño se le había quedado mirando.

–¿Qué viene después del siete? –le preguntó el pastor.

–El ocho.

–¿Y después del ocho?

–El nueve.

Así siguieron adelante contando juntos. Pero el niño solamente sabía contar hasta veinte.

Para el pastor era ya un buen número. Muy contento, regresó a la montaña, saludó a la viejecita y le gritó desde lejos:

–¡Son veinte!

–Hijo mío, te has vuelto a equivocar. Lo siento, pero no puedo hacer nada por ti. Lo intentaremos de nuevo dentro de siete días.

La semana después, el pastor volvió a la ciudad, vendió la tercera oveja y fue a contar los caños de la fuente, pero al llegar al número veinte se detuvo porque no sabía avanzar. Afortunadamente, una niña se había quedado mirándole. Era una niña muy lista, que sabía leer, escribir y contar, y además era muy simpática. Se compadeció del pastor en aprietos y le enseñó a contar todas las espitas de la fuente. ¡Maravilloso! ¡Eran exactamente noventa y nueve!

Esta vez el pastor estaba seguro de no haberse equivocado en el recuento. Regresó a la montaña dando grandes zancadas, pero la vieja ya no estaba. Las cuatro ovejas que le quedaban pacían tranquilamente y no podían responder a sus preguntas. Solamente hicieron *¡bee! ¡bee!* y siguieron pastando.

El pastor no sabía qué pensar. Pero no estaba muy desilusionado. Ahora tenía en el bolsillo el dinero que había conseguido por la venta de las tres ovejas, guardaba en su cabeza los números hasta el noventa y nueve y gozaba de una espléndida vista de la ciudad ante sus ojos. Tenía la cabeza tan llena de cosas nuevas que casi le dolía. Y apuesto a que ya conocéis el resto de la historia.

Ya sabéis que el pastor, tras haber empezado a estudiar los números y a conocer mundo, no se quedó ahí. Se convirtió en profesor, se fue a vivir a la ciudad, se casó con aquella simpática niña que sabía leer y escribir, y cuando tuvo un hijo le llevó a ver la fuente de los noventa y nueve caños y le enseñó a contar del mismo modo en que él había aprendido, contando una y otra vez aquellas noventa y nueve maravillas.

16 *La ancianita del belén*

La ancianita vivía desde hacía años (¿doscientos?, ¿trescientos?) en la montaña más alta del belén. El belén es ese que está en Roma, junto a la iglesia de los Santos Cosme y Damián, entre las ruinas de los Foros Imperiales, y que es uno de los más bonitos del mundo, con montañas, barrancos, castillos, pueblos, palacios, puentes, rediles, posadas, mercados y miles de ventanas abiertas por las que se ve a la gente que vive dentro de las casas. Pero la gente normalmente vive en las calles, como en Nápoles: cientos y cientos de figuritas que viven, compran y venden peces, jamones, higos secos, castañas, quesos... Y escaleras, rampas y escalinatas: todo un alegre laberinto sobre el que descienden los ángeles colgando del techo, y una larga procesión de moros, camellos y caballos acompañando a los Reyes Magos, y niños que corren curiosos, muchachas que bailan danzas populares para honrar a sus huéspedes. Se escancia el vino, se levantan tiendas ricas como palacetes.

Sobre la colina más alta, en la casa más pobre de la aldea, habitaba la anciana, y también ella, la noche de Navidad, se anudó en la cabeza el pañuelo más bonito, preparó un hatillo con tomates secos al sol para llevar de regalo, y emprendió la bajada con pasos cortos por un sendero escarpado, interrumpido de vez en cuando por unos cuantos escalones.

Andaba pasito a pasito, era la más lenta de todos. Bien pronto la adelantó un grupo de jóvenes, entre los que había uno tocando el acordeón.

–Ánimo, abuelilla –la saludaron.

–No es ánimo lo que me falta –respondió, parándose a mirarlos–. Seguid, seguid, muchachos.

Antes de que terminara estas palabras, los chicos ya habían llegado al final del valle, como una alegre avalancha. Un anciano que fumaba en pipa bajo el portal de su casa la llamó:

–¿Llegarás algún día? El camino es largo.

–Llegaré, llegaré. Seré la última, pero a mi edad no tengo por qué avergonzarme.

La ancianita suspiró, pero continuó caminando. No tenía tiempo que perder. Bajaba y bajaba por senderos y escaleras, y subía y subía por escaleras y senderos. Aún debía cruzar dos montañas antes de llegar a la llanura. Luego tenía que atravesar la llanura y subir de nuevo un buen trecho, atravesando las aldeas que había a los lados del camino.

Cada vez había más gente por los senderos y de las casas salían aún más personas. Las mujeres gritaban desde los balcones:

–Esperadme, que ya voy.

A través de las ventanas abiertas de las casas se derramaban luces, sonidos y colores. La anciana vio una muchacha que sacaba del baúl un chal precioso.

–¡Vaya! –murmuró con cierta envidia–. El chal de la dote. Yo no llevo más que estos tomates secos. Qué triste es ser pobre, a veces, cuando no se pueden hacer bonitos regalos.

Pasó junto a una casucha de las más miserables. Fuera del umbral, una mujer lavaba unos paños en un barreño de madera.

–¿Qué haces, mujer? –regañó la anciana–. ¿Haciendo la colada la noche de Navidad?

La mujer levantó los ojos de su tarea. Estaban enrojecidos e hinchados.

–Mi marido está enfermo y tengo que ganar algún dinero.

–¿No oyes cómo lloran tus hijos?

–Sí, los oigo. Quieren ir con los demás a la gruta. Pero yo no tengo tiempo de vestirlos, por eso lloran.

–Pareces una gallina en corral ajeno, no sabes cómo apañártelas –gruñó la vieja.

Entró en la casa, echó una ojeada al enfermo y le cambió el agua de la jarra; luego vistió a los niños, con gestos precisos y decididos, sin dejar de sermonearlos mecánicamente. A ellos les tenían sin cuidado sus reproches: sentían sus manos expertas y ágiles, se dejaron vestir con rapidez, le permitieron que les restregase la cara con una toalla mojada, y cuando estuvieron preparados se escabulleron dando chillidos agudos, como golondrinas.

–Te hacen perder el tiempo, y luego ni te lo agradecen –refunfuñó la anciana emprendiendo su camino de nuevo.

Entonces empezó a sentir hambre. De buena gana habría pedido algo a la pastora que estaba tejiendo con un gato en el regazo o a las mujeres que llevaban en equilibrio sobre sus cabezas grandes cestas llenas de verdura y de fruta perfumada. Pero era demasiado orgullosa para hacerlo. Afortunadamente, un campesino que estaba cavando su huerto, y la vio con ganas pero un poco vacilante, arrancó una naranja de una rama y se la ofreció.

–Gracias –le dijo la anciana–. Me viene como anillo al dedo. Me estaba muriendo de sed.

Dijo «sed», no «hambre», porque no le gustaba que los demás supieran de sus problemas: no quería que la compadecieran.

–¿Te parece una noche adecuada para estar trabajando en tu huerto? –le preguntó–. Vosotros que tenéis buenas piernas...

–Enseguida habré terminado. Cogeré un cesto de naranjas y me pondré en camino. ¿Apostáis algo a que llego antes al pueblo?

En la aldea, la tahona estaba abierta; la boca del horno, roja de fuego, y el pan recién hecho perfumaba la noche.

La anciana miró hacia otro lado. Prisionera en su trona, una niña regordeta, enrojecida por el llanto, chillaba a más no poder, hundiendo una mano rabiosa en el plato de puré que tenía delante.

–¿Y a ti qué te pasa? –preguntó la anciana–. ¿No te gusta la papilla? Vamos, vamos, que está muy rica.

Pero la niña no se calmaba, y se negaba a comer. Finalmente, la viejecita descubrió que se le había

caído al suelo una muñeca de trapo: la recogió y la niña sonrió.

–Ya está –dijo la anciana, ofreciéndole una buena cucharada–. Come. Ñam, ñam. Qué rica... ¿Dónde está tu mamá? ¿Y tus hermanas? Apuesto a que todos se han ido a ver la cabalgata de los Reyes Magos. Y a ti te dejan aquí sola como a una huerfanita. Come con la abuelita, vamos. Muy bien, así, así.

La niña, comiendo, parloteaba en su lenguaje de sílabas inconexas y exclamaciones sin significado:

–¡Baaa... beee... tooo... uuuh!

La anciana empezó también a hablar igual que ella, y mientras tanto pasaban los minutos, y pa-

saba la gente, sonriendo. Pasó un gaitero, seguido de un séquito de niños. Pasó el campesino de antes, con su cesto de naranjas. Hasta que no consiguió dejar el plato vacío, la viejecita no se levantó.

–Muñequita mía, tengo que marcharme; si no, no llegaré a tiempo. ¿Ves aquel resplandor de allí lejos? Es el cometa que está a punto de salir.

–Maaaa... goooo –respondió la nena.

–Estás bien, ¿verdad? Tu mamá volverá enseguida.

Ahora la muchedumbre era como un río variopinto y bullicioso, lleno de gritos, flautas y castañuelas. La anciana se encontraba casi en el centro del belén, la luz de la estrella se alzaba en el cielo como señal de la buena nueva. Durante un trecho, un grupo de muchachas que iban cantando y danzando agarraron del brazo a la viejecita, haciéndole casi perder el aliento. Tuvo que sentarse un momento a descansar en el banco de una posada, pero no aceptó el vaso de vino que le ofreció el posadero, por miedo a que se le subiera a la cabeza, y bebió solamente un poco de agua.

La gente pasaba. Todos la adelantaban. Algún despistado apretaba el paso. Y después, nadie más.

–Este año también llegaré la última –suspiró la anciana–, y ya se sabe que desde lejos se ve bien poco. Mis pobres piernas no me sostienen y me duelen como si me hubieran dado una paliza.

Se daba ánimos, con el paso cada vez más corto e inseguro, y cada tres pasos tenía que pararse un momento para que el corazón se tranquilizara. Los ruidos y las luces de la gran fiesta eran como una nube que se va alejando. Las pausas de silencio eran cada vez más largas y dilatadas. En uno de esos silencios oyó –¡otra vez!– el llanto de un niño.

–Pobre pequeño –murmuró la anciana–. En una noche como esta no debería haber en el mundo ni un solo niño llorando. No, no: en todo el mundo no debería llorar nadie. ¿Y tú de dónde sales, pequeñín? ¿Dónde está tu mamá?

El llanto venía de una cabaña a pocos metros del camino. Había una valla alrededor, pero estaba tan caída que la anciana no tuvo ninguna dificultad en saltar por encima.

La cabaña estaba totalmente a oscuras. El llanto venía de allí.

–Ya voy, ya voy –susurraba la viejecita–, ya estoy aquí.

Entró en la cabaña y justo en aquel momento, por suerte, el cometa sobrepasó la última montaña, iluminando todo el cielo, y bajo el resplandor que penetraba por la puerta, la anciana vio el pesebre. Había una joven tendida con los ojos cerrados, como desvanecida, y un pequeñín desnudo que yacía a su lado y lloraba.

–Tú debes de tener frío, eso es lo que tienes –exclamó la anciana con su dulce voz.

Y siempre hablando para sí misma, la viejecita buscó por la cabaña, encontró los pañales preparados para el recién nacido y lo envolvió.

De repente oyó decir «gracias» con un hilo de voz. Se dio la vuelta y vio que la joven madre había vuelto en sí. Estaba demasiado débil para moverse o hablar, pero sus ojos agradecidos hablaban por sí solos.

–Muy bien, muy bien –dijo la anciana. Mientras tanto, encendió el fuego y puso agua a hervir.

Las llamas iluminaban la cabaña como un pequeño y caprichoso cometa que jugaba con las sombras. Y después llegó el alba, poco a poco, primero con su luz gris; luego, blanca y dorada. La madre y el niño dormían. La anciana se había quedado dormida en una silla, con la barbilla en la mano. Y cuando se despertó había vuelto el padre, y la noche de Navidad había pasado, y la viejecita no había podido llegar hasta la gruta, a causa de todos aquellos niños que le habían hecho perder tiempo; pero estaba contenta y serena, aunque no hubiera visto a los Reyes Magos ni a los ángeles y desde lejos, muy lejos, sobre un mar de cabezas, la gruta.

Así que dejó aquellos tomates secos en la mesa y emprendió el camino de regreso, un paso tras otro, en el silencio del gran belén dormido, sube que te sube cimas y senderos, escaleras y rampas, por encima de los tejados, hasta su casa, que era la más cercana a las estrellas.

17 Llega el tío Blanco

DESDE hacía unos días, los osos pardos andaban por ahí alargando el cuello para parecer más altos.

–O han ganado al fútbol, o se han tragado un bastón –decía Maestro Ignorante, el asno que vendía tambores en su tienda de la esquina. El asno, cuando quiere, es gracioso.

Fue doña Aguda, la zorra, quien desveló el secreto.

–Esperan visitas importantes.

–¿Y de dónde?

–Del Polo Norte.

–Algún oso polar, pues.

–Exactamente. Esperan al tío Blanco. Dicen que dejaremos de tomarles el pelo por su color oscuro cuando conozcamos al tío Blanco, un elegantón que viste de blanco todo el invierno.

–¿Y dónde va a dormir? ¿En la nevera? Ya sabéis que los osos polares, con el calor, se derriten.

En fin, una tarde estaba toda la familia de los osos en la calle, frente a su casa, mirando de arriba

F
I

abajo. Estaban todos: el señor Bruno, la señora Bruna, los hijos de mayor a menor, desde Brunete, el de más edad, a Brunita, la pequeña, sentada en su cochecito.

–¿Veis venir al tío Blanco?

–Debe de estar al caer.

–Doña Aguda, desde la terraza de su casa, escrutaba el horizonte con el catalejo y fue la primera en dar la voz de alarma:

–¡Aquí está, ya viene! Caramba, qué caravana tan bonita: es toda blanca, con una rayita azul alrededor. El azul seguramente representará el mar.

La caravana atravesó el pueblo entre aplausos: todos habían salido de sus casas para verlo, os podéis imaginar.

–Vaya, el tío Blanco es realmente elegante.

–Imponente, diría yo.

–Mirad, en medio de sus parientes parece una bola de nata sobre una tarta de chocolate.

–A propósito, quién sabe qué regalos habrá traído del Polo Norte. Vayamos a ver.

El tío Blanco, justo en aquel momento, estaba anunciando a sus nietos y bisnietos:

–Os he traído una pequeña sorpresa, algo especial, que solamente lo tenemos nosotros...

Abrió la portezuela de la caravana. Estaba completamente llena, desde el suelo hasta el techo, y de un lado al otro, de algo blanco, muy blanco...

–Auténtica nieve del Polo –exclamó triunfalmente el tío Blanco.

–¿Nieve? ¿Y qué haremos con ella, tío? –preguntó la señora Bruna.

–¿Que qué haréis con ella? Pues, caramba, mantener la cerveza fría.

–Para eso ya tenemos el frigorífico.

–Se la podéis dar a los niños para que jueguen.

–Se cogerán un resfriado.

–¡Pues podéis ponerla sobre los pinos para hacer árboles de Navidad!

–Los compramos de plástico en los grandes almacenes. Son desmontables, el nuestro lo tenemos ahora guardado en su caja.

–¿Entonces no la queréis? Mirad toda esta bonita nieve: pura, intacta, vaporosa. La he recogido para vosotros durante la última nevada, antes de partir. Me ha costado mucho llenar toda la caravana. He venido a toda velocidad por la carretera, arriesgándome a que me pusieran una multa, para que no se derritiera antes de llegar. Y ahora vosotros la despreciáis.

–Tienes razón, tío Blanco: es preciosa, has hecho bien en traerla.

–He hecho bien, pero a vosotros no os agrada. De acuerdo, no importa, seguiremos tan amigos como siempre.

Y el tío Blanco, muy enfadado, se montó en su caravana, cerró la puerta y durante un buen trecho se le oyó rezongar, allí dentro, solo en medio de su maravillosa nieve polar.

La señora Bruna rompió a llorar y se metió corriendo en casa. El señor Bruno la siguió, moviendo tristemente la cabeza. Los hijos se batieron en retirada, uno tras otro, y el mayor no se olvidó de meter el «cochecito» con Brunita, que seguía aplaudiendo y gritando:

–¡Chío Banco! ¡Chío Banco!

¡Qué suerte! Ella no se daba cuenta de la situación.

Los aldeanos se guiñaban el ojo, pero no se atrevían a reírse, como habrían hecho si al menos uno hubiese dado ejemplo. En el fondo, se sentían mal; unos por una razón, otros por otra.

–Va y se nos presenta de visita con un cargamento de nieve. ¿Pero dónde se ha visto? –murmuraban algunos.

–De todas formas, ¿es así como se recibe a un pariente que acaba de llegar del Polo? –susurraban otros.

Pero los más nerviosos eran los cachorros de todas las especies de animales. Era julio, imaginad. ¡Julio! Y allí, dentro de la chapa de la caravana, había una montaña de nieve. ¿Os dais cuenta?

Un gazapo reunió el valor suficiente y llamó a la puerta de la caravana:

–¡Eh, señor Blanco!

–¿Qué quieres?

–¿Me daría un poco de nieve? Me encantaría lanzar una bola.

–¡Y también a mí, señor Blanco, a mí también!

De todas partes venían conejitos, cachorros de zorro, perritos, gatitos, pollinos, potros. El tío Blanco abrió una ventanilla para echar una ojeada.

–¡Señor Blanco! ¡Denos un poco de nieve!

Se vio al señor Blanco sonreír. Al cabo de un momento, la nieve salía en avalanchas de la caravana abierta de par en par. Se desencadenó la batalla: la más alegre de las batallas. ¿Se había visto algo parecido en el pueblo? Nunca. Hubo un momento en que se acercó también Maestro Ignorante, hizo una bola de nieve, apuntó hacia el campanario, la lanzó y...

–¡Talán! –sonó la campana, golpeada de lleno.

–¡Talán! ¡Talán! ¡Tilín! ¡Telén! ¡Tolón! –sonaban las campanas una tras otra, golpeadas por las bolas de nieve que los jovencitos del pueblo, siguiendo el ejemplo de Maestro Ignorante, lanzaban a lo alto.

El señor Blanco estaba encantado: además de sonar las campanas en su honor, ¡tocaban a fiesta!

El señor Bruno, la señora Bruna y sus hijos, uno tras otro, se asomaron para ver lo que sucedía. Y vieron al tío Blanco triunfante, llevado a hombros. Los osos se quitaron un gran peso del corazón. Habían temido quedar mal con su tío y además ponerse en ridículo delante de los vecinos a causa de aquel majareta que llegaba de visita con una caravana llena de nieve. Pero ahora recuperaron el coraje y volvieron a estirar el cuello, como diciendo:

–Bien, no queríais creer que en nuestra familia hubiera personajes excepcionales, ¿eh?

Con el resto de la nieve, el tío Blanco hizo unos deliciosos helados y durante todo el tiempo que se quedó visitando a sus parientes fue más agasajado que un gobernador.

18 *El tío Blanco da la vuelta al mundo*

UNA VEZ, el tío Blanco decidió dar la vuelta al mundo.

–Dicen que la Tierra es redonda –proclamaba a quien tenía ganas de escucharle–. Pues bien, lo comprobaré con mis propios ojos. Es más, lo haré con mi caravana. Iré siempre recto, siguiendo la punta de mi nariz y, si la Tierra es redonda, a la fuerza volveré a encontrarme en este mismo punto.

Y plantó una vara en el hielo para señalar el lugar.

–Vosotros permaneced atentos a que la nieve no cubra el palo –advirtió a sus hermanos.

El más pequeño de ellos quería partir con él, pero el tío Blanco prefirió la compañía de una gaviota.

–Sabe volar, así podré mandarla por delante para explorar.

Llenó la caravana de provisiones, sin olvidarse del combustible. Invitó a una ronda para todos, diciendo:

–Si no vuelvo, quiero que me recordéis con alegría.

La gaviota se había colgado a modo de bandolera una bolsa llena de mapas y parecía un cartero, más que un explorador, pero a nadie le importó. Partieron. Durante un buen trecho se oyó la bocina que sonaba en señal de despedida.

Aquel día recorrieron un buen tramo de carretera; más bien, de hielo. Al caer la noche, se metieron en la caravana y se echaron a dormir tranquilamente. Cuando se despertaron y se dirigieron a la puerta, al tío Blanco casi le da un ataque. La gaviota,

con un *¡gulp!* de sorpresa, se apresuró a volar sobre el techo de la caravana.

–¿Pero de dónde sale todo este mar? –protestó el tío Blanco rascándose la oreja.

–Parece que el hielo, durante la noche, se ha roto –dijo Puk, la gaviota–. Tengo la sensación, querido señor Blanco, de que estamos sobre un iceberg.

–¿Un ice... qué?

–Un islote de hielo, eso es lo que es. ¿Quieres que me dé una vuelta para inspeccionar?

–Hazlo, hazlo, por favor.

Puk volvió al cabo de unos minutos.

–Nuestro islote es diez veces más grande que la caravana. Tiene un montículo precioso en la punta, estaría bien plantar una bandera ahí arriba. Y alre-

dedor, hasta donde se pierde la vista, no hay más que océano.

El tío Blanco se rascó de nuevo las orejas. Dio unos pasos hacia la popa del iceberg.

–Nos movemos –dijo–, aunque demasiado lentamente. Si no encontramos la manera de hacer avanzar más rápido el icenosequé este, tardaremos doce años y medio en dar la vuelta al mundo. Demasiado para mi carácter.

–¿Quieres que vaya volando en busca de socorro? –sugirió Puk.

–De ninguna manera. Mejor haz otra cosa: ponte en la cima del islote y despliega las alas, así harás de vela y verás cómo avanzamos más rápido.

Puk hizo de vela durante un par de horas. Pero se cansaba de tener las alas abiertas contra el viento porque él estaba acostumbrado a dejarse llevar; además, la velocidad del iceberg no había aumentado mucho.

–Baja –decidió el tío Blanco–. Lo intentaremos de otra manera.

Desmontó el motor del coche, sacó también la hélice y se lo puso todo al iceberg en la parte de popa.

–Veremos si podemos andar a motor –dijo.

–¿Sabes que eres un genio? –dijo Puk con tono de admiración.

–Espera un poco antes de decir nada: todavía no sabemos si va a funcionar.

Funcionaba. Funcionó perfectamente. El iceberg, ahora, corría como un navío. Cortaba las olas con un murmullo triunfante y dejaba tras de sí una larga estela blanca, en la cual vinieron enseguida a danzar los delfines.

Funcionó demasiado bien. De hecho, unas horas después, el iceberg navegaba por aguas más cálidas y empezó a derretirse.

Puk fue el primero en hacer saltar la alarma: estaba posado en la cúspide del hielo y veía que su distancia al mar disminuía de hora en hora.

–Tío Blanco, nuestra nave se está deshaciendo.

–Debí imaginarlo. Este iceberg es un saboteador de marca mayor. Si aquellos estúpidos delfines...

–¿Cómo? ¿Qué tenemos que ver nosotros? –gritó el líder de los delfines, dando un salto en el aire.

–Hace medio día que estamos cortando el agua para vosotros –gritó el tío Blanco–. ¿No os parece que es el momento de devolvernos el favor?

Los delfines, avergonzados, reconocieron que el tío Blanco tenía algo de razón. Pasaron delante, se dejaron atar con una soga que el tío Blanco llevaba, por si acaso, en la caravana, y tiraron con todas sus fuerzas. Ahora era como tener veinte

motores y, de ese modo, el tío Blanco pudo recomponer el coche.

–Súbete al coche conmigo –le ofreció Puk–. Así nos olvidaremos de este ice-traidor.

Soltó el freno de mano y el coche, con la caravana detrás, salió como un resorte; ahora era el vehículo el que cortaba las olas, como la proa de un barco. Aquel día, el comandante del transatlántico Zoe, de pabellón extranjero, vio una caravana navegando a gran velocidad en dirección sur-sureste, remolcada por un grupo de delfines. Vio y contó lo que había visto. Pero nadie le creyó, y el viejo capitán, después de perder el mando de su barco, acabó sus días en un asilo.

El tío Blanco se hizo remolcar hasta tierra firme, dio las gracias a los delfines y rogó a Puk que determinara su situación. Puk estudió uno por uno todos sus mapas y concluyó:

–Según mis cálculos, nos encontramos en un punto entre Milán y Buenos Aires.

–No has dicho nada –rezongó el tío Blanco.

–No obstante –se corrigió Puk–, según este otro mapa, deberíamos estar a mitad de camino entre Sicilia y la India.

–Si tú sabes interpretar un mapa, yo soy una morsa –dijo el tío Blanco, desanimado.

–¿Qué podemos hacer? –preguntó tristemente Puk.

–Nada. Esperaremos a que nos lleven.

–Pero tenemos el coche. Somos nosotros los que debemos llevar a los demás...

El tío Blanco no respondió. Desde hacía unos minutos tenía la mirada fija en el mar.

–No estoy confundido –concluyó–. Ahí hay una ballena que nos va a sacar del aprieto.

En verdad era una ballena: se echó a la grupa a los exploradores y a su casa viajera y en un par de días los llevó hasta el Polo. Por conveniencia, los desembarcó en un punto desde el cual pudieron llegar a su pueblo en poco más de una hora. Y llegaron exactamente frente a la vara.

–¡Lo habéis conseguido! ¡Lo habéis conseguido! –gritaban sus paisanos, entusiasmados.

–Partisteis hacia el sur y habéis vuelto desde el norte: quiere decir que habéis dado la vuelta al mundo.

–Bien –dijo el tío Blanco–, quizás no hemos dado toda la vuelta al mundo; pero la vuelta a la vara, sí.

19 *La coronación de León X*

HABÍA muerto Félix IV, luego León X debía ser coronado. La coronación de un león siempre es una ceremonia magnífica: carroza de oro, todos los regimientos con uniforme de gala, la corona cubierta de perlas sobre el cojín rojo y todos aquellos invitados venidos de todo el mundo; en fin, un espectáculo que deja corto al mejor circo del mundo. Algo para chuparse los dedos, y luego también los codos.

El maestro de ceremonias, el príncipe Leónidas, era el tío del joven rey. Pasó tres días y tres noches instruyéndole acerca de lo que tenía que hacer y sobre lo que no debía hacer: que si una reverencia a la reina madre por aquí, que si un saludo con la mano derecha a los notables por allá. Y sobre todo, que durante toda la ceremonia se abstuviera de llevarse a la boca el primer ratoncillo que cayera en sus garras.

–Durante la coronación no se come, ¿entendido?

–Entendido.

–Y nada de ir oyendo la radio a escondidas.

Al joven rey, por cierto, le encantaba escuchar la radio. Incluso la llevaba cuando se zambullía en la piscina, para oír las últimas noticias del campeonato.

Llegó el gran día. Llegó antes de lo acostumbrado, porque a las tres de la mañana empezaron a sonar las campanas y nadie pudo seguir durmiendo.

León X se levantó y comenzó a vestirse para la ceremonia. El tío Leónidas dirigía la preparación de la vestimenta:

–Primero, la enagua púrpura. Ahora, los zapatos con la hebilla. Luego, la casaca de damasco. Después, la capa de armiño. Veamos los guantes: ningún agujero, por suerte. Cuando vuestro padre fue coronado, nadie se acordó de inspeccionar los guantes, y resultó que, mientras saludaba a la multitud enardecida, se le salían las uñas por los agujeros.

A las nueve, en el patio interior del palacio real, se formó el cortejo de las carrozas de gala. A las nueve y cuarto, la primera carroza se dirigió hacia la verja, salió a la plaza... En este punto, el príncipe Leónidas comentó frunciendo el entrecejo:

–¿No hay aplausos? Qué raro. Lo habitual es que, cuando el cortejo sale del palacio real, estalle «un aplauso irrefrenable», como lo describen en los periódicos.

La sorpresa del príncipe Leónidas se tornó en doloroso estupor cuando la carroza en la que iba sentado, a la derecha de León X, franqueó la verja: la plaza estaba desierta. Vacía como una palangana sin agua. Ni un perro, ni un ratón.

–¡Cáspita! –exclamó el príncipe–. ¿Dónde están las multitudes entusiastas? ¿Dónde están los turistas que se agolpan para no perder ni un solo detalle del grandioso espectáculo? Por lo menos los niños, esos niños que corren detrás de la barandilla, ¿dónde están?

Ni siquiera había niños.

El cortejo atravesó la plaza y enfiló la avenida principal de la ciudad. ¡Qué festival de banderas, de pancartas de colores, de escudos ondeantes! Una visión formidable, verdaderamente. Pero en las aceras, detrás del cordón policial para mantener el orden, no había nadie. Nadie bajo los soportales. Nadie en las ventanas.

–¡Caramba! –exhaló el príncipe Leónidas–. ¿No hay nadie subido a los postes de las farolas para mirar? Y los curiosos sobre los tejados, ¿dónde están?

Sobre los tejados solamente había pajarillos aleteando, ocupados en sus cosas.

–Mis fieles súbditos están en huelga –observó con tristeza el rey León X.

–No quiera el cielo –dijo el príncipe Leónidas con el corazón encogido– que estén haciendo la revolución.

–No creo –rebatió León X–. Si fuese la revolución, se verían las barricadas y la guillotina.

–Nunca se sabe –le advirtió su tío, el príncipe–. Ahora la gente ha inventado otras formas de hacer la revolución.

–Hace un día precioso –constató el soberano coronado–. Mi pueblo habrá salido a merendar al campo.

–¿Una merienda el día de la coronación? Eso es desde todo punto imposible. Hay pocas cosas más aburridas que una merienda. Ver pasar a un rey en su carroza es cien veces más divertido. Aunque solo sea para hacerle un gesto de desprecio a escondidas...

El cortejo real atravesó una tras otra todas las principales calles y plazas de la capital. Un espectáculo único, realmente. Pero no había nadie para admirarlo. Parecía atravesar una ciudad abandonada, aquel día de agosto.

–Podríamos aplazar la coronación –sugirió León X, que empezaba a sudar bajo la pesada vestimenta–. A mí lo que me apetece es ir a nadar un poco.

–¡Ni hablar! –le reprochó su tío el príncipe–. La coronación debe seguir su programa, pase lo que pase.

Y así fue. Pero no había nadie para aplaudir al rey recién coronado cuando salió de la catedral con la corona en la cabeza y el cetro en la mano derecha. El cortejo volvió tristemente hacia el palacio, recorriendo las calles y las plazas desiertas. El príncipe Leónidas estaba sentado inmóvil, con los brazos cruzados, a la derecha del rey, sin preocuparse por secar las lágrimas que le mojaban los bigotes. León X le miró de reojo y pensó: «Este es el momento».

Metió una mano bajo el asiento, extrajo la radio que había mandado esconder en ese lugar a un fiel servidor y se la pegó a la oreja.

–Aquí viene, aquí viene –declamaba una voz agitada, la voz para las grandes ocasiones–. El cortejo

de la coronación está justo delante de la puerta del palacio real. El magnífico espectáculo está a punto de terminar. Primero, sin embargo, Su Majestad se asomará al balcón central para saludar a la multitud...

–Estás tú listo –sonrió León X– si esperas que de verdad me asome a saludar a las piedras y los postes de la plaza...

–Millones de personas han podido asistir a esta ceremonia incomparable, la más bella que jamás se ha visto desde los tiempos de León I, el fundador de la gloriosa dinastía...

–¿Millones de personas? –se preguntó León X–. ¡Será mentiroso!

–Millones de personas –continuó la voz–, con lágrimas en los ojos y con el corazón ardiente de amor patrio, han visto la coronación de nuestro queridísimo soberano en las pantallas de su televisor...

El rey dejó caer el aparato de radio en las rodillas.

–¡Que me aspen! –masculló–. Ahora lo entiendo todo. ESTABAN DELANTE DEL TELEVISOR, ¡ahí es donde estaban! Para disfrutar mejor del espectáculo, sin apretones, sin tener que trepar por encima de las cabezas de la gente. Qué listos son mis súbditos. Además, yo también he preferido en muchas ocasiones ver el partido por televisión, en vez de ir a coger frío al estadio...

Y así es como sucedió. La gente se había aficionado tanto a la televisión, que una coronación vista en persona les habría parecido falsa: solo si la veían en la pantalla del televisor era una coronación «verdadera».

Cuando lo comprendió, León X comenzó a inclinarse y a sonreír a diestra y siniestra, mientras el príncipe Leónidas, que no había comprendido nada, murmuraba para sí:

–¡Pobrecillo, ha enloquecido de dolor! Míralo cómo saluda a las piedras y los postes...

20 *Un rascacielos en el mar*

Es posible que nadie me crea, pero una noche vi, en Génova, un rascacielos salir al mar como un transatlántico. Estaba en la terraza del hotel mirando en dirección al puerto. Allí un transatlántico, alto como un rascacielos, iluminaba con sus miles de luces la multitud de mercantes, remolcadores y barcos de vapor.

Ululó una sirena, desde algún punto de aquella inmensa maraña de aparejos, chimeneas y oscuros e inmóviles cascos.

No se puede oír ese sonido sin desear partir para ver el mundo, sin salir al encuentro de la inmensidad del mar y del cielo. Es un deseo vehemente, que llena el cuerpo y el alma. Se siente incluso en los pies. Estaba a punto de decir «en las raíces». Dan ganas de arrancar las propias raíces e ir a plantarse a algún otro lugar, lejos, muy lejos.

En Génova nunca he podido dormir tranquilo por la noche.

Por eso estaba en la terraza y la sirena llamaba, llamaba.

¿Los rascacielos tienen orejas para oír? No lo sé, no me lo preguntéis a mí. En la cima, justo en la cabeza, sobre el último piso, tienen un bosque de antenas de televisión. Captan las ondas electromagnéticas. ¿Por qué no habrían de captar el reclamo de una sirena?

La sirena llamaba, llamaba...

El rascacielos se liberó de sus raíces.

¿Tienen raíces los rascacielos? Me imagino que sí. Deben tenerlas. Quizás son las tuberías del agua y del gas, los cables eléctricos, los cables del teléfono: toda una maraña metálica que serpentea por dentro y por debajo de sus cimientos.

De buenas a primeras creí que era el transatlántico. Una columna inmensa agujereada desor-

denadamente aquí y allá, a diversas alturas, por ventanas iluminadas, se deslizaba lenta y solemne sobre las profundas aguas, lejos de la costa.

Miré mejor. El transatlántico siempre estaba en el mismo sitio. Pero el rascacielos no dominaba ya los tejados de la ciudad. El gran pastor de cemento armado y cristal había abandonado su rebaño de casas. El rascacielos se hacía a la mar...

Quizás debería haber llamado al portero del hotel, o advertido a la policía, los bomberos, qué sé yo. En vez de eso me quedé allí quieto, pegado a la barandilla, fascinado con el espectáculo.

El rascacielos salió del puerto y se dirigió, o al menos así me lo pareció, hacia la costa de levante.

Pero casi al instante, con un amplio viraje, cambió de dirección hacia poniente.

«¿Se irá a Francia?», me pregunté. «¿Sin pasaporte?».

Me entró la risa. Me imaginaba la lancha de los aduaneros persiguiendo al rascacielos, pidiéndole los documentos.

–¿Tiene algo que declarar? ¿Transporta mercancías valiosas?

–Valiosísimas, diría: medio millar de personas dormidas, entre las cuales hay no pocos niños.

–Lo sentimos: tenemos que hacer un registro a bordo.

–Sí, pero no hagan ruido: en el piso quince hay un señor enfermo y acaba de coger el sueño hace un ratito. En el piso veinte hay un estudiante que prepara un examen difícil: vean si pueden convencerle para que deje los libros a un lado y duerma un poco. Lo primero es la salud, ¿no les parece?

–En fin, pare las máquinas y déjenos subir.

–¿Qué máquinas? Miren bien: solamente es la caldera de la calefacción.

–¡Párelas he dicho!

–Tendría que tirar todos mis cables. ¿No saben que en el décimo piso esperan una llamada muy importante desde Nueva York? Estos genoveses son así: quíteles el gusto por trabajar a cualquier hora, y enseguida les vendrá, como poco, un dolor de garganta.

–¡Alto! ¡Alto! ¡No puede dar marcha atrás!

–¿Que no puedo? Esta sí que es buena. Echen un vistazo al cielo, por favor. No, por allí no, por la parte de levante. ¿Ven aquel cielo gris pálido de allí? La noche está a punto de tocar a su fin. Debo entrar de servicio antes de que llegue el lechero. Si se entera de que por la noche me voy a dar un paseo por el mar, antes de que acabe el día lo sabrá toda Génova. He de que tener cuidado, ¿saben? Soy un rascacielos disciplinado y respetuoso. Al menos esa es la imagen que doy durante el día.

–¿Y de noche?

–De noche la cosa cambia. De noche me imagino que soy un transatlántico. Me imagino que parto de viaje, que me voy lejos... Nosotros los genoveses somos famosos por viajar a lugares remotos. ¿Han oído hablar alguna vez de Cristóbal Colón?

El rascacielos estaba regresando al puerto, y navegaba, a ojo de buen cubero, a una velocidad de unos diez nudos. Se ve que tenía prisa por recogerse enseguida.

Me agarré a la barandilla casi temiendo que alguien me llevase de allí: por nada del mundo me habría querido perder el espectáculo del rascacielos que volvía a su sitio sobre los cimientos, para esperar la llegada del lechero, del repartidor de periódicos y del panadero con la cesta llena de pan recién hecho.

De repente sonó el teléfono a mis espaldas, en la habitación.

–¿Diga? –dije mecánicamente, sin dejar mi puesto de observación.

El teléfono siguió sonando. Si no quería que se despertaran los vecinos de la habitación de al lado, tenía que contestar. Corrí a levantar el auricular.

–Buenos días, señor, son las seis.

El despertador. Maldición, yo mismo había pedido al conserje que me despertara a las seis. Y no

es que me levante tan temprano. Pero me gusta leer una horita o dos en la cama, por la mañana, antes de empezar el día. Le di las gracias y volví corriendo a la terraza.

El rascacielos ya estaba en su sitio, dominando la aglomeración de tejados y azoteas: me guiñó un ojo pícaramente, con una ventana que precisamente en aquel momento se encendió y se apagó. Seguro que alguien se había despertado, había echado un vistazo al despertador y había decidido que todavía le quedaba tiempo para echarse otro sueñecito.

En fin, yo no había visto nada.

El rascacielos estaba ahí como siempre: lo había visto, incluso en las postales de Génova. Dentro de poco, la vida correría de nuevo entre sus altísimos muros; ahora parecía dormitar, a la espera del alba.

Otra ventana se encendió y volvió a apagarse. ¿Era el rascacielos que me guiñaba otra vez un ojo, como un pícaro que me había engañado?

Nunca lo sabré.

+1 *El príncipe ciego*

–El príncipe Amadeo es ciego.

–¡No es posible! En la fotografía del periódico se le ven unos preciosos ojos azules.

–Son preciosos, pero no ven. La reina llora de pena día y noche. El rey ha convocado en palacio a los mejores médicos de Morlandia, les ha prometido mares y montañas si le conceden la vista a su hijo.

–Pues todo parece inútil. Mirad, por ahí se marchan los médicos, moviendo la cabeza desconsolados.

–El profesor Bellonis, el profesor Cartones, el profesor De Maximis... ¿Es que se marchan todos?

–Dicen que se ha quedado solamente uno.

–¿Quién? ¿Aquel? Pero ese no es médico.

–¿Qué querrá hacer ahora? Cuando la ciencia se declara impotente...

La ciencia sí, Zerbino no. Zerbino no había nacido profesor, ni médico. Era un simple anciano vestido de oscuro; el único punto de color en su figura era la barba pelirroja.

–Es un mago. Ha prometido curar al príncipe con una brujería. Cuando la gente chismorrea, dice cosas sin sentido... Especialmente si habla de cosas que no conoce.

La multitud, aglomerada frente a las puertas del palacio real, no se cansaba de hablar de la tragedia.

Zerbino no era ni un mago ni un brujo. Se había unido, no se sabe cómo, a los médicos venidos de todas partes para visitar al pequeño ciego. Se había quedado en un rincón de la habitación en la que yacía Amadeo, con sus preciosos ojos azules abiertos de par en par en la oscuridad. No había dicho ni pío durante las doctas discusiones, no se había adelantado para sugerir ningún medicamento ni proponer ninguna operación. Solo cuando el último médico se hubo alejado, encorvado y triste como un general vencido, Zerbino, tímidamente, se había dado a conocer.

–¿Qué queréis, buen hombre? –le había preguntado el rey–. Comprobad vos mismo nuestra pena. Si queréis presentar una súplica, volved otro día.

–Yo –había dicho Zerbino, acariciándose su barba pelirroja– querría suplicaros que me dejéis hacer una prueba...

–¿Qué prueba?

–No tocaré los ojos de Su Alteza. Me gustaría hablarle solamente.

–Buen hombre, todavía no tiene dos meses. ¿Cómo queréis que os comprenda?

–Creo que me entenderá. Dejadme probar...

Zerbino se acercó a la cuna dorada de Amadeo, cogió la mano del príncipe mientras todos contenían la respiración, miró al rey, que se secaba las lágrimas en el manto de armiño, y comenzó:

«Érase una vez un rey. Era un gran rey, vestido de oro, de plata y de armiño. Llevaba en la cabeza una corona cubierta de rubíes. Tenía una barba negra y puntiaguda...».

–¡Qué descortés! –susurró el mayordomo a la camarera mayor de la reina–. Está describiendo a nuestro soberano como si fuera un objeto, sin el mínimo respeto. ¡Veréis como el rey ahora le echará de aquí rompiéndole la cabeza con el cetro!

«... Y tenía», continuó Zerbino, «un cetro de marfil tallado, y de vez en cuando se rascaba la barba con él».

El rey, que estaba precisamente rascándose la barba de ese modo, se quedó pasmado y enrojeció de indignación. Ya estaba a punto de abrir la boca, y quién sabe qué palabras ardientes habría derramado sobre el pobre Zerbino, cuando sucedió algo que nadie se esperaba.

El príncipe Amadeo sonreía «como si pudiera ver» al gran rey del cuento, alargando las manos como si quisiera jugar con su cetro de marfil.

–¡Me ve! –gritó el rey, que fue el primero en darse cuenta–. Señor del cielo, sus ojos me ven.

«Había», prosiguió Zerbino, «había también una reina. Era una gran reina, con un manto rojo bordado en oro. Era rubia, y llevaba una brillante diadema posada en el cabello como un pájaro en su nido...».

De nuevo Amadeo sonrió, se volvió hacia la reina, verdaderamente «como si la viera», y alargó las manos para tocar su diadema.

La reina se arrodilló junto a la cuna, y el pequeño príncipe le hundió las manitas en la melena.

–¡Me ve! ¡Me ha sonreído! –exclamó la reina, llorando de alegría.

La gente no dejaba de comentar aquella extraña curación.

–Fijaos: un simple contador de cuentos ha logrado lo que ningún famoso profesor ha conseguido.

–¿Pero de verdad se ha curado? ¿Curado curado?

–Bueno, no del todo. Pero está en el buen camino.

–En fin, ¿nos ve o no nos ve?

–Nos ve solamente cuando Zerbino le habla.

–¿Y qué le dice?

–Le describe lo que hay a su alrededor, como si le estuviera contando un cuento.

Por ejemplo, hay un vaso encima de la mesa, y él dice: «Érase una vez un vaso...». Y enseguida el principito ve el vaso y el agua que hay dentro, y la rosa que hay en el agua, o la camelia.

–¿Y si no le cuenta nada?

–Entonces no ve nada. Por ahora ve solamente lo que Zerbino le cuenta.

–Un caso interesante. Esperemos al menos que Zerbino no le dé gato por liebre...

Zerbino no merecía en realidad una insinuación semejante. Era un narrador honesto y responsable, y se habría dejado cortar una mano antes que mentir al príncipe.

Amadeo nunca se cansaba de sus cuentos. Lo que es lógico, pues ¿nos cansamos acaso nosotros de mirar con nuestros ojos?

Nada más despertarse llamaba a Zerbino, que dormía en la habitación de al lado.

–Zerbino, ¿estás ahí? Ven, pronto. Muéstrame el cielo azul y el sol resplandeciente...

Y Zerbino, paciente y preciso, comenzaba: «Érase una vez un precioso día...».

Pero si el cielo estaba cubierto, o el jardín del palacio estaba envuelto en la niebla, Zerbino empezaba así:

«Érase una vez un día nublado...».

El príncipe Amadeo veía el cielo plomizo, la lluvia en los cristales, y se enfadaba.

–No quiero, no quiero ver cosas feas. ¡Cambia el cuento!

–Alteza, no puedo.

–¡Te lo ordeno!

–Alteza, los ojos están hechos para ver todo lo que existe, tanto las cosas agradables como las desagradables.

El príncipe palidecía de rabia y no abría la boca durante el resto del día.

Una vez, poco después de su decimoctavo cumpleaños, mientras Amadeo y Zerbino cabalgaban por el bosque, un pajarillo recién nacido se cayó del nido y un gato montés, que acechaba al pie del árbol, se lo zampó.

Amadeo lo «vio» todo porque Zerbino se lo contó sin olvidarse de nada, ni el temblor del cuerpecillo sin plumas ni el desagradable gesto del animal.

–No quiero –gritó Amadeo, deteniendo su cabalgadura.

–Pero, Alteza...

–¡Calla! Ahora verás lo que hago.

Cerró los ojos y empezó a contarse a sí mismo:

«Una vez, un pajarillo recién nacido se cayó del nido. Un gato cruel le acechaba para comérselo, pero un valiente príncipe que pasaba por ahí montado en su caballo disparó al gato y lo mató, devolvió el pajarillo a su nido y prosiguió su camino...».

El príncipe, entonces, entonó una alegre canción y espoleó al caballo. Zerbino tuvo que galopar un buen trecho para alcanzarlo.

–He visto todo lo que he dicho –exclamó Amadeo, emocionado y feliz–. Ya no te necesito, puedo contarme las cosas yo solo.

Zerbino inclinó la cabeza, afligido.

–¿No te alegras por mí? ¿No estás contento?

–Estaría contento si hubiésemos llegado a tiempo de arrancar el pajarillo de las garras del gato. Un cuento bonito no basta para borrar las cosas malas que suceden.

–A mí me basta –cortó el príncipe.

Y desde aquel día, cada vez que Zerbino, describiéndole el mundo que le rodeaba, le contaba algo triste, Amadeo le ordenaba que se callara y se contaba las cosas a su manera, refugiándose en una historia tranquila como un bonito día. Así conseguía «ver» solamente escenas agradables.

Zerbino procuró hablar con su padre, el rey, pero no logró convencerlo de que se trataba de una nueva enfermedad, peor que la ceguera, porque el peor ciego es aquel que no quiere ver las cosas como son.

–Es joven –dijo el rey–, ha tenido una terrible desgracia. ¿Qué hay de malo si busca consolarse

de alguna manera? Cambiará cuando tenga que ocupar mi puesto.

Por desgracia, no fue así. Cuando su padre el rey murió, Amadeo ocupó su puesto; pero no renunció a la costumbre de preferir sus ilusiones a la realidad. Si el tesorero le decía que las arcas del Estado estaban casi vacías, él se contaba que había montañas de monedas de oro y acto seguido daba una gran fiesta para gastar un poco. Estalló la guerra, el país fue invadido por el enemigo, pero Amadeo se consolaba contándose a sí mismo gloriosas victorias y extraordinarias conquistas.

Así perdió el trono y fue abandonado por todos. Pero no por Zerbino, que le siguió fielmente para continuar describiéndole las cosas:

«Había una vez una cabaña en el bosque, y en esta cabaña habitaba el príncipe Amadeo. A su alrededor crecían abrojos y cardos...».

–¡No! ¡Rosas y magnolias! ¡Rosas y jazmines!

Era de verdad incurable, incluso en la miseria.

Pero un día... Amadeo oyó llamar a la puerta de su cabaña. Zerbino le mostró, con palabras sinceras y fieles, a un niño y una niña que le tendían la mano. Su padre había muerto en la guerra. Su madre había muerto de la pena. Ellos se habían quedado solos y no tenían casa, ni cama, ni una escudilla de sopa. Para colmo de males, el niño era ciego, y su hermanita guiaba sus pasos llevándole de la mano.

Amadeo estuvo tentado, como de costumbre, de cerrar los ojos y de contarse que dos jóvenes príncipes habían venido a visitarle para invitarle a un gran baile. Pero el pequeño ciego, justo en aquel momento, se tropezó en el umbral de la puerta. Amadeo extendió los brazos para impedir que se cayera y lo vio: vio su rostro demacrado, las lágrimas le regaban las mejillas sucias, el delgado cuerpo temblando bajo los harapos. Le «vio» tal como era y sintió pena de él. Le vio tan pequeño, pobre y necesitado de ayuda, que la tentación de refugiarse en un bonito cuento le pareció, tal como era, una vileza.

–Entrad –dijo a los dos hermanos–. Vosotros sois como pajarillos caídos del nido, pero el gato montés no os comerá. Esta casa será la vuestra y yo seré vuestro padre. Seré un padre un poco joven, pero, si aceptáis, trabajaré para vosotros, para daros lo que os corresponde de las cosas buenas que, en este mundo, están entre tantas cosas malas.

Zerbino no dijo nada. Apenas sonrió. Dentro de sí era feliz porque finalmente Amadeo estaba curado.

«Ahora ve de verdad», pensó. «Nos ve porque quiere ver lo que puede hacer para dar un poco de felicidad a los demás».

CLAP!
CLAP!
CLAP!

Índice

TE CUENTO QUE GIANNI RODARI...

... aterrizó en el mundo de la literatura infantil por el camino del periodismo. Un día, el director del periódico donde trabajaba decidió dedicar una página del dominical a los niños y, como Gianni había sido maestro, fue el encargado de buscar los contenidos. Así empezó, publicando semanalmente retahílas y cuentos cortos.

Sus historias nacen del juego. Juega con las palabras, con los conceptos, con las imágenes, y así, jugando y jugando, nos podemos encontrar con árboles que en lugar de manzanas dan zapatillas (y su dueño abrirá una zapatería, claro) y rascacielos que por la noche se convierten en transatlánticos. Todo sirve para incitar a los niños a entrar con libertad al mundo de la imaginación y desde allí que aprendan a conocer la propia realidad.

Gianni Rodari (1920-1980). Maestro, periodista y divulgador de la nueva pedagogía en Italia, comenzó a escribir para niños en 1950. Publicó más de veinte libros en los que combina magistralmente el humor, la imaginación y la desbordante fantasía con una visión crítica del mundo actual. En 1970 se le concedió el Premio Hans Christian Andersen por el conjunto de su obra.

¿QUIERES LEER MÁS?

SI TE GUSTAN LOS LIBROS COMO ESTE, CON UNOS PERSONAJES CADA CUAL MÁS SORPRENDENTE QUE EL ANTERIOR, NO TE PIERDAS **NÚMEROS PARES, IMPARES E IDIOTAS.** El mundo de los números no se diferencia mucho del de las personas. Hay números ambiciosos, números ignorantes, hijos únicos y números viudos. Todos ellos huyen de los matemáticos por miedo a que hagan operaciones con ellos, y no se creen que sea imposible llegar al infinito.

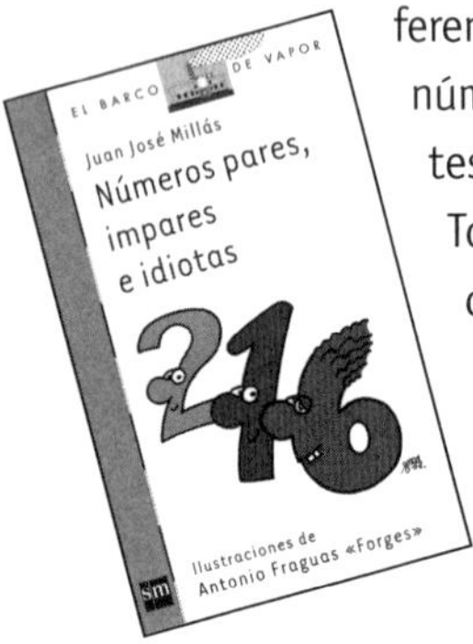

NÚMEROS PARES, IMPARES E IDIOTAS
Juan José Millás y Forges
EL BARCO DE VAPOR, SERIE NARANJA, N.º 204

Y TAMBIÉN TE GUSTARÁ **CUENTOS POR PALABRAS.** El protagonista narra las distintas aventuras en las que se ve envuelto leyendo los anuncios por palabras del periódico. Es la mejor sección de la prensa para conocer un poco más de la realidad humana.

CUENTOS POR PALABRAS
Agustín Fernández Paz
EL BARCO DE VAPOR, SERIE ROJA, N.º 108

SI LO TUYO SON LOS LIBROS DE CUENTOS, CON LOS QUE DISFRUTAR DE UN MONTÓN DE HISTORIAS FASCINANTES, NO DEJES DE LEER **NUNCA JUEGUES CON UNA BRUJA**.

Aunque tal vez te da miedo la oscuridad, y cuando te vas a la cama te parece sentir que hay alguien más en tu cuarto; además, no soportas la mirada de esa muñeca y, aunque te mueres por entrar en una casa abandonada, sabes que dentro no hay nada bueno... Entonces, mejor no leas este libro. No lo soportarías.

NUNCA JUEGUES CON UNA BRUJA

Manuel L. Alonso

EL BARCO DE VAPOR, SERIE NARANJA, N.º 200

VEINTE HISTORIAS MÁS UNA NO ES EL ÚNICO LIBRO DE EL BARCO DE VAPOR DONDE LAS COSAS NO SON LO QUE PARECEN. EN **ASÍ ES LA VIDA, LILI**, acompañarás a Lili el día que comienza sus vacaciones. Sube al coche con su familia; un rato más tarde, paran en una gasolinera, Lili baja a comprar una botella de agua y, cuando vuelve, ellos han desaparecido. ¿Abandonada? No sé. Descúbrelo tú.

ASÍ ES LA VIDA, LILI

Valérie Dayre

EL BARCO DE VAPOR, SERIE ROJA, N.º 185

ESSENTIAL WORKS OF LENIN

"WHAT IS TO BE DONE?" AND OTHER WRITINGS

VLADIMIR ILYICH LENIN

Cover Design: J. Neuman

www.bnpublishing.net

info@bnpublishing.net

For information regarding special discounts for bulk purchases,

please contact BN Publishing

sales@bnpublishing.net

CONTENTS

ESSENTIAL WORKS OF
LENIN

INTRODUCTION

The foundation of modern communism rests firmly upon the philosophical system developed by Lenin—his theories of history, politics, and economics; his tactics for securing and retaining power; and his vision of a new social and economic system. Lenin's place in communist history is unchallenged either by communism's proponents or opponents. Communist theoreticians of every faction carefully buttress all their arguments and programs with appropriate citations from Lenin; he is, indeed, the first and last word in every consideration of communist philosophy.

Therefore, Lenin's literary works assume special importance. He speaks with remarkable directness and forcefulness. No one need doubt the source of communist goals and tactics; they are explained and constantly reiterated by Lenin himself throughout his writings. There is an obvious need to make these writings more readily available to the general student of communism and its role in world affairs.

Now, at last, this present volume meets the need for an objective introduction to Lenin's thinking, as presented by his own writings. Obviously, his extensive writings cannot be fully included in a one-volume, introductory anthology; his complete works comprise several dozen volumes. However, this book does feature what are generally considered his four most significant works: *The Development of Capitalism in Russia*, his first major study, which is represented here by key sections; *What Is to Be Done?*, long regarded as the key manual of communist action, which is presented here complete, except for one highly specialized and dated section; *Imperialism, the Highest Stage of Capitalism*, in which Lenin seeks to chart the future of capitalism, presented here complete; and *The State and Revolution*, which summarizes Lenin's concepts of the goals and future of communism, regarded as his most important work, also presented here complete. These four works, taken together, offer a balanced cross section of Lenin's views. Together, they deal with both theory and action—Lenin's analysis of problems and the program he proposes to solve them.

Vladimir Ilyich Ulyanov, later known as V. I. Lenin, was born April 10, 1870 in the Volga town of Simbirsk (now Ulyanovsk), the third child of Ilya Nikolaievich Ulyanov and Maria Alexandrovna Blank Ulyanov. The elder Ulyanov was a dedicated educator and the director of the school system of the province of Simbirsk. Under his devoted leadership, almost 500 new schools were built, and school attendance in the province doubled—among a population 80 per cent illiterate. He was referred to suspiciously as "the Liberal" by his merchant neighbors. Maria Alexandrovna Blank Ulyanov was a cultivated woman of Volga German ancestry, the daughter of a physician. A Lutheran, she was officially classified a dissenter from the state Russian Orthodox religion.

Therefore, the Ulyanov household was in striking contrast to the typical Russian family of the time, and distinctly different even from the average professional, middle-class Russian family. Vladimir Ilyich and his two brothers, Alexander (1866–1887) and Dmitri (1874–1943), and three sisters, Anna (1864–1935), Olga (1871–1891), and Maria (1878–1937), were reared in an atmosphere of idealism and cosmopolitan culture. Edmund Wilson, the noted American literary critic, has said that in order to understand this remarkable family, one should think not in traditional Russian or even European terms, but turn instead to the New England tradition of "plain-living and high-thinking." Indeed, the interior of the Ulyanov home, which has been restored, is said to bear an unusual resemblance to a cultured, New England home of the mid-1880s.

This idyllic family life was not to last, however. In 1886, Ilya Nikolaievich Ulyanov, only 45 years old but exhausted from years of dedicated service, died suddenly. The next year, Alexander Ulyanov, the eldest of the children and a brilliant student at the University of St. Petersburg, was involved in a plot to assassinate Tsar Alexander III. He and Anna, who happened to be visiting him, were arrested. Alexander readily admitted his role in the plot and attempted to protect others by claiming full responsibility. He and four others were hanged, and Anna was banished to Kokuchkino, a small town near Kazan, about 150 miles from the Ulyanov family home at Simbirsk. The entire family was suspected by the authorities;

nonetheless, Vladimir was admitted to the University of Kazan. Quickly becoming involved in antigovernment student activities, he was soon expelled and, like Anna, banished to Kokuchkino. Thereupon, the rest of the Ulyanov family, Maria Alexandrovna and the smaller children, joined Vladimir and Anna at Kokuchkino.

In the autumn of 1888, clemency measures released Vladimir and Anna from banishment, and the Ulyanov family moved to Kazan. However, Vladimir was not readmitted to the University of Kazan and could only continue his studies alone. Maria Alexandrovna acquired a farm in Samara, where the family spent the winters, returning to Kazan for the rest of each year. Vladimir adjusted to this routine; he utilized the libraries and secured banned Marxist works while in Kazan and did field research on the state of the peasants while in Samara. He pursued a dual goal of preparing himself for university degree examinations and deepening his knowledge of Marxism. Making extensive use of his fluency in German, acquired at home, he studied Marx in the original and translated the *Communist Manifesto* into Russian. And he continued his efforts to re-enter a university. The authorities refused to admit him as a resident-student at any university, but they eventually permitted him to take the final law school examinations at the University of St. Petersburg, with the condition that he would prepare himself by independent study. He took the examinations at the 1891 session and graduated first in the class.

It was at this point that the Ulyanov family was broken up. Olga, studying in St. Petersburg, was fatally stricken by typhoid fever. Subsequently, Maria Alexandrovna moved to Moscow, where her youngest son, Dmitri, entered the university.

Vladimir settled in St. Petersburg and registered for the bar. There, he redoubled his efforts in a two-front struggle not only against the Tsarist government, but also against the Narodniki, known as "Friends of the People" and "Populists," whose political arm was the Social Revolutionary Party. The Narodniki had dominated the anti-Tsarist opposition for decades and were bitterly hostile to the new Marxist movement.

The Narodniki were exclusively peasant-oriented. First, they thought in populist terms, and the overwhelming majority of the Russian population consisted of peasants. Second, they were ultranationalistic and anti-Western, basing their movement on Russian culture and tradition; they glorified the role of primitive communism among the peasants of medieval Russia and asserted that Russia was a unique case in which Western concepts of revolutionary change had no place. Third, they were antimodern; they opposed industrialization and innovation and sought instead to implement a romantic, "back to nature," agrarian utopia. They relied heavily on sporadic, individualistic terrorism in which Narodniki intellectuals would sacrifice themselves in assassination attempts unrelated to any over-all, revolutionary plan. There was a strongly mystical strain in the Narodniki outlook which involved symbolic self-sacrifice of life on behalf of a traditional "Mother Russia."

Vladimir Ilyich Ulyanov, on the other hand, was already dedicated to the transformation of Russia into a modern, international, industrialized, urban-oriented, Marxist society, which he believed could be achieved only by a carefully organized revolution executed by professional revolutionaries utilizing the most modern techniques. He threw himself into the dual struggle against both the Tsarists and the Narodniki—and we now see clearly the mature Lenin—with the combination of dedication and skill that was to mark his subsequent career. Although he did not yet use the name Lenin, it is appropriate to refer to him by that name from this point on.

Under the leadership of Lenin, a score of scattered groups were united into a new organization, the League of Struggle for the Emancipation of the Working Class. But the Tsarist police moved rapidly, and in December 1895, Lenin and other Russian Marxist leaders were arrested and imprisoned. Lenin remained in prison until early 1897, when he was banished to Siberia for three years. While in prison, he utilized his time writing his first major work, *The Development of Capitalism in Russia,* which he completed in Siberian exile. In 1898, he was joined by Nadezhda Konstantinovna Krupskaya, a revolutionary associate of the previous several years, now also banished to Siberia; they were married July 10, 1898.

Meanwhile, in March 1898, the new Russian Social Democratic Labor (RSDLP) Party held its first congress in Minsk and openly proclaimed its program. Even though the party was almost immediately repressed, Russian Marxism had entered a new era.

In January 1900, having served three years of Siberian banishment, Lenin returned to European Russia and soon thereafter went into self-imposed exile in Western Europe, where he was to spend the next five years. Krupskaya joined him when her banishment ended. The Lenins settled first in Munich, then London, and finally in Switzerland. In association with Russian Marxists abroad, then led by Georgiy Valentinovich

Plekhanov, sometimes referred to as "the father of Russian Marxism," the Lenins devoted themselves to revolutionary activity. Lenin edited a new Russian, revolutionary periodical, *Iskra,* and Krupskaya undertook the correspondence and other details involved in smuggling the paper into Russia. *Iskra* was intended to be just what its name, "The Spark," implied; Lenin was striving to eventually ignite a Marxist revolution in Russia. It was also during this period that he completed and published another major work, *What Is to Be Done?* In this book, he carefully outlines his concept of political action. Lenin completely rejects the Western role of a democratic political party working within the framework of parliamentary democracy; instead, he calls for a monolithic organization of dedicated professional revolutionaries devoted to the single goal of the dictatorship of the proletariat.

Lenin was approaching his second major ideological confrontation. In previous years, he had fought not only Tsarists, but also the Narodniki. He was now about to openly attack another enemy: his opponents within the RSDLP.

In July and August of 1903, the RSDLP held its Second Congress, this time abroad. First meeting in Brussels, the convention was dispersed by the Belgian police and subsequently reassembled in London. As the congress progressed, it was soon obvious that the RSDLP was, in practice, an umbrella for many conflicting viewpoints. The "Economists" emphasized improvement of living and working conditions and stressed trade unionism rather than political change. The Jewish Bund desired to remain a separate, autonomous organization within the party. Finally, those who desired a socialist society were not only split over how to achieve it, but were also divided on the question of the nature of socialism—whether democratic or Leninist.

Democratic socialism already was making a major impact in Western Europe. In Britain, the Fabians, led by Sidney and Beatrice Webb, George Bernard Shaw, and other intellectuals, were advocating the ideals and programs that led to the development of the modern British trade union movement and the Labour Party. In Germany, Eduard Bernstein propounded his theory of evolutionary socialism. In France, in the Scandinavian countries and elsewhere in Western Europe, in the United States, and throughout the English-speaking world, there was strong sympathy for democratic socialism. Democratic socialists existed in Russia, too. Their goal was a democratic society with personal liberty and a mixed economy of public and private ownership. Lenin scorned such views as bourgeois; to him, socialism meant a dictatorship of the proletariat exercising absolute control over all political and economic matters. To democratic socialists, establishment of their concept of socialism was the ultimate goal. To Lenin, on the other hand, establishment of his concept of socialism— a dictatorship of the proletariat—was but a step toward the ultimate goal: communism.

A political development outside the RSDLP increased the division within the Party itself—the emergence of the Constitutional Democratic Party, a group of Western-oriented liberals who sought to establish Western parliamentary democracy and Western social patterns in Russia. These Constitutional Democrats, referred to as "Cadets," were regarded with favor by many democratic socialists within the RSDLP. The latter wished to co-operate with the Constitutional Democrats in joint, democratic, political strategy and action to achieve mutual goals. Lenin, on the contrary, scorned the Constitutional Democrats, denouncing them as bourgeois liberals who merely wished to preserve the capitalist system. Moreover, Lenin, who rejected Western parliamentarianism, believed that it was useless to attempt to accomplish any fundamental reform through parliamentary democracy; he was convinced that real change could be brought about only by and through the dictatorship of the proletariat. Consequently, the emergence of the Constitutional Democrats as a significant political factor divided still further the two factions within the RSDLP.

Open conflict between these two contradictory viewpoints was inevitable; it came about in the Second Congress of the RSDLP. While the congress was in session, both the "Economists" and the Jewish Bundists withdrew from the RSDLP, leaving the democratic socialists as the only real opposition to the Leninists. The lines were clearly drawn; the choice was now reduced to two alternative programs, democratic socialism or Leninism. Lenin was able to gather a majority of the remaining delegates; hence, his group became known as "Bolsheviks" (from the Russian *bolshe,* "more"), while the democratic socialist minority became known as "Mensheviks" (from the Russian *menshe,* "less"). Lenin, who well understood the value of words, was therefore able to characterize his movement by the term "majority," with all the consequent psychological advantages, when in fact his forces actually were a minority in the over-all party. The "Mensheviks" soon gained the party leadership, and the two groups continued to struggle until the Leninists withdrew from the RSDLP several years later. The "Bolsheviks" then reconstituted themselves as the Communist Party, and were henceforth known as Communists, while the "Mensheviks," assuming full control of the RSDLP, were known henceforth as Social Democrats.

Meanwhile, conditions inside Russia had been worsening. The Tsarist government thought that the Russo-Japanese War of 1904-1905 would distract the restive population, but the humiliating defeat suffered by Russia only broadened and intensified resentment against the government. The Russian masses still had faith in the Tsar, however; they believed he could and would intervene personally on their behalf. On January 9, 1905, Father Gapon, a priest of the official Russian Orthodox Church, led a procession of St. Petersburg workers to petition the Tsar for improvement of working conditions. The demonstrators were peaceful; they carried religious icons and portraits of the Tsar and sang religious hymns and the Tsarist national anthem. Nevertheless, as they approached the Winter Palace, soldiers and Cossacks opened fire, and the helpless demonstrators were massacred.

This "Bloody Sunday" slaughter had a great effect throughout Russia. In June 1905, the famous Potemkin naval revolt took place; the Tsar no longer dared depend on his army and navy. By October, there was an effective general strike, and in mid-October the Tsar felt compelled to grant certain civil liberties and to establish a Duma (parliament). The new liberty was short-lived, however. The Tsar withdrew major concessions; the Moscow workers responded with an uprising in December and were crushed. By mid-1906, the Tsar dissolved the First Duma; in 1907, he not only dissolved the Second Duma, but also arrested and deported some of its members. Lenin, who had returned to Russia in November 1905, was hunted by the Tsarist police, and in December 1907, almost lost his life fleeing across the ice from the Finnish mainland to a Finnish island, where a ship carried him back into exile.

Lenin's second exile was spent largely in Paris and Switzerland. It was to take Russia a full decade to recover from the 1905-1907 repression. Lenin bided his time; he and Krupskaya continued to devote themselves to the cause of a Russian, Marxist revolution. In 1916, Lenin completed another major work, *Imperialism, The Highest Stage of Capitalism.* In this book, he looked beyond the traditional concept of imperialism as the building of empires by subjugation of territories and the subsequent exploitation of these colonies for raw material and as captive markets. He considered this type of imperialism merely a transitional stage to a new variety of imperialism in which advanced, wealthy nations would dominate underdeveloped, poor nations by the simple device of exporting capital. Thus, the capitalists of the advanced Western nations would neither need to extract raw materials from the underdeveloped nations, nor compel them to purchase finished manufactured goods; they could merely sit back and collect continuous income from their capital, while the exploited workers of the underdeveloped nations performed all the work. Lenin considered this the final, "parasitic" stage of capitalism.

It was during this second exile that Lenin also wrote what is generally regarded as his most significant work, *The State and Revolution.* In this book, Lenin reaffirms his total rejection of all the institutions of Western democracy. He emphasizes that a Leninist should participate in Western parliamentarianism for one purpose alone: to bring about its ultimate destruction. He reiterates that the dictatorship of the proletariat is the only true Leninist method for eliminating capitalism. However, he goes well beyond these points to introduce a wholly new aspect of Leninist philosophy; he presents an unprecedented examination of what he asserts will inevitably follow the dictatorship of the proletariat, the "withering away" of the state. Lenin, the hard-headed, ultrapractical revolutionary tactician, suddenly projects a utopian vision. He predicts that once the dictatorship of the proletariat is established and capitalism destroyed, people will be transformed. No longer will they think in a selfish, capitalistic context, but in a new, brotherly communist one, liberated from the restraints of capitalism. As a result, they will behave in a natural, ethical manner; police, courts, laws, all will become unnecessary. The entire apparatus of government will cease to exist, the state itself will disappear, and only individually self-governing people will remain, each serving the common good to the extent of his ability, and each receiving according to his needs, in a perfect communist society.

By this time, Lenin had reached a third ideological confrontation, one which provoked him to the type of wrath he had earlier directed first against the Narodniki and then against the Mensheviks. Karl Kautsky, literary executor of the works of Marx and Engels and distinguished theoretician of the German Social Democratic Party, with whom Lenin previously had agreed on various key Marxist points, now boldly attacked

Lenin and his plans for Russian revolution as non-Marxist and anti-Marxist. Kautsky emphasized Marx's view that a revolution, to be truly Marxist, must take place in an industrialized society with a large, informed urban proletariat; and, Kautsky added, Marx also believed that, because the urban proletariat would be an overwhelming majority of the population, the truly Marxist revolution would be democratic. Specifically, Kautsky strongly rejected Lenin's theory of the dictatorship of the proletariat and reasserted his own interpretation of the democratic, antitotalitarian concepts of Marxism. Lenin, deeply stung by the charge of non-Marxism from a Marxist theoretician of Kautsky's stature, reacted with violent denunciation intended to destroy Kautsky's reputation and alienate his followers.

From neutral Switzerland, Lenin followed the effect of World War I on Russia. Russian military defeats demoralized the armed forces and the general population. Economic conditions worsened. During January and February of 1917, some three-quarters of the St. Petersburg workers were on strike, paralyzing Russia's industrial center. On February 27, the situation exploded into full revolution. Key military garrisons in St. Petersburg, ordered by the Tsar to crush the rebels, joined them instead. By March 3, the circumstances compelled Nicholas II to abdicate; the monarchy was abolished and succeeded by a provisional government of Constitutional Democrats and Social Democrats.

Lenin vigorously opposed the entire war as merely an imperialist struggle between competing groups of capitalists. The German government, persuaded that Lenin would withdraw Russia from the war should he come to power, provided him with a special railroad car, to which they granted extraterritoriality; occupants of the car were relieved of passport and custom requirements. In this fashion, Lenin and several associates returned from Swiss exile and arrived at St. Petersburg's Finland Station on April 3, 1917.

The rest is well-known history—how the liberal February Revolution of 1917 was succeeded by the communist October Revolution the same year, Lenin thus bringing about the overthrow of the liberal provisional government led by Alexander Kerensky. Leninism then moved from theory and revolutionary tactics into a new stage: national government in a major state. The goal of Russian liberals and democratic socialists, a Western-type democracy combining economic and social justice with personal freedom, was precluded by the Leninist dictatorship of the proletariat. Lenin himself lived seven more years, until his death on January 21, 1924.

There is evidence that Lenin, in his last years, was deeply disillusioned by the turn of events in the Soviet Union. Lenin, after all, did not advocate authoritarianism simply for its own sake. He did not seek to merely replace one autocratic system with another, but considered the dictatorship of the proletariat only a temporary institution, a necessary, transitional stage preceding genuine communism. Of course, in the almost half-century since Lenin's death, communism has not moved beyond the stage of the dictatorship of the proletariat; the state has not yet begun to "wither away" in any communist country. Nonetheless, Lenin remains the unchallenged father of communism, and all communist leaders, theoreticians, and parties—however they may differ among themselves—universally rely on Lenin's writings as the gospel for their every view and action.

In historical perspective, Lenin emerges as one of the world's most remarkable men. Not only did he develop a detailed philosophy of society and economics, but he also led a revolution that brought his views to power in a major nation, and then presided over a government that sought to achieve his sweeping, unprecedented goals. Since his death, his thinking has continued to profoundly influence the course of world history. Regardless of one's personal outlook, no modern education can be complete without some familiarity with a philosophy of such contemporary significance.

Lenin's footnotes have been carefully retained in this edition. However, most page references have been deleted. Other alterations (e.g. Americanization of spelling and punctuation changes) have been quite minor.

HENRY M. CHRISTMAN

THE DEVELOPMENT OF CAPITALISM IN RUSSIA

In December 1895, Lenin and a number of his associates were arrested and imprisoned. Lenin spent more than a year in prison, during which he began his first major study, *The Development of Capitalism in Russia.* Released from prison, Lenin was sent into exile in Siberia, where he completed the book. It was published legally in St. Petersburg in 1899 under the pseudonym "V. Ilin." Lenin was still in Siberian exile when the book appeared; he was not permitted to return to European Russia until the following year.

The subtitle of this work is "The Process of Formation of the Home Market for Large-Scale Industry." Lenin himself defined the scope of the book as follows: "First, as the title already shows, we take the question of the development of capitalism in Russia exclusively from the point of view of the home market and leave aside the question of the foreign market and data concerning foreign trade. Secondly, we limit ourselves only to the post-Reform period. Thirdly, we take principally and almost exclusively data on the home, purely Russian gubernias. Fourthly, we limit ourselves exclusively to the economic aspect of the process."

Lenin's immediate ideological goal in writing *The Development of Capitalism in Russia* was to combat the economic theories of the Narodniki movement, the history and significance of which is discussed in the Introduction to the present volume.

Publication of *The Development of Capitalism in Russia* brought into print various key Leninist concepts. First, Lenin argued that Marxist theory applied immediately and directly to the distinctive conditions and problems of Russia, thus challenging the Narodniki characterization of Russia as a unique case. Second, Lenin attacked the historic Narodniki orientation toward the peasantry, stressing instead the significance of the industrial proletariat as a revolutionary base. Third, Lenin assailed the Narodniki theory of a revolutionary transformation of Russia directly from an almost feudal society into a socialist one; Lenin asserted that capitalism was a necessary and even desirable transitional stage between feudalism and socialism.

The length of *The Development of Capitalism in Russia* precludes a one-volume collection. Presented here, therefore, are the key excerpts in which Lenin himself sums up his conclusions.

CONCLUSIONS TO CHAPTER I

We will now sum up the theoretical postulates . . . which are directly related to the question of the home market.

1. The fundamental process of the formation of a home market (*i.e.*, the development of commodity production and capitalism) is social division of labor. This means that, one after another, various forms of working up raw materials (and various operations in this process) become separated from agriculture and become independent branches of industry which exchange their products (now become *commodities*) for the products of agriculture. Thus, agriculture itself becomes an industry (*i.e.*, production of commodities) and the same process of specialization takes place in it.

2. The direct deduction from the preceding postulate is the law of all-developing commodity economy, and particularly capitalist economy, that the industrial (*i.e.*, non-agricultural) population grows faster than the agricultural population, that an increasing part of the population is withdrawn from agriculture and drawn into the manufacturing industries.

3. The divorcement of the direct producer from the means of production, *i.e.*, his expropriation, which marks the transition from simple commodity production to capitalist production (and which is the necessary condition for this transition), *creates* the home market. This process of *creating* the home market proceeds in two directions: on the one hand, the *means of production* from which the small producer is "liberated" are converted into capital in the hands of the new owner, serve to produce commodities and, consequently, are them-

selves transformed into commodities. Thus, even the simple reproduction of these means of production now requires that they shall be purchased (formerly, in the majority of cases, these means of production were reproduced in the natural form and sometimes they were made at home), *i.e.*, creates a market for means of production, and later, the products produced with the aid of these means of production are also transformed into commodities. On the other hand, the *means of existence* of this small producer become a material element of variable capital, *i.e.*, the sum of money which the employer (whether he is a landlord, a contractor, a lumber merchant, factory owner, etc., does not matter), spends on hiring workers. Thus, these means of existence are now also transformed into commodities, *i.e.*, create a home market for articles of consumption.

4. The realization of the product in capitalist society (and, consequently, the realization of surplus value) cannot be explained unless we understand that: 1) the value of the social product, like that of the individual product, is divided into three parts and not into two (constant capital + variable capital + surplus value, and not only into variable capital + surplus value, as Adam Smith and the whole of subsequent political economy prior to Marx taught) and 2) that in its natural form it should be divided into two main subdivisions: means of production (consumed productively) and articles of consumption (for personal consumption). Having laid down these main theoretical postulates Marx fully explained the process of realizing the product in general and surplus value in particular in capitalist production, and revealed that it was utterly wrong to drag the foreign market into the question of realization.

5. Marx's theory of realization also shed light on the question of national consumption and income.

From what has been said above, it automatically follows that the question of the home market as a separate, independent question, independent of the question of the degree of development of capitalism, does not exist at all. That is precisely why the Marxian theory nowhere and never raises this question separately. The home market appears when commodity production appears: it is created by the development of commodity production; and the degree to which social division of labor has taken place determines the height of its development; it spreads with the transference of commodity production from the product to labor power, and only to the extent that the latter is transformed into a commodity does capitalism embrace the whole industry of the country, developing mainly in regard to means of production which, in capitalist society, occupy an increasingly important place. The "home market" for capitalism is created by developing capitalism itself, which increases the social division of labor and which divides the direct producers into capitalists and workers. The degree of the development of the home market is the degree of development of capitalism in the country. To discuss the question of the limits of the home market separately from the degree of development of capitalism (as the Narodnik economists do) is wrong.

That is why the question as to how the home market for Russian capitalism is being formed reduces itself to the following questions: in what manner and in what direction are the various aspects of Russian national economy developing? What are the interconnections and interdependence between these various aspects?

The next chapters will be devoted to the examination of the data which contain the reply to these questions.

CONCLUSIONS TO CHAPTER II

We will sum up the main postulates which follow from the data examined above:

1. The social-economic environment in which the contemporary Russian peasantry find themselves is that of commodity production. Even in the central agricultural zone (which is the most backward in this respect as compared with the extreme southeastern regions or with the industrial gubernias*), the peasant is completely subordinated to the market on which he depends as a consumer and as a producer, quite apart from his being a taxpayer.

2. The system of social-economic relationships existing among the peasantry (agricultural and village commune) reveals all the contradictions which are a feature of all commodity production and all capitalism: competition, the struggle for economic independence, competition for land (purchased or hired), the concentration of production in the hands of a minority, the driving of the majority into the ranks of the proletariat, the exploitation of the latter by the minority by means of merchant capital and the hire of agricultural labor-

* This term is defined in the glossary at the end of the book, along with many of the other less-familiar terms that appear in the text.—Ed.

ers. There is not a single economic phenomenon among the peasantry that does not bear this contradictory form, which is specifically peculiar to the capitalist system, *i.e.,* which does not express the struggle and antagonism of interests, which is not an advantage for some and a loss for others. Such is the purchase and the renting of land; such are the diametrically opposite types of "trade," and such is the technical progress of economy.

We attach cardinal importance to this conclusion not only on the question of capitalism in Russia, but also on the question of the significance of the Narodnik doctrine in general. These very contradictions irrefutably demonstrate to us that the system of economic relationships in the "communal" villages does not represent a special system ("people's production," etc.), but the ordinary petty-bourgeois system. In spite of the theories that have been prevalent in Russia during the past half century, the Russian commune peasantry are not the antagonists of capitalism, on the contrary, they are the deepest and most durable foundation of it. The deepest—because, precisely here, remote from all "artificial" influences, and in spite of institutions which restrict the development of capitalism, we see the constant formation of the elements of capitalism within the very "commune" itself. The most durable—because it is in agriculture in general, and among the peasantry in particular, that ancient traditions, the traditions of patriarchal society, are strongest, and as a consequence the transforming effects of capitalism (the development of productive forces, the change in social relationships, etc.) manifest themselves most slowly and gradually.[1]

3. The sum total of all the economic contradictions among the peasantry comprises what we call the disintegration of the peasantry. The peasants themselves very aptly and strikingly characterize this process by the term "unpeasantize."[2] This process signifies the complete destruction of the old, patriarchal peasantry and the creation of *new types* of rural population.

Before we proceed to describe these types we will state the following. References to this process have been made in our literature long ago and very often. For example, Mr. Vasilchikov, who studied the works of the Valuev Commission, established the formation of a "rural proletariat" in Russia and the "disintegration of the peasant estate." (*Landownership and Ag-*

[1] *Cf. Das Kapital,* Vol. I[2].
[2] *Agricultural Review of the Nizhni-Novgorod Gubernia,* 1892.

riculture, first edition, Vol. I, chap. IX.) This fact was mentioned by V. Orlov (*Statistical Abstract for the Moscow Gubernia,* Vol. IV, part I) and by many others. But all these references remained fragmentary. No attempt was ever made to study this phenomenon systematically, and that is why, notwithstanding the wealth of data provided by the Zemstvo statistical household census, we have not to the present day sufficient information about this phenomenon. This is due also to the fact that the majority of the writers who write on this question regard the disintegration of the peasantry simply as the rise of property inequality, simply as "differentiation," to use a favorite term employed by the Narodniki in general and by Mr. Karyshev in particular. (*Cf.* his book, *Rent,* and his articles in *Russkoye Bogatsvo.*) Undoubtedly, the rise of property inequality is the starting point of the whole process, but the process is not confined to "differentiation." The old peasantry are not only undergoing a process of "differentiation," they are being completely destroyed, they are ceasing to exist, they are being squeezed out by absolutely new types of rural population—types which serve as the basis of a society in which commodity production and capitalist production predominate. These types are the rural bourgeoisie (mainly petty bourgeoisie) and the rural proletariat, a class of commodity producers in agriculture and a class of agricultural wage workers.

It is to a high degree instructive that the purely theoretical analysis of the process of the formation of agricultural capitalism points to the disintegration of the small producers as an important factor in this process. We have in mind one of the most interesting chapters in Vol. III of *Capital,* namely chapter XLVII, *The Genesis of Capitalist Ground Rent.* As the starting point of this genesis Marx takes labor rent (*Arbeitsrente*),

> "which means that the direct producer cultivates during a part of the week, with instruments of labor (plough, cattle, etc.), actually or legally belonging to him, the soil owned by him in fact, and works during the remaining days upon the estate of the feudal lord, without any compensation from the feudal lord. . . ." (*Das Kapital,* III, 2.)

The next form of rent is rent in kind *(Productenrente),* when the direct producer produces the whole product on land which he himself exploits and gives the landowner the whole of the surplus product in kind. The producer here becomes more independent and obtains the possibility of acquiring by his labor a certain quantity of products over and above his indispensable requirements.

"This form (of rent) will also give rise to greater differences in the economic situation of the individual direct producers. At least the possibility for such a differentiation exists, and so does the possibility that the direct producer may have acquired the means to exploit other laborers for himself. . . ."

And so, even when natural self-sufficing society still prevails, with the very first step in the direction towards greater independence for the dependent peasant, the germs of this disintegration appear. But these germs can develop only under the next form of rent, under *money rent,* which is a mere change of form of rent in kind. Under money rent, the direct producer no longer turns over the product, but its price, to the landlord.[1] The basis of this form of rent remains the same as that of rent in kind, the direct producer is still the traditional possessor of the land, "although (the basis of) money rent likewise approaches its dissolution." Money rent "requires a considerable development of commerce, of city industries, of the production of commodities in general and also the circulation of money." The traditional, customary relation between the dependent peasant and the landlord is transformed into a purely money relationship, based on a contract. This, on the one hand, leads to the expropriation of the old peasant and, on the other hand, it leads to the peasant buying his land and his liberty.

"The transformation of rent in kind into money rent is not only necessarily accompanied, but even anticipated by the formation of a class of propertyless day laborers, who hire themselves out for wages. During the period of their rise, when this new class appears but sporadically, the custom necessarily develops among the better situated tributary farmers (*Rentepflichtigen*) of exploiting agricultural laborers for their own account. . . . In this way they gradually acquire the ability to accumulate a certain amount of wealth and to transform themselves even into future capitalists. The old

[1] A strict distinction must be drawn between money rent and capitalist ground rent; the latter presupposes the existence of capitalists and wage workers in agriculture, the former—dependent peasants. Capitalist rent is part of the surplus value which remains after *entrepreneur* profit is deducted, whereas money rent is the price of the whole of the surplus product paid by the peasant to the landowner. An example of money rent in Russia is the quit-rent *(obrok)* which the peasant pays to the landlord. Undoubtedly, the taxes which the peasants now have to pay represent, in part, money rent. Sometimes, even peasant renting of land approximates to money rent, when the high rent the peasant has to pay leaves him no more than meager wages.

self-employing possessors of the land thus give rise among themselves to a nursery for capitalist tenants, whose development is conditioned upon the general development of capitalist production outside of the rural districts." (*Das Kapital,* III, 2.)

4. The disintegration of the peasantry, which, at the expense of the middle "peasantry," develops the extreme groups, creates two new types of rural population. The common feature of both types—is the commodity, money character of economy. The first new type is—the rural bourgeoisie, or wealthy peasantry. These include the independent farmers who carry on commercial farming in all its varied forms (we will describe the main groups in chap. IV), then come the owners of commercial and industrial enterprises, etc. The combination of commercial farming and commercial and industrial enterprise is one of the forms of "combining agriculture with trade" that is specifically peculiar to *this* type of peasantry. From among these wealthy peasants there arises the farmer class, for the renting of land for the sale of grain (in the agricultural belt) plays an enormous part in their economy, very often a more important part than their allotment. In the majority of cases the size of the farm among these peasants is larger than they are able to cultivate with the aid of the members of their families alone, and that is why the formation of a contingent of agricultural laborers, and still more, of day laborers, is the necessary condition for the existence of the wealthy peasant.[1] The spare cash which these peasants obtain in the form of net income is used either for commercial purposes or for usury, which is so excessively developed in our rural districts, or, in favorable circumstances, is invested in the purchase of land, improvements on the farm, etc. In a word—these are small agrarians. Numerically, the peasant bourgeoisie represent a small minority of the peasantry, probably not more than one-fifth of the total number of households (which, approximately, is equal to three-tenths of the population), although the proportion fluctuates considerably according to district. But in regard to its importance in peasant economy as a whole, in regard to the share it has of the total means of production owned by the peasantry and to its share of the total produce produced by the peasantry—the peasant

[1] We will observe here that the employment of hired labor is not an essential feature of the concept, petty-bourgeois. All independent production for the market, if the contradictions described in par. 2 exist in the social system of economy, and especially if the mass of producers are being transformed into wage laborers, comes within the meaning of this concept.

bourgeoisie is undoubtedly the predominant group. It is the master of the countryside at the present time.

5. The other new type is the rural proletariat, *the class of wage laborers possessing allotments.* This comprises the poor peasant, including the completely landless peasant; but the typical representative of the Russian rural proletariat is the agricultural laborer, the day laborer, the unskilled laborer, the building worker, or worker in other trades, possessing an allotment. The insignificant dimensions of the farm on a small patch of land, and, moreover, a farm in a state of ruin (this is particularly evidenced by the letting of land), the inability to exist without selling labor power (the "trades" of the poor peasant), an extremely low standard of living, probably lower than that of the laborer without an allotment—these are the distinguishing features of this type.[1] Not less than one-half of the total peasant households (which is approximately four-tenths of the population) may be included in the category of representatives of the rural proletariat, *i.e.*, all the horseless and a large part of the one-horse peasants (this, of course, is a mass, approximate calculation, which in various districts would be considerably modified in accordance with local conditions). The grounds which compel one to believe that such a large proportion of the peasantry belong to the rural proletariat have been given above.[2] It should be added that in our literature the postulate of the theory that capitalism requires a free, landless worker, is often understood in too stereotyped a manner. This postulate is quite correct as indicating the main trend, but capitalism penetrates into agriculture particularly slowly and in extremely varied forms. Very often, the rural laborer is allotted land in the interests of the rural em-

[1] In order to prove that it is correct to include the poor peasant in the category of wage laborers possessing an allotment, it must not only be shown how and which peasants sell labor power, but also how and which employers buy labor power. This will be shown in subsequent chapters.

[2] Professor Conrad is of the opinion that the criterion for a real peasant in Germany is a pair of working animals (*Gespannbauerngueter*). (*Cf. Landownership and Agriculture,* 1896.) For Russia the criterion ought rather to be put higher. In order to define the term "peasant," Conrad takes the percentage of persons or households engaged in "hired labor" or "auxiliary occupations" generally. (*Ibid.*) Professor Stebut, who, it cannot be denied, is an authority on questions of fact, *in 1882,* wrote: "After the fall of serfdom, the peasant with his small economic unit engaged exclusively in growing grain, that is to say, the peasant mainly in the Central Black Earth Belt of Russia, in the majority of cases, became an artisan, agricultural laborer, or day laborer, for whom agriculture became only a subsidiary occupation." (*Essays on Russian Agriculture, Its Weakness and the Measures to Be Taken for Its Improvement,* 1883.) Evidently the term artisan here includes the wage laborer in industry (building, etc.). However incorrectly this manner of employing terms may be, it is nevertheless very widespread in our literature, even in special economic literature.

ployers, and for that reason the type of rural laborer with an allotment is a common type in all capitalist countries. The type assumes different forms in different countries: the English cotter (cottager) differs from the parcel land peasant in France or in the Rhine Provinces, and the latter differs again from the *Knecht* in Prussia. Each of these bears traces of the special agrarian system, of the special history of agrarian relations in those countries—but this, however, does not prevent the economist from generalizing them under the single type of agricultural proletarian. The legal title to his plot of land does not affect the definition at all. Whether the land belongs to him as his own property (as in the case of the parcel land peasant), or whether the landlord or *Rittergutsbesitzer* allows him the use of the land, or, finally, whether he owns it as a member of the village commune, as in Russia—makes no difference to the case at all.[1] In including the poor peasant in the category of rural proletariat we are not suggesting anything new. This term has already been employed by many writers, and only the Narodnik economists persist in speaking about the peasantry in general as if they were something anti-capitalist, and close their eyes to the fact that the mass of "the peasantry" has already occupied a definite place in the general system of capitalist production, namely, the place of agricultural and industrial wage laborers. In Russia, people like to sing the praises of our agrarian system for having preserved the village commune and the peasantry, etc., and contrast this to the Baltic system with its capitalist system of agriculture. It will be of interest, therefore, to see what types of the agricultural population in the Baltic gubernias are included in the class of agricultural laborers and day laborers. Peasants in the Baltic gubernias are divided into: peasants with a large amount of land (25 to 50 dessiatins in a separate

[1] We will quote examples of the various forms of wage labor in agriculture from *Handwörterbuch der Staatswissenschaft* [Statesman's Handbook]. "The peasant's holding," says Professor Conrad, "must be distinguished from the *parcel* land, from the 'poor peasant's plot,' or 'vegetable plot,' the owner of which is obliged to seek occupation and earnings on the side." "In France, according to the census of 1881, 18,249,209 persons, *i.e.*, a little less than one-half" (of the population) "obtained their livelihood by agriculture: about nine million owned their land, five million were tenant farmers and share-croppers, four million were day laborers and owners of small plots, or tenants obtaining their livelihood mainly by wage labor. . . . It is assumed that at least 75 per cent of the agricultural laborers in France own land." In Germany, the category of agricultural laborers includes: *owners of land:* 1) *Kätner, Häusler Instleute* (cottars); 2) contract lay laborers who own land and who hire themselves to farmers for a certain part of the year (something like our "three-day laborers"). "Contract day laborers represent the bulk of agricultural laborers in those parts of Germany where large-scale farming predominates"; 3) agricultural laborers who till rented land.

lot), poor peasants (3 to 10 dessiatins—poor peasants' lots) and landless peasants. As S. Korolenko quite justly remarks, the poor peasant "most closely resembles the general type of Russian peasant of the central gubernias" (*Free Hired Labor*); he is constantly compelled to divide his time between seeking for work on the side and cultivating his own plot of land. But what interests us most is the economic position of the *agricultural laborer*. The fact is that the landlords themselves find it profitable to *allot them land* in part payment for their work. Here are some examples of the landholdings of the Baltic laborers: 1) two dessiatins of land (we have converted *lofstelle* into dessiatins: 1 *lofstelle* = one-third of a dessiatin); the husband works 275 days, and the wife, 50 days per year at a wage of 25 kopeks per day; 2) two and two-thirds dessiatins; "the agricultural laborer owns one horse, three cows, three sheep and two pigs," the laborer works alternate weeks and the wife works 50 days in the year; 3) six dessiatins of land (Bauss Uyezd, Courland Gubernia); "the agricultural laborer owns one horse, three cows, three sheep and several pigs," he works three days in the week and the wife works 35 days in the year; 4) in the Hazenpot Uyezd, Courland Gubernia—eight dessiatins of land, "in all cases the agricultural laborer gets his flour milled free and free medical aid and medicine, and their children attend school," etc. We draw the reader's attention to the *size of the land and farms* owned by these agricultural laborers, *i.e.*, to the very conditions which, in the opinion of the Narodniki, distinguish our peasants from the European agrarian system which corresponds to capitalist production. We will combine *all* the examples given in the publication we have quoted: 10 agricultural laborers own 3.5 dessiatins of land, that is, on the average, 3.15 dessiatins per laborer. The term agricultural laborer here includes peasants who work the *lesser part of the year* for the landlord (the husband works half the year and the wife 35 to 50 days), it includes also the one-horse peasants who own two and even three cows. We are compelled to ask, therefore: where is this notorious difference between the "village commune" peasant and the Baltic laborer? In the Baltic, things are called by their proper names, but in Russia the one-horse agricultural laborer is combined with the wealthy peasant, an "average" is struck and sentimental talk is indulged in about the "commune spirit," "labor principles," "people's industry" and "combining agriculture with industry. . . ."

6. The intermediary link between these post-Reform types of the "peasantry" is the *middle peasantry.* Their distinguishing feature is that commodity farming is *least* developed among them. Only in good years and under particularly favorable conditions is the independent husbandry of this type of peasant sufficient to maintain him and for that reason his position is a very unstable one. In the majority of cases the middle peasant cannot make ends meet without resorting to loans to be repaid by labor, etc., without seeking "subsidiary" earnings on the side, which partly also consist of selling labor power, etc. Each time there is a failure of the harvest, masses of the middle peasants are thrown into the ranks of the proletariat. In its social relationships, this group oscillates between the higher group, towards which it gravitates and into which only a fortunate minority succeeds in entering, and the lower groups, into which the whole process of evolution is forcing it. We have seen that the peasant bourgeoisie not only *squeezes out* the lower group, but also the middle group of the peasantry. Thus, a process which is a specific feature of capitalist economy is going on—the process of "unpeasantizing"; the intermediary members are dying out, while the extremes are growing.

7. *The disintegration of the peasantry creates the home market for capitalism.* In the lower group, the formation of the market takes place in regard to articles of consumption (the personal consumption market). The rural proletarian *consumes less* in comparison with the middle peasant—and, moreover, consumes goods of an inferior quality (potatoes instead of bread, etc.), but he *buys more.* The rise and development of a rural bourgeoisie creates a market in a twofold manner: first, and principally, in regard to means of production (the productive consumption market), for the well-to-do peasant tries to convert into capital the means of production he "collects" from the "impoverished" landlords as well as from the ruined peasant. Secondly, the market for articles of consumption is created by the fact that the requirements of the wealthy peasants have grown.[1]

8. No precise statistical data to show whether the disintegration of the peasantry is progressing, and with what rapid-

[1] The fact that the home market is formed by the disintegration of the peasantry is alone able to explain, for example, the enormous growth of the home market for cotton goods, the manufacture of which has increased so rapidly in the post-Reform period, simultaneously with the mass ruination of the peasantry. Mr. N—on, who illustrated his theory of the formation of the home market precisely with this example of the textile industry, was totally unable to explain, however, how this contradictory phenomenon arose.

ity, are available which could be juxtaposed to the combined tables (secs. I to VI). That is not surprising, for up till now (as we have already remarked), no attempt has been made to study systematically at least the statistics on the disintegration of the peasantry and to indicate the forms in which this process is taking place.[1] But all the general data on the economics of our rural districts indicate an uninterrupted and rapid increase of disintegration: on the one hand, the "peasants" abandon and let their land, the number of horseless peasants is growing, the "peasant" is fleeing to the towns, etc.; on the other hand, the "progressive trend in peasant economy" is making headway, the "peasant" is buying land, improving his farm, introducing metal ploughs, is developing the sowing of grass, dairy farming, etc. We now know *which* "peasants" are taking part in one or other of these diametrically opposed sides of this process.

Furthermore, the development of the migratory movement gives an enormous impetus to the disintegration of the peasantry, and particularly of the agricultural peasantry. It is well known that it is mainly the peasants from the agricultural gubernias who are migrating (migration from the industrial gubernias is quite insignificant), and precisely from the densely populated central gubernias where labor rent *(otrabotki)* (which retards the disintegration of the peasantry) is most developed. That is the first point. The second point is that it is mainly the peasants in *medium circumstances* who are leaving the districts from which the peasants are migrating and that it is the extreme groups that are remaining at home. Thus, migration is accelerating the disintegration of the peasantry in the districts from which the peasants are migrating and carries the germs of disintegration to the districts to which they are migrating (in the first period of their new life, the settlers in Siberia work as agricultural laborers).[2] This connection between migration and disintegration is fully proved by I. Hurwitz in his excellent piece of research, *The Peasant Migration to Siberia,* 1889. We strongly recommend this book to the reader which our Narodniki press has strenuously tried to hush up.

[1] The only exception to this is the excellent work by I. Hurwitz, *Economics of the Russian Village*, New York, 1902. One can only express astonishment at the art with which Mr. Hurwitz worked up the material in the volumes of Zemstvo statistics, which do not give any combined tables of the groups of the peasants according to economic status.

[2] Restriction of migration, therefore, has a powerful retarding effect upon the disintegration of the peasantry.

9. As is known, merchant and usurer's capital plays a great part in our countryside. We think it superfluous to quote numerous facts and sources to prove this phenomenon: the facts are well known and are not directly related to our theme. We are only interested in the questions: in what relation does merchant and usurer's capital in our countryside stand to the disintegration of the peasantry? Is there any connection between the relations among the various groups of peasants described above, and the relations between the peasant creditors and the peasant debtors? Is usury a factory and driving force in the disintegration, or does it retard it?

We will first of all point out how theory presents this question. In his analysis of capitalist production the author of *Capital* gave a very important place, as is known, to merchant and usurer's capital. The main postulates in Marx's views on this question are as follows: 1) Merchant and usurer's capital, on the one hand, and industrial capital (*i.e.*, capital invested in production, irrespective of whether in agriculture or in industry), on the other, represent one type of economic phenomenon which is covered by the formula: the purchase of commodities for the purpose of selling at a profit. (*Das Kapital,* I.) 2) Merchant and usurer's capital always historically precede the formation of industrial capital and are logically the *necessary* premise of its formation (*Das Kapital,* III, I); but in themselves, neither merchant capital nor usurer's capital represent a *sufficient* premise for the rise of industrial capital (*i.e., capitalist production*); they do not always disintegrate the old mode of production and put in its place the capitalist mode of production; the formation of the latter "depends entirely upon the stage of historical development and the circumstances surrounding it." (*Ibid.*, part II.) "To what extent it" (commercial and merchant capital) "brings about a dissolution of the old mode of production depends on its solidity and internal articulation. And to what this process of dissolution will lead, in other words, what new mode of production will take the place of the old, does not depend on commerce, but on the character of the old mode of production itself." (*Ibid.*, III.) 3) The independent development of merchant capital stands in an inverse ratio to the general economic development of society (*Ibid.*), the more merchant and usurer's capital is developed the less is industrial capital (=capitalist *production*) developed and *vice versa.*

Consequently, in regard to Russia, we have to ask: are merchant and usurer's capital being linked up with industrial capital? Are merchant and usurer's capital, in disintegrating the old mode of production, leading to its being substituted by the capitalist mode of production or by some other system? These are questions of fact, questions which must be answered in regard to all aspects of the national economy of Russia. In regard to peasant farming the data examined above contains the reply to this question, and the reply is in the affirmative. The usual Narodnik opinion, according to which the "kulak" and the "prosperous muzhik" are not two forms of the same economic phenomenon, but opposite types of phenomena having no connection with each other, is totally unfounded. It is one of the Narodnik prejudices which no one has taken the trouble to prove by an exact analysis of precise economic data. The data prove the contrary. No matter whether the peasant hires laborers for the purpose of enlarging his farm, or whether he trades in land (recall the data quoted above on the extent of rented land among the rich), or in provisions, or whether he trades in hemp, or hay, or cattle, etc., or money (usury), he represents a single economic type; in the main, his operations reduce themselves to one and the same set of economic relations. Furthermore—that in the Russian communal village the role of capital is not confined to bondage and usury, and that capital is extending also into production, is apparent from the fact that the wealthy peasant invests his money not only in commercial establishments and enterprises (*cf.* above), but also in improvements on his farm, in the purchase and renting of land, in improved implements, in hiring laborers, etc. If capital in our countryside were incapable of creating anything but bondage and usury, it could not be argued, on the basis of the data on production, that the peasantry was disintegrating, that a rural bourgeoisie and a rural proletariat were being formed; in that case, the whole of the peasantry would represent a fairly even type of farmer, oppressed by poverty, among whom might be discerned only usurers who are distinguished exclusively by the amount of money they own and not by the dimensions and method of organization of agricultural production. Finally, the above-quoted data logically lead to the important postulate that the independent development of merchant and usurer's capital in our countryside *retards* the disintegration of the peasantry. The more commerce develops and brings the country closer to the towns, squeezes out the primitive village fairs and undermines the monopoly of the village shopkeeper, the more proper European forms of credit develop and squeeze out the village usurer—the wider and deeper will the disintegration of the peasantry proceed. The capital of the wealthy peasants which is squeezed out of petty trade and usury will flow to a wider extent into production, into which it is already beginning to flow.

10. Another important phenomenon in the economy of our countryside which retards the disintegration of the peasantry is the survival of *barshchina, i.e., otrabotki. Otrabotki* is based on payment of wages in kind, hence, on weakly developed commodity production. *Otrabotki* presupposes and requires precisely a middle peasant who would not be entirely independent (otherwise he would not agree to the bondage of labor rent), but who would not be a proletarian (because to work for labor rent it is necessary to possess implements, one must be to some extent at least a master of "good standing").

When we said above that the peasant bourgeoisie were the masters of the countryside at the present time, we abstracted those factors which retarded disintegration: bondage, usury, labor rent, etc. As a matter of fact, often the real masters of the countryside today are not the representatives of the peasant bourgeoisie, but the village usurers and neighboring landowners. It is quite legitimate, however, to abstract these factors in this way, because, otherwise, it would be impossible to study the internal structure of the economic relationships among the peasantry. It is interesting to note that the Narodniki also employ this method, only they stop half-way, they do not follow up their reasoning to its logical conclusion. Speaking of the burden of taxation, etc., in his *Destiny of Capitalism,* Mr. V. V. observes that because of these reasons "the conditions of natural" (*sic!*) "existence no longer exist" in the village commune, in the *"mir."* Excellent! But the whole question is precisely: what are the "natural conditions" that do not yet exist in our villages? In order to be able to reply to this question it is necessary to study the economic relationships prevailing in the village commune, to raise the veil, if one may so express it, that conceals the survivals of pre-Reform antiquity which obscure the "natural conditions" of life in our villages. Had Mr. V. V. done this he would have seen that this system of real relationships reveals the complete disintegration of the peasantry, that the more completely bondage, usury, labor rent (*otrabotki*), etc., are removed, the more profound will be the process of disintegration among the peasantry.[1] Above we showed, on the basis of the Zemstvo statistics, that this disintegration is already a fact, that the peasantry have split up into opposite groups.

EXCERPT FROM CHAPTER IV

IX. Conclusions Concerning the Significance of Capitalism in Russian Agriculture

In chapters II-IV the question of capitalism in Russian agriculture was examined from two angles. First we examined the given system of social-economic relationships in peasant and landlord economy, the system which developed in the post-Reform epoch. We found that the peasantry was very rapidly being split up into a numerically small but economically powerful rural bourgeoisie, on the one hand, and into a rural proletariat on the other. Inseparably connected with this process of "unpeasantizing" is the transition of the landlords from the labor rent system of economy to the capitalist system. Then we examined this very process from another angle: we took as our starting point the manner in which agriculture is being transformed into commodity production, and examined the social and economic relationships which are characteristic of every main form of commercial agriculture. We found that through all the variety of agricultural conditions the same processes run like a thread in both peasant and landlord economy.

We will now examine the conclusions that follow from all the data given above.

1. The main feature of the post-Reform evolution of agriculture is that it is more and more assuming a commercial, *entrepreneur* character. In regard to private landlord farming, this fact is so obvious that it does not require any special explanation. In regard to peasant farming, however, this fact is not so easily established, firstly, because the employment of wage labor is not an absolutely essential symptom of the small rural bourgeoisie. As we have already observed above, all

[1] In passing, we must say that Mr. V. V.'s *Destiny of Capitalism,* and particularly chap. VI from which the above-quoted passage is taken, contains some very good and very just pages, namely, the pages in which the author does *not* speak about the "destiny of capitalism," or about capitalism at all, but about the manner in which the taxes are collected. It is characteristic, however, that Mr. V. V. fails to see the inseparable connection between this and the survivals of the labor rent (*barshchina*) system, *which he* (as we shall see further on) is *capable of idealizing!*

small commodity producers who cover their expenditure by their independent husbandry come under this category, provided the general system of economy is based on the capitalist contradictions that were examined in chapter II. Secondly, the small, rural bourgeois (in Russia, as in other capitalist countries) combines—by a number of transitional stages—with the "peasant" who owns a tiny plot of land, and with the rural proletarian who owns a small allotment. This circumstance is one of the reasons why the theories which draw no distinctions between the rural bourgeoisie and the rural proletariat among the "peasantry" are so tenacious.[1]

2. Owing to its very nature, the transformation of agriculture into commodity production takes place in a special manner which differs from that process in industry. Manufacturing industry is split up into a number of quite independent branches which are engaged exclusively in the manufacture of a single product or part of a product. The agricultural industry, however, is not split up into quite separate branches, but merely specializes in one market product in one case, or another market product in another case, and all the other sides of agriculture are adapted to the principal (*i.e.*, market) product. For that reason, the forms of commercial agriculture are distinguished for their great variety, which assume different forms not only in different districts, but also in different farms. That is why, in examining the question of the growth of commercial agriculture, we must not on any account restrict ourselves to general data covering agriculture as a whole.[2]

3. The growth of commercial agriculture creates a home market for capitalism. Firstly, specialization in agriculture gives rise to exchange between the various agricultural dis-

[1] Incidentally, the favorite postulate of the Narodnik economists that "Russian peasant economy is in the majority of cases purely natural self-sufficing economy," is based on the ignoring of this circumstance. (*Cf. Influence of Harvests on Grain Prices,* I, p. 52.) All one has to do is to take "average" figures which merge the rural bourgeoisie with the rural proletariat—and this postulate can be taken as proved!

[2] This is precisely the kind of data the authors of the work referred to in the preceding footnote confine themselves to when they speak of the "peasantry." They assume that every peasant sows *the very grain* that he consumes, that he sows *all* the kinds of grain that he consumes and that he sows them *exactly in the proportions* that he consumes them. It does not require very much effort to draw the "conclusion" from such "assumptions" (which contradict the facts and ignore the main feature of the post-Reform epoch) that natural self-sufficing economy predominates. In Narodnik literature one may also come across the following ingenious method of argument: every *separate* form of commercial farming is an "exception" to agriculture as a whole. Therefore all commercial farming generally should be regarded as an exception, the general rule should be taken to be self-sufficing economy! In college textbooks on logic, one will find many similar examples of such reasoning in the part dealing with sophistry.

tricts, between the various types of agricultural economies and between the various kinds of agricultural produce. Secondly, the more agriculture is drawn into the sphere of commodity circulation the more rapid is the growth of the demand of the rural population for the products of the manufacturing industries which meet the requirements of personal use; thirdly, the more rapid is the growth in the demand for means of production, for neither the small nor the big rural *entrepreneur* can carry on the new, commercial agriculture with the aid of ancient "peasant" implements, buildings, etc., etc. Fourthly and finally, the demand is created for labor power, because the rise of a petty rural bourgeoisie, and the transition of the landlords to the capitalist mode of production presupposes the rise of a contingent of agricultural laborers and day laborers. The fact that the post-Reform epoch is characterized by the expansion of the home market for capitalism (the development of capitalist agriculture, the development of factory industry generally, the development of the agricultural machine industry in particular, the development of so-called peasant "agricultural" trades, *i.e.*, working for hire, etc.) can only be explained by the growth of commercial farming.

4. Capitalism to an enormous degree expands and intensifies among the agricultural population the antagonisms without which that mode of production cannot exist at all. Notwithstanding this, however, agricultural capitalism in Russia, in its historical significance, is a powerful progressive factor. Firstly, capitalism has transformed the landowning "lord of the manor" as well as the patriarchal peasant into the same type of *trader* as are all masters in modern society. Before capitalism came on the scene, agriculture in Russia was a gentleman's occupation, an aristocratic hobby for some—and a burdensome duty for others; hence, it could not be conducted in any other way except by methods of ancient routine; and it necessarily determined that complete isolation of agriculture from all that went on in the world outside of the confines of the village. The labor rent system—that living survival of antiquity in modern economy—strikingly confirms the correctness of this characterization. Capitalism for the first time broke down the estate system in land tenure and converted the land into a commodity. The farmer's product was put on sale and began to be subjected to social accounting—first on the local, then on the national, and finally on the international market, and in this way the former isolation of the uncouth husbandman from the rest of the world was broken down completely.

Willy nilly, the farmer was compelled by the threat of ruin to reckon with the whole complex of social relationships in his own country and in other countries connected with the world market. Even the labor rent system, which formerly guaranteed Oblomov an assured income without his taking any risk, without any expenditure of capital, without any exchanges in the ancient routine of production, proved incapable of saving him from the competition of the American farmer. That is why we can say in regard to post-Reform Russia what was said half a century ago in regard to Western Europe, namely, that agricultural capitalism was "the driving force which dragged the idyll into historical motion."[1]

Secondly, agricultural capitalism for the first time put an end to the age-long stagnation in our agriculture, gave a tremendous impetus to the transformation of its technique and to the development of the productive forces of social labor. A few decades of capitalist "change" have done more than whole centuries of preceding history. Monotonous, routine, natural, self-sufficing economy has given way to diversified forms of commercial agriculture: primitive agricultural implements have begun to give way to perfected implements and machines; the immobility of ancient systems of husbandry was undermined by new methods of agriculture. The process of all these changes is inseparably linked up with the above-mentioned phenomenon of specialization in agriculture. By its very nature, capitalism in agriculture (as in industry) cannot develop evenly: it pushes to the front in one place (in one country, in one district, on a certain farm) one side of agriculture, in another place it pushes to the front another, etc. In one case it changes the technique of certain agricultural operations, in other cases it changes other operations, and breaks them away from patriarchal peasant economy and from the patriarchal labor rent system. In view of the fact that the whole of this

[1] *Misère de la Philosophie* [*Poverty of Philosophy*] (Paris, 1896, p. 223); the author [Karl Marx] contemptuously described the longings of those who desired a return to the good old patriarchal life of simple morals, etc., who condemned the "subordination of the land to the same laws that governed all other industries," as reactionary jeremiads.

We quite understand that to the Narodniki the whole of the argument given in the text may not only seem unconvincing but may even appear to be inexplicable. But it would be too ungrateful a task to analyze such opinions, for example, as that the mobilization of the land is—an "abnormal" phenomenon (Mr. Chuprov, in the debate on grain prices, stenographic report), that the inalienability of the peasants' allotments is an institution that may be advocated, that the labor rent system is better, or at all events is not worse than the capitalist system, etc. All that which has been explained above refutes the political-economic arguments brought forward by the Narodniki in defense of their opinion.

process takes place under the guidance of the capricious demands of the market which are not always known to the producer, capitalist agriculture, in each separate case (not infrequently in each separate district, sometimes even in each separate country), becomes more and more one-sided compared with previous agriculture; but, taken as a whole, it becomes immeasurably more many-sided and rational than patriarchal agriculture. The rise of special forms of commercial agriculture makes capitalist crises possible and inevitable in agriculture in the event of capitalist over-production, but these crises (like capitalist crises in general) give a still more powerful impetus to the development of world production and to the socialization of labor.[1]

Thirdly, capitalism for the first time created large-scale agricultural production in Russia based on the employment of machinery and the wide co-operation of workers. Before capitalism, the production of agricultural produce was carried on in an invariable, miserable, petty form, when the peasant worked for himself as well as when he worked for the landlord —and the "commune" character of agriculture was totally unable to put an end to this enormous fragmentation of production. Inseparably connected with the fragmentation of production was the isolation of the producers themselves.[2] Tied to their allotment, to their tiny "commune," they were sharply isolated even from the peasants in the neighboring village commune by the various categories to which they respectively belonged (former owners, former state, etc.), by the different

[1] West European romanticists and Russian Narodniki lay strong emphasis on this process, on the one-sidedness of capitalist agriculture, on the instability and crises created by capitalism—and on these grounds deny the progressive character of capitalist progress compared with pre-capitalist stagnation.

[2] Hence, in spite of the difference in the forms of landownership, the same thing can be applied to the Russian peasant as was said about the small French peasant by Marx: "The peasants who farm their own small holdings form the majority of the French population. Throughout the country, they live in almost identical conditions, but enter very little into relationships one with another. Their mode of production isolates them, instead of bringing them into mutual contact. The isolation is intensified by the inadequacy of the means of communication in France, and by the poverty of the peasants. Their farms are so small that there is practically no scope for a division of labor, no opportunity for scientific agriculture. Among the peasantry, therefore, there can be no multiplicity of development, no differentiation of talents, no wealth of social relationships. Each family is almost self-sufficient, producing on its own plot of land the greater part of its requirements, and thus providing itself with the necessaries of life through an interchange with nature rather than by means of intercourse with society. Here is a small plot of land, with a peasant farmer and his family; there is another plot of land, another peasant with his wife and children. A score or two of these atoms make up a village, and a few score of villages make up a department. In this way, the great mass of the French nation is formed by the simple addition of like entities, much as a sack of potatoes consists of a lot of potatoes huddled in a sack." (*Der achtzente Brumaire des Louis Bonaparte,* 1885.)

sizes of their land holdings—differences in the conditions under which they were emancipated (and these conditions were sometimes determined by the individual character of the landlords and their caprices). Capitalism for the first time broke down these purely mediæval obstacles—and did a very good thing in doing so. Already, the differences between the various categories of peasants, the difference in their categories according to the size of their allotment holdings, are proving to be incomparably less important than the economic difference within each category and within each village commune. Capitalism destroys local isolation and insularity, and in place of the petty mediæval division among the farmers it introduces division on a large scale, embracing the whole nation, dividing them into classes which occupy different positions in the general system of capitalist economy.[1] Formerly, the very conditions of production determined the fact that the masses of tillers of the soil were tied down to their place of residence, but the rise of various forms and various districts of commercial and capitalist agriculture could not but give rise to the migration of enormous masses of the population over the whole country: and without the mobility of the population (as has already been observed above) the development of its intelligence and initiative is impossible.

Fourthly and finally, agricultural capitalism in Russia for the first time uprooted the labor rent system and the personal dependence of the farmer. The labor rent system had undivided sway in our agriculture from the time of *Russkaya Pravda* right down to the contemporary system of *otrabotki,* under which the peasant tills the landlord's fields with his own implements; an inevitable accompaniment of this system was the wretchedness and ignorance of the tiller of the soil who is degraded, if not by the serf, then at all events by the "semi-free" character of his labor; without a certain lack of civil rights on the part of the tiller of the soil (for example, belonging to the lower estate, corporal punishment, assignment for public work, being tied to his allotment, etc.), the *otrabotochni* system would have been impossible. Hence, by substituting freely hired labor for the *otrabotochni* system, agricultural

[1] The need for union and amalgamation in capitalist society has not diminished but, on the contrary, has enormously increased. But it is absolutely absurd to use the old measure to satisfy this need of the new society. This new society now demands, firstly, that the union shall not be local, according to estate and category; and, secondly, that its starting point shall be the difference in position and interest that has been created by capitalism and the disintegration of the peasantry.

capitalism in Russia has rendered a great historical service.[1] Summing up what has been said above about the progressive historical role of Russian agricultural capitalism, it may be said that it is socializing agricultural production. Indeed, the fact that agriculture has been transformed from a privileged occupation of the higher estates and a burden for the lower estate into an ordinary commercial and industrial occupation, the fact that the product of the labor of the tiller of the soil has become subject to social accounting on the market, the fact that monotonous, routine agriculture is being converted into technically transformed commercial agriculture with a variety of forms, the fact that local isolation and the separation among small tillers of the soil is being broken down, the fact that the various forms of bondage and personal dependence are being squeezed out by impersonal transactions in the purchase and sale of labor power—all these are links in the single process, which is socializing agricultural labor and are more and more intensifying the contradictions between the anarchy of market fluctuations, between the individual character of the separate agricultural enterprises and the collective character of large-scale capitalist agriculture.

Thus (we repeat once more), in emphasizing the progressive historical role of capitalism in Russian agriculture, we do not for a moment forget the historical transitional character of this regime, or the profound social contradictions which are peculiar to it. On the contrary, we showed above that it is precisely the Narodniki, who are only capable of deploring the "changes" brought about by capitalism, who very superficially appraise these contradictions and gloss over the disintegration of the peasantry, ignore the capitalist character of the employment of machinery in our agriculture and thus cover up by phrases like "agricultural trades" or "earnings," the rise of a class of wage laborers.

[1] Of the numerous sighs and regrets expressed by Mr. N—on concerning the changes being brought about by capitalism in Russia, one deserves special attention: ". . . Neither the confusion that reigned in the period of the appanaged princes nor the reign of the Tartars affected the forms of our economic life" (*Outlines*); capitalism alone has displayed "contempt for its own historical past." Sacred truth! Capitalism is progressive precisely because it has displayed "contempt" for the "ancient" forms, "sanctified by age," of *otrabotki* and bondage which, indeed, no political storm—from the "confusion of the appanaged princes" to the "Tartars"—could overthrow.

EXCERPT FROM CHAPTER VII

XI. The Complete Separation of Industry from Agriculture

Large-scale machine industry alone brings about the complete separation of industry from agriculture. Russian statistics fully confirm this postulate, which was laid down by the author of *Capital* for other countries,[1] but which is usually ignored by the Narodnik economists. Mr. N—on, in season and out of season, talks in his *Outlines* about "the separation of industry from agriculture," but he does not take the trouble to examine the precise data in order to determine how this process is taking place and to note the various forms it assumes. Mr. V. V. mentions the contacts our industrial worker has with the land (*in manufacture,* our author does not think it necessary to distinguish between the various stages of capitalism, although he pretends to adhere to the theory of the author of *Capital!*) and declaims against the "shameful" *(sic!)* "dependence" "of *our*" (his italics) "capitalist industry" upon the worker-farmer, etc. *(The Destiny of Capitalism.)* Apparently Mr. V. V. has not heard, or if he has heard he has forgotten, that not only "our," but even western capitalism could not break the workers' connection with the land until it reached the stage of large-scale machine industry. And, finally, Mr. Kablukov only very recently presented students with the following astonishing distortion of the facts: "Whereas in the West, work in the factory represents the sole means of livelihood for the worker, here (in Russia), *with relatively few exceptions*" *(sic!!)* "the worker regards working in the factory as an auxiliary occupation; *he is mostly drawn to the land.*"

A practical analysis of this question will be found in the Moscow Sanitary Statistics, compiled by Mr. Dementyev, on the "factory workers' connection with agriculture." Systematically collected statistics covering about 20,000 workers have shown that only 14.1 per cent of the factory workers go off for agricultural work. But what is still more important is the fact, so comprehensively revealed in the above-mentioned work, that *it is precisely mechanized production that separates the workers from the land.* Of a number of figures quoted in proof of this, we select the following most striking:

[1] *Das Kapital.*

Factories and Works	*Per Cent Leaving for Field Work*	
Hand Cotton Weavers and Dyers	72.5	Hand Labor
Silk Weavers	63.1	
Pottery	31.0	
Calico Finishers and Offices for Distributing Wool to Outdoor Workers	30.7	
Cloth (All Processes)	20.4	Machine Production
Cotton Spinning and Power Loom Weaving	13.8	
Power Loom Weaving Including Finishing	6.2	
Engineering Works	2.7	
Calico Finishing by Machine	2.3	

Of the industries enumerated in the author's table, we have divided eight of them according to the method of production employed, either hand labor or machine production. In regard to the ninth branch, cloth, we will note that its manufacture is carried on partly by hand and partly by machinery. Thus, in the hand weaving factories about 63 per cent of the weavers leave for field work, but *not a single weaver* working on power looms leaves, and of the workers employed in those departments of cloth mills which use mechanical power, 3.3 per cent leave.

"Thus, the most important reason that causes the factory workers to give up all connections with the land is the transition from hand labor to machine production. Notwithstanding the fact that a relatively large number of factories are still carried on with hand labor, the number of workers employed in them, compared with the number employed in factories where machine production is carried on, is quite insignificant, and that is why the percentage of those who leave for field work is as small as 14.1 of the total adult workers and 15.4 of the adult workers belonging exclusively to the peasant estate."[1]

We would recall the fact that the returns of the sanitary inspection of factories in the Moscow Gubernia gave the following figures: mechanical power, 22.6 per cent of total factories (including 18.4 per cent with steam power); in these are concentrated 80.7 per cent of the total number of workers. Hand labor factories, 69.2 per cent, which employ only 16.2 per cent of the total number of workers. In 244 factories using mechanized power 92,302 workers are employed (378 workers per factory) while 747 hand labor factories employ 18,520

[1] *Ibid., The Factory.*

workers (25 workers per factory).[1] We have shown above how considerable is the concentration of all Russian factory workers in large enterprises, mostly power driven, employing on the average 488 and more workers per enterprise. Mr. Dementyev studied in detail the influence of the place of birth, the difference between those who are native to the locality and those who have come from other districts, difference in estate (citizen or peasant), etc., upon the divorcement of the workers from the land and he found that all these influences are eclipsed by the main factor: the transition from hard production to machine production.[2]

"Whatever the causes for the transformation of the former tiller of the soil into a factory worker may be, the fact is that these special workers exist. They are merely registered as peasants, connected with the village only by the fact that they have to pay taxes there, which they pay when they have to renew their passports; for, as a matter of fact, they have no farm in the village, and in a large number of cases not even a house, which usually they have sold. Even their right to land they preserve only juridically, so to speak, and the industrial disorders of 1885-86 showed, in many factories, that these workers regard themselves as being totally alien to the village in the same way as the peasants in their turn regard them, the offspring of their own fellow villagers, as foreign incomers. Thus we have already a crystallized class of workers who do not own their own homes, who in fact own no property, a class bound by no ties and living from hand to mouth. And this class did not come into being only yesterday. It already has its factory genealogy and a not inconsiderable section has its third generation."[3]

Finally, interesting material on the separation of the factory from agriculture is given in the latest factory statistics. The *Census of Factory and Works* (for 1894-95) gives information on the number of days in the year in which each factory is in operation. Mr. Kasperov hastened to use this data in support of the Narodnik theories and calculated that "on the average,

[1] *Ibid.*, Vol. IV, part I.
[2] Mr. Zhbankov, in *Sanitary Inspection of Factories and Works in Smolensk Gubernia* (Smolensk, 1894-96), estimates the number of workers who leave for field work at only 10 to 15 per cent of the Yartsev Textile Mill alone (Vol. II; in 1893-94 the Yartsev Textile Mill employed 3,106 workers out of a total of 8,810 factory workers in the Smolensk Gubernia). The temporary workers in this factory represented 28 per cent of the males (in all factories, 29 per cent) and 18.6 per cent of the females (in all factories, 21 per cent. *Cf.* Vol. II). It should be noted that the temporary workers include 1) those who have been employed at the factory for less than twelve months; 2) those who leave for summer work in the fields; 3) those "who ceased work at the factory for various reasons for several years." (Vol. II.)
[3] *Compiled Statistical Information; The Factory.*

the Russian factory works 165 days in the year," that "in Russia, 35 per cent of the factories work less than 200 days in the year."[1] It goes without saying that in view of the vagueness of the term "factory," these figures, taken without discrimination, have hardly any significance, since they do not indicate how many days in the year the various categories of workers work. We have counted up the figures given in the *Census* for the large factories (employing 100 and more workers) which as we have seen above (section VII), employ about three-fourths of the total number of factory workers. And we found that, according to the various categories, the average number of working days in the year was as follows: A) 242; B) 235; C) 273,[2] and the average for all large factories was 244. If we calculate the average number of working days per worker, we will get 253 working days per year—the average number of working days per worker employed in large factories. Of the twelve sections into which the various branches of industry are divided in the *Census,* only in one is the average number of working days, in the lower categories, lower than 200, namely section XI (food products): A) 189; B) 148; C) 280. Factories in category A and B in this section employ a total of 110,588 workers, which equals 16.2 per cent of the total number of workers employed in large factories (655,670). We would point out that this section includes the most varied branches of industry: beet sugar, tobacco; distilling, flour milling, etc. For the remaining sections, the average number of work days per factory is as follows: A) 259; B) 271; C) 272. Thus, the larger the factory, the larger is the number of days they are in operation in the course of the year. The total returns for all large factories in European Russia, therefore, confirm the conclusion arrived at by the Moscow Sanitary statisticians and prove that the factory is creating a class of permanent factory workers.

Thus, the data on the Russian factory workers fully confirm the theory enunciated in *Capital* that it is precisely large-scale machine industry that brings about a complete and decisive change in the conditions of life of the industrial population and separates it completely from agriculture and from the cen-

[1] *Statistical Summary of the Industrial Development of Russia.* A paper read by M. I. Tugan-Baranovsky, member of the Imperial Free Economic Society, and the debate on this paper at the session of the Third Department, St. Petersburg, 1898.

[2] We will remind the reader that category A includes factories employing from 100 to 499 workers; B, from 500 to 999 workers and C, 1,000 and more workers.

tury-old traditions of patriarchal life connected with the latter. But, in destroying patriarchal and petty-bourgeois relationships, large-scale machine industry creates, on the other hand, conditions which bring together the wage workers in agriculture with those in industry: first, it, in general, carries into the rural districts the commercial and industrial conditions of life which first arise in the non-agricultural centers; second, it creates mobility among the population and large markets for hiring agricultural as well as industrial laborers; third, by introducing machinery into agriculture, large-scale machine industry introduces into the rural districts skilled industrial workers who enjoy a higher standard of living.

XII. Three Stages in the Development of Capitalism in Russian Industry

We will now sum up the main conclusions to which the data on the development of capitalism in our industry lead us.[1]

There are three main stages in this development: small commodity production (petty, mainly peasant trades); capitalist manufacture; and the factory (large-scale machine industry). The facts utterly refute the opinion that is widespread among us that "factory" and "*kustar*" industry are isolated from each other. On the contrary, their division is purely artificial. The connection and continuity between these two forms of industry are most direct and intimate. The facts very clearly prove that the main trend of small commodity production is towards the development of capitalism, in particular towards the rise of manufacture, and before our very eyes, manufacture is very rapidly growing into large-scale machine industry. Perhaps one of the most striking manifestations of the close and immediate connection between the consecutive forms of industry is the fact that a number of big and very big manufacturers were, at one time, the smallest of small tradesmen and passed through all the stages from "people's industry" to "capitalism." Savva Morozov was first a serf peasant (he purchased his freedom in 1820), then a shepherd, carter, weaver in a mill, then a "*kustar*" weaver, walking to Moscow to sell his cloth to merchants; then he became the owner of a small establishment for giving out work to outdoor workers, and finally a factory owner. At the time of his death in 1862, he and his numerous

[1] As we stated in the preface, we limit ourselves to the post-Reform epoch and do not deal with the forms of industry which were based on the labor of serfs.

sons owned two large cotton mills. In 1890, the four factories which belonged to his descendants employed 39,000 workers and produced goods to the value of 35,000,000 rubles.[1] In the silk industry in the Vladimir Gubernia, a number of big manufacturers were formerly weavers in mills, or *"kustar"* weavers.[2] The biggest manufacturers in Ivanovo-Voznesensk (Kuvayevs, Fokins, Zubkovs, Kokushkins, Bobrovs and many others) were formerly *"kustars."*[3] The brocade factories in the Moscow Gubernia all grew up from small *"kustar"* workshops.[4] The manufacturer Zavyalov, of the Pavlovsk district, in 1864 still had "a vivid recollection of the time when he was a simple worker employed by master craftsman Khabarov."[5] The manufacturer Varipayev was a small *"kustar."*[6] Kondratov was a small *"kustar"* who walked to Pavlovo carrying a bag with goods he had made.[7] The manufacturer Asmolov was a horse driver employed by itinerant dealers, later became a small trader, the owner of a small tobacco workshop, and subsequently owned a factory with a turnover of millions,[8] etc. It would be interesting to know where, in these and similar cases, the Narodnik economists would define the beginning of "artificial" capitalism and the end of "people's" industry.

The three main forms of industry enumerated above are distinguished from each other by the different technical methods employed. The characteristic feature of small commodity production is its very primitive, hand technique that remained unchanged from time immemorial. The craftsman remains a peasant who adopts the methods handed down by tradition of working up raw material. Manufacture introduces division of labor, which fundamentally changes the form of technique and transforms the peasant into a "detail worker." But hand labor remains, and, on this basis, progress in methods of production is inevitably very slow. Division of labor springs up spontaneously and is adopted by tradition just as in peasant labor. Large-scale machine industry alone introduces a radical change, throws hand labor overboard, transforms production on new, rational principles and systematically applies the knowledge of

[1] *Industry in the Vladimir Gubernia*, VI. *Index*, 1890. Shishmarev: *A Brief Review of the Industries in the Region of Nizhni-Novgorod and Shuisk-Ivanovsk Railways*, St. Petersburg, 1892.
[2] *Industry in the Vladimir Gubernia*, III.
[3] Shishmarev.
[4] *Compiled Statistics of Moscow Gubernia*, Vol. VII, part III, Moscow, 1883.
[5] Labzin.
[6] *Ibid.*
[7] Grigoriev.
[8] *Historical Statistical Review*, Vol. II.

science to industry. Until capitalism organized large-scale machine industry in Russia, we observed—and still observe in those industries in which it has not yet organized large-scale production—almost complete stagnation in technique; we see the employment of the same kind of hand loom, the same kind of water mill or windmill that was employed in production a century ago. On the other hand, in those industries which the factory has conquered, we see a complete technical revolution and extremely rapid progress in the methods of machine production.

Owing to the difference in the technical methods employed, we see different stages of development in capitalism. The characteristic feature of small commodity production and manufacture is the prevalence of small enterprises from among which only a few large ones stand out. Large-scale machine industry completely squeezes out the small enterprises. Capitalist relationships arise also in the small trades (in the form of small workshops employing wage workers, and merchant capitalists), but these are only slightly developed and are not marked by a sharp line of antagonism between the groups of persons taking part in production. Neither big capitalists nor broad strata of proletarians have yet arisen. In manufacture we see the rise of both the one and the other. The gulf that divides the owner of the means of production from the worker has already become fairly wide. "Wealthy" industrial centers spring up, the mass of the inhabitants of which represent entirely propertyless workers. A small number of merchants, who do an enormous business in the purchase of raw materials and the sale of finished goods, and a mass of detail workers living from hand to mouth, such is the general picture which manufacture presents. But the multitude of small establishments, the preservation of contacts with the land, the preservation of tradition in production and in the whole system of life, all this creates a mass of intermediary elements between the extremes of manufacture and retards the development of these extremes. Large-scale machine industry sweeps away all these retarding factors, the extremes of social antagonism reach their highest development. All the gloomy sides of capitalism, as it were, concentrate together; the machine, as is well known, gives a powerful impetus to the undue lengthening of the working day; women and children are drawn into industry; a reserve army of unemployed is formed (and must be formed to suit the conditions of factory production), etc. However, the socialization of labor, which the factory brings about to an enormous degree, and the change it brings about in the sentiments and understanding of the people it employs (particularly the destruction of patriarchal and petty-bourgeois traditions) gives rise to a reaction: unlike preceding stages, large-scale machine production imperatively calls for the planned regulation and public control of production (a manifestation of the latter tendency is factory legislation).[1]

The very character of the development of production changes at various stages of capitalism. In small trades this development follows in the wake of the development of peasant economy; the market is extremely restricted, the distance between the producer and the consumer is small, the insignificant dimensions of production easily adapt themselves to barely fluctuating local demands. That is why the characteristic feature of industry at that stage is its stability, but that stability is tantamount to stagnation in technique and the preservation of patriarchal social relationships enmeshed in all sorts of survivals of mediæval traditions. Manufacture works for a wide market—sometimes for the whole nation and, in conformity with this, production acquires the character of instability that is peculiar to capitalism and which reaches its greatest dimensions under factory production. The development of large-scale machine production cannot proceed except in spurts; periods of crisis alternate with periods of prosperity. This sporadic growth of the factory accelerates to an enormous degree the ruination of the small producers; and the workers are drawn into the factory in masses at one moment, in busy seasons, and thrown out at another. The formation of a vast reserve army of unemployed, who are prepared to take any kind of work, becomes a condition for the existence and development of large-scale machine industry. In chapter II we showed the strata of the peasantry from which this army is recruited and in subsequent chapters the main occupations for which capital keeps this army in reserve were indicated. The "instability" of large-scale machine industry has always given rise, and now gives rise, to reactionary complaints among those who continue to look at things through the spectacles of the small producer and who forget that it is this "instability" alone that put an end to the stagnation of the past and stimulated the rapid change in methods of production and in all social relationships.

[1] On the connection between factory legislation and the conditions and relationships to which large-scale machine industry gives rise, see chapter II, part 2 of Mr. Tugan-Baranovsky's book, *The Russian Factory,* and especially the article in *Novoye Slovo,* July, 1897.

One of the manifestations of this change is the separation of industry from agriculture, the release of the social relationships in industry from the traditions of serfdom and the patriarchal system that hover over agriculture. In small commodity production the tradesman has not yet completely emerged from the peasant shell; in the majority of cases he remains a tiller of the soil, and this connection between small industry and small agriculture is so strong that we observe an interesting law of the parallel disintegration of the small producer in industry and in agriculture. The rise of a petty bourgeoisie and of wage workers is proceeding simultaneously in both spheres of national economy, and by that is preparing, at both poles of disintegration, the divorcement from farming of those engaged in industry. Under manufacture this divorcement assumes considerable dimensions. A number of industrial centers arise which do not engage in agriculture. The chief representative of industry is no longer the peasant, but the merchant manufacturer on the one hand and the "artisan" on the other. Industry and the relative development of commercial intercourse with the rest of the world raise the standard of living and the culture of the population; the worker working for the merchant manufacturer begins to look down upon the peasant farmer. Large-scale machine industry completes this change, finally separates industry from agriculture, creates, as we have seen, a special class of the population which is totally alien to the old type of peasantry and which differs from the latter in its manner of living, its family relationships, in its higher standard of material and spiritual requirements.[1] In small industry and in manufacture we always see survivals of patriarchal relations and a variety of forms of personal dependence which, in the general conditions of capitalist economy, extremely worsen the position of the toilers, degrade and corrupt them. Large-scale machine industry, by concentrating together masses of workers who frequently come from various parts of the country, cannot possibly tolerate survivals of patriarchalism and personal dependence, and is marked by its "contempt for the past." And it is precisely this rupture with obsolete tradition that served as one of the important condi-

[1] For types of the "factory" worker, see Chapter VI, section II, 5. See also *Compiled Statistical Information of Moscow Gubernia,* Vol. VII, part III, Moscow, 1883 (the factory worker—moralist, "wise one"), *Nizhni-Novgorod Zbornik,* I; Vol. IV. *Industry in Vladimir Gubernia,* III. *Novoye Slovo,* Oct., 1897. See also above-mentioned work by Mr. Zhbankov in which are described the workers who go to the towns to seek commercial and industrial occupations.

tions which made possible and created the necessity for the regulation and the public control of production. Particularly, in speaking of the changes the factory has brought about in the conditions of life of the population, it is necessary to observe that the drawing of women and adolescents into the factory[1] is, in the main, a progressive phenomenon. Unquestionably, capitalism extremely worsens the conditions of these categories of workers and it becomes particularly necessary to regulate and shorten their working day, to guarantee hygienic conditions of labor, etc.; but to strive to completely prohibit women and adolescents from going into industry, or to preserve the patriarchal system which prevented them from doing so, would be reactionary and utopian. By destroying the patriarchal isolation of these categories of the population who formerly never emerged from the narrow circle of domestic, family relationships, by drawing them into direct participation in social production, large-scale machine industry stimulates their development and increases their independence, *i.e.*, creates conditions of life that are incomparably superior to the patriarchal immobility of pre-capitalist relationships.[2]

The characteristic feature of the first two stages of development of industry is that the population is settled. The small

[1] According to *Index*, the factories and works in European Russia in 1890 employed 875,764 persons of whom 210,207 (27 per cent) were women, 17,793 (2 per cent) were boys and 8,216 (1 per cent) were girls.

[2] "The poor woman weaver goes to the factory together with her father and husband and works like them and independently of them. She helps to maintain the family no less than the man." "In the factory the woman . . . is a producer, completely independent of her husband." The woman factory worker learns to read and write with remarkable rapidity. (*Industry in Vladimir Gubernia*, III.) The following conclusion arrived at by Mr. Kharisomenov is perfectly just: industry destroys "the economic dependence of the woman on the family . . . and on the husband. . . ." "At another's factory, the woman is equal to the man; this is proletarian equality. . . . The capitalization of industry is an important factor in woman's struggle for independence in the family." "Industry creates a new position for the woman, completely independent of the family and of the husband." (*Yuridicheski Vestnik*, 1883, No. 12. In the *Compiled Statistical Information on Moscow Gubernia* (Vol. VII, part II, Moscow, 1882), the investigators compared the position of women engaged in making stockings by hand with those working by machine. The handworkers earned about 8 kopeks per day, machine workers, 14 to 30 kopeks per day. The conditions of the woman worker working by machine are described as follows. ". . . Before us is a free young woman, not restricted by any obstacles, emancipated from the family and from all that which represents the conditions of life of the peasant woman, a young woman who at any moment may wander from place to place, from employer to employer, and may at any moment find herself without employment . . . without a crust of bread. . . ." "The hand knitter earns a very meager wage which is not sufficient to maintain her; she is able to maintain herself only because she is a member of a family that has an allotment and receives some of the product of that land; under machine production the working woman, in addition to victuals and tea, earns a wage which enables her to live apart from the family and to dispense with the income from the land. . . . Moreover, the wages of women workers working at the machine, under present conditions, is more secure."

tradesman, remaining a peasant, is bound to his village by his farm. The worker under manufacture is usually restricted to the small industrial district which is created by manufacture. There is nothing inherent in the system of industry in the first and second stages of development that disturbs the settled character and isolation of the producer. Intercourse between the various industrial districts is rare. The transfer of industry from one place to another takes place only in the form of the migration of individual small producers who establish small trades in the outlying parts of the state. Large-scale machine industry, however, necessarily creates mobility among the population; commercial intercourse between various districts grows enormously; railways greatly facilitate travel. On the whole, the demand for labor increases, now rising in the period of boom, now falling in the period of crisis, so that it becomes necessary for the worker to go from one factory to another and from one part of the country to another. Large-scale machine industry creates new industrial centers which, with unprecedented rapidity, arise sometimes in unpopulated places—which would be impossible without the mass migration of workers. Further on we will show the dimensions and significance of the so-called migratory non-agricultural trades. At the moment, we will limit ourselves to a brief presentation of the data of the Zemstvo Sanitary Statistics of the Moscow Gubernia. Investigation among 103,175 factory workers showed that only 53,238, or 51.6 per cent were born in the particular uyezd in which they worked. Hence, nearly half the total number of workers migrated from one uyezd to another. The number of workers who were born in the Moscow Gubernia was 66,038, or 64 per cent of the total.[1] More than one third of the total came in from other gubernias (chiefly from gubernias in the central industrial zone adjacent to the Moscow Gubernia). Investigation of the various uyezds showed that the more industrially developed uyezds had a small per cent of workers native to the particular uyezd working there: for example in the uyezds of Mozhaisk and Volokolamsk, which are not highly developed industrially, from 92 to 93 per cent of the factory workers are natives of the place they work in. In the highly industrial Moscow, Kolomna and Bogorodsk Uyezds the per cent of native workers drops to 24, 40 and 50. The investigators draw the conclusion from this that "the

[1] In the less industrially developed Smolensk Gubernia, an investigation among 5,000 factory workers showed that 80 per cent were natives. (Zhbankov, II.)

considerable development of factory production in the uyezd encourages the influx of elements from outside the uyezd."[1] These facts show also (we will add) that mobility among the industrial workers bears the same features that we observed in the mobility of the agricultural workers, *viz.*, that the industrial workers, also, not only migrate from those districts where there is a surplus of labor, but also from those districts where there is a shortage of labor. For example, the Bronnitsi Uyezd attracts 1,123 workers from other uyezds in the Moscow Gubernia and from other gubernias, and at the same time 1,246 workers leave that uyezd to go to more industrially developed uyezds, *i.e.,* Moscow and Bogorodsk. Hence, the workers leave, not only because they cannot find "local occupations," but also because they strive to go to those places where conditions are better. Elementary as this fact is, it is worth while reminding the Narodnik economists of it again, for they idealize local occupations, condemn migratory trades and ignore the progressive significance of the mobility among the population which capitalism creates.

The characteristic features described above, which distinguish large-scale machine industry from preceding forms of industry, may be summed up in the words—socialization of labor. Indeed, production for an enormous national and international market, the development of close commercial contacts with various parts of the country and with various countries in the purchase of raw materials and auxiliary materials, the enormous technical progress, the concentration of production and the population by enormous enterprises, the destruction of the outworn traditions of patriarchal life, the creation of mobility among the population and the raising of the standard of requirements and the development of the worker—all these are elements of the capitalist process which more and more socialize the production of the country and at the same time socialize those who participate in production.[2]

[1] Compiled Stat. Inf. on Moscow Gub., sanitary statistics section, Vol. IV, part 1 (Moscow, 1890).

[2] The data given in the three last chapters prove, in our opinion, that the classification of the capitalist forms and stages of industry given by Marx is more correct and sound than that classification which has gained currency at the present time and which confuses manufacture with the factory and regards working for the merchant as a special form of industry. (Höld and Bücher.) To confuse manufacture with the factory implies taking the purely superficial symptoms as the basis for the classification and ignoring the essential features of technique, economics and social life which distinguish manufacture from the machine period of capitalism. Undoubtedly, capitalist domestic industry plays a great role in the mechanism of capitalist industry. There is no doubt also that working for the merchant is a special feature of pre-machine capitalism, but it is to be met with (and in by no means small dimensions) in the

In regard to the question of the relation of large-scale machine industry in Russia to the home market for capitalism, the data given above lead to the following conclusion: The rapid development of factory industry in Russia creates an enormous and continuously increasing market for means of production (building material, fuel, metals, etc.), it increases with particular rapidity the proportion of the population engaged in conducing articles to be used in production and not for personal consumption. But the market for articles for personal use also grows rapidly owing to the growth of large-scale machine industry, which draws a growing proportion of the population away from agriculture into commercial and industrial occupations.

EXCERPT FROM CHAPTER VIII

VI. The "Mission" of Capitalism

We must now, in conclusion, sum up the question which in literature has come to be known as the "mission" of capitalism, *i.e.*, of its historical role in the economic development of Russia. To admit that this role is a progressive one is quite compatible (as we have tried to show in detail at every stage in our exposition of the facts) with the fullest admission of the negative and gloomy sides of capitalism, with the fullest admission of the inevitable, profound and all-sided social antagonisms which are a feature of capitalism and which reveal the historically transitional character of this economic system.

---

most varied stages of the development of capitalism. It will be impossible to understand the significance of working for the merchant, unless it is studied in connection with the whole structure of industry in the given period, or in the given stage of the development of capitalism. The peasant who weaves baskets for the order of the village shopkeeper, the Pavlov wooden handle maker making handles in his own home for the knives manufactured by Zavyalov, the working woman who makes clothes, shoes, gloves or boxes for the order of big manufacturers or merchants—all work for the merchant, but all these instances of capitalist domestic industry bear a different character and have different significance. We do not in the least deny the merits of Bücher, for example, who has studied the *pre*-capitalist forms of industry, but we think that his classification of capitalist forms of industry is wrong. We cannot agree with the views expressed by Mr. Struve (*Cf. Mir Bozhi*, 1898, No. 4) in so far as he adopts Bücher's theory (the part referred to) and applies it to Russian "*kustar* industry." (Since these lines were written, 1899, Mr. Struve has managed to complete the cycle of his scientific and political development. Wavering between Bücher and Marx, between liberal and socialist economics, he has finally become a pure liberal bourgeois. The writer of these lines is proud of the fact that as far as he was able, he has helped to purge Social-Democracy of such elements.) [Footnote to second edition.]

It is the Narodniki who try with all their might to make it appear that if one admits that capitalism is historically progressive, one thereby becomes an apologist of capitalism, and it is precisely the Narodniki who underestimate (and sometimes ignore) the most profound contradictions of Russian capitalism, gloss over the disintegration of the peasantry, the capitalist character of the evolution of our agriculture, the rise of a class of rural and industrial wage workers with allotments, and gloss over the complete predominance of the lowest and worst forms of capitalism in the notorious "*kustar*" industries.

The progressive, historical role of capitalism may be summed up in two brief postulates: increase in the productive forces of social labor and the socialization of labor. But both these facts manifest themselves in very diversified processes in various branches of national economy.

The development of the productive forces of social labor is observed in complete relief only in the epoch of large-scale machine industry. Until that high stage of capitalism was reached, handicraft and primitive technique was preserved and developed quite spontaneously and at a very slow pace. The post-Reform epoch differs sharply from previous epochs in Russian history in this respect. The Russia of the wooden plough and the flail, of the water mill and hand loom, rapidly began to be transformed into the Russia of the steel plough and the threshing machine, of steam driven mills and looms. There is not a single branch of national economy that is subordinated to the capitalist mode of production in which a similarly complete transformation of technique has not been observed. Owing to the very nature of capitalism, this process of transformation cannot take place except through a series of unevennesses and disproportionalities: periods of prosperity alternate with periods of crisis, the development of one branch of industry leads to the decline of another, the progress of agriculture affects one branch in one district and another branch in another, the growth of trade and industry is faster than that of agriculture, etc. A number of errors the Narodniki commit are due to their effort to prove that this disproportionate, sporadic, feverish development is not development.[1]

[1] "Let us see . . . what the further development of capitalism can bring us even if we could sink England to the bottom of the sea and take her place." (Mr. N—on, *Outlines.*) The textile industry in England and America, which supplies two-thirds of the world's requirements, employs only a little over

Another feature of the development of the social productive forces by capitalism is that the growth of means of production (productive consumption) is much faster than the growth of individual consumption: we have pointed out more than once how this manifests itself in agriculture and in industry. This feature is the result of the operation of the general laws of the realization of the product in capitalist society, and is in complete harmony with the antagonistic nature of this system of society.[1]

The socialization of labor by capitalism manifests itself in the following processes: Firstly, the very growth of commodity production destroys the fragmental character of small economic units that is the feature of natural self-sufficing economy and unites the small local markets into an enormous national (and then into a world) market. Working for oneself is transformed into working for the whole of society, and the more capitalism is developed the greater is the contradiction between the collective character of production and the individualist character of the appropriation of the results of production. Secondly, in place of the formerly scattered production, capitalism creates production, both in agriculture and in industry, that is concentrated to a degree never witnessed before. This

---

600,000 persons. "So that even if we succeeded in winning a considerable part of the world market . . . capitalism would still be unable to exploit the whole mass of labor power which it is now continuously depriving of employment. What are 600,000 English and American workers compared with the millions of peasants who are idle for months?"

"History has existed up till now, but it no longer exists." Up till now every step in the development of capitalism in the textile industry has been accompanied by the disintegration of the peasantry, by the growth of commercial agriculture and agricultural capitalism, by the attraction of the population from agriculture into industry, by "millions of peasants" turning to building, lumbering and many other kinds of non-agricultural occupations for hire, by the migration of masses of people to the outlying regions and the conversion of these regions into a market for capitalism. But all this took place up till now; now nothing like it takes place any more!

[1] Ignoring the significance of means of production and the lack of an analytical attitude toward "statistics" caused Mr. N—on to give utterance to the following remarks which do not bear criticism: ". . . all (!) capitalist production in the sphere of the manufacturing industries, at best, produce new values to an amount not exceeding 400-500,000,000 rubles." (*Outlines.*) Mr. N—on bases this calculation on the returns of the three per cent and assessment tax without stopping to think whether such returns can cover "the whole of capitalist production in the sphere of the manufacturing industries." Moreover, he takes returns which (on his own admission) do not cover the mining industry, and yet he includes in "new values" only surplus value and variable capital. Our theoretician forgot that, in those branches of industry which produce goods for personal consumption, constant capital also represents new values *for society* and is exchanged for the variable capital and surplus value of those branches of industry which produce means of production (mining industry, building, lumber, laying of railways, etc.). Had not Mr. N—on confused the number of "factory" workers with the total number of workers capitalistically employed in the manufacturing industries, he would easily have observed the error of his calculations.

is the most striking and outstanding manifestation of the feature of capitalism that we are examining, but it is not the only one. Thirdly, capitalism squeezes out the forms of personal dependence that were an inseparable part of preceding systems of economy. In Russia, the progressive character of capitalism in this respect is particularly marked, for in Russia the personal dependence of the producer existed (and partly continues to exist to the present day) not only in agriculture but also in the manufacturing industries ("factories" employing serf labor), in the mining industry, in the fishing industry, etc.[1] Compared with the labor of a dependent or bonded peasant, the labor of a free laborer is a progressive phenomenon in all branches of national economy. Fourthly, capitalism necessarily creates mobility among the population which was not required in previous systems of social economy and was impossible on any large scale under those systems. Fifthly, capitalism constantly diminishes the proportion of the population engaged in agriculture (in which the most backward forms of social and economic relationships usually predominate), and increases the number of large industrial centers. Sixthly, capitalism increases among the population the need for union, for association, and gives these associations a special character compared with associations in previous times. While breaking down the narrow, local estate associations of mediæval society and creating fierce competition, capitalism at the same time divides society into large groups of persons who occupy different positions in production, and gives a tremendous impetus to the organization of the persons within each of these groups. Seventhly, all the changes referred to, which capitalism brings about in the old economic system, inevitably lead also to a change in the spiritual make-up of the population. The sporadic character of economic development, the rapid change in the methods of production and the enormous concentration of production, the disappearance of

[1] For example, in one of the principal centres of the Russian fishing industry, the Murmansk coast, the "ancient" and "time-honored" form of economic relationships was what was known as *pokrut* which was already established in the seventeenth century and continued almost without change right up to recent times. "The relations between the *pokruts* and their masters are not limited to the time they are employed: on the contrary, they affect the whole life of the *pokruts* who are in a constant state of economic dependence on their masters." (*Compiled Material on Artels in Russia,* Vol. II, St. Petersburg, 1874.) Fortunately, in this branch of industry also, capitalism apparently "is contemptuous of its own historical past." "Monopoly . . . is giving way to . . . the capitalist organization of fishing with free laborers." (*Productive Forces,* V.)

all forms of personal dependence and patriarchal relations, the mobility of the population, the influence of the big industrial centers, etc.—all this cannot but bring about a profound change in the very character of the producers, and we have already had occasion to note the observations of Russian investigators on this score.

Turning now to the Narodnik economists, with whose representatives we have constantly had to enter into controversy, we may sum up our differences with them in the following manner: First, we cannot but regard the Narodniks' conception of the process of development of capitalism in Russia and their conception of the system of economic relationships that existed in Russia before the rise of capitalism as being absolutely wrong. Moreover, from our point of view, the fact that they ignore the capitalist contradictions in the peasant economic system (both in agriculture and in other peasant occupations) is particularly important. Furthermore, the question as to whether the development of capitalism in Russia is slow or rapid depends entirely upon what this development is compared with. If we compare the pre-capitalist epoch in Russia with the capitalist epoch (and this is precisely the comparison that should be made if a correct solution to the problem is to be found), then we will have to admit that the development of social economy under capitalism is extremely rapid. If, however, we compare the present rate of development with the rate that would have been possible at the modern level of technique and culture generally, then we would have to admit that the present rate of development of capitalism in Russia is really slow. Nor could it be anything else but slow, for there is not a single capitalist country in the world in which ancient institutions, which are incompatible with capitalism, which retard its development, which immeasurably worsen the conditions of the producers who "suffer from capitalism as well as from the insufficient development of capitalism," have survived in such abundance as they have survived in Russia. Finally, perhaps one of the greatest causes of difference between the Narodniki and ourselves is the difference in our fundamental views on social and economic processes. In studying the latter, the Narodniki usually try to draw some moral; they do not regard the various groups of persons taking part in production as the creators of certain forms of life; they do not try to picture to themselves the sum total of social and economic relationships as the result of the mutual relations between these groups, which have different interests and different historical roles. . . . If the writer of these lines has succeeded in providing material that will assist in clearing up these questions, he will regard his labors as not having been in vain.

WHAT IS TO BE DONE?

What Is to Be Done?, Lenin's major work on Bolshevik organization and discipline, was published in the spring of 1902. In this work, Lenin directs special attention to three issues, which he describes as "The character and the principal content of our political agitation, our organizational tasks, and the plan for setting up, simultaneously, and from all sides, a militant, all-Russian organization." Yet, due to a combination of circumstances and personality, he was unable to discuss these points in the abstract, but was drawn into the debate then widening the division between the two outlooks in Russian Marxism, a division that became final with the formal Bolshevik-Menshevik split.

Lenin, writing within the context of Russian politics, faced the immediate problems involved in building an organization within the autocratic Tsarist state. Moreover, he took up and discussed at length, in polemic fashion, the internal issues then confronting Russian Marxism, thus producing a work considerably longer than he originally planned. And the writing was done under great pressure; Lenin himself admitted the literary shortcomings of the work. Because of these factors, the over-all significance of this work may not be immediately apparent to the casual reader.

In *What Is to Be Done?,* Lenin clearly defines his concepts of Bolshevik organization. As he specifies, the basic Bolshevik movement is not a movement of workers, or a movement of intellectuals, or a combination of the two; rather, it is an authoritarian organization of dedicated professional revolutionaries, individually recruited from among workers and intellectuals. According to Lenin, the only real role of the Bolshevik movement is to plan for, work for, and execute revolution. Lenin believed that revolution must be carefully and systematically planned and carried through; he scorned those who anticipated "spontaneous" revolution by the people themselves. He also strongly attacked the "Economists," who were concerned with effecting immediate improvement in living and working conditions.

What Is to Be Done? appears here complete, except for the deletion of the last of its five sections, "The 'Plan' for an All-Russian Political Newspaper," which is unusually specialized and detailed.

I

DOGMATISM AND "FREEDOM OF CRITICISM"

A. What is "Freedom of Criticism"?

"Freedom of criticism," this undoubtedly is the most fashionable slogan at the present time, and the one most frequently employed in the controversies between the Socialists and democrats of all countries. At first sight, nothing would appear to be more strange than the solemn appeals by one of the parties to the dispute for freedom of criticism. Can it be that some of the advanced parties have raised their voices against the constitutional law of the majority of European countries which guarantees freedom to science and scientific investigation? "Something must be wrong here," an onlooker, who has not yet fully appreciated the nature of the disagreements among the controversialists, will say when he hears this fashionable slogan repeated at every cross-road. "Evidently this slogan is one of the conventional phrases which, like a nickname, becomes legitimatized by use, and becomes almost a common noun," he will conclude.

In fact, it is no secret that two separate tendencies have been formed in international Social-Democracy.[1] The fight between

[1] Incidentally, this perhaps is the only occasion in the history of modern socialism in which controversies between various tendencies within the socialist movement have grown from national into international controversies; and this is extremely encouraging. Formerly, the disputes between the Lasalleans and the Eisenachers, between the Guesdists and the Possibilists, between the Fabians and the Social-Democrats, and between the Narodovolists and the Social-Democrats, remained purely national disputes, reflected purely national features and proceeded, as it were, on different planes. At the present time (this is quite evident now), the English Fabians, the French Ministerialists, the German Bernsteinists and the Russian "critics"—all belong to the same family, all extol each other, learn from each other, and are rallying their

these tendencies now flares up in a bright flame, and now dies down and smoulders under the ashes of imposing "resolutions for an armistice." What this "new" tendency, which adopts a "critical" attitude towards "obsolete doctrinaire" Marxism, represents has been *stated* with sufficient precision by Bernstein,* and *demonstrated* by Millerand.*

Social-Democracy must change from a party of the social revolution into a democratic party of social reforms. Bernstein has surrounded this political demand with a whole battery of symmetrically arranged "new" arguments and reasonings. The possibility of putting socialism on a scientific basis and of proving that it is necessary and inevitable from the point of view of the materialist conception of history was denied, as also were the facts of growing impoverishment and proletarianization and the intensification of capitalist contradictions. The very conception, *"ultimate aim,"* was declared to be unsound, and the idea of the dictatorship of the proletariat was absolutely rejected. It was denied that there is any difference in principle between liberalism and socialism. *The theory of the class struggle* was rejected on the grounds that it could not be applied to a strictly democratic society, governed according to the will of the majority, etc.

Thus, the demand for a definite change from revolutionary Social-Democracy to bourgeois social-reformism was accompanied by a no less definite turn towards bourgeois criticism of all the fundamental ideas of Marxism. As this criticism of Marxism has been going on for a long time now, from the political platform, from university chairs, in numerous pamphlets and in a number of scientific works, as the younger generation of the educated classes has been systematically trained for decades on this criticism, it is not surprising that the "new, critical" tendency in Social-Democracy should spring up, all complete, like Minerva from the head of Jupiter. The content of this new tendency did not have to grow and develop, it was transferred bodily from bourgeois literature to socialist literature.

To proceed. If Bernstein's theoretical criticism and political yearnings are still obscure to anyone, the French have taken

---

forces against "doctrinaire" Marxism. Perhaps in this first really international battle with socialist opportunism, international revolutionary Social-Democracy will become sufficiently strengthened to put an end to the political reaction that has long reigned in Europe.

* These figures are identified in the biographical index of proper names at the back of the book. Many of the more obscure names appearing in the text may be found in this index.—Ed.

the trouble to demonstrate the "new method." In this instance, also, France has justified its old reputation as the country in which "more than anywhere else, the historical class struggles were each time fought out to a decision . . ." (Engels, in his introduction to Marx's *The Eighteenth Brumaire.*) The French Socialists have begun, not to theorize, but to act. The more developed democratic political conditions in France have permitted them to put Bernsteinism into practice immediately, with all its consequences. Millerand has provided an excellent example of practical Bernsteinism; not without reason did Bernstein and Vollmar rush so zealously to defend and praise him! Indeed, if Social-Democracy, in essence, is merely a reformist party, and must be bold enough to admit this openly, then not only has a Socialist the right to join a bourgeois cabinet, it is even his duty always to strive to do so. If democracy, in essence, means the abolition of class domination, then why should not a Socialist minister charm the whole bourgeois world by orations on class co-operation? Why should he not remain in the cabinet even after the shooting down of workers by gendarmes has exposed, for the hundredth and thousandth time, the real nature of the democratic co-operation of classes? Why should he not personally take part in welcoming the tsar, for whom the French Socialists now have no other sobriquet than "Hero of the Knout, Gallows and Banishment" *(knouter, pendeur et déportateur)?* And the reward for this utter humiliation and self-degradation of socialism in the face of the whole world, for the corruption of the socialist consciousness of the working class—the only basis that can guarantee our victory—the reward for this is imposing *plans* for niggardly reforms, so niggardly in fact that much more has been obtained from bourgeois governments!

He who does not deliberately close his eyes cannot fail to see that the new "critical" tendency in socialism is nothing more nor less than a new species of *opportunism.* And if we judge people not by the brilliant uniforms they deck themselves in, not by the imposing appellations they give themselves, but by their actions, and by what they actually advocate, it will be clear that "freedom of criticism" means freedom for an opportunistic tendency in Social-Democracy, the freedom to convert Social-Democracy into a democratic reformist party, the freedom to introduce bourgeois ideas and bourgeois elements into socialism.

"Freedom" is a grand word, but under the banner of free trade the most predatory wars were conducted; under the banner of free labor, the toilers were robbed. The modern use of the term "freedom of criticism" contains the same inherent falsehood. Those who are really convinced that they have advanced science would demand, not freedom for the new views to continue side by side with the old, but the substitution of the new views for the old. The cry "Long live freedom of criticism," that is heard today, too strongly calls to mind the fable of the empty barrel.

We are marching in a compact group along a precipitous and difficult path, firmly holding each other by the hand. We are surrounded on all sides by enemies, and are under their almost constant fire. We have combined voluntarily, precisely for the purpose of fighting the enemy, and not to retreat into the adjacent marsh, the inhabitants of which, from the very outset, have reproached us with having separated ourselves into an exclusive group and with having chosen the path of struggle instead of the path of conciliation. And now several among us begin to cry out: let us go into this marsh! And when we begin to shame them, they retort: how conservative you are! Are you not ashamed to deny us the right to invite you to take a better road! Oh yes, gentlemen! You are free not only to invite us, but to go yourselves wherever you will, even into the marsh. In fact, we think that the marsh is your proper place, and we are prepared to render *you* every assistance to get there. Only let go of our hands, don't clutch at us and don't besmirch the grand word "freedom"; for we too are "free" to go where we please, free not only to fight against the marsh, but also against those who are turning towards the marsh.

B. The New Advocates of "Freedom of Criticism"

Now, this slogan ("freedom of criticism") is solemnly advanced in No. 10 of *Rabocheye Dyelo,* the organ of the League of Russian Social-Democrats Aboard, not as a theoretical postulate, but as a political demand, as a reply to the question: "is it possible to unite the Social-Democratic organizations operating abroad?"—"in order that unity may be durable, there must be freedom of criticism."

From this statement two very definite conclusions must be drawn: 1) that *Rabocheye Dyelo* has taken the opportunist tendency in international Social-Democracy under its wing; and 2) that *Rabocheye Dyelo* demands freedom for opportunism in Russian Social-Democracy. We shall examine these conclusions.

Rabocheye Dyelo is "particularly" displeased with *Iskra's* and *Zarya's* "inclination to predict a rupture between the *Mountain* and the *Gironde* in international Social-Democracy."[1]

"Generally speaking," writes Krichevsky, editor of *Rabocheye Dyelo,* "this talk about the *Mountain* and the *Gironde* that is heard in the ranks of Social-Democracy represents a shallow historical analogy, which looks strange when it comes from the pen of a Marxist. The Mountain and the Gironde did not represent two different temperaments, or intellectual tendencies, as ideologist historians may think, but two different classes or strata—the middle bourgeoisie on the one hand, and the petty bourgeoisie and the proletariat on the other. In the modern socialist movement, however, there is no conflict of class interests; the socialist movement in its entirety, *all* of its diverse forms [B. K.'s italics], including the most pronounced Bernsteinists, stand on the basis of the class interests of the proletariat and of the proletarian class struggle, for its political and economic emancipation."

A bold assertion! Has not B. Krichevsky heard the fact, long ago noted, that it is precisely the extensive participation of the "academic" *stratum* in the socialist movement in recent years that has secured the rapid spread of Bernsteinism? And what is most important—on what does our author base his opinion that even "the most pronounced Bernsteinists" stand on the basis of the class struggle for the political and economic emancipation of the proletariat? No one knows. This determined defense of the most pronounced Bernsteinists is not supported by any kind of argument whatever. Apparently, the author believes that if he repeats what the pronounced Bernsteinists say about themselves, his assertion requires no proof. But can anything more "shallow" be imagined than an opinion of a whole tendency that is based on nothing more than what the representatives of that tendency say about themselves? Can anything more shallow be imagined than the subsequent "homily" about the two different and even diametrically oppo-

[1] A comparison between the two tendencies among the revolutionary proletariat (the revolutionary and the opportunist) and the two tendencies among the revolutionary bourgeoisie in the eighteenth century (the Jacobin, known as the Mountain, and the Girondists) was made in a leading article in No. 2 of *Iskra,* February 1901. This article was written by Plekhanov. The Cadets, the *Bezzaglavtsi* and the Mensheviks to this day love to refer to the Jacobinism in Russian Social-Democracy but they prefer to remain silent about or . . . to forget the circumstances that Plekhanov used this term for the first time against the Right wing of Social-Democracy.

site types, or paths, of Party development? *(Rabocheye Dyelo.)* The German Social-Democrats, you see, recognize complete freedom of criticism, but the French do not, and it is precisely the latter that present an example of the "harmfulness of intolerance."

To which we reply that the very example B. Krichevsky quotes proves that those who regard history literally from the Ilovaysky point of view sometimes describe themselves as Marxists. There is no need whatever, in explaining the unity of the German Socialist Party and the dismembered state of the French Socialist Party, to search for the special features in the history of the respective countries, to compare the conditions of military semi-absolutism in the one country with republican parliamentarism in the other, or to analyze the effects of the Paris Commune and the effects of the Anti-Socialist Law* in Germany; to compare the economic life and economic development of the two countries, or recall that "the unexampled growth of German Social-Democracy" was accompanied by a strenuous struggle, unexampled in the history of socialism, not only against mistaken theories (Mühlberger, Dühring,[1] the Socialists of the Chair), but also against mistaken tactics (Lassalle), etc., etc. All that is superfluous! The French quarrel among themselves because they are intolerant; the Germans are united because they are good boys.

And observe, this piece of matchless profundity is intended to "refute" the fact which is a complete answer to the defense of Bernsteinism. The question as to whether the Bernsteinists *do stand* on the basis of the class struggle of the proletariat can be completely and irrevocably answered only by historical experience. Consequently, the example of France is the most

* In response to the new strength of the recently united German Social Democratic Party (see footnote on the Gotha Program of 1875, page 69), Bismarck had the Reichstag enact a group of laws aimed specifically at the German Social Democrats. These laws, enacted in 1878, restricted freedom of publication and assembly in Germany.—Ed.

[1] At the time Engels hurled his attack against Dühring, many representatives of German Social-Democracy, inclined towards the latter's views, and accusations of acerbity, intolerance, uncomradely polemics, etc., were even publicly hurled at Engels at the Party congress. At the Congress of 1877, Most, and his supporters, moved a resolution to prohibit the publication of Engels' articles in *Vorwärts* because "they do not interest the overwhelming majority of the readers," and Vahlteich declared that the publication of these articles had caused great damage to the Party, that Dühring had also rendered services to Social-Democracy: "We must utilize everyone in the interest of the Party; let the professors engage in polemics if they care to do so, but *Vorwärts* is not the place in which to conduct them." (*Vorwärts*, No. 65, June 6, 1877.) Here we have another example of the defense of "freedom of criticism," and it would do our legal critics and illegal opportunists, who love so much to quote examples from the Germans, a deal of good to ponder over it!

important one in this respect, because France is the only country in which the Bernsteinists attempted to *stand* independently, on their own feet, with the warm approval of their German colleagues (and partly also of the Russian opportunists). (*Cf. Rabocheye Dyelo,* Nos. 2-3.) The reference to the "intolerance" of the French, apart from its "historical" significance (in the Nozdrev sense), turns out to be merely an attempt to obscure a very unpleasant fact with angry invectives.

But we are not even prepared to make a present of the Germans to B. Krichevsky and to the numerous other champions of "freedom of criticism." The "most pronounced Bernsteinists" are still tolerated in the ranks of the German Party only because they *submit* to the Hanover resolution, which emphatically rejected Bernstein's "amendments," and to the Lübeck resolution, which, notwithstanding the diplomatic terms in which it is couched, contains a direct warning to Bernstein. It is a debatable point, from the standpoint of the interests of the German Party, whether diplomacy was appropriate and whether, in this case, a bad peace is better than a good quarrel; in short, opinions may differ in regard to the expediency, or not, of the *methods* employed to reject Bernsteinism, but one cannot fail to see the fact that the German Party *did* reject Bernsteinism on two occasions. Therefore, to think that the German example endorses the thesis: "The most pronounced Bernsteinists stand on the basis of the proletarian class struggle, for its economic and political emancipation," means failing absolutely to understand what is going on before one's eyes.

More than that. As we have already observed, *Rabocheye Dyelo* comes before *Russian* Social-Democracy, demands "freedom of criticism," and defends Bernsteinism. Apparently it came to the conclusion that we were unfair to our "critics" and Bernsteinists. To whom were we unfair, when and how? What was the unfairness? About this not a word. *Rabocheye Dyelo* does not name a single Russian critic or Bernsteinist! All that is left for us to do is to make one of two possible suppositions: first, that the unfairly treated party is none other than *Rabocheye Dyelo* itself (and that is confirmed by the fact that, in the two articles in No. 10, reference is made only to the insults hurled at *Rabocheye Dyelo* by *Zarya* and *Iskra*). If that is the case, how is the strange fact to be explained that *Rabocheye Dyelo,* which always vehemently dissociates itself from Bernsteinism, could not defend itself, without putting in a word on behalf of the "most pronounced Bernsteinists" and of freedom of criticism? The second supposition is that third persons have been treated unfairly. If the second supposition is correct, then why are these persons not named?

We see, therefore, that *Rabocheye Dyelo* is continuing to play the game of hide-and-seek that it has played (as we shall prove further on) ever since it commenced publication. And note the *first* practical application of this greatly extolled "freedom of criticism." As a matter of fact, not only has it now been reduced to abstention from all criticism, but also to abstention from expressing independent views altogether. The very *Rabocheye Dyelo* which avoids mentioning Russian Bernsteinism as if it were a secret disease (to use Starover's apt expression) proposes, for the treatment of this disease, *to copy word for word* the latest German prescription for the treatment of the German variety of the disease! Instead of freedom of criticism—slavish (worse: monkey-like) imitation! The very same social and political content of modern international opportunism reveals itself in a variety of ways according to its national characteristics. In one country the opportunists long ago came out under a separate flag, while in others they ignored theory and in practice conducted a radical-socialist policy. In a third country, several members of the revolutionary party have deserted to the camp of opportunism and strive to achieve their aims not by an open struggle for principles and for new tactics, but by gradual, unobserved and, if one may so express it, unpunishable corruption of their Party. In a fourth country again, similar deserters employ the same methods in the gloom of political slavery, and with an extremely peculiar combination of "legal" with "illegal" activity, etc., etc. To talk about freedom of criticism and Bernsteinism as a condition for uniting the *Russian* Social-Democrats, and not to explain how *Russian* Bernsteinism has manifested itself, and what fruits it has borne, means talking for the purpose of saying nothing.

We shall try, if only in a few words, to say what *Rabocheye Dyelo* did not want to say (or perhaps did not even understand).

C. Criticism in Russia

The peculiar position of Russia in regard to the point we are examining is that *the very beginning* of the spontaneous labor movement on the one hand, and the change of progressive public opinion towards Marxism on the other, was marked by the combination of obviously heterogeneous elements under a common flag for the purpose of fighting the common enemy (obsolete social and political views). We refer to the heyday of "legal Marxism." Speaking generally, this was an extremely curious phenomenon that no one in the 'eighties or the beginning of the 'nineties would have believed possible. In a country ruled by an autocracy, in which the press is completely shackled, and in a period of intense political reaction in which even the tiniest outgrowth of political discontent and protest was suppressed, the theory of revolutionary Marxism suddenly forces its way into the *censored* literature, written in Æsopian language, but understood by the "interested." The government had accustomed itself to regarding only the theory of (revolutionary) *Narodnaya Volya*-ism as dangerous, without observing its internal evolution, as is usually the case, and rejoicing at the criticism levelled against it *no matter from what side it came.* Quite a considerable time elapsed (according to our Russian calculations) before the government realized what had happened and the unwieldy army of censors and gendarmes discovered the new enemy and flung itself upon him. Meanwhile, Marxian books were published one after another, Marxian journals and newspapers were published, nearly everyone became a Marxist, Marxism was flattered, the Marxists were courted and the book publishers rejoiced at the extraordinary, ready sale of Marxian literature. It was quite natural, therefore, that among the Marxian novices who were caught in this atmosphere, there should be more than one "author who got a swelled head. . . ."

We can now speak calmly of this period as of an event of the past. It is no secret that the brief period in which Marxism blossomed on the surface of our literature was called forth by the alliance between people of extreme and of extremely moderate views. In point of fact, the latter were bourgeois democrats; and this was the conclusion (so strikingly confirmed by their subsequent "critical" development) that intruded itself on the minds of certain persons even when the "alliance" was still intact.[1]

That being the case, does not the responsibility for the subsequent "confusion" rest mainly upon the revolutionary Social-Democrats who entered into alliance with these future

[1] This refers to an article by K. Tulin [Lenin] written against Struve. The article was compiled from an essay entitled "The Reflection of Marxism in Bourgeois Literature."

"critics"? This question, together with a reply in the affirmative, is sometimes heard from people with excessively rigid views. But these people are absolutely wrong. Only those who have no self-reliance can fear to enter into temporary alliances even with unreliable people; not a single political party could exist without entering into such alliances. The combination with the "legal Marxists" was in its way the first really political alliance contracted by Russian Social-Democrats. Thanks to this alliance, an astonishingly rapid victory was obtained over Narodism, and Marxian ideas (even though in a vulgarized form) became very widespread. Moreover, the alliance was not concluded altogether without "conditions." The proof: the burning by the censor, in 1895, of the Marxian symposium, *Materials on the Problem of the Economic Development of Russia.* If the literary agreement with the "legal Marxists" can be compared with a political alliance, then that book can be compared with a political treaty.

The rupture, of course, did not occur because the "allies" proved to be bourgeois democrats. On the contrary, the representatives of the latter tendency were the natural and desirable allies of Social-Democracy in so far as its democratic tasks that were brought to the front by the prevailing situation in Russia were concerned. But an essential condition for such an alliance must be complete liberty for Socialists to reveal to the working class that its interests are diametrically opposed to the interests of the bourgeoisie. However, the Bernsteinian and "critical" tendency, to which the majority of the "legal Marxists" turned, deprived the Socialists of this liberty and corrupted socialist consciousness by vulgarizing Marxism, by preaching the toning down of social antagonisms, by declaring the idea of the social revolution and the dictatorship of the proletariat to be absurd, by restricting the labor movement and the class struggle to narrow trade unionism and to a "realistic" struggle for petty, gradual reforms. This was tantamount to the bourgeois democrat's denial of socialism's right to independence and, consequently, of its right to existence; in practice it meant a striving to convert the nascent labor movement into a tail of the liberals.

Naturally, under such circumstances a rupture was necessary. But the "peculiar" feature of Russia manifested itself in that this rupture simply meant the elimination of the Social-Democrats from the most accessible and widespread "legal" literature. The "ex-Marxists" who took up the flag of "criticism," and who obtained almost a monopoly of the "criticism" of Marxism, entrenched themselves in this literature. Catchwords like: "Against orthodoxy" and "Long live freedom of criticism" (now repeated by *Rabocheye Dyelo*) immediately became the fashion, and the fact that neither the censor nor the gendarmes could resist this fashion is apparent from the publication of *three* Russian editions of Bernstein's celebrated book (celebrated in the Herostratus sense) and from the fact that the books by Bernstein, Prokopovich and others were recommended by Zubatov. (*Iskra,* No. 10.) Upon the Social-Democrats was now imposed a task that was difficult in itself, and made incredibly more difficult by purely external obstacles, *viz.,* the task of fighting against the new tendency. And this tendency did not confine itself to the sphere of literature. The turn towards criticism was accompanied by the turn towards Economism that was taken by Social-Democratic practical workers.

The manner in which the contacts and mutual inter-dependence of legal criticism and illegal Economism arose and grew is an interesting subject in itself, and may very well be treated in a special article. It is sufficient to note here that these contacts undoubtedly existed. The notoriety deservedly acquired by the *Credo* was due precisely to the frankness with which it formulated these contacts and laid down the fundamental political tendencies of Economism, *viz.,* let the workers carry on the economic struggle (it would be more correct to say the trade union struggle, because the latter also embraces specifically labor politics), and let the Marxian intelligentsia merge with the liberals for the political "struggle." Thus it turned out that trade union work "among the people" meant fulfilling the first part of this task, and legal criticism meant fulfilling the second part. This statement proved to be such an excellent weapon against Economism that, had there been no *Credo,* it would have been worth inventing.

The *Credo* was not invented, but it was published without the consent and perhaps even against the will of its authors. At all events the present writer, who was partly responsible for dragging this new "program" into the light of day,[1] has heard complaints and reproaches to the effect that copies of the *résumé* of their views which was dubbed the *Credo* were

[1] Reference is made here to the *Protest Signed by the Seventeen* against the *Credo.* The present writer took part in drawing up this protest (the end of 1899). The protest and the *Credo* were published abroad in the spring of 1900. It is now known from the article written by Madame Kuskova, I think in *Byloye,* that she was the author of the *Credo,* and that Mr. Prokopovich was very prominent among the Economists abroad at that time.

distributed and even published in the press together with the protest! We refer to this episode because it reveals a very peculiar state of mind among our Economists, *viz.*, a fear of publicity. This is a feature of Economism generally, and not of the authors of the *Credo* alone. It was revealed by that most outspoken and honest advocate of Economism, *Rabochaya Mysl,* and by *Rabocheye Dyelo* (which was indignant over the publication of Economist documents in the *Vademecum*), as well as by the Kiev Committee, which two years ago refused to permit the publication of its *profession de foi,* together with a repudiation of it, and by many other individual representatives of Economism.

This fear of criticism displayed by the advocates of freedom of criticism cannot be attributed solely to craftiness (although no doubt craftiness has something to do with it: it would be unwise to expose the young and as yet puny movement to the enemies' attack!). No, the majority of the Economists quite sincerely disapprove (and by the very nature of Economism they must disapprove) of all theoretical controversies, factional disagreements, of broad political questions, of schemes for organizing revolutionaries, etc. "Leave all this sort of thing to the exiles abroad!" said a fairly consistent Economist to me one day, and thereby he expressed a very widespread (and purely trade unionist) view: our business, he said, is the labor movement, the labor organizations, here, in our localities; all the rest are merely the inventions of doctrinaires, an "exaggeration of the importance of ideology," as the authors of the letter, published in *Iskra,* No. 12, expressed it, in unison with *Rabocheye Dyelo,* No. 10.

The question now arises: seeing what the peculiar features of Russian "criticism" and Russian Bernsteinism were, what should those who desired to oppose opportunism, in deeds and not merely in words, have done? First of all, they should have made efforts to resume the theoretical work that was only just begun in the period of "legal Marxism," and that has now again fallen on the shoulders of the illegal workers. Unless such work is undertaken the successful growth of the movement is impossible. Secondly, they should have actively combated legal "criticism" that was greatly corrupting people's minds. Thirdly, they should have actively counteracted the confusion and vacillation prevailing in practical work, and should have exposed and repudiated every conscious or unconscious attempt to degrade our program and tactics.

That *Rabocheye Dyelo* did none of these things is a well-known fact, and further on we shall deal with this well-known fact from various aspects. At the moment, however, we desire merely to show what a glaring contradiction there is between the demand for "freedom of criticism" and the peculiar features of our native criticism and Russian Economism. Indeed, glance at the text of the resolution by which the League of Russian Social-Democrats Abroad endorsed the point of view of *Rabocheye Dyelo.*

"In the interests of the further ideological development of Social-Democracy, we recognize the freedom to criticize Social-Democratic theory in Party literature to be absolutely necessary in so far as this criticism does not run counter to the class and revolutionary character of this theory." (*Two Congresses,* p. 10.)

And what is the argument behind this resolution? The resolution "in its first part coincides with the resolution of the Lübeck Party Congress on Bernstein. . . ." In the simplicity of their souls the "Leaguers" failed to observe the *testimonium paupertatis* (certificate of poverty) they give themselves by this piece of imitativeness! . . . "But . . . in its second part, it restricts freedom of criticism much more than did the Lübeck Party Congress."

So the League's resolution was directed against Russian Bernsteinism? If it was not, then the reference to Lübeck is utterly absurd! But it is not true to say that it "restricts freedom of criticism." In passing their Hanover resolution, the Germans, point by point, rejected *precisely the amendments* proposed by Bernstein, while in their Lübeck resolution they cautioned *Bernstein personally,* and named him in the resolution. Our "free" imitators, however, *do not make a single reference to a single manifestation* of Russian "criticism" and Russian Economism and, in view of this omission, the bare reference to the class and revolutionary character of the theory leaves exceedingly wide scope for misinterpretation, particularly when the League refuses to identify "so-called Economism" with opportunism. (*Two Congresses.*) But all this *en passant.* The important thing to note is that the opportunist attitude towards revolutionary Social-Democrats in Russia is the very opposite of that in Germany. In Germany, as we know, revolutionary Social-Democrats are in favor of preserving what is: they stand in favor of the old program and tactics which are universally known, and after many decades of experience have become clear in all their details. The "critics" desire to introduce changes, and as these critics represent an insignificant minority, and as they are very shy and halting in their revisionist efforts, one can understand the motives of the majority in confining themselves to the dry rejection of "innovations." In Russia, however, it is the critics and Economists who are in favor of preserving what is: the "critics" wish us to continue to regard them as Marxists, and to guarantee them the "freedom of criticism" which they enjoyed to the full (for, as a matter of fact, they never recognized any kind of *Party* ties,[1] and, moreover, we never had a generally recognized Party organ which could "restrict" freedom of criticism even by giving advice); the Economists want the revolutionaries to recognize the "competency of the present movement" (*Rabocheye Dyelo,* No. 10), *i.e.,* to recognize the "legitimacy" of what exists; they do not want the "ideologists" to try to "divert" the movement from the path that "is determined by the interaction of material elements and material environment" (Letter published in *Iskra,* No. 12); they want recognition "for the only struggle that the workers can conduct under present conditions," which in their opinion is the struggle "which they are actually conducting at the present time." (Special Supplement to *Rabochaya Mysl.*) We revolutionary Social-Democrats, on the contrary, are dissatisfied with this worshipping of spontaneity, *i.e.,* worshipping what is "at the present time"; we demand that the tactics that have prevailed in recent years be changed; we declare that "before we can unite, and in order that we may unite, we must first of all firmly and definitely draw the lines of demarcation." (See announcement of the publication of *Iskra.*) In a word, the Germans stand for what is and reject the changes; we demand changes, and reject subservience to and conciliation with what is.

This "little" difference our "free" copyists of German resolutions failed to notice!

[1] The absence of public Party ties and Party traditions by itself marks such a cardinal difference between Russia and Germany that it should have warned all sensible Socialists against being blindly imitative. But here is an example of the lengths to which "freedom of criticism" goes in Russia. Mr. Bulgakov, the Russian critic, utters the following reprimand to the Austrian critic, Hertz: "Notwithstanding the independence of his conclusions, Hertz, on this point apparently remains tied by the opinions of his party, and although he disagrees with it in details, he dare not reject common principles." (*Capitalism and Agriculture,* Vol. II.) The subject of a politically enslaved state, in which nine hundred and ninety-nine out of a thousand of the population are corrupted to the marrow of their bones by political subservience, and completely lack the conception of Party honor and Party ties, superciliously reprimands a citizen of a constitutional state for being excessively "tied by the opinion of his party"! Our illegal organizations have nothing else to do, of course, but draw up resolutions about freedom of criticism. . . .

D. Engels on the Importance of the Theoretical Struggle

"Dogmatism, doctrinairism," "ossification of the Party—the inevitable retribution that follows the violent strait-lacing of thought," these are the enemies against which the knightly champions of "freedom of criticism" rise in arms in *Rabocheye Dyelo.* We are very glad that this question has been brought up and we would propose only to add to it another question:

Who are to be the judges?

Before us lie two publishers' announcements. One, *The Program of the Periodical Organ of the League of Russian Social-Democrats—Rabocheye Dyelo* (Reprint from No. 1 of *Rabocheye Dyelo*), and the other, *The Announcement of the Resumption of Publication by the Emancipation of Labor Group.* Both are dated 1899, when the "crisis of Marxism" had long since been discussed. And what do we find? In the first production, we would seek in vain for any manifestation or definite elucidation of the position the new organ intends to occupy on this question. Of theoretical work and the urgent tasks that now confront it, not a word is said in this program, nor in the supplements to it that were passed by the Third Congress of the League in 1901. (*Two Congresses.*) During the whole of this time, the editorial board of *Rabocheye Dyelo* ignored theoretical questions, notwithstanding the fact that these questions were agitating the minds of Social-Democrats in all countries.

The other announcement, on the contrary, first of all points to the diminution of interest in theory observed in recent years, imperatively demands "vigilant attention to the theoretical aspect of the revolutionary movement of the proletariat," and calls for "ruthless criticism of the Bernsteinian and other anti-revolutionary tendencies" in our movement. The issues of *Zarya* that have appeared show how this program was carried out.

Thus we see that high-sounding phrases against the ossification of thought, etc., conceal carelessness and helplessness in the development of theoretical ideas. The case of the Russian Social-Democrats strikingly illustrates the fact observed in the whole of Europe (and long ago noted also by the German Marxists) that the notorious freedom of criticism implies, not the substitution of one theory for another, but freedom from any complete and thought-out theory; it implies eclecticism and absence of principle. Those who are in the least acquainted with the actual state of our movement cannot but see that the spread of Marxism was accompanied by a certain lowering of theoretical standards. Quite a number of people, with very little, and even totally lacking theoretical training, joined the movement for the sake of its practical significance and its practical successes. We can judge, therefore, how tactless *Rabocheye Dyelo* is when, with an air of invincibility, it quotes the statement of Marx: "A single step of the real movement is more important than a dozen programs." To repeat these words in the epoch of theoretical chaos is like wishing mourners at a funeral "many happy returns of the day." Moreover, these words of Marx are taken from his letter on the Gotha Program,* in which he *sharply condemns* the eclecticism in the formulation of principles: If you must combine, Marx wrote to the Party leaders, then enter into agreements to satisfy the practical aims of the movement, but do not haggle over principles, do not make "concessions" in theory. This was Marx's idea, and yet there are people among us who strive—in his name!—to belittle the significance of theory.

Without a revolutionary theory there can be no revolutionary movement. This cannot be insisted upon too strongly at a time when the fashionable preaching of opportunism is combined with absorption in the narrowest forms of practical activity. The importance of theory for Russian Social-Democrats is still greater for three reasons, which are often forgotten:

The first is that our Party is only in the process of formation, its features are but just becoming outlined, and it has not yet completely settled its accounts with other tendencies in revolutionary thought which threaten to divert the movement from the proper path. Indeed, in very recent times we have observed (as Axelrod long ago warned the Economists would happen) a revival of non-Social-Democratic revolutionary tendencies. Under such circumstances, what at first sight appears to be an "unimportant" mistake may give rise to most deplorable consequences, and only the short-sighted would consider factional disputes and strict distinction of shades to be inopportune and superfluous. The fate of Russian Social-

* In 1875, the two major socialist factions in Germany, the Lassalleans and the Marxists, met in Gotha, Germany, to draft a platform for a united German Social Democratic Party. The result was the Gotha Program of 1875, a moderate platform that achieved party unity but was strongly attacked by Marx as too compromising.—Ed.

Democracy for many, many years to come may be determined by the strengthening of one or the other "shade."

The second reason is that the Social-Democratic movement is essentially an international movement. This does not merely mean that we must combat national chauvinism. It also means that a movement that is starting in a young country can be successful only on the condition that it assimilates the experience of other countries. In order to assimilate this experience, it is not sufficient merely to be acquainted with it, or simply to transcribe the latest resolutions. A critical attitude is required towards this experience, and ability to subject it to independent tests. Only those who realize how much the modern labor movement has grown in strength will understand what a reserve of theoretical forces and political (as well as revolutionary) experience is required to fulfil this task.

The third reason is that the national tasks of Russian Social-Democracy are such as have never confronted any other socialist party in the world. Further on we shall deal with the political and organizational duties which the task of emancipating the whole people from the yoke of autocracy imposes upon us. At the moment, we merely wish to state that the *role of vanguard can be fulfilled only by a party that is guided by an advanced theory.* To understand what this means concretely, let the reader call to mind the predecessors of Russian Social-Democracy like Herzen, Belinsky, Chernyshevsky and the brilliant band of revolutionaries of the 'seventies; let him ponder over the world significance which Russian literature is now acquiring; let him . . . Oh! But that is enough!

Let us quote what Engels said in 1874 concerning the significance of theory in the Social-Democratic movement. Engels recognizes *not two* forms of the great struggle Social-Democracy is conducting (political and economic), as is the fashion among us, *but three, adding to the first two the theoretical struggle.* His recommendations to the German labor movement, which had become practically and politically strong, are so instructive from the point of view of present-day controversies that we hope the reader will forgive us for quoting a long passage from his Introduction to *The Peasant War in Germany,* which long ago became a literary rarity.

"The German workers have two important advantages over those of the rest of Europe. First, they belong to the most theoretical people of Europe; they have retained that sense of theory which the so-called 'educated' people of Germany have totally lost. Without German philosophy which preceded it, particularly that of

Hegel, German scientific socialism (the only scientific socialism that has ever existed) would never have come into existence. Without a sense of theory among the workers, this scientific socialism would never have become part of their flesh and blood as it has. What an immeasurable advantage this is may be seen, on the one hand, from the indifference of the English labor movement towards all theory, which is one of the chief reasons why it moves so slowly, in spite of the splendid organization of the individual unions; on the other hand, from the mischief and confusion wrought by Proudhonism, in its original form among the French and Belgians, and in the further caricatured form at the hands of Bakunin, among the Spaniards and Italians.

"The second advantage is that, chronologically speaking, the Germans were almost the last to appear in the labor movement. Just as German theoretical socialism will never forget that it rests on the shoulders of Saint-Simon, Fourier and Owen, three men who, in spite of all their fantastic notions and utopianism, have their place among the most eminent thinkers of all time, and whose genius anticipated innumerable truths the correctness of which can now be scientifically proved, so the practical German labor movement must never forget that it has developed on the shoulders of the English and French movements, that it was able simply to utilize their dearly-bought experience, and could now avoid their mistakes which in their time were mostly unavoidable. Without the English trade unions and the French workers' political struggle which came before, without the gigantic impulse given especially by the Paris Commune, where would we now be?

"It must be said to the credit of the German workers that they exploited the advantages of their situation with rare understanding. For the first time in the history of the labor movement, the three sides of the struggle, the theoretical, the political and the practical economic (resistance to the capitalists), are being conducted in harmony, co-ordination and in a planned way. It is precisely in this, as it were, concentric attack, that the strength and invincibility of the German movement lies.

"It is due to this advantageous situation on the one hand, to the insular peculiarities of the English and to the forcible suppression of the French movements on the other, that the German workers for the moment form the vanguard of the proletarian struggle. How long events will allow them to occupy this post of honor cannot be foreseen. But as long as they occupy it, let us hope that they will discharge their duties in the proper manner. To this end it will be necessary to redouble our energies in every sphere of struggle and agitation. It is the specific duty of the leaders to gain an ever-clearer insight into all theoretical questions, to free themselves more and more from the influence of traditional phrases inherited from the old conception of the world, and constantly to keep in mind that socialism, having become a science, must be pursued as a science, *i.e.*, it must be studied. The task will be to spread with increased enthusiasm, among the masses of the workers, the ever-clearer insight thus acquired, to knit together ever more firmly the organization both of the Party and of the trade unions. . . .

"If the German workers proceed in this way, they will not march exactly at the head of the movement—it is not in the interests of the movement that the workers of any one country should march at its head—but they will occupy an honorable place in the battle line, and they will stand armed for battle when either unexpectedly grave trials or momentous events demand heightened courage, heightened determination and power to act."[1]

Engels' words proved prophetic. Within a few years, the German workers were subjected to severe trials in the form of the Anti-Socialist Law; but they were fully armed to meet the situation, and succeeded in emerging from it victoriously.

The Russian proletariat will have to undergo trials immeasurably more severe; it will have to take up the fight against a monster, compared with which the Anti-Socialist Law in a constitutional country is but a pigmy. History has now confronted us with an immediate task which is *more revolutionary than all the immediate tasks* that confront the proletariat of any other country. The fulfilment of this task, the destruction of the most powerful bulwark not only of European but also (it may now be said) of Asiatic reaction would place the Russian proletariat in the vanguard of the international revolutionary proletariat. We are right in counting upon acquiring the honorable title already earned by our predecessors, the revolutionaries of the 'seventies, if we succeed in inspiring our movement—which is a thousand times wider and deeper—with the same devoted determination and vigor.

II

THE SPONTANEITY OF THE MASSES AND THE CLASS CONSCIOUSNESS OF SOCIAL-DEMOCRACY

We have said that our movement, much wider and deeper than the movement of the 'seventies, must be inspired with the same devoted determination and energy that inspired the movement at that time. Indeed, no one, we think, has up to now doubted that the strength of the modern movement lies in the awakening of the masses (principally, the industrial prole-

[1] Third edition, Leipzig, 1875.

tariat), and that its weakness lies in the lack of consciousness and initiative among the revolutionary leaders.

However, a most astonishing discovery has been made recently, which threatens to overthrow all the views that have hitherto prevailed on this question. This discovery was made by *Rabocheye Dyelo,* which in its controversy with *Iskra* and *Zarya* did not confine itself to making objections on separate points, but tried to ascribe "general disagreements" to a more profound cause—to the "disagreement concerning the estimation of the *relative* importance of the spontaneous and consciously 'methodical' element." *Rabocheye Dyelo's* indictment reads: *"belittling the importance of the objective, or spontaneous, element of development."*[1] To this we say: if the controversy with *Iskra* and *Zarya* resulted in absolutely nothing more than causing *Rabocheye Dyelo* to hit upon these "general disagreements," that single result would give us considerable satisfaction, so important is this thesis and so clearly does it illuminate the quintessence of the present-day theoretical and political differences that exist among Russian Social-Democrats.

That is why the question of the relation between consciousness and spontaneity is of such enormous general interest, and that is why this question must be dealt with in great detail.

A. The Beginning of the Spontaneous Revival

In the previous chapter we pointed out how *universally* absorbed the educated youth of Russia was in the theories of Marxism in the middle of the 'nineties. The strikes that followed the famous St. Petersburg industrial war of 1896 assumed a similar wholesale character. The fact that these strikes spread over the whole of Russia clearly showed how deep the reviving popular movement was, and if we must speak of the "spontaneous element" then, of course, we must admit that this strike movement certainly bore a spontaneous character. But there is a difference between spontaneity and spontaneity. Strikes occurred in Russia in the 'seventies and in the 'sixties (and also in the first half of the nineteenth century), and these strikes were accompanied by the "spontaneous" destruction of machinery, etc. Compared with these "riots" the strikes of the 'nineties might even be described as "conscious," to such an extent do they mark the progress which the labor movement

[1] *Rabocheye Dyelo,* No. 10, 1901. (R. D.'s italics.)

had made for that period. This shows that the "spontaneous element," in essence, represents nothing more nor less than consciousness in an *embryonic form.* Even the primitive riots expressed the awakening of consciousness to a certain extent: the workers abandoned their age-long faith in the permanence of the system which oppressed them. They began, I shall not say to understand, but to sense the necessity for collective resistance, and definitely abandoned their slavish submission to their superiors. But all this was more in the nature of outbursts of desperation and vengeance than of *struggle.* The strikes of the 'nineties revealed far greater flashes of consciousness: definite demands were put forward, the time to strike was carefully chosen, known cases and examples in other places were discussed, etc. While the riots were simply uprisings of the oppressed, the systematic strikes represented the class struggle in embryo, but only in embryo. Taken by themselves, these strikes were simply trade union struggles, but not yet Social-Democratic struggles. They testified to the awakening antagonisms between workers and employers, but the workers were not and could not be conscious of the irreconcilable antagonism of their interests to the whole of the modern political and social system, *i.e.,* it was not yet Social-Democratic consciousness. In this sense, the strikes of the 'nineties, in spite of the enormous progress they represented as compared with the "riots," represented a purely spontaneous movement.

We said that *there could not yet be* Social-Democratic consciousness among the workers. This consciousness could only be brought to them from without. The history of all countries shows that the working class, exclusively by its own effort, is able to develop only trade union consciousness, *i.e.,* it may itself realize the necessity for combining in unions, for fighting against the employers and for striving to compel the government to pass necessary labor legislation, etc.[1] The theory of socialism, however, grew out of the philosophic, historical and economic theories that were elaborated by the educated representatives of the propertied classes, the intellectuals. According to their social status, the founders of modern scientific socialism, Marx and Engels, themselves belonged to the bourgeois intelligentsia. Similarly, in Russia, the theoretical doctrine of Social-Democracy arose quite independently of

[1] Trade unionism does not exclude "politics" altogether, as some imagine. Trade unions have always conducted political (but not Social-Democratic) agitation and struggle. We shall deal with the difference between trade union politics and Social-Democratic politics in the next chapter.

the spontaneous growth of the labor movement; it arose as a natural and inevitable outcome of the development of ideas among the revolutionary socialist intelligentsia. At the time of which we are speaking, *i.e.*, the middle of the 'nineties, this doctrine not only represented the completely formulated program of the Emancipation of Labor group, but had already won the adherence of the majority of the revolutionary youth in Russia.

Hence, simultaneously, we had the spontaneous awakening of the masses of the workers, the awakening to conscious life and struggle, as well as the revolutionary youth, armed with the Social-Democratic theories, striving to reach the workers. In this connection it is particularly important to state the oft-forgotten (and comparatively little-known) fact that the early Social-Democrats of that period *zealously carried on economic agitation* (being guided in this by the really useful instructions contained in the pamphlet *On Agitation* that was still in manuscript), but they did not regard this as their sole task. On the contrary, *from the very outset* they brought forward the widest historical tasks of Russian Social-Democracy, and particularly the task of overthrowing the autocracy. For example, the St. Petersburg group of Social-Democrats, which formed the League of Struggle for the Emancipation of the Working Class, towards the end of 1895, prepared the first number of the newspaper called *Rabocheye Dyelo.* This number was completely ready for the press when it was seized by the gendarmes who, on the night of December 8, 1895, raided the house of one of the members of the group, Anatole Alekseyevich Vaneyev,[1] and so the original *Rabocheye Dyelo* was not fated to see the light. The leading article in this number (which perhaps in thirty years' time some *Russkaya Starina* will discover in the archives of the Department of Police) described the historical tasks of the working class in Russia, of which the achievement of political liberty is regarded as the most important. This number also contained an article entitled "What Are Our Cabinet Ministers Thinking Of?" which dealt with the breaking up of the elementary education committees by the police. In addition, there was some correspondence, from St. Petersburg, as well as from other parts of Russia (for example, a letter about the assault on the workers in the Yaro-

[1] A. A. Vaneyev died in Eastern Siberia in 1899 from consumption, which he contracted as a result of his solitary confinement in prison. That is why we are able to publish the above information, the authenticity of which we guarantee, for it comes from persons who were closely and directly acquainted with A. A. Vaneyev.

slav Gubernia). This, if we are not mistaken, "first attempt" of the Russian Social-Democrats of the 'nineties was not a narrow, local, and certainly not an "economic" newspaper, but one that strove to unite the strike movement with the revolutionary movement against the autocracy, and to win all the victims of oppression and political and reactionary obscurantism over to the side of Social-Democracy. No one in the slightest degree acquainted with the state of the movement at that period could doubt that such a paper would have been fully approved of by the workers of the capital and the revolutionary intelligentsia and would have had a wide circulation. The failure of the enterprise merely showed that the Social-Democrats of that time were unable to meet the immediate requirements of the time owing to their lack of revolutionary experience and practical training. The same thing must be said with regard to the St. Petersburg *Rabochy Listok* and particularly with regard to *Rabochaya Gazeta* and the *Manifesto* of the Russian Social-Democratic Labor Party which was established in the spring of 1898. Of course, we would not dream of blaming the Social-Democrats of that time for this unpreparedness. But in order to obtain the benefit of the experience of that movement, and to learn practical lessons from it, we must thoroughly understand the causes and significance of this or that shortcoming. For that reason it is extremely important to establish the fact that part (perhaps even a majority) of the Social-Democrats, operating in the period of 1895-98, quite justly considered it possible even then, at the very beginning of the "spontaneous movement," to come forward with a most extensive program and fighting tactics.[1] The lack of training of the majority of the revolutionaries, being quite a natural phenomenon, could not have aroused any particular fears. Since the tasks were properly defined, since the energy existed for repeated attempts to fulfill

[1] "*Iskra,* which adopts a hostile attitude towards the activities of the Social-Democrats of the end of the 'nineties, ignores the fact that at that time the conditions for any other kind of work except fighting for petty demands were absent," declare the Economists in their *Letter to Russian Social-Democratic Organs.* (*Iskra,* No. 12.) The facts quoted above show that the statement about "absent conditions" *is the very opposite of the truth.* Not only at the end, but even in the middle of the 'nineties, all the conditions existed *for other* work, besides fighting for petty demands, all the conditions—except sufficient training of the leaders. Instead of frankly admitting our, the ideologists', the leaders', lack of sufficient training—the Economists try to throw the blame entirely upon the "absent conditions," upon the influence of material environment which determines the road from which it will be impossible for any ideologist to divert the movement. What is this but slavish cringing before spontaneity, the fact that the "ideologists" are enamored of their own shortcomings.

these tasks, the temporary failures were not such a great misfortune. Revolutionary experience and organizational skill are things that can be acquired provided the desire is there to acquire these qualities, provided the shortcomings are recognized—which in revolutionary activity is more than halfway towards removing them!

It was a great misfortune, however, when this consciousness began to grow dim (it was very active among the workers of the group mentioned), when people appeared—and even Social-Democratic organs—who were prepared to regard shortcomings as virtues, who even tried to invent a *theoretical* basis for *slavish cringing before spontaneity*. It is time to summarize this tendency, the substance of which is incorrectly and too narrowly described as "Economism."

B. Bowing to Spontaneity

Rabochaya Mysl

Before dealing with the literary manifestation of this subservience, we should like to mention the following characteristic fact (communicated to us from the above-mentioned source), which throws some light on the circumstances in which the two future conflicting tendencies in Russian Social-Democracy arose and grew among the comrades working in St. Petersburg. In the beginning of 1897, prior to their banishment, A. A. Vaneyev and several of his comrades attended a private meeting at which the "old" and "young" members of the League of Struggle for the Emancipation of the Working Class were gathered. The conversation centered chiefly around the question of organization, and particularly around the "rules for a workers' benefit fund," which, in their final form, were published in *Listok Rabotnika,* No. 9-10. Sharp differences were immediately revealed between the "old" members (the "Decembrists," as the St. Petersburg Social-Democrats jestingly called them) and several of the "young" members (who subsequently took an active part in the work of *Rabochaya Mysl*), and a very heated discussion ensued. The "young" members defended the main principles of the rules in the form in which they were published. The "old" members said that this was not what was wanted, that first of all it was necessary to consolidate the League of Struggle into an organization of revolutionaries which should have control of all the various workers' benefit funds, students' propaganda circles, etc. It goes without saying that the controversialists had no suspicion at that time that these disagreements were the beginning of a divergence; on the contrary they regarded them as being of an isolated and casual nature. But this fact shows that "Economism" did not arise and spread in Russia without a fight on the part of the "old" Social-Democrats (the Economists of today are apt to forget this). And if, in the main, this struggle has not left "documentary" traces behind it, it is *solely* because the membership of the circles working at that time underwent such constant change that no continuity was established and, consequently, differences were not recorded in any documents.

The appearance of *Rabochaya Mysl* brought Economism to the light of day, but not all at once. We must picture to ourselves concretely the conditions of the work and the short-lived character of the majority of the Russian circles (and only those who have experienced this can have any exact idea of it), in order to understand how much there was accidental in the successes and failures of the new tendency in various towns, and why for a long time neither the advocates nor the opponents of this "new" tendency could make up their minds—indeed they had no opportunity to do so—as to whether this was really a new tendency or whether it was merely an expression of the lack of training of certain individuals. For example, the first mimeographed copies of *Rabochaya Mysl* never reached the great majority of Social-Democrats, and we are able to refer to the leading article in the first number only because it was reproduced in an article by V. I. (*Listok Rabotnika,* No. 9-10), who, of course, did not fail zealously but unreasonably to extol the new paper, which was so different from the papers and the schemes for papers mentioned above.[1] And this leading article deserves to be dealt with in detail because it so strongly expresses *the spirit of Rabochaya Mysl* and Economism generally.

After referring to the fact that the arm of the "blue-coats" could never stop the progress of the labor movement, the leading article goes on to say: ". . . The virility of the labor movement is due to the fact that the workers themselves are at last taking their fate into their own hands, and out of the hands of the leaders," and this fundamental thesis is then developed in greater detail. As a matter of fact the leaders

[1] It should be stated in passing that the praise of *Rabochaya Mysl* in November 1898, when Economism had become fully defined, especially abroad, emanated from that same V. I., who very soon after became one of the editors of *Rabocheye Dyelo*. And yet *Rabocheye Dyelo* denied that there were two tendencies in Russian Social-Democracy, and continues to deny it to this day.

(*i.e.,* the Social-Democrats, the organizers of the League of Struggle) were, one might say, torn out of the hands of the workers by the police[1]; yet it is made to appear that the workers were fighting against the leaders, and eventually liberated themselves from their yoke! Instead of calling upon the workers to go forward towards the consolidation of the revolutionary organization and to the expansion of political activity, they began to call for a *retreat* to the purely trade union struggle. They announced that "the economic basis of the movement is eclipsed by the effort never to forget the political idea," and that the watchword for the movement was, "Fight for an economic position" (!) or what is still better, "The workers for the workers." It was declared that strike funds "are more valuable for the movement than a hundred other organizations." (Compare this statement made in October 1897 with the controversy between the "Decembrists" and the young members in the beginning of 1897.) Catchwords like: "We must concentrate, not on the 'cream' of the workers, but on the 'average' worker—the mass worker"; "Politics always obediently follow economics,"[2] etc., etc., became the fashion, and exercised irresistible influence upon the masses of the youth who were attracted to the movement, but who, in the majority of cases, were acquainted only with legally expounded fragments of Marxism.

Consciousness was completely overwhelmed by spontaneity —the spontaneity of the "Social-Democrats" who repeated V. V.'s "ideas," the spontaneity of those workers who were carried away by the arguments that a kopek added to a ruble was worth more than socialism and politics, and that they must "fight, knowing that they are fighting not for some future generation, but for themselves and their children." (Leading article in *Rabochaya Mysl,* No. 1.) Phrases like these have always been the favorite weapons of the West European bourgeoisie, who, while hating socialism, strove (like the German "Sozial-Politiker" Hirsch) to transplant English trade union-

[1] That this simile is a correct one is shown by the following characteristic fact. When, after the arrest of the "Decembrists," the news was spread among the workers on the Schlüsselburg Road that the discovery and arrest were facilitated by an *agent-provocateur,* N. M. Mikhailov, a dental surgeon, who had been in contact with a group associated with the "Decembrists," they were so enraged that they decided to kill him.

[2] These quotations are taken from the leading article in the first number of *Rabochaya Mysl* already referred to. One can judge from this the degree of theoretical training possessed by these "V. V.'s of Russian Social-Democracy," who kept repeating the crude vulgarization of "economic materialism" at a time when the Marxists were carrying on a literary war against the real V. V., who had long ago been dubbed "a past master of reactionary deeds," for holding *similar* views on the relation between politics and economics!

ism to their own soil and to preach to the workers that the purely trade union struggle is the struggle for themselves and for their children, and not the struggle for some kind of socialism for some future generation.[1] And now the "V.V.'s of Russian Social-Democracy" repeat these bourgeois phrases. It is important at this point to note three circumstances, which will be useful to us in our further analysis of *contemporary* differences.[2]

First of all, the overwhelming of consciousness by spontaneity, to which we referred above, also took place *spontaneously*. This may sound like a pun, but, alas, it is the bitter truth. It did not take place as a result of an open struggle between two diametrically opposed points of view, in which one gained the victory over the other; it occurred because an increasing number of "old" revolutionaries were "torn away" by the gendarmes and because increasing numbers of "young" "V.V.'s of Russian Social-Democracy" came upon the scene. Everyone, who I shall not say has participated in the *contemporary* Russian movement, but who has at least breathed its atmosphere, knows perfectly well that this was so. And the reason why we, nevertheless, strongly urge the reader to ponder over this universally known fact, and why we quote the facts, as an illustration, so to speak, about *Rabocheye Dyelo* as it first appeared, and about the controversy between the "old" and the "young" at the beginning of 1897—is that certain persons are speculating on the public's (or the very youthful youth's) ignorance of these facts, and are boasting of their "democracy." We shall return to this point further on.

Secondly, in the very first literary manifestation of Economism, we observe the extremely curious and highly characteristic phenomenon—for understanding the differences prevailing among contemporary Social-Democrats—that the adherents of the "pure and simple" labor movement, the worshippers of the closest "organic" (the term used by *Rabocheye Dyelo*) contacts with the proletarian struggle, the opponents of the non-labor intelligentsia (notwithstanding that it is a socialist intelligentsia) are compelled, in order to defend their positions, to resort to the arguments of the *bourgeois* "pure

[1] The Germans even have a special expression: *Nur Gewerkschaftler*, which means an advocate of the "pure and simple" trade union struggle.

[2] We emphasize the word *contemporary* for the benefit of those who may pharisaically shrug their shoulders and say: it is easy enough to attack *Rabochaya Mysl* now, but is not all this ancient history? *Mutato nomine de te fabula narratur* we reply to such contemporary pharisees whose complete mental subjection to *Rabochaya Mysl* will be *proved* further on.

and simple" trade unionists. This shows that from the very outset, *Rabochaya Mysl* began unconsciously to carry out the program of the *Credo*. This shows (what the *Rabocheye Dyelo* cannot understand) that all subservience to the spontaneity of the labor movement, all belittling of the role of "the conscious element," of the role of Social-Democracy, *means, whether one likes it or not, the growth of influence of bourgeois ideology among the workers.* All those who talk about "exaggerating the importance of ideology,"[1] about exaggerating the role of the conscious elements,[2] etc., imagine that the pure and simple labor movement can work out an independent ideology for itself, if only the workers "take their fate out of the hands of the leaders." But this is a profound mistake. To supplement what has been said above, we shall quote the following profoundly true and important utterances by Karl Kautsky on the new draft program of the Austrian Social-Democratic Party[3]:

"Many of our revisionist critics believe that Marx asserted that economic development and the class struggle create not only the conditions for socialist production, but also, and directly, the *consciousness* [K.K.'s italics] of its necessity. And these critics advance the argument that the most highly capitalistically developed country, England, is more remote than any other from this consciousness. Judging from the draft, one might assume that the committee which drafted the Austrian program shared this alleged orthodox-Marxian view which is thus refuted. In the draft program it is stated: 'The more capitalist development increases the numbers of the proletariat, the more the proletariat is compelled and becomes fit to fight against capitalism. The proletariat becomes conscious of the possibility of and necessity for socialism,' etc. In this connection socialist consciousness is represented as a necessary and direct result of the proletarian class struggle. But this is absolutely untrue. Of course, socialism, as a theory, has its roots in modern economic relationships just as the class struggle of the proletariat has, and just as the latter emerges from the struggle against the capitalist-created poverty and misery of the masses. But socialism and the class struggle arise side by side and not one out of the other; each arises under different conditions. Modern socialist consciousness can arise only on the basis of profound scientific knowledge. Indeed, modern economic science is as much a condition for socialist production as, say, modern technology, and the proletariat can create neither the one nor the other, no matter how much it may desire to do so; both arise out of the modern social

[1] Letter of the Economists, in *Iskra*, No. 12.
[2] *Rabocheye Dyelo*, No. 10.
[3] *Neue Zeit*, 1901-02, XX, I, No. 3. The committee's draft to which Kautsky refers was passed by the Vienna Congress at the end of last year in a slightly amended form.

process. The vehicles of science are not the proletariat, but the *bourgeois intelligentsia* [K.K.'s italics]: it was in the minds of some members of this stratum that modern socialism originated, and it was they who communicated it to the more intellectually developed proletarians who, in their turn, introduced it into the proletarian class struggle where conditions allow that to be done. Thus, socialist consciousness is something introduced into the proletarian class struggle from without (*von Aussen Hineingetragenes*), and not something that arose within it spontaneously (*urwüchsig*). Accordingly, the old Hainfeld program quite rightly stated that the task of Social-Democracy is to imbue the proletariat with the *consciousness* of its position and the consciousness of its tasks. There would be no need for this if consciousness emerged of itself from the class struggle. The new draft copied this proposition from the old program, and attached it to the proposition mentioned above. But this completely broke the line of thought. . . ."

Since there can be no talk of an independent ideology being developed by the masses of the workers in the process of their movement[1] *the only choice is:* either bourgeois or socialist ideology. There is no middle course (for humanity has not created a "third" ideology, and, moreover, in a society torn by class antagonisms there can never be a non-class or above-class ideology). Hence, to belittle socialist ideology *in any way,* to *deviate from it in the slightest degree* means strengthening bourgeois ideology. There is a lot of talk about spontaneity, but the *spontaneous* development of the labor movement leads to its becoming subordinated to bourgeois ideology, leads to its developing *according to the program* of the *Credo,* for the spontaneous labor movement is pure and simple trade unionism, is *Nur-Gewerkschaftlerei,* and trade unionism means the ideological enslavement of the workers to the bourgeoisie. Hence, our task, the task of Social-Democracy, is to *combat spontaneity,* to *divert* the labor movement from its spontaneous, trade unionist striving to go under the wing of the bourgeoisie, and to bring it under the wing of revolutionary

[1] This does not mean, of course, that the workers have no part in creating such an ideology. But they take part not as workers, but as socialist theoreticians, like Proudhon and Weitling; in other words, they take part only to the extent that they are able, more or less, to acquire the knowledge of their age and advance that knowledge. And in order that workingmen *may be able to do this more often,* efforts must be made to raise the level of the consciousness of the workers generally; care must be taken that the workers do not confine themselves to the artificially restricted limits of *"literature for workers"* but that they study *general literature* to an increasing degree. It would be even more true to say "are not confined," instead of "do not confine themselves," because the workers themselves wish to read and do read all that is written for the intelligentsia and it is only a few (bad) intellectuals who believe that it is sufficient "for the workers," to tell them a few things about factory conditions, and to repeat over and over again what has long been known.

Social-Democracy. The phrases employed by the authors of the "economic" letter in *Iskra,* No. 12, about the efforts of the most inspired ideologists not being able to divert the labor movement from the path that is determined by the interaction of the material elements and the material environment, *are tantamount to the abandonment of socialism,* and if only the authors of this letter fearlessly thought out what they say to its logical conclusion, as everyone who enters the arena of literary and public activity should do, they would have nothing to do but "fold their useless arms over their empty breasts" and . . . leave the field of action to the Struves and Prokopoviches who are dragging the labor movement "along the line of least resistance," *i.e.,* along the line of bourgeois trade unionism, or to the Zubatovs who are dragging it along the line of clerical and gendarme "ideology."

Recall the example of Germany. What was the historical service Lassalle rendered to the German labor movement? It was that he *diverted* that movement from the path of trade unionism and co-operation preached by the Progressives along which it had been travelling spontaneously *(with the benign assistance of Schulze-Delitzsche and those like him).* To fulfill a task like that it was necessary to do something altogether different from indulging in talk about belittling the spontaneous element, about the tactics-process and about the interaction between elements and environment, etc. *A desperate struggle against spontaneity had to be carried on,* and only after such a struggle, extending over many years, was it possible to convert the working population of Berlin from a bulwark of the Progressive Party into one of the finest strongholds of Social-Democracy. This fight is not finished even now (as those who learn the history of the German movement from Prokopovich, and its philosophy from Struve, believe). Even now the German working class is, so to speak, broken up into a number of ideologies. A section of the workers is organized in Catholic and monarchist labor unions; another section is organized in the Hirsch-Duncker unions, founded by the bourgeois worshippers of English trade unionism, while a third section is organized in Social-Democratic trade unions. The latter is immeasurably more numerous than the rest, but Social-Democracy was able to achieve this superiority, and will be able to maintain it, only by unswervingly fighting against all other ideologies.

But why, the reader will ask, does the spontaneous movement, the movement along the line of least resistance, lead to the domination of bourgeois ideology? For the simple reason that bourgeois ideology is far older in origin than Social-Democratic ideology; because it is more fully developed and because it possesses *immeasurably* more opportunities for being distributed.[1] And the younger the socialist movement is in any given country, the more vigorously must it fight against all attempts to entrench non-socialist ideology, and the more strongly must it warn the workers against those bad counsellors who shout against "exaggerating the conscious elements," etc. The authors of the economic letter, in unison with *Rabocheye Dyelo,* declaim against the intolerance that is characteristic of the infancy of the movement. To this we reply: yes, our movement is indeed in its infancy, and in order that it may grow up the more quickly, it must become infected with intolerance against all those who retard its growth by subservience to spontaneity. Nothing is so ridiculous and harmful as pretending that we are "old hands" who have long ago experienced all the decisive episodes of the struggle!

Thirdly, the first number of *Rabochaya Mysl* shows that the term "Economism" (which, of course, we do not propose to abandon because this nickname has more or less established itself) does not adequately convey the real character of the new tendency. *Rabochaya Mysl* does not altogether repudiate the political struggle: the rules for a workers' benefit fund published in *Rabochaya Mysl,* No. 1, contains a reference to fighting against the government. *Rabochaya Mysl* believes, however, that "politics always obediently follow economics" (and *Rabocheye Dyelo* gives a variation of this thesis when, in its program, it asserts that "in Russia more than in any other country, the economic struggle is *inseparable* from the political struggle"). *If by politics is meant Social-Democratic* politics, then the postulates advanced by *Rabochaya Mysl* and *Rabocheye Dyelo* are absolutely wrong. The economic struggle of the workers is very often connected (although not inseparably) with bourgeois politics, clerical politics, etc., as we have already seen. If by politics is meant trade union politics, *i.e.,* the common striving of all workers to secure from

[1] It is often said: the working class *spontaneously* gravitates towards socialism. This is perfectly true in the sense that socialist theory defines the causes of the misery of the working class more profoundly and more correctly than any other theory, and for that reason the workers are able to appreciate it so easily, *provided,* however, that this theory does not step aside for spontaneity and *provided* it subordinates spontaneity to itself. Usually this is taken for granted, but *Rabocheye Dyelo* forgets or distorts this obvious thing. The working class spontaneously gravitates towards socialism, but the more widespread (and continuously revived in the most diverse forms) bourgeois ideology spontaneously imposes itself upon the working class still more.

the government measures for the alleviation of the distress characteristic of their position, but which do not abolish that position, *i.e.*, which do not remove the subjection of labor to capital, then *Rabocheye Dyelo's* postulate is correct. That striving indeed is common to the British trade unionists, who are hostile to socialism, to the Catholic workers, to the "Zubatov" workers, etc. There are politics and politics. Thus, we see that *Rabochaya Mysl* does not so much deny the political struggle as bow to its *spontaneity,* to its lack of consciousness. While fully recognizing the political struggle (it would be more correct to say the political desires and demands of the workers), which arises spontaneously from the labor movement itself, it absolutely refuses *independently to work out* a specifically *Social Democratic policy* corresponding to the general tasks of socialism and to contemporary conditions in Russia. Further on we shall show that *Rabocheye Dyelo* commits the same error.

C. The Self-Emancipation Group and "Rabocheye Dyelo"

We have dealt at such length with the little-known and now almost forgotten leading article in the first number of *Rabochaya Mysl* because it was the first and most striking expression of that general stream of thought which afterwards emerged into the light of day in innumerable streamlets. V. I. was absolutely right when, in praising the first number and the leading article of *Rabochaya Mysl,* he said that it was written in a "sharp and provocative" style. *(Listok Rabotnika,* No. 9-10.) Every man with convictions who thinks he has something new to say writes "provocatively" and expresses his views strongly. Only those who are accustomed to sitting between two stools lack "provocativeness"; only such people are able to praise the provocativeness of *Rabochaya Mysl* one day, and attack the "provocative polemics" of its opponents the next.

We shall not dwell on the Special Supplement to *Rabochaya Mysl* (further on we shall have occasion, on a number of points, to refer to this work, which expresses the ideas of the Economists more consistently than any other) but shall briefly mention the *Manifesto of the Self-Emancipation of the Workers Group.* (March 1899, reprinted in the London *Nakanunye,* No. 7, June 1899.) The authors of this manifesto quite rightly say that "the workers of Russia *are only just awakening,* are only just looking around, and *instinctively clutch at the first means of struggle that come to their hands.*" But from this correct observation, they draw the same incorrect conclusion that is drawn by *Rabochaya Mysl,* forgetting that instinct is that unconsciousness (spontaneity) to the aid of which Socialists must come; that the "first means of struggle that come to their hands" will always be, in modern society, the trade union means of struggle, and the "first" ideology "that comes to hand" will be bourgeois (trade union) ideology. Similarly, these authors do not "repudiate" politics, they merely say (merely!), repeating what was said by V. V., that politics is the superstructure, and therefore, "political agitation must be the superstructure to the agitation carried on in favor of the economic struggle; it must arise on the basis of this struggle and follow behind it."

As for *Rabocheye Dyelo,* it commenced its activity by "a defense" of the Economists. It uttered a *downright falsehood* in its very first number (No. 1) when it stated that "we do not know which young comrades Axelrod referred to" in his well-known pamphlet, in which he uttered a warning to the Economists.[1] In the controversy that flared up with Axelrod and Plekhanov over this falsehood, *Rabocheye Dyelo* was compelled to admit that "by expressing ignorance, it desired to *defend* all the younger Social-Democrats abroad from this unjust accusation" (Axelrod accused the Economists of having a limited outlook). As a matter of fact this accusation was absolutely just, and *Rabocheye Dyelo* knows perfectly well that, among others, it applied to V. I., a member of its editorial staff. We shall observe in passing that in this controversy Axelrod was absolutely right and *Rabocheye Dyelo* was absolutely wrong in their respective interpretations of my pamphlet *The Tasks of Russian Social-Democrats.* That pamphlet was written in 1897, before the appearance of *Rabochaya Mysl* when I thought, and rightly thought, that the *original* tendency of the St. Petersburg League of Struggle, which I describe above, was the predominant one. At all events, that tendency was the predominant one until the middle of 1898. Consequently, in its attempt to refute the existence and dangers of Economism, *Rabocheye Dyelo* had no right whatever to refer to a pamphlet which expressed views that were *squeezed out* by Economist views in St. Petersburg in 1897-98.

But *Rabocheye Dyelo* not only "defended" the Economists—it itself constantly fell into fundamental Economist errors.

[1] *The Contemporary Tasks and Tactics of the Russian Social-Democrats,* Geneva, 1898. Two letters written to *Rabochaya Gazeta* in 1897.

The cause of these errors is to be found in the ambiguity of the interpretation given to the following thesis in *Rabocheye Dyelo's* program: "We consider that the most important phenomenon of Russia life, the one that will mostly *determine the tasks* [our italics] and the character of the literary activity of the 'League,' is the *mass labor movement* [*Rabocheye Dyelo's* italics] that has arisen in recent years." That the mass movement is a most important phenomenon is a fact about which there can be no dispute. But the crux of the question is, what is the meaning of the phrase: the labor movement will "determine the tasks"? It may be interpreted in one of two ways. *Either* it means subservience to the spontaneity of this movement, *i.e.*, reducing the role of Social-Democracy to mere subservience to the labor movement as such (the interpretation given to it by *Rabochaya Mysl,* the Self-Emancipation group and other Economists); *or* it may mean that the mass movement puts before us *new,* theoretical, political and organizational tasks, far more complicated than those that might have satisfied us in the period before the rise of the mass movement. *Rabocheye Dyelo* inclined and still inclines towards the first interpretation, for it said nothing definitely about new tasks, but argued all the time as if the "mass movement" *relieved* us of the necessity of clearly appreciating and fulfilling the tasks it sets before us. We need only point out that *Rabocheye Dyelo* considered that it was impossible to put the overthrow of the autocracy as the *first* task of the mass labor movement, and that it degraded this task (ostensibly in the interests of the mass movement) to the struggle for immediate political demands. *(Reply.)*

We shall pass over the article by B. Krichevsky, the editor of *Rabocheye Dyelo,* entitled "The Economic and Political Struggle in the Russian Movement," published in No. 7 of that paper, in which these very mistakes[1] are repeated, and take up *Rabocheye Dyelo,* No. 10.

[1] The "stages theory," or the theory of "timid zigzags" in the political struggle, is expressed in this article approximately in the following way: "Political demands, which in their character are common to the whole of Russia, should, however, at first [this was written in August 1900!] correspond to the experience gained by the given stratum [*sic!*] of workers in the economic struggle. Only [!] on the basis of this experience can and should political agitation be taken up," etc. The author, protesting against what he regards as the absolutely unfounded charge of Economist heresy, pathetically exclaims: "What Social-Democrat does not know that according to the theories of Marx and Engels the economic interests of various classes are the decisive factors in history, and, *consequently,* that the proletariat's struggle for the defense of its economic interests must be of first-rate importance in its class development and struggle for emancipation?" (Our italics.) The word "consequently" is absolutely out of place. The fact that economic interests are a decisive

We shall not, of course, enter in detail into the various objections raised by B. Krichevsky and Martynov against *Zarya* and *Iskra*. What interests us here solely is the theoretical position taken up by *Rabocheye Dyelo,* No. 10. For example, we shall not examine the literary curiosity—that *Rabocheye Dyelo* saw a "diametrical" contradiction between the proposition:

> "Social-Democracy does not tie its hands, it does not restrict its activities to some preconceived plan or method of political struggle; it recognizes all methods of struggle, as long as they correspond to the forces at the disposal of the Party. . . ." (*Iskra,* No. 1-2.)

and the proposition:

> . . . "without a strong organization, tested in the political struggle carried on under all circumstances and in all periods, there can be no talk of a systematic plan of activity, enlightened by firm principles and unswervingly carried out, which alone is worthy of being called tactics." (*Iskra,* No. 4.)

To confuse the recognition, *in principle,* of all means of struggle, of all plans and methods, as long as they are expedient—with the necessity *at a given political moment* for being guided by a strictly adhered-to plan, if we are to talk of tactics, is tantamount to confusing the recognition by medical science of all kinds of treatment of diseases with the necessity for adopting a certain definite method of treatment for a given disease. The point is, however, that *Rabocheye Dyelo,* while suffering from a disease which we have called subservience to spontaneity, refuses to recognize any "method of treatment" for *that* disease. Hence, it made the remarkable discovery that "a tactics plan contradicts the fundamental spirit of Marxism" (No. 10), that tactics are *"a process of growth of Party tasks, which grow with the Party."* (p. 11, *Rabocheye Dyelo's* italics.) The latter remark has every chance of becoming a celebrated maxim, a permanent monument to the tendency of *Rabocheye Dyelo*. To the question: *whither?* a leading organ

---

factor *does not in the least imply* that the economic (*i.e.,* trade union) struggle must be the main factor, for the essential and "decisive" interests of classes can be satisfied *only* by radical *political* changes in general. In particular the fundamental economic interests of the proletariat can be satisfied only by a political revolution that will substitute the dictatorship of the proletariat for the dictatorship of the bourgeoisie. B. Krichevsky repeats the arguments of the "V.V.'s of Russian Social-Democracy" (*i.e.,* politics follow economics, etc.) and the Bernsteinists of German Social-Democracy (for example, by arguments like these, Woltmann tried to prove that the workers must first of all acquire "economic power" before they can think about political revolution).

replies: the movement is a process of alteration in the distance between starting point and destination of the movement. This matchless example of profundity is not merely a literary curiosity (if it were, it would not be worth dealing with at length), but *the program of the whole tendency, i.e.,* the program which R. M. (in the Special Supplement to *Rabochaya Mysl*) expressed in the words: "That struggle is desirable which is possible, and the struggle which is possible is the one that is going on at the given moment." It is the tendency of unbounded opportunism, which passively adapts itself to spontaneity.

"A tactics plan contradicts the fundamental spirit of Marxism"! But this is a libel on Marxism; it is like the caricature of it that was presented to us by the Narodniki in their fight against us. It means putting restraint on the initiative and energy of class conscious fighters, whereas Marxism, on the contrary, gives a gigantic impetus to the initiative and energy of Social-Democrats, opens up for them the widest perspectives and, if one may so express it, places at their disposal the mighty force of millions and millions of workers "spontaneously" rising for the struggle. The whole history of international Social-Democracy seethes with plans advanced first by one and then by another political leader; some confirming the far-sightedness and correct political and organizational insight of their authors and others revealing their short-sightedness and lack of political judgment. At the time when Germany was at one of the most important turning points in its history, the time of the establishment of the Empire, the opening of the Reichstag and the granting of universal suffrage, Liebknecht had one plan for Social-Democratic policy and work and Schweitzer had another. When the Anti-Socialist Law came down on the heads of the German Socialists, Most and Hasselmann had one plan, that is, to call for violence and terror; Höchberg, Schramm and (partly) Bernstein had another, which they began to preach to the Social-Democrats, somewhat as follows: they themselves had provoked the passing of the Anti-Socialist Law by being unreasonably bitter and revolutionary, and must now show that they deserve pardon by exemplary conduct. There was yet a third plan proposed by those who paved the way for and carried out the publication of an illegal organ. It is easy, of course, in retrospect, many years after the fight over the selection of the path to be followed has ended, and after history has pronounced its verdict as to the expediency of the path selected, to utter profound maxims about the growth of Party tasks that grow with the Party. But at a time of confusion,[1] when the Russian "critics" and Economists degrade Social-Democracy to the level of trade unionism, and when the terrorists are strongly advocating the adoption of a "tactics plan" that repeats the old mistakes, at such a time, to confine oneself to such profundities, means simply issuing oneself a "certificate of mental poverty." At a time when many Russian Social-Democrats suffer from lack of initiative and energy, from lack of "scope of political propaganda, agitation and organization," a lack of "plans" for a broader organization of revolutionary work, at such a time, to say: "a tactics plan contradicts the fundamental spirit of Marxism," not only means theoretically vulgarizing Marxism, but also practically *dragging the Party backward. Rabocheye Dyelo* goes on sermonizing:

"The revolutionary Social-Democrat is only confronted by the task of accelerating objective development by his conscious work: it is not his task to obviate it or substitute his own subjective plans for this development. *Iskra* knows all this in theory. But the enormous importance which Marxism quite justly attaches to conscious revolutionary work causes it in practice, owing to its doctrinaire view of tactics, to *belittle the significance of the objective or the spontaneous element of development.*"

Another example of the extraordinary theoretical confusion worthy of V. V. and that fraternity. We would ask our philosopher: how may a deviser of subjective plans "belittle" objective development? Obviously by losing sight of the fact that this objective development creates or strengthens, destroys or weakens certain classes, strata, groups, nations, groups of nations, etc., and in this way creates a definite international political grouping of forces, determining the position of revolutionary parties, etc. If the deviser of plans did that, his mistake would not be that he belittled the spontaneous element, but that he belittled the *conscious element,* for he would then show that he lacked the "consciousness" that would enable him properly to understand objective development. Hence, the very talk about "estimating the *relative* significance" (*Rabocheye Dyelo's* italics) of spontaneity and consciousness sufficiently reveals a complete lack of "consciousness." If certain "spontaneous elements of development" can be grasped

[1] *Ein Jahr der Verwirrung* [*A Year of Confusion*] is the title Mehring gave to the chapter of his *History of German Social-Democracy* in which he describes the hesitancy and lack of determination displayed at first by the Socialists in selecting the "tactics plan" for the new situation.

at all by human understanding, then an incorrect estimation of them would be tantamount to "belittling the conscious element." But if they cannot be grasped, then we cannot be aware of them, and therefore cannot speak of them. What is B. Krichevsky arguing about then? If he thinks that *Iskra's* "subjective plans" are erroneous (as he in fact declares them to be), then he ought to show what objective facts are ignored in these plans, and then charge *Iskra* with *a lack of consciousness* for ignoring them, with, to use his own words, "belittling the conscious element." If, however, while being displeased with subjective plans he can bring forward no other argument than that of "belittling the spontaneous element" (!!) he merely shows: 1) that he theoretically understands Marxism *à la* Kareyevs and Mikhailovskys, who have been sufficiently ridiculed by Beltov, and 2) that, practically, he is quite pleased with the "spontaneous elements of development" that have drawn our "legal Marxists" towards Bernsteinism and our Social-Democrats towards Economism, and that he is full of wrath against those who have determined at all costs to *divert* Russian Social-Democracy from the path of spontaneous development.

Rabocheye Dyelo accuses *Iskra* and *Zarya* of "setting up their program against the movement, like a spirit hovering over the formless chaos." But what else is the function of Social-Democracy if not to be a "spirit," not only hovering over the spontaneous movement, but also *raising* the movement *to the level of "its program"?* Surely, it is not its function to drag at the *tail* of the movement; at best, this would be of no service to the movement; at the worst, it would be very, very harmful. *Rabocheye Dyelo,* however, not only follows this "tactics-process," but elevates it to a principle, so that it would be more correct to describe its tendency not as opportunism, but as *Khvostism* (from the word *khvost*). And it must be admitted that those who have determined always to follow behind the movement like a tail are absolutely and forever ensured against "belittling the spontaneous element of development."

* * *

And so, we have become convinced that the fundamental error committed by the "new tendency" in Russian Social-Democracy lies in its subservience to spontaneity, and its failure to understand that the spontaneity of the masses demands a mass of consciousness from us Social-Democrats. The greater the spontaneous uprising of the masses, the more widespread the movement becomes, so much the more rapidly grows the demand for greater consciousness in the theoretical, political and organizational work of Social-Democracy.

The spontaneous rise of the masses in Russia proceeded (and continues) with such rapidity that the young untrained Social-Democrats proved unfitted for the gigantic tasks that confronted them. This lack of training is our common misfortune, the misfortune of *all* Russian Social-Democrats. The rise of the masses proceeded and spread uninterruptedly and continuously; it not only continued in the places it commenced in, but it spread to new localities and to new strata of the population (influenced by the labor movement, the ferment among the students, the intellectuals generally and even among the peasantry revived). Revolutionaries, however, *lagged behind* this rise of the masses both in their "theories" and in their practical activity; they failed to establish an uninterrupted organization having continuity with the past, and capable of *leading* the whole movement.

In chapter I, we proved that *Rabocheye Dyelo* degraded our theoretical tasks and that it "spontaneously" repeated the fashionable catchword "freedom of criticism": that those who repeated this catchword lacked the "consciousness" to understand that the positions of the opportunist "critics" and the revolutionaries, both in Germany and in Russia, are diametrically opposed to each other.

In the following chapters, we shall show how this subservience to spontaneity found expression in the sphere of the political tasks and the organizational work of Social-Democracy.

III

TRADE UNION POLITICS AND SOCIAL-DEMOCRATIC POLITICS

We shall start off again by praising *Rabocheye Dyelo*. Martynov gave his article in No. 10 of *Rabocheye Dyelo*, on his differences with *Iskra*, the title "Exposure Literature and the Proletarian Struggle." He formulated the substance of these differences as follows:

"We cannot confine ourselves entirely to exposing the system that stands in its [the labor party's] path of development. We must also respond to the immediate and current interests of the proletariat." ". . . *Iskra* . . . is in fact the organ of revolutionary opposition that exposes the state of affairs in our country, particularly the political state of affairs. . . . We, however, work and shall continue to work for the cause of labor in close organic contact with the proletarian struggle."

One cannot help being grateful to Martynov for this formula. It is of outstanding general interest because substantially it embraces not only our disagreements with *Rabocheye Dyelo,* but the general disagreement between ourselves and the Economists concerning the political struggle. We have already shown that the Economists do not altogether repudiate "politics," but that they are constantly deviating from the Social-Democratic conception of politics to the trade unionist conception. Martynov deviates in exactly the same way, and we agree, therefore, to take his views as an *example* of Economist error on this question. As we shall endeavor to prove, neither the authors of the Special Supplement to *Rabochaya Mysl,* nor the authors of the manifesto issued by the Self-Emancipation group, nor the authors of the economic letter published in *Iskra,* No. 12, will have any right to complain against this choice.

A. Political Agitation and Its Restriction by the Economists

Everyone knows that the spread and consolidation of the economic[1] struggle of the Russian workers proceeded simultaneously with the creation of a "literature" exposing economic conditions, *i.e.,* factory and industrial conditions. These "leaflets" were devoted mainly to the exposure of factory conditions, and very soon a passion for exposures was roused among the workers. As soon as the workers realized that the Social-Democratic circles desired to and could supply them with a new kind of leaflet that told the whole truth about their poverty-stricken lives, about their excessive toil and their lack of rights, correspondence began to pour in from the factories and workshops. This "exposure literature" created a huge sensation not only in the particular factory dealt with, the con-

[1] In order to avoid misunderstanding we would state that here and throughout this pamphlet, by economic struggle, we mean (in accordance with the meaning of the term as it has become accepted among us) the "practical economic struggle" which Engels, in the passage quoted above, described as "resistance to capitalism," and which in free countries is known as the trade union struggle.

ditions of which were exposed in a given leaflet, but in all the factories to which news had spread about the facts exposed. And as the poverty and want among the workers in the various enterprises and in the various trades are pretty much the same, the "truth about the life of the workers" roused the admiration *of all.* Even among the most backward workers, a veritable passion was roused to "go into print"—a noble passion for this rudimentary form of war against the whole of the modern social system which is based upon robbery and oppression. And in the overwhelming majority of cases these "leaflets" were in truth a declaration of war, because the exposures had a terrifically rousing effect upon the workers; it stimulated them to put forward demands for the removal of the most glaring evils and roused in them a readiness to support these demands with strikes. Finally, the employers themselves were compelled to recognize the significance of these leaflets as a declaration of war, so much so that in a large number of cases they did not even wait for the outbreak of hostilities. As is always the case, the mere publication of these exposures made them effective, and they acquired the significance of a strong moral force. On more than one occasion, the mere appearance of a leaflet proved sufficient to secure the satisfaction of all or part of the demands put forward. In a word, economic (factory) exposures have been and are an important lever in the economic struggle and they will continue to be such as long as capitalism, which creates the need for the workers to defend themselves, exists. Even in the more advanced countries of Europe today, the exposure of the evils in some backward trade, or in some forgotten branch of domestic industry, serves as a starting point for the awakening of class consciousness, for the beginning of a trade union struggle, and for the spread of socialism.[1]

[1] In the present chapter, we deal only with the *political* struggle, whether it is to be understood in its broader or narrower sense. Therefore, we refer only in passing, merely to point out a curiosity, to the accusation that *Rabocheye Dyelo* hurls against *Iskra* of being "too restrained" in regard to the economic struggle. (*Two Congresses,* rehashed by Martynov in his pamphlet *Social-Democracy and the Working Class.*) If those who make this accusation counted up in terms of hundredweights or reams, as they are so fond of doing, what has been said about the economic struggle in the industrial column of *Iskra* in one year's issue, and compared this with the industrial columns of *Rabocheye Dyelo* and *Rabochaya Mysl* taken together, they would see that they lag very much behind even in this respect. Apparently, the consciousness of this simple truth compels them to resort to arguments which clearly reveal their confusion. "*Iskra,*" they write, "willy-nilly [!] is compelled [!] to take note of the imperative demands of life and to publish at least [!!] correspondence about the labor movement." (*Two Congresses.*) Now this is really a crushing argument!

Recently, the overwhelming majority of Russian Social-Democrats were almost wholly engaged in this work of organizing the exposure of factory conditions. It is sufficient to refer to the columns of *Rabochaya Mysl* to judge to what extent they were engaged in it. So much so, indeed, that they lost sight of the fact that this, *taken by itself,* is not in essence Social-Democratic work, but merely trade union work. As a matter of fact, these exposures merely dealt with the relations between the workers *in a given trade* and their immediate employers, and all that they achieved was that the vendors of labor power learned to sell their "commodity" on better terms and to fight the purchasers of labor power over a purely commercial deal. These exposures could have served (if properly utilized by revolutionaries) as a beginning and a constituent part of Social-Democratic activity, but they could also have led (and with subservience to spontaneity inevitably had to lead) to a "pure and simple" trade union struggle and to a non-Social-Democratic labor movement. Social-Democrats lead the struggle of the working class not only for better terms for the sale of labor power, but also for the abolition of the social system which compels the propertyless to sell themselves to the rich. Social-Democracy represents the working class, not in relation to a given group of employers, but in its relation to all classes in modern society, to the state as an organized political force. Hence, it not only follows that Social-Democrats must not confine themselves entirely to the economic struggle; they must not even allow the organization of economic exposures to become the predominant part of their activities. We must actively take up the political education of the working class and the development of its political consciousness. *Now,* after *Zarya* and *Iskra* have made the first attack upon Economism "all are agreed" on this (although some agreed only nominally, as we shall soon prove).

The question now arises: what does political education mean? Is it sufficient to confine oneself to the propaganda of working class hostility to autocracy? Of course not. It is not enough to *explain* to the workers that they are politically oppressed (no more than it was to *explain* to them that their interests were antagonistic to the interests of the employers). Advantage must be taken of every concrete example of this oppression for the purpose of agitation (in the same way that we began to use concrete examples of economic oppression for the purpose of agitation). And inasmuch as *political* oppression affects all sorts of classes in society, inasmuch as it manifests itself in various spheres of life and activity, in industrial life, civic life, in personal and family life, in religious life, scientific life, etc., etc., is it not evident that *we shall not be fulfilling our task* of developing the political consciousness of the workers *if we do not undertake* the organization of the *political exposure of autocracy in all its aspects?* In order to carry on agitation around concrete examples of oppression, these examples must be exposed (just as it was necessary to expose factory evils in order to carry on economic agitation).

One would think that this was clear enough. It turns out, however, that "all" are agreed that it is necessary to develop political consciousness, *in all its aspects,* only in words. It turns out that *Rabocheye Dyelo,* for example, has not only failed to take up the task of organizing (or to make a start in organizing) all-sided political exposure, but is even trying to *drag Iskra,* which has undertaken this task, *away from it.* Listen to this: "The political struggle of the working class is merely [it is precisely not "merely"] a more developed, a wider and more effective form of economic struggle." (Program of *Rabocheye Dyelo,* published in No. 1.) "The Social-Democrats are now confronted with the task of, as far as possible, giving the economic struggle itself a political character." (Martynov, *Rabocheye Dyelo,* No. 10.) "The economic struggle is the most widely applicable method of drawing the masses into active political struggle." (Resolution passed by the Congress of the League and "amendments" thereto, *Two Congresses.*) As the reader will observe, all these postulates permeate *Rabocheye Dyelo,* from its very first number to the recently issued "Instructions to the Editors," and all of them evidently express a single view regarding political agitation and the political struggle. Examine this view from the standpoint of the opinion prevailing among all Economists, that political agitation must *follow* economic agitation. Is it true that, in general,[1] the economic struggle "is the most widely applicable method" of drawing the masses into the political struggle? It is absolutely untrue. *All and sundry* manifestations of police

[1] We say "in general," because *Rabocheye Dyelo speaks* of general principles and of the general tasks of the whole Party. Undoubtedly, cases occur in practice, when politics *must* follow economics, but only Economists can say a thing like that in a resolution that was intended to apply to the whole of Russia. Cases do occur when it is possible "right from the beginning" to carry on political agitation "exclusively on an economic basis"; and yet *Rabocheye Dyelo* went so far as to say that "there is no need for this whatever." (*Two Congresses.*) In the next chapter, we shall show that the tactics of the "politicians" and revolutionaries not only do not ignore the trade union tasks of Social-Democracy, but that, on the contrary, they alone *can secure* the consistent fulfilment of these tasks.

tyranny and autocratic outrage, in addition to the evils connected with the economic struggle, are equally "widely applicable" as a means of "drawing in" the masses. The tyranny of the Zemsky Nachalniks, the flogging of the peasantry, the corruption of the officials, the conduct of the police towards the "common people" in the cities, the fight against the famine-stricken and the suppression of the popular striving towards enlightenment and knowledge, the extortion of taxes, the persecution of the religious sects, the harsh discipline in the army, the militarist conduct towards the students and the liberal intelligentsia—all these and a thousand other similar manifestations of tyranny, though not directly connected with the "economic" struggle, do they, in general, represent a *less* "widely applicable" method and subject for political agitation and for drawing the masses into the political struggle? The very opposite is the case. Of all the innumerable cases in which the workers suffer (either personally or those closely associated with them) from tyranny, violence and lack of rights, undoubtedly only a relatively few represent cases of police tyranny in the economic struggle as such. Why then should we, beforehand, *restrict* the scope of political agitation by declaring *only one* of the methods to be "the most widely applicable," when Social-Democrats have other, generally speaking, not less "widely applicable" means?

The League attaches significance to the fact that it replaced the phrase "most widely applicable method" by the phrase "a better method," contained in one of the resolutions of the Fourth Congress of the Jewish Labor League (Bund). We confess that we find it difficult to say which of these resolutions is the better one. In our opinion *both are "worse."* Both the League and the Bund fall into the error (partly, perhaps, unconsciously, owing to the influence of tradition) of giving an economic, trade unionist interpretation to politics. The fact that this error is expressed either by the word "better" or by the words "most widely applicable" makes no material difference whatever. If the League had said that "political agitation on an economic basis" is the most widely applied (and not "applicable") method it would have been right in regard to a certain period in the development of our Social-Democratic movement. It would have been right in regard to the *Economists* and to many (if not the majority) of the practical workers of 1898-1901 who *applied* the method of political agitation (to the extent that they applied it at all) *almost exclusively on an economic basis.* Political agitation on *such* lines was recognized and, as we have seen, even recommended by *Rabochaya Mysl* and by the Self-Emancipation group! *Rabocheye Dyelo* should have *strongly condemned* the fact that useful economic agitation was accompanied by the harmful restriction of the political struggle, but instead of that, it declares the method most widely *applied* (*by the Economists*) to be the most widely *applicable!*

What real concrete meaning does Martynov attach to the task of "giving the economic struggle itself a political character," which he presents to Social-Democracy? The economic struggle is the collective struggle of the workers against their employers for better terms *in the sale of their labor power,* for better conditions of life and labor. This struggle is necessarily a struggle according to trade, because conditions of labor differ very much in different trades, and, consequently, the fight to *improve* these conditions can only be conducted in respect of each trade (trade unions in the western countries, temporary trade associations and leaflets in Russia, etc.). Giving "the economic struggle itself a political character" means, therefore, striving to secure satisfaction for these trade demands, the improvement of conditions of labor in each separate trade by means of "legislative and administrative measures" (as Martynov expresses it on the next page of his article). This is exactly what the trade unions do and always have done. Read the works of the thoroughly scientific (and "thoroughly" opportunist) Mr. and Mrs. Webb and you will find that the British trade unions long ago recognized, and have long carried out, the task of "giving the economic struggle itself a political character"; they have long been fighting for the right to strike, for the removal of all legal hindrances to the co-operative and trade union movement, for laws protecting women and children, for the improvement of conditions of labor by means of health and factory legislation, etc.

Thus, the pompous phrase "giving the economic struggle *itself* a political character," which sounds so "terrifically" profound and revolutionary, serves as a screen to conceal what is in fact the traditional striving to *degrade* Social-Democratic politics to the level of trade union politics! On the pretext of rectifying *Iskra's* one-sidedness, which, it is alleged, places "the revolutionizing of dogma higher than the revolutionizing of life,"[1] we are presented with the *struggle for economic reform*

[1] *Rabocheye Dyelo,* No. 10. This is the Martynov variation of the application to the present chaotic state of our movement of the thesis: "A step forward of the real movement is more important than a dozen programs," to

as if it were something entirely new. As a matter of fact, the phrase "giving the economic struggle itself a political character" means nothing more than the struggle for economic reforms. And Martynov himself might have come to this simple conclusion had he only pondered over the significance of his own words.

> "Our Party," he says, turning his heaviest guns against *Iskra,* "could and should have presented concrete demands to the government for legislative and administrative measures against economic exploitation, for the relief of unemployment, for the relief of the famine stricken, etc." (*Rabocheye Dyelo,* No. 10.)

Concrete demands for measures—does not this mean demands for social reforms? And again we ask the impartial reader, do we slander the *Rabocheye Dyelo*-ists (may I be forgiven for this clumsy expression!), when we declare them to be concealed Bernsteinists for advancing their thesis about the necessity of fighting for economic reforms as their point of *disagreement* with *Iskra?*

Revolutionary Social-Democracy always included, and now includes, the fight for reforms in its activities. But it utilizes "economic" agitation for the purpose of presenting to the government, not only demands for all sorts of measures, but also (and primarily) the demand that it cease to be an autocratic government. Moreover, it considers it to be its duty to present this demand to the government, not on the basis of the economic struggle *alone,* but on the basis of all manifestations of public and political life. In a word, it subordinates the struggle for reforms to the revolutionary struggle for liberty and for socialism, as the part is subordinate to the whole. Martynov, however, resuscitates the theory of stages in a new form, and strives to prescribe an exclusively economic, so to speak, path of development for the political struggle. By coming out at this moment, when the revolutionary movement is on the upgrade, with an alleged special "task" of fighting for reforms, he is dragging the Party backwards and is playing into the hands of both "economic" and liberal opportunism.

To proceed. Shamefacedly hiding the struggle for reforms behind the pompous thesis "giving the economic struggle itself a political character," Martynov advanced, as if it were a special point, *exclusively economic* (in fact, exclusively factory)

---

which we have already referred above. As a matter of fact, this is merely a translation into Russian of the notorious Bernsteinian phrase: "The movement is everything, the ultimate aim is nothing."

reforms. Why he did that, we do not know. Perhaps it was due to carelessness? But if, indeed, he had something else besides "factory" reforms in mind, then the whole of his thesis, which we have just quoted, loses all sense. Perhaps he did it because he thought it possible and probable that the government would make "concessions" only in the economic sphere?[1] If that is what he thought, then it is a strange error. Concessions are also possible and are made in the sphere of legislation concerning flogging, passports, land compensation payments, religious sects, the censorship, etc., etc. "Economic" concessions (or pseudo-concessions) are, of course, the cheapest and most advantageous concessions to make from the government's point of view, because by these means it hopes to win the confidence of the masses of the workers. For this very reason, we Social-Democrats *must under no circumstances* create grounds for the belief (or the misunderstanding) that we attach greater value to economic reforms, or that we regard them as being particularly important, etc. "Such demands," writes Martynov, concerning the concrete demands for legislative and administrative measures referred to above, "would not be merely a hollow sound, because, promising certain palpable results, they might be actively supported by the masses of the workers. . . ." We are not Economists, oh no! We only cringe as slavishly before the "palpableness" of concrete results as do the Bernsteins, the Prokopoviches, the Struves, the R. M.'s, and *tutti quanti!* We only wish to make it understood (with Narcissus Tuporylov) that all that which "does not promise palpable results" is merely a "hollow sound." We are only trying to argue as if the masses of the workers were incapable (and had not already proved their capabilities, notwithstanding those who ascribe their own philistinism to them) of actively supporting *every* protest against the autocracy even if *it promises absolutely no palpable results whatever!*

"In addition to its immediate revolutionary significance, the economic struggle of the workers against the employers and the government ['*economic* struggle against the government'! !] has also this significance: that it constantly brings the workers face to face with their own lack of political rights." (Martynov.)

We quote this passage not in order to repeat what has already been said hundreds and thousands of times before, but

[1] "Of course, when we advise the workers to present certain economic demands to the government, we do so because in the *economic* sphere, the autocratic government is compelled to agree to make certain concessions."

in order to thank Martynov for this excellent new formula: "the workers' economic struggle against the employers and the government." What a pearl! With what inimitable talent and skill in eliminating all partial disagreements and shades of differences among Economists does this clear and concise postulate express the *quintessence* of Economism: from calling to the workers to join "in the political struggle which they carry on in the general interest, for the purpose of improving the conditions of all the workers,"[1] continuing through the theory of stages, to the resolution of the Congress on the "most widely applicable," etc. "Economic struggle against the government" is precisely trade union politics, which is very, very far from being Social-Democratic politics.

B. A Tale of How Martynov Rendered Plekhanov More Profound

Martynov says:

> "Much water has flowed under the bridge since Plekhanov wrote this book." (*Tasks of the Socialists in the Fight Against the Famine in Russia.*) "The Social-Democrats who for a decade led the economic struggle of the working class . . . have failed as yet to lay down a broad theoretical basis for Party tactics. This question has now come to the fore, and if we should wish to lay down such a theoretical basis we would certainly have considerably to deepen the principles of tactics that Plekhanov at one time developed. . . . We would now have to define the differences between propaganda and agitation differently from the way in which Plekhanov defined it. [Martynov had just previously quoted the words of Plekhanov: 'A propagandist presents many ideas to one or a few persons; an agitator presents only one or a few ideas, but he presents them to a mass of people.'] By propaganda we would understand the revolutionary elucidation of the whole of the present system or partial manifestations of it, irrespective of whether it is done in a form capable of being understood by individuals or by the broad masses. By agitation, in the strict sense of the word [*sic!*], we would understand calling the masses to certain concrete actions that would facilitate the direct revolutionary intervention of the proletariat in social life."

We congratulate Russian and international Social-Democracy on Martynov's new, more strict and more profound terminology. Up to now we thought (with Plekhanov, and with all the leaders of the international labor movement) that a propagandist, dealing with, say, the question of unemployment, must explain the capitalistic nature of crises, the reasons

[1] *Rabochaya Mysl,* Special Supplement.

why crises are inevitable in modern society, must describe how present society must inevitably become transformed into socialist society, etc. In a word, he must present "many ideas," so many indeed that they will be understood as a whole only by a (comparatively) few persons. An agitator, however, speaking on the same subject will take as an illustration a fact that is most widely known and outstanding among his audience, say, the death from starvation of the family of an unemployed worker, the growing impoverishment, etc., and utilizing this fact, which is known to all and sundry, will direct all his efforts to presenting *a single idea* to the "masses," *i.e.,* the idea of the senseless contradiction between the increase of wealth and increase of poverty; he will strive to *rouse* discontent and indignation among the masses against this crying injustice, and leave a more complete explanation of this contradiction to the propagandist. Consequently, the propagandist operates chiefly by means of the *printed* word; the agitator operates with the *living* word. The qualities that are required of an agitator are not the same as the qualities that are required of a propagandist. Kautsky and Lafargue, for example, we call propagandists; Bebel and Guesde we call agitators. To single out a third sphere, or third function, of practical activity, and to include in this third function "calling the masses to certain concrete actions," is sheer nonsense, because the "call," as a single act, either naturally and inevitably supplements the theoretical tract, propagandist pamphlet and agitational speech, or represents a purely executive function. Take, for example, the struggle now being carried on by the German Social-Democrats against the grain duties. The theoreticians write works of research on tariff policy and "call," say, for a fight for commercial treaties and for free trade. The propagandist does the same thing in the periodical press, and the agitator does it in public speeches. At the present time, the "concrete action" of the masses takes the form of signing petitions to the Reichstag against the raising of the grain duties. The call for this action comes directly from the theoreticians, the propagandists and the agitators, and, indirectly, from those workers who carry the petition lists to the factories and to private houses to get signatures. According to the "Martynov terminology," Kautsky and Bebel are both propagandists, while those who carry the petition lists around are agitators; is that not so?

The German example recalled to my mind the German word *Verballhornung*, which literally translated means "to

Ballhorn." Johann Ballhorn, a Leipzig publisher of the sixteenth century, published a child's reader in which, as was the custom, he introduced a drawing of a cock; but this drawing, instead of portraying an ordinary cock with spurs, portrayed it without spurs and with a couple of eggs lying near it. On the cover of this reader he printed the legend "*Revised* edition by Johann Ballhorn." Since that time the Germans describe any "revision" that is really a worsening as "Ballhorning." And watching Martynov's attempts to render Plekhanov "more profound" involuntarily recalls Ballhorn to one's mind. . . .

Why did our Martynov "invent" this confusion? In order to illustrate how *Iskra* "devotes attention only to one side of the case, just as Plekhanov did a decade and a half ago." "According to *Iskra,* propagandist tasks force agitational tasks into the background, at least for the present." If we translate this last postulate from the language of Martynov into ordinary human language (because humanity has not yet managed to learn the newly invented terminology), we shall get the following: "According to *Iskra,* the tasks of political propaganda and political agitation force into the background the task of 'presenting to the government concrete demands for legislative and administrative measures' that promise certain palpable results" (or demands for social reforms, that is, if we are permitted just once again to employ the old terminology of old humanity, which has not yet grown to Martynov's level). We suggest that the reader compare this thesis with the following tirade:

> "What astonishes us in these programs [the program advanced by revolutionary Social-Democrats] is the constant stress that is laid upon the benefits of labor activity in parliament (non-existent in Russia) and the manner in which (thanks to their revolutionary nihilism) the importance of workers participating in the Government Advisory Committees on Factory Affairs (which do exist in Russia) . . . or at least the importance of workers participating in municipal bodies is completely ignored. . . ."

The author of this tirade expresses more straightforwardly, more clearly and frankly, the very idea which Martynov discovered himself. This author is R. M. in the Special Supplement to *Rabochaya Mysl.*

C. Political Exposures and "Training in Revolutionary Activity"

In advancing against *Iskra* his "theory" of "raising the activity of the masses of the workers," Martynov, as a matter of fact, displayed a striving to *diminish* this activity, because he declared the very economic struggle before which all Economists grovel to be the preferable, the most important and "the most widely applicable" means of rousing this activity, and the widest field for it. This error is such a characteristic one, precisely because it is not peculiar to Martynov alone. As a matter of fact, it is possible to "raise the activity of the masses of the workers" *only* provided this activity *is not restricted entirely* to "political agitation on an economic basis." And one of the fundamental conditions for the necessary expansion of political agitation is the organization of *all-sided* political exposure. In *no other way* can the masses be trained in political consciousness and revolutionary activity except by means of such exposures. Hence, to conduct such activity is one of the most important functions of international Social-Democracy as a whole, for even the existence of political liberty does not remove the necessity for such exposures; it merely changes the sphere against which they are directed. For example, the German Party is strengthening its position and spreading its influence, thanks particularly to the untiring energy with which it is conducting a campaign of political exposure. Working class consciousness cannot be genuinely political consciousness unless the workers are trained to respond to *all cases* of tyranny, oppression, violence and abuse, no matter *what class* is affected. Moreover, that response must be a Social-Democratic response, and not one from any other point of view. The consciousness of the masses of the workers cannot be genuine class consciousness, unless the workers learn to observe from concrete, and above all from topical, political facts and events, *every* other social class and *all* the manifestations of the intellectual, ethical and political life of these classes; unless they learn to apply practically the materialist analysis and the materialist estimate of *all* aspects of the life and activity of *all* classes, strata and groups of the population. Those who concentrate the attention, observation and the consciousness of the working class exclusively, or even mainly, upon itself alone are not Social-Democrats; because, for its self-realization the working class must not only have a theoretical . . . rather it would be more true to say . . . not so much a theoretical as a practical understanding, acquired through experience of political life, of the relationships between *all* the various classes of modern society. That is why the idea preached by our Economists, that the economic struggle is the most widely applicable means of drawing the masses into the political movement, is so extremely harmful and extremely reactionary in practice. In order to become a Social-Democrat, a workingman must have a clear picture in his mind of the economic nature and the social and political features of the landlord, of the priest, of the high state official and of the peasant, of the student and of the tramp; he must know their strong and weak sides; he must understand all the catchwords and sophisms by which each class and each stratum *camouflages* its selfish strivings and its real "nature"; he must understand what interests certain institutions and certain laws reflect and how they reflect them. This "clear picture" cannot be obtained from books. It can be obtained only from living examples and from exposures, following hot after their occurrence, of what goes on around us at a given moment, of what is being discussed, in whispers perhaps, by each one in his own way, of the meaning of such and such events, of such and such statistics, of such and such court sentences, etc., etc., etc. These universal political exposures are an essential and *fundamental* condition for training the masses in revolutionary activity.

Why is it that the Russian workers as yet display so little revolutionary activity in connection with the brutal way in which the police maltreat the people, in connection with the persecution of the religious sects, with the flogging of the peasantry, with the outrageous censorship, with the torture of soldiers, with the persecution of the most innocent cultural enterprises, etc.? Is it because the "economic struggle" does not "stimulate" them to this, because such political activity does not "promise palpable results," because it produces little that is "positive"? No. To advance this argument, we repeat, is merely to shift the blame to the shoulders of others, to blame the masses of the workers for our own philistinism (also Bernsteinism). We must blame ourselves, our remoteness from the mass movement; we must blame ourselves for being unable as yet to organize a sufficiently wide, striking and rapid exposure of these despicable outrages. When we do that (and we must and can do it), the most backward worker will understand, *or will feel,* that the students and religious sects, the muzhiks and the authors are being abused and outraged by the very same dark forces that are oppressing and crushing him at every step of his life, and, feeling that, he himself will be filled with an irresistible desire to respond to these things and then he will organize cat-calls against the censors one day, another day he will demonstrate outside the house of the provincial governor who has brutally suppressed a peasant uprising, another day he will teach a lesson to the gendarmes in surplices who are doing the work of the Holy Inquisition, etc. As yet we have done very little, almost nothing, to *hurl* universal and fresh exposures among the masses of the workers. Many of us as yet do not appreciate the *bounden duty* that rests upon us, but spontaneously follow in the wake of the "drab every-day struggle," in the narrow confines of factory life. Under such circumstances to say that "*Iskra* displays a tendency to belittle the significance of the forward march of the drab every-day struggle in comparison with the propaganda of brilliant and complete ideas" (Martynov)—means dragging the Party backward, defending and glorifying our unpreparedness and backwardness.

As for calling the masses to action, that will come of itself immediately once energetic political agitation, live and striking exposures are set going. To catch some criminal red-handed and immediately to brand him publicly will have far more effect than any number of "appeals"; the effect very often will be such as will make it impossible to tell exactly who it was that "appealed" to the crowd, and exactly who suggested this or that plan of demonstration, etc. Calls for action, not in the general, but in the concrete sense of the term, can be made only at the place of action; only those who themselves go into action immediately can make appeals for action. And our business as Social-Democratic publicists is to deepen, to expand and intensify political exposures and political agitation.

A word in passing about "calls to action." *The only paper* that *prior to* the spring events *called upon* the workers actively to intervene in a matter that certainly did *not promise* any *palpable results* for the workers, *i.e.*, the drafting of the students into the army, *was Iskra.* Immediately after the publication of the order of January 11, on "drafting the 183 students into the army," *Iskra* published an article about it (in its February issue, No. 2), and *before* any demonstration was started openly *called upon* "the workers to go to the aid of the students," called upon the "people" boldly to take up the government's open challenge. We ask: how is the remarkable fact to be explained that although he talks so much about "calls to action," and even suggests "calls to action" as a special form of activity, Martynov said not a word about *this* call?

Our Economists, including *Rabocheye Dyelo,* were successful because they pandered to the uneducated workers. But the working class Social-Democrat, the working class revolutionary (and the number of that type is growing) will indignantly reject all this talk about fighting for demands "promising palpable results," etc., because he will understand that this is only a variation of the old song about adding a kopek to the ruble. Such a workingman will say to his counsellors of *Rabochaya Mysl* and *Rabocheye Dyelo:* you are wasting your time, gentlemen; you are interfering with excessive zeal in a job that we can manage ourselves, and you are neglecting your own duties. It is silly of you to say that the Social-Democrats' task is to give the economic struggle itself a political character, for that is only the beginning, it is not the main task that Social-Democrats must fulfil. All over the world, including Russia, *the police themselves often give* the economic struggle a political character, and the workers themselves are beginning to understand whom the government supports.[1] The "economic struggle of the workers against the employers and the government," about which you make as much fuss as if you had made a new discovery, is being carried on in all parts of Russia, even the most remote, by the workers themselves who have heard about strikes, but who have heard almost nothing about socialism. The "activity" you want to stimulate among us workers, by advancing concrete demands promising palpable results, we are already displaying and in our every-day, petty trade union work we put forward concrete demands, very often without any assistance whatever from the intellectuals. But *such* activity is not enough for us; we are not children to be fed on the sops of "economic" politics alone; we want to know everything that everybody else knows, we want to learn the details of *all* aspects of political life and to take part *actively* in every political event. In order that we may do this, the

[1] The demand "to give the economic struggle itself a political character" most strikingly expresses *subservience to spontaneity* in the sphere of political activity. Very often the economic struggle *spontaneously* assumes a political character, that is to say, without the injection of the "revolutionary bacilli of the intelligentsia," without the intervention of the class conscious Social-Democrats. For example, the economic struggle of the British workers assumed a political character without the intervention of the Socialists. The tasks of the Social-Democrats, however, are not exhausted by political agitation in the economic field; their task is *to convert* trade union politics into the Social-Democratic political struggle, to *utilize* the flashes of political consciousness which gleam in the minds of the workers during their economic struggles for the purpose of *raising* them to the level of *Social-Democratic* political consciousness. The Martynovs, however, instead of raising and stimulating the spontaneously awakening political consciousness of the workers, *bow down before spontaneity* and repeat over and over again, until one is sick and tired of hearing it, that the economic struggle "stimulates" in the workers' minds thoughts about their own lack of political rights. It is unfortunate, gentlemen, that the spontaneously awakening trade union political consciousness does not "stimulate" in your minds thoughts about your Social-Democratic tasks!

intellectuals must talk to us less of what we already know, and tell us more about what we do not know and what we can never learn from our factory and "economic" experience, that is, you must give us political knowledge. You intellectuals can acquire this knowledge and it is your *duty* to bring us this knowledge in a hundred and a thousand times greater measure than you have done up to now; and you must bring us this knowledge, not only in the form of arguments, pamphlets and articles which sometimes—excuse our frankness!—are very dull, but in the form of live *exposures* of what our government and our governing classes are doing at this very moment in all spheres of life. Fulfil this duty with greater zeal, and *talk less about "increasing the activity of the masses of the workers"!* We are far more active than you think, and we are quite able to support, by open street fighting, demands that do not promise any "palpable results" whatever! You cannot "increase" our activity, because *you yourselves are not sufficiently active.* Be less subservient to spontaneity, and think more about increasing *your own* activity, gentlemen![1]

D. What Is There in Common Between Economism and Terrorism?

In the last footnote we quoted the opinion of an Economist and of a non-Social-Democratic terrorist who, by chance, proved to be in agreement with him. Speaking generally, however, between the two there is not an accidental, but a neces-

[1] To prove that this imaginary speech of a worker to an Economist is based on fact, we shall call two witnesses who undoubtedly have direct knowledge of the labor movement, and who can be least suspected of being partial towards us "doctrinaires," for one witness is an Economist (who regards even *Rabocheye Dyelo* as a political organ!), and the other is a terrorist. The first witness is the author of a remarkably truthful and lively article entitled "The St. Petersburg Labor Movement and the Practical Tasks of Social-Democracy," published in *Rabocheye Dyelo,* No. 6. He divided the workers into the following categories: 1. class conscious revolutionaries; 2. intermediate stratum; 3. the masses. Now the intermediate stratum he says "is often more interested in questions of political life than in its own immediate economic interests, the connection between which and the general social conditions it has long understood. . . ." *Rabochaya Mysl* "is sharply criticized": "it keeps on repeating the same thing over and over again, things we have long known, read long ago." "Nothing in the political review again!" But even the third stratum, ". . . the younger and more sensitive section of the workers, less corrupted by the tavern and the church, who have hardly ever had the opportunity of reading political literature, discusses political events in a rambling way and ponders deeply over the fragmentary news it gets about the student riots, etc." The second witness, the terrorist, writes as follows: ". . . They read over once or twice the petty details of factory life in other towns, not their own, and then they read no more. . . . 'Awfully dull,' they say. . . . To say nothing in a workers' paper about the government . . . signifies that the workers are regarded as being little children. . . . The workers are not babies." (*Svoboda,* published by the Revolutionary Socialist group.)

sary, inherent connection, about which we shall have to speak further on, but which must be dealt with here in connection with the question of training the masses in revolutionary activity. The Economists and the modern terrorists spring from a common root, namely, *subservience to spontaneity,* which we dealt with in the preceding chapter as a general phenomenon, and which we shall now examine in relation to its effect upon political activity and the political struggle. At first sight, our assertion may appear paradoxical, for the difference between these two appears to be so enormous: one stresses the "drab every-day struggle" and the other calls for the most self-sacrificing struggle of individuals. But this is not a paradox. The Economists and terrorists merely bow to different poles of spontaneity: the Economists bow to the spontaneity of the "pure and simple" labor movement, while the terrorists bow to the spontaneity of the passionate indignation of the intellectuals, who are either incapable of linking up the revolutionary struggle with the labor movement, or lack the opportunity to do so. It is very difficult indeed for those who have lost their belief, or who have never believed that this is possible, to find some other outlet for their indignation and revolutionary energy than terror. Thus, both the forms of subservience to spontaneity we have mentioned are nothing more or less than *a beginning in the carrying out* of the notorious *Credo* program. Let the workers carry on their "economic struggle against the employers and the government" (we apologize to the author of the *Credo* for expressing his views in Martynov's words! But we think we have the right to do so because even the *Credo* says that in the economic struggle the workers "come up against the political regime"), and let the intellectuals conduct the political struggle by their own efforts —with the aid of terror, of course! This is an absolutely logical and inevitable *conclusion* which must be insisted upon— even though those who are beginning to carry out this program did not themselves realize that it is inevitable. Political activity has its logic quite apart from the consciousness of those who, with the best intentions, call either for terror or for giving the economic struggle itself a political character. The road to hell is paved with good intentions, and, in this case, good intentions cannot save one from being spontaneously drawn "along the line of least resistance," along the line of the *purely bourgeois Credo* program. Surely it is not an accident that many Russian liberals—avowed liberals and liberals who wear the mask of Marxism—wholeheartedly sympathize with terror and strive to foster the spirit of terrorism that is running so high at the present time.

The formation of the *Svoboda* Revolutionary Socialist group—which was formed with the object of giving all possible assistance to the labor movement, but which included in its *program* terror, and emancipation, so to speak, from Social-Democracy—this fact once again confirmed the remarkable penetration of P. B. Axelrod who *literally foretold* these results of Social-Democratic wavering *as far as* the end of 1897 (*Modern Tasks and Modern Tactics*), when he outlined his remarkable "two prospects." All the subsequent disputes and disagreements among Russian Social-Democrats are contained, like a plant in the seed, in these two prospects.[1]

From this point of view it will be clear that *Rabocheye Dyelo,* being unable to withstand the spontaneity of Economism, has been unable also to withstand the spontaneity of terrorism. It would be interesting to note here the specific arguments that *Svoboda* advanced in defense of terrorism. It "completely denies" the deterrent role of terrorism (*The Regeneration of Revolutionism*), but instead stresses its "excitative significance." This is characteristic, first, as representing one of the stages of the break-up and decay of the traditional (pre-Social-Democratic) cycle of ideas which insisted upon terrorism. To admit now that the government cannot be "terrified," and therefore disrupted, by terror, is tantamount to condemning terror as a system of struggle, as a sphere of activity sanctioned by the program. Secondly, it is still more characteristic as an example of the failure to understand our immediate task of "training the masses in revolutionary activity." *Svoboda* advocates terror as a means of "exciting" the labor movement, and of giving it a "strong impetus." It is difficult to imagine an argument that disproves itself more than this one does! Are there not enough outrages committed

[1] Martynov "conceives of another, more realistic [?] dilemma" (*Social-Democracy and the Working Class*): "Either Social-Democracy undertakes the direct leadership of the economic struggle of the proletariat and by that [!] transforms it into a revolutionary class struggle. . . ." "by that," *i.e.*, apparently the direct leadership of the economic struggle. Can Martynov quote an example where the leadership of the industrial struggle *alone* has succeeded in transforming the trade union movement into a revolutionary class movement? Cannot he understand that in order to "transform" we must undertake the "direct leadership" *of all-sided* political agitation? ". . . Or the other prospect: Social-Democracy refrains from taking the leadership of the economic struggle of the workers and so . . . clips its own wings. . . ." In *Rabocheye Dyelo's* opinion, which we quoted above, *Iskra* "refrains." We have seen, however, that the latter *does far more* to lead the economic struggle than *Rabocheye Dyelo,* but it does not confine itself to this, and does not *curtail* its political tasks for the sake of it.

in Russian life that a special "stimulant" has to be invented? On the other hand, is it not obvious that those who are not, and cannot be, roused to excitement even by Russian tyranny will stand by "twiddling their thumbs" even while a handful of terrorists are engaged in single combat with the government? The fact is, however, that the masses of the workers are roused to a high pitch of excitement by the outrages committed in Russian life, but we are unable to collect, if one may put it that way, and concentrate all these drops and streamlets of popular excitement, which are called forth by the conditions of Russian life to a far larger extent than we imagine, but which it is precisely necessary to combine into a *single* gigantic flood. That this can be accomplished is irrefutably proved by the enormous growth of the labor movement, and the greed with which the workers devour political literature, to which we have already referred above. Calls for terror and calls to give the economic struggle itself a political character are merely two different forms of *evading* the most pressing duty that now rests upon Russian revolutionaries, namely, to organize all-sided political agitation. *Svoboda* desires to *substitute* terror for agitation, openly admitting that "as soon as intensified and strenuous agitation is commenced among the masses its excitative function will be finished." (*The Regeneration of Revolutionism.*) This proves precisely that both the terrorists and the Economists *underestimate* the revolutionary activity of the masses, in spite of the striking evidence of the events that took place in the spring,[1] and whereas one goes out in search of artificial "stimulants," the other talks about "concrete demands." But both fail to devote sufficient attention to the development of *their own activity* in political agitation and organization of political exposures. And no other work can serve as a *substitute* for this work either at the present time or at any other time.

E. The Working Class as Champion of Democracy

We have seen that the carrying on of wide political agitation, and consequently the organization of all-sided political exposures, is an absolutely necessary and *paramount* task of activity, that is, if that activity is to be truly Social-Democratic. We arrived at this conclusion *solely* on the grounds of the pressing needs of the working class for political knowledge and

[1] This refers to the big street demonstrations which commenced in the spring of 1901.

political training. But this presentation of the question is too narrow, for it ignores the general democratic tasks of Social-Democracy in general, and of modern Russian Social-Democracy in particular. In order to explain the situation more concretely we shall approach the subject from an aspect that is "nearer" to the Economist, namely, from the practical aspect. "Everyone agrees" that it is necessary to develop the political consciousness of the working class. But the question arises, how is that to be done? What must be done to bring this about? The economic struggle merely brings the workers "up against" questions concerning the attitude of the government towards the working class. Consequently, *however much we may try* to give the "economic struggle itself a political character" *we shall never be able* to develop the political consciousness of the workers (to the degree of Social-Democratic consciousness) by confining ourselves to the economic struggle, for *the limits of this task are too narrow.* The Martynov formula has some value for us, not because it illustrates Martynov's ability to confuse things, but because it strikingly expresses the fundamental error that all the Economists commit, namely, their conviction that it is possible to develop the class political consciousness of the workers *from within* the economic struggle, so to speak, *i.e.*, making the economic struggle the exclusive, or, at least, the main starting point, making the economic struggle the exclusive, or, at least, the main basis. Such a view is radically wrong. Piqued by our opposition to them, the Economists refuse to ponder deeply over the origins of these disagreements, with the result that we absolutely fail to understand each other. It is as if we spoke in different tongues.

Class political consciousness can be brought to the workers *only from without,* that is, only outside of the economic struggle, outside of the sphere of relations between workers and employers. The sphere from which alone it is possible to obtain this knowledge is the sphere of relationships between *all* the various classes and strata and the state and the government—the sphere of the interrelations between *all* the various classes. For that reason, the reply to the question: what must be done in order to bring political knowledge to the workers? cannot be merely the one which, in the majority of cases, the practical workers, especially those who are inclined towards Economism, usually content themselves with, *i.e.*, "go among the workers." To bring political knowledge to the *workers* the

Social-Democrats must *go among all classes of the population,* must dispatch units of their army *in all directions.*

We deliberately select this awkward formula, we deliberately express ourselves in a simple, forcible way, not because we desire to indulge in paradoxes, but in order to "stimulate" the Economists to take up their tasks which they unpardonably ignore, to make them understand the difference between trade union and Social-Democratic politics, which they refuse to understand. Therefore, we beg the reader not to get excited, but to listen patiently to the end.

Take the type of Social-Democratic circle that has been most widespread during the past few years, and examine its work. It has "contacts with the workers," it issues leaflets—in which abuses in the factories, the government's partiality towards the capitalists and the tyranny of the police are strongly condemned—and it rests content with this. At meetings of workers the discussions never, or rarely, go beyond the limits of these subjects. Lectures and discussions on the history of the revolutionary movement, on questions of the home and foreign policy of our government, on questions of the economic evolution of Russia and of Europe, and the position of the various classes in modern society, etc., are extremely rare. Of systematically acquiring and extending contact with other classes of society, no one even dreams. The ideal leader, as the majority of the members of such circles picture him, is something in the nature of a trade union secretary than a Socialist political leader. Any trade union secretary, an English one for instance, helps the workers to conduct the economic struggle, helps to expose factory abuses, explains the injustice of the laws and of measures which hamper the freedom to strike and the freedom to picket (*i.e.,* to warn all and sundry that a strike is proceeding at a certain factory), explains the partiality of arbitration court judges who belong to the bourgeois classes, etc., etc. In a word, every trade union secretary conducts and helps to conduct "the economic struggle against the employers and the government." It cannot be too strongly insisted that *this is not* enough to constitute Social-Democracy. The Social-Democrat's ideal should not be a trade union secretary, but *a tribune of the people,* able to react to every manifestation of tyranny and oppression, no matter where it takes place, no matter what stratum or class of the people it affects; he must be able to group all these manifestations into a single picture of police violence and capitalist exploitation; he must be able to take advantage of every petty event in order to explain his socialistic convictions and his Social-Democratic demands *to all,* in order to explain to *all* and everyone the world-historic significance of the struggle for the emancipation of the proletariat. Compare, for example, a leader like Robert Knight (the celebrated secretary and leader of the Boiler-Makers' Society, one of the most powerful trade unions in England) with Wilhelm Liebknecht, and then take the contrasts that Martynov draws in his controversy with *Iskra.* You will see—I am running through Martynov's article—that Robert Knight engaged more in "calling the masses to certain concrete actions," while Liebknecht engaged more in "the revolutionary explanation of the whole of modern society, or various manifestations of it"; that Robert Knight "formulated the immediate demands of the proletariat and pointed to the manner in which they can be achieved," whereas Wilhelm Liebknecht, while doing this, "simultaneously guided the activities of various opposition strata," "dictated to them a positive program of action"[1]; that it was precisely Robert Knight who strove "as far as possible to give the economic struggle itself a political character" and was excellently able "to submit to the government concrete demands promising certain palpable results," while Liebknecht engaged more in "one-sided exposures"; that Robert Knight attached more significance to the "forward march of the drab, every-day struggle," while Liebknecht attached more significance to the "propaganda of brilliant and finished ideas"; that Liebknecht converted the paper he was directing into "an organ of revolutionary opposition exposing the present system and particularly the political conditions which came into conflict with the interests of the most varied strata of the population," whereas Robert Knight "worked for the cause of labor in close organic contact with the proletarian struggle"—if by "close and organic contact" is meant the subservience to spontaneity which we studied above from the example of Krichevsky and Martynov—and "restricted the sphere of his influence," convinced, of course, as is Martynov, that "by that he intensified that influence." In a word, you will see that *de facto* Martynov reduces Social-Democracy to the level of trade unionism, and he does this, of course, not because he does not desire the good of Social-Democracy, but simply because he is a little too much in a hurry to make Plekhanov more profound, instead of taking the trouble to understand him.

[1] For example, during the Franco-Prussian War, Liebknecht dictated a program of action *for the whole of democracy*—and this was done to an even greater extent by Marx and Engels in 1848.

Let us return, however, to the elucidation of our thesis. We said that a Social-Democrat, if he really believes it is necessary to develop the all-sided political consciousness of the proletariat, must "go among all classes of the people." This gives rise to the questions: How is this to be done? Have we enough forces to do this? Is there a base for such work among all the other classes? Will this not mean a retreat, or lead to a retreat, from the class point of view? We shall deal with these questions.

We must "go among all classes of the people" as theoreticians, as propagandists, as agitators and as organizers. No one doubts that the theoretical work of Social-Democrats should be directed towards studying all the features of the social and political position of the various classes. But extremely little is done in this direction as compared with the work that is done in studying the features of factory life. In the committees and circles, you will meet men who are immersed, say, in the study of some special branch of the metal industry, but you will hardly ever find members of organizations (obliged, as often happens, for some reason or other to give up practical work) especially engaged in the collection of material concerning some pressing question of social and political life which could serve as a means for conducting Social-Democratic work among other strata of the population. In speaking of the lack of training of the majority of present-day leaders of the labor movement, we cannot refrain from mentioning the point about training in this connection also, for it too is bound up with the "economic" conception of "close organic contact with the proletarian struggle." The principal thing, of course, is *propaganda and agitation* among all strata of the people. The West European Social-Democrats find their work in this field facilitated by the calling of public meetings, to which *all* are free to go, and by the parliament, in which they speak to the representatives of *all* classes. We have neither a parliament nor the freedom to call meetings, nevertheless we are able to arrange meetings of workers who desire to listen to *a Social-Democrat.* We must also find ways and means of calling meetings of representatives of all classes of the population that desire to listen to a *democrat;* for he who forgets that "the Communists support every revolutionary movement," that we are obliged for that reason to expound and emphasize *general democratic tasks before the whole people,* without for a moment concealing our socialistic convictions, is not a Social-Democrat. He who forgets his obligation to *be in advance of everybody* in bringing up, sharpening and solving *every* general democratic problem is not a Social-Democrat.

"But everybody agrees with this!"—the impatient reader will exclaim—and the new instructions given by the last Congress of the League to the editorial board of *Rabocheye Dyelo* say: "All events of social and political life that affect the proletariat either directly as a special class or *as the vanguard of all the revolutionary forces in the struggle for freedom* should serve as subjects for political propaganda and agitation." (*Two Congresses,* our italics.) Yes, these are very true and very good words and we would be satisfied if *Rabocheye Dyelo understood them and if it refrained from saying in the next breath things that are the very opposite of them.*

Ponder over the following piece of Martynov reasoning. On page 40 he says that *Iskra's* tactics of exposing abuses are one-sided, that "however much we may spread distrust and hatred towards the government, we shall not achieve our aim until we have succeeded in developing sufficiently active social energy for its overthrow."

This, it may be said in parenthesis, is the concern, with which we are already familiar, for increasing the activity of the masses, while at the same time striving to restrict one's own activity. This is not the point we are now discussing, however. Martynov, therefore, speaks of *revolutionary* energy ("for overthrowing"). But what conclusion does he arrive at? As in ordinary times, various social strata inevitably march separately.

"In view of that, it is clear that we Social-Democrats cannot simultaneously guide the activities of various opposition strata, we cannot dictate to them a positive program of action, we cannot point out to them in what manner they can fight for their daily interests. . . . The liberal strata will themselves take care of the active struggle for their immediate interests and this struggle will bring them up against our political regime."

Thus, having commenced by speaking of revolutionary energy, of the active struggle for the overthrow of the autocracy, Martynov immediately turned towards trade union energy and active struggle for immediate interests! It goes without saying that we cannot guide the struggle of the students, liberals, etc., for their "immediate interests," but this is not the point we are arguing about, most worthy Economist! The point we are discussing is the possible and necessary participation of various social strata in the overthrow of the autocracy; not only are we able, but it is our duty, to guide *these* "activities of the various opposition strata" if we desire to be the "vanguard." Not only will the students and our liberals, etc., themselves take care of "the struggle that will bring them up against our political regime"; the police and the officials of the autocratic government will see to this more than anyone else. But if "we" desire to be advanced democrats, we must make it our business to *stimulate* in the minds of those who are dissatisfied only with university, or only with Zemstvo, etc., conditions the idea that the whole political system is worthless. We must take upon ourselves the task of organizing a universal political struggle under the leadership of *our Party* in such a manner as to obtain all the support possible of all opposition strata for the struggle and for our Party. We must train our Social-Democratic practical workers to become political leaders, able to guide all the manifestations of this universal struggle, able at the right time to "dictate a positive program of action" for the discontented students, for the discontented Zemstvo Councillors, for the discontented religious sects, for the offended elementary school teachers, etc., etc. For that reason, Martynov's assertion—that "with regard to these, we can come forward merely in *the negative* role of exposers of abuses . . . we can *only* [our italics] dissipate the hopes they have in various government commissions"—*is absolutely wrong*. By saying this Martynov shows that *he absolutely fails to understand* the role the revolutionary "vanguard" must really play. If the reader bears this in mind, the *real sense* of the following concluding remarks by Martynov will be clear to him:

"*Iskra* is the organ of the revolutionary opposition which exposes the abuses of our system, particularly political abuses, in so far as they affect the interests of the most diverse classes of the population. We, however, are working and will continue to work for the cause of labor in close organic contact with the proletarian struggle. By restricting the sphere of our influence, we intensify that influence."

The true sense of this conclusion is as follows: *Iskra* desires to elevate working class trade union politics (to which, owing to misunderstanding, lack of training, or by conviction, our practical workers frequently confine themselves) to Social-Democratic politics, whereas *Rabocheye Dyelo* desires to *degrade* Social-Democratic politics to trade union politics. And while doing this, they assure the world that these two positions are "quite compatible in the common cause." *O! Sancta simplicitas!*

To proceed. Have we sufficient forces to be able to direct our propaganda and agitation among *all* classes of the population? Of course we have. Our Economists are frequently inclined to deny this. They lose sight of the gigantic progress our movement has made from (approximately) 1894 to 1901. Like real *"khvostists,"* they frequently live in the distant past, in the period of the beginning of the movement. At that time, indeed, we had astonishingly few forces, and it was perfectly natural and legitimate then to resolve to go exclusively among the workers, and severely condemn any deviation from this. The whole task then was to consolidate our position in the working class. At the present time, however, gigantic forces have been attracted to the movement; the best representatives of the young generation of the educated classes are coming over to us; all over the country there are people compelled to live in the provinces, who have taken part in the movement in the past and desire to do so now, who are gravitating towards Social-Democracy (in 1894 you could count the Social-Democrats on your fingers). One of the principal political and organizational shortcomings of our movement is that we are *unable* to utilize all these forces and give them appropriate work (we shall deal with this in detail in the next chapter). The overwhelming majority of these forces entirely lack the opportunity of "going among the workers," so there are no grounds for fearing that we shall deflect forces from our main cause. And in order to be able to provide the workers with real, universal and live political knowledge, we must have "our own men," Social-Democrats, everywhere, among all social strata, and in all positions from which we can learn the inner springs of our state mechanism. Such men are required for propaganda and agitation, but in a still larger measure for organization.

Is there scope for activity among all classes of the population? Those who fail to see this also lag behind the spontaneous awakening of the masses as far as class consciousness is concerned. The labor movement has aroused and is continuing to arouse discontent in some, hopes for support for the opposition in others, and the consciousness of the intolerableness and inevitable downfall of autocracy in still others. We would be "politicians" and Social-Democrats only in name (as very often happens), if we failed to realize that our task is to utilize every manifestation of discontent, and to collect and utilize every grain of even rudimentary protest. This is quite apart from the fact that many millions of the peasantry, handicraftsmen, petty artisans, etc., always listen eagerly to the preachings of any Social-Democrat who is at all intelligent. Is there a single class of the population in which no individuals, groups or circles are to be found who are discontented with the state of tyranny and, therefore, accessible to the propaganda of Social-Democrats as the spokesmen of the most pressing general democratic needs? To those who desire to have a clear idea of what the political agitation of a Social-Democrat *among all* classes and strata of the population should be like, we would point to *political exposures* in the broad sense of the word as the principal (but of course not the sole) form of this agitation.

We must "arouse in every section of the population that is at all enlightened a passion for *political* exposure," I wrote in my article "Where to Begin?" (*Iskra,* No. 4, May 1901), with which I shall deal in greater detail later.

> "We must not allow ourselves to be discouraged by the fact that the voice of political exposure is still feeble, rare and timid. This is not because of a general submission to political despotism, but because those who are able and ready to expose have no tribune from which to speak, because there is no audience to listen eagerly to and approve of what the orators say, and because the latter do not see anywhere among the people forces to whom it would be worth while directing their complaint against the 'omnipotent' Russian government. . . . We are now in a position, and it is our duty, to set up a tribune for the national exposure of the tsarist government. That tribune must be a Social-Democratic paper."

The ideal audience for these political exposures is the working class, which is first and foremost in need of universal and live political knowledge, which is most capable of converting this knowledge into active struggle, even if it does not promise "palpable results." The only platform from which *public* exposures can be made is an all-Russian newspaper. "Without a political organ, a political movement deserving that name is inconceivable in modern Europe." In this connection Russia must undoubtedly be included in modern Europe. The press has long ago become a power in our country, otherwise the government would not spend tens of thousands of rubles to bribe it, and to subsidize the Katkovs and Meshcherskys. And it is no novelty in autocratic Russia for the underground press to break through the wall of censorship and *compel* the legal and conservative press to speak openly of it. This was the case in the 'seventies and even in the 'fifties. How much broader and deeper are now the strata of the people willing to read the illegal underground press, and to learn from it "how to live and how to die," to use the expression of the worker who sent a letter to *Iskra.* (No. 7.) Political exposures are as much a declaration of war against the *government* as economic exposures are a declaration of war against the employers. And the wider and more powerful this campaign of exposure is, the more numerous and determined the social *class,* which has *declared war in order to commence the war,* will be, the greater will be the moral significance of this declaration of war. Hence, political exposures in themselves serve as a powerful instrument for *disintegrating* the system we oppose, the means for diverting from the enemy his casual or temporary allies, the means for spreading enmity and distrust among those who permanently share power with the autocracy.

Only a party that will *organize* real, *public* exposures can become the vanguard of the revolutionary forces in our time. The word "public" has a very profound meaning. The overwhelming majority of the non-working class exposures (and in order to become the vanguard, we must attract other classes) are sober politicians and cool businessmen. They know perfectly well how dangerous it is to "complain" even against a minor official, let alone against the "omnipotent" Russian government. And they will come *to us* with their complaints only when they see that these complaints really have effect, and when they see that we represent a *political* force. In order to become this political force in the eyes of outsiders, much persistent and stubborn work is required to *raise* our own consciousness, initiative and energy. For this, it is not sufficient to stick the label "vanguard" on rearguard theory and practice.

But if we have to undertake the organization of the real, public exposure of the government, in what way will the class character of our movement be expressed?—the over-zealous advocates of "close organic contact with the proletarian struggle" will ask us. The reply is: in that we *Social-Democrats* will *organize* these public exposures; in that all the questions that are brought up by the agitation will be explained in the spirit of Social-Democracy, without any concessions to deliberate or unconscious distortions of Marxism: in the fact that *the Party* will carry on this universal political agitation, uniting into one inseparable whole the pressure upon the government in the name of the whole people, the revolutionary training of the proletariat—while preserving its political independence—the guidance of the economic struggle of the working class, the utilization of all its spontaneous conflicts with its exploiters, which rouse and bring into our camp increasing numbers of the proletariat.

But one of the characteristic features of Economism is its failure to understand this connection. More than that—it fails to understand the identity of the most pressing needs of the proletariat (an all-sided political education through the medium of political agitation and political exposures) with the needs of the general democratic movement. This lack of understanding is not only expressed in "Martynovist" phrases, but also in the reference to the class point of view which is identical in meaning with these phrases. The following, for example, is how the authors of the "economic" letter in No. 12 of *Iskra* expressed themselves.[1]

> "This fundamental drawback [overestimating ideology] is the cause of *Iskra's* inconsistency in regard to the question of the relations between Social-Democrats and various social classes and tendencies. By a process of theoretical reasoning [and not by 'the growth of Party tasks which grow together with the Party'], *Iskra* arrived at the conclusion that it was necessary immediately to take up the struggle against absolutism, but in all probability sensing the difficulty of this task for the workers in the present state of affairs [not only sensing, but knowing perfectly well that this problem would seem less difficult to the workers than to those Economist intellectuals who are concerned about little children, for the workers are prepared to fight even for demands which, to use the language of the never-to-be-forgotten Martynov, do not 'promise palpable results'] . . . and lacking the patience to wait until the working class has accumulated forces for this struggle, *Iskra* begins to seek for allies in the ranks of the liberals and intelligentsia."

Yes, yes, we have indeed lost all "patience" to "wait" for the blessed time that has long been promised us by the "conciliators," when the Economists will stop throwing the blame for their *own* backwardness upon the workers, and stop justifying their own lack of energy by the alleged lack of forces among the workers. We ask our Economists: what does "the working class accumulating forces for this struggle" mean? Is it not

[1] Lack of space has prevented us from replying in full, in *Iskra,* to this letter, which is extremely characteristic of the Economists. We were very glad this letter appeared, for the charges brought against *Iskra,* that it did not maintain a consistent, class point of view, have reached us long ago from various sources, and we have been waiting for an appropriate opportunity, or for a formulated expression of this fashionable charge, to reply to it. And it is our habit to reply to attacks, not by defense, but by counter-attacks.

evident that it means the political training of the workers, revealing to them *all* the aspects of our despicable autocracy? And is it not clear that *precisely for this work* we need "allies in the ranks of the liberals and intelligentsia," who are prepared to join us in the exposure of the political attack on the Zemstvo, on the teachers, on the statisticians, on the students, etc.? Is this "cunning mechanism" so difficult to understand after all? Has not P. B. Axelrod repeated to you over and over again since 1897: "The problem of the Russian Social-Democrats acquiring direct and indirect allies among the non-proletarian classes will be solved principally by the character of the propagandist activities conducted among the proletariat itself"? And Martynov and the other Economists continue to imagine that the workers must *first* accumulate forces (for trade union politics) "in the economic struggle against the employers and the government," and then "go over" (we suppose from trade union "training for activity") to Social-Democratic activity.

> ". . . In its quest," continue the Economists, "*Iskra* not infrequently departs from the class point of view, obscures class antagonisms and puts into the forefront the general character of the prevailing discontent with the government, notwithstanding the fact that the causes and the degree of his discontent vary very considerably among the 'allies.' Such, for example, is *Iskra's* attitude towards the Zemstvo. . . ."

Iskra, it is alleged, "promises the nobility, who are discontented with the government's doles, the aid of the working class, but does not say a word about the class differences among these strata of the people." If the reader will turn to the series of articles "The Autocracy and the Zemstvo" (Nos. 2 and 4 of *Iskra*), to which, *in all probability,* the author of the letter refers, he will find that these articles[1] deal with the attitude of the *government* towards the "mild agitation of the feudal-bureaucratic Zemstvo," and towards the "independent activity of even the propertied classes." In these articles it is stated that the workers cannot look on indifferently while the government is carrying on a fight against the Zemstvo, and the latter are called upon to give up making soft speeches, and to speak firmly and resolutely when revolutionary Social-Democracy confronts the government in all its strength. What there is in this that the authors of the letter do not agree with

[1] And *among* these articles there was one (*Iskra,* No. 3) especially dealing with the class antagonisms in the countryside.

is not clear. Do they think that the workers will "not understand" the phrases "propertied classes" and "feudal-bureaucratic Zemstvo"? Do they think that *stimulating* the Zemstvo to abandon soft speeches and to speak firmly and resolutely is "overestimating ideology"? Do they imagine that the workers can accumulate "forces" for the fight against absolutism if they know nothing about the attitude of absolutism towards the Zemstvo? All this remains unknown. One thing alone is clear and that is that the authors of the letter have a very vague idea of what the political tasks of Social-Democracy are. This is revealed still more clearly by their remark: "Such also [*i.e.*, also 'obscures class antagonism'] is *Iskra's* attitude towards the student movement." Instead of calling upon the workers to declare by means of public demonstrations that the real center of unbridled violence and outrage is not the students but the Russian government (*Iskra,* No. 2), we should, no doubt, have inserted arguments in the spirit of *Rabochaya Mysl.* And such ideas were expressed by Social-Democrats in the autumn of 1901, after the events of February and March, on the eve of a fresh revival of the student movement, which revealed that even in this sphere the "spontaneous" protest against the autocracy is *"outstripping"* the conscious Social-Democratic leadership of the movement. The spontaneous striving of the workers to defend the students who were beaten up by the police and the Cossacks is outstripping the conscious activity of the Social-Democratic organizations.

"And yet in other articles," continue the authors of the letter, "*Iskra* condemns all compromises, and defends, for example, the intolerant conduct of the Guesdists." We would advise those who usually so conceitedly and frivolously declare in connection with the disagreements existing among the contemporary Social-Democrats that the disagreements are unimportant and would not justify a split, to ponder very deeply over these words. Is it possible for those who say that we have done astonishingly little to explain the hostility of the autocracy towards the various classes, and to inform the workers of the opposition of the various strata of the population towards autocracy, to work successfully in the same organization with those who say that such work is "compromise"—evidently compromise with the theory of the "economic struggle against the employers and the government"?

We urged the necessity of introducing the class struggle in the rural districts on the occasion of the fortieth anniversary of the emancipation of the peasantry (No. 3) and spoke of the irreconcilability between the local government bodies and the autocracy in connection with Witte's secret memorandum. (No. 4.) We attacked the feudal landlords and the government which served the latter on the occasion of the passing of the new law (No. 8), and welcomed the illegal Zemstvo congress that was held. We urged the Zemstvo to stop making degrading petitions (No. 8), and to come out and fight. We encouraged the students, who had begun to understand the need for the political struggle and to take up that struggle (No. 3) and, at the same time, we lashed out at the "barbarous lack of understanding" revealed by the adherents of the "purely student" movement, who called upon the students to abstain from taking part in the street demonstrations (No. 3, in connection with the manifesto issued by the executive committee of the Moscow students on February 25). We exposed the "senseless dreams" and the "lying hypocrisy" of the cunning liberals of *Rossiya* (No. 5) and at the same time we commented on the fury with which "peaceful writers, aged professors, scientists and well-known liberal Zemstvo-ists were handled in the government's mental dungeons." (No. 5, "A Police Raid on Literature.") We exposed the real significance of the program of "state concern for the welfare of the workers," and welcomed the "valuable admission" that "it is better by granting reforms from above to forestall the demand for such reforms from below, than to wait for those demands to be put forward." (No. 6.) We encouraged the protests of the statisticians (No. 7), and censured the strike-breaking statisticians. (No. 9.) He who sees in these tactics the obscuring of the class consciousness of the proletariat and *compromise with liberalism* shows that he absolutely fails to understand the true significance of the program of the *Credo* and *is carrying out that program de facto,* however much he may deny this! Because by that he drags Social-Democracy towards the "economic struggle against the employers and the government" but *yields to liberalism,* abandons the task of actively intervening *in every* "liberal" question and of defining *his own* Social-Democratic attitude towards such questions.

F. Again "Slanderers," Again "Mystifiers"

These polite expressions were uttered by *Rabocheye Dyelo* which in this way answers our charge that it "indirectly prepared the ground for converting the labor movement into an instrument of bourgeois democracy." In its simplicity of heart *Rabocheye Dyelo* decided that this accusation was nothing more than a polemical sally, as if to say, these malicious doctrinaires can only think of saying unpleasant things about us; now what can be more unpleasant than being an instrument of bourgeois democracy? And so they print in heavy type a "refutation": "nothing but downright slander" *(Two Congresses)*, "mystification," "masquerade." Like Jupiter, *Rabocheye Dyelo* (although it has little resemblance to Jupiter) is angry because it is wrong, and proves by its hasty abuse that it is incapable of understanding its opponents' mode of reasoning. And yet, with only a little reflection it would have understood why *all* subservience to the spontaneity of the mass movement and *any* degrading of Social-Democratic politics to trade union politics mean precisely preparing the ground for converting the labor movement into an instrument of bourgeois democracy. The spontaneous labor movement by itself is able to create (and inevitably will create) only trade unionism, and working class trade union politics are precisely working class bourgeois politics. The fact that the working class participates in the political struggle and even in political revolution does not in itself make its politics Social-Democratic politics.

Rabocheye Dyelo imagines that bourgeois democracy in Russia is merely a "phantom."[1] *(Two Congresses.)* Happy people! Like the ostrich, they bury their heads in the sand, and imagine that everything around has disappeared. A number of liberal publicists who month after month proclaimed to the world their triumph over the collapse and even disappearance of Marxism; a number of liberal newspapers *(S. Peterburgskiye Vyedomosti, Russkiye Vyedomosti* and many others) which encouraged the liberals who bring to the workers the Brentano conception of the class struggle and the trade union conception of politics; the galaxy of critics of Marxism, whose real tendencies were so very well disclosed by the *Credo* and whose literary products alone circulate freely in Russia; the animation among revolutionary *non*-Social-Democratic tendencies, particularly after the February and March events

[1] Then follows a reference to the "concrete Russian conditions which fatalistically impel the labor movement onto the revolutionary path." But these people refuse to understand that the revolutionary path of the labor movement might not be a Social-Democratic path! When absolutism reigned in Western Europe, the entire West European bourgeoisie "impelled," and deliberately impelled, the workers onto the path of revolution. We Social-Democrats, however, cannot be satisfied with that. And if we, by any means whatever, degrade Social-Democratic politics to the level of spontaneous trade union politics, we, by that, play into the hands of bourgeois democracy.

—all these, of course, are mere phantoms! All these, of course, have nothing at all to do with bourgeois democracy!

Rabocheye Dyelo and the authors of the economic letter published in *Iskra,* No. 12, should "ponder over the reason why the events in the spring excited such animation among the revolutionary non-Social-Democratic tendencies instead of increasing the authority and the prestige of Social-Democracy." The reason was that we failed to cope with our tasks. The masses of the workers proved to be more active than we; we lacked adequately trained revolutionary leaders and organizers aware of the mood prevailing among all the opposition strata and able to march at the head of the movement, convert the spontaneous demonstrations into a political demonstration, broaden its political character, etc. Under such circumstances, our backwardness will inevitably be utilized by the more mobile and more energetic non-Social-Democratic revolutionaries, and the workers, no matter how strenuously and self-sacrificingly they may fight the police and the troops, no matter how revolutionary they may act, will prove to be merely a force supporting these revolutionaries, the rearguard of bourgeois democracy, and not the Social-Democratic vanguard. Take, for example, the German Social-Democrats, whose weak sides alone our Economists desire to emulate. Why is it that *not a single* political event takes place in Germany without adding to the authority and prestige of Social-Democracy? Because Social-Democracy is always found to be in advance of all others in its revolutionary estimation of every event and in its championship of every protest against tyranny. It does not soothe itself by arguments about the economic struggle bringing the workers up against their own lack of rights, and about concrete conditions fatalistically impelling the labor movement onto the path of revolution. It intervenes in every sphere and in every question of social and political life: in the matter of Wilhelm's refusal to endorse a bourgeois progressive as city mayor (our Economists have not yet managed to convince the Germans that this in fact is a compromise with liberalism!); in the question of the law against the publication of "immoral" publications and pictures; in the question of the government influencing the election of professors, etc., etc. Everywhere Social-Democracy is found to be ahead of all others, rousing political discontent among all classes, rousing the sluggards, pushing on the laggards and providing a wealth of material for the development of the political consciousness and political activity of the proletariat.

The result of all this is that even the avowed enemies of socialism are filled with respect for this advanced political fighter, and sometimes an important document from bourgeois and even from bureaucratic and Court circles makes its way by some miraculous means into the editorial office of *Vorwärts*.

IV

THE PRIMITIVENESS OF THE ECONOMISTS AND THE ORGANIZATION OF REVOLUTIONARIES

Rabocheye Dyelo's assertions—which we have analyzed—that the economic struggle is the most widely applicable means of political agitation and that our task now is to give the economic struggle itself a political character, etc., not only express a narrow view of our political tasks, but also of our *organizational tasks*. The "economic struggle against the employers and the government" does not in the least require—and therefore such a struggle can never give rise to—an all-Russian centralized organization that will combine, in a general attack, all the numerous manifestations of political opposition, protest and indignation, an organization that will consist of professional revolutionaries and be led by the real political leaders of the whole of the people. And this can be easily understood. The character of the organization of every institution is naturally and inevitably determined by the character of the activity that institution conducts. Consequently, *Rabocheye Dyelo,* by the above-analyzed assertions, not only sanctifies and legitimatizes the narrowness of political activity, but also the narrowness of organizational work. And in this case also, as always, it is an organ whose consciousness yields to spontaneity. And yet subservience to spontaneously rising forms of organization, the lack of appreciation of the narrowness and primitiveness of our organizational work, of the degree to which we still work by "*kustar* methods" in this most important sphere, the lack of such appreciation, I say, is a very serious complaint from which our movement suffers. It is not a complaint that comes with decline, of course, it is a complaint that comes with growth. But it is precisely at the present time, when the wave of spontaneous indignation is, as it were, washing over us, leaders and organizers of the movement, that a most irreconcilable struggle must be waged against all defense of sluggishness, against any legitimization of restriction in this matter, and it is particularly necessary to rouse in all those participating in the practical work, in all who are just thinking of taking it up, discontent with the *primitive methods* that prevail among us and an unshakable determination to get rid of them.

A. What Are Primitive Methods?

We shall try to answer this question by describing the activity of a typical Social-Democratic circle of the period of 1894-1901. We have already referred to the manner in which the students became absorbed in Marxism at that period. Of course, these students were not only, or even not so much, absorbed in Marxism as a theory, but as an answer to the question: "what is to be done?"; as a call to march against the enemy. And these new warriors marched to battle with astonishingly primitive equipment and training. In a vast number of cases, they had almost no equipment and absolutely no training. They marched to war like peasants from the plough, snatching up a club. A students' circle having no contacts with the old members of the movement, no contacts with circles in other districts, or even in other parts of the same city (or with other schools), without the various sections of the revolutionary work being in any way organized, having no systematic plan of activity covering any length of time, establishes contacts with the workers and sets to work. The circle gradually expands its propaganda and agitation; by its activities it wins the sympathies of a rather large circle of workers and of a certain section of the educated classes, which provides it with money and from which the "committee" recruits new groups of young people. The charm which the committee (for the League of Struggle) exercises on the youth increases, its sphere of activity becomes wider and its activities expand quite spontaneously: the very people who a year or a few months previously had spoken at the gatherings of the students' circle and discussed the question, "whither?", who established and maintained contacts with the workers, wrote and published leaflets, now establish contacts with other groups of revolutionaries, procure literature, set to work to establish a local newspaper, begin to talk about organizing demonstrations and, finally, commence open hostilities (these open hostilities may, according to circumstances, take the form of the publication of the very first agitational leaflet, or the first newspaper, or of the organization of the first demonstration). And usually the first action ends in immediate and wholesale arrests. Immediate and wholesale, precisely because these open hostilities were not the result of a systematic and carefully thought-out and gradually prepared plan for a prolonged and stubborn struggle, but simply the result of the spontaneous growth of traditional circle work; because, naturally, the police, in almost every case, knew the principal leaders of the local movement, for they had already "recommended" themselves to the police in their schooldays, and the latter only waited for a convenient moment to make their raid. They gave the circle sufficient time to develop its work so that they might obtain a palpable *corpus delicti,* and always allowed several of the persons known to them to remain at liberty in order to act as "decoys" (which, I believe, is the technical term used both by our people and by the gendarmes). One cannot help comparing this kind of warfare with that conducted by a mob of peasants armed with clubs against modern troops. One can only express astonishment at the virility displayed by the movement which expanded, grew and won victories in spite of the total lack of training among the fighters. It is true that from the historical point of view, the primitiveness of equipment was not only inevitable at first, but even *legitimate* as one of the conditions for the wide recruiting of fighters, but as soon as serious operations commenced (and they commenced in fact with the strikes in the summer of 1896), the defects in our fighting organizations made themselves felt to an increasing degree. Thrown into confusion at first and committing a number of mistakes (for example, its appeal to the public describing the misdeeds of the Socialists, or the deportation of the workers from the capital to the provincial industrial centers), the government very soon adapted itself to the new conditions of the struggle and managed to place its perfectly equipped detachments of *agents provocateurs,* spies and gendarmes in the required places. Raids became so frequent, affected such a vast number of people and cleared out the local circles so thoroughly that the masses of the workers literally lost all their leaders, the movement assumed an incredibly sporadic character, and it became utterly impossible to establish continuity and coherence in the work. The fact that the local active workers were hopelessly scattered, the casual manner in which the membership of the circles was recruited, the lack of training in and narrow outlook on theoretical, political and organizational questions were all the inevitable result of the conditions described above. Things reached such a pass that in several places the workers, because of our lack of stamina and ability to maintain secrecy, began to lose faith in the intelligentsia and to avoid them: the intellectuals, they said, are much too careless and lay themselves open to police raids!

Anyone who has the slightest knowledge of the movement knows that these primitive methods at last began to be recognized as a disease by all thinking Social-Democrats. And in order that the reader who is not acquainted with the movement may have no grounds for thinking that we are "inventing" a special stage or special disease of the movement, we shall refer once again to the witness we have already quoted. No doubt we shall be excused for the length of the passage quoted:

> "While the gradual transition to wider practical activity," writes B——v in *Rabocheye Dyelo,* No. 6, "a transition which is closely connected with the general transitional period through which the Russian labor movement is now passing, is a characteristic feature . . . there is, however, another and not less interesting feature in the general mechanism of the Russian workers' revolution. We refer to the *general lack of revolutionary forces fit for action*[1] which is felt not only in St. Petersburg, but throughout the whole of Russia. With the general revival of the labor movement, with the general development of the working masses, with the growing frequency of strikes, and with the mass labor struggle becoming more and more open, which intensifies government persecution, arrests, deportation and exile, *this lack of highly skilled revolutionary forces is becoming more and more marked* and, without a doubt, *must affect the depth and the general character of the movement.* Many strikes take place without the revolutionary organizations exercising any strong and direct influence upon them. . . . A shortage of agitational leaflets and illegal literature is felt. . . . The workers' circles are left without agitators. . . . Simultaneously, there is a constant shortage of funds. In a word, *the growth of the labor movement is outstripping the growth and development of the revolutionary organizations.* The numerical strength of the active revolutionaries is too small to enable them to concentrate in their own hands all the influence exercised upon the whole mass of labor now in a state of unrest, or to give this unrest even a shadow of symmetry and organization. . . . Separate circles, individual revolutionaries, scattered, uncombined, do not represent a united, strong and disciplined organization with the planned development of its parts. . . ."

[1] All italics ours.

Admitting that the immediate organization of fresh circles to take the place of those that have been broken up "merely proves the virility of the movement . . . but does not prove the existence of an adequate number of sufficiently fit revolutionary workers," the author concludes:

> "The lack of practical training among the St. Petersburg revolutionaries is seen in the results of their work. The recent trials, especially that of the Self-Emancipation group and the Labor versus Capital group, clearly showed that the young agitator, unacquainted with the details of the conditions of labor and, consequently, unacquainted with the conditions under which agitation must be carried on in a given factory, ignorant of the principles of conspiracy, and understanding only the general principles of Social-Democracy [and it is questionable whether he understands them] is able to carry on his work for perhaps four, five or six months. Then come arrests, which frequently lead to the break-up of the whole organization, or at all events, of part of it. The question arises, therefore, can the group conduct successful and fruitful activity if its existence is measured by months? Obviously, the defects of the existing organizations cannot be wholly ascribed to the transitional period. . . . Obviously, the numerical and above all the qualitative strength of the organizations operating is not of little importance, and the first task our Social-Democrats must undertake is *effectively to combine the organizations and make a strict selection of their membership.*"

B. Primitive Methods and Economism

We must now deal with the question that has undoubtedly arisen in the mind of every reader. Have these primitive methods, which are a complaint of growth affecting *the whole of the movement,* any connection with Economism, which is *only one* of the tendencies in Russian Social-Democracy? We think that they have. The lack of practical training, the lack of ability to carry on organizational work is certainly common *to us all,* including those who have stood unswervingly by the point of view of revolutionary Marxism from the very outset. And, of course, no one can blame the practical workers for their lack of practical training. But the term "primitive methods" embraces something more than mere lack of training: it means the restrictedness of revolutionary work generally, the failure to understand that a good organization of revolutionaries cannot be built up on the basis of such restricted work, and lastly—and most important—it means the attempts to justify this restrictedness and to elevate it to a special "theory," *i.e.,* subservience to spontaneity in this matter also. As soon as such attempts were observed, it became certain that primitive methods are connected with Economism and that we shall never eliminate this restrictedness of our organizational activity until we eliminate Economism generally (*i.e.*, the narrow conception of Marxian theory, of the role of Social-Democracy and of its political tasks). And these attempts were revealed in a twofold direction. Some began to say: the labor masses themselves have not yet brought forward the broad and militant tasks that the revolutionaries desire to "impose" upon them; they must continue for the time being to fight for *immediate* political demands, to conduct "the economic struggle against the employers and the government"* (and, naturally, corresponding to this struggle which is "easily understood" by the mass movement there must be an organization that will be "easily understood" by the most untrained youth). Others, far removed from "gradualness," began to say: it is possible and necessary to "bring about a political revolution," but this is no reason whatever for building a strong organization of revolutionaries to train the proletariat in the steadfast and stubborn struggle. All we need do is to snatch up our old friend, the "handy" wooden club. Speaking without metaphor it means—we must organize a general strike,[1] or we must stimulate the "spiritless" progress of the labor movement by means of "excitative terror."[2] Both these tendencies, the opportunist and the "revolutionary," bow to the prevailing primitiveness; neither believes that it can be eliminated, neither understands our primary and most imperative practical task, namely, to establish *an organization of revolutionaries* capable of maintaining the energy, the stability and continuity of the political struggle.

We have just quoted the words of B——v: "The growth of the labor movement is outstripping the growth and development of the revolutionary organizations." This "valuable remark of a close observer" (*Rabocheye Dyelo's* comment on B——v's article) has a twofold value for us. It proves that we were right in our opinion that the principal cause of the present crisis in Russian Social-Democracy is that the *leaders* ("ideologists," revolutionaries, Social-Democrats) *lag behind the spontaneous rising of the masses.* It shows that all the arguments advanced by the authors of the Economist letter in *Iskra*, No. 12, by B. Krichevsky and by Martynov, about the

* *Rabochaya Mysl* and *Rabocheye Dyelo*, especially the *Reply* to Plekhanov.

[1] See "Who Will Bring About the Political Revolution?" in the symposium published in Russia, entitled *The Proletarian Struggle*. Re-issued by the Kiev Committee.

[2] *Regeneration of Revolutionism* and *Svoboda*.

dangers of belittling the significance of the spontaneous elements, about the drab every-day struggle, about the tactics-process, etc., are nothing more than a glorification and defense of primitive methods. These people who cannot pronounce the word "theoretician" without a contemptuous grimace, who describe their genuflections to common lack of training and ignorance as "sensitiveness to life," reveal in practice a failure to understand our most imperative *practical* task. To laggards they shout: Keep in step! Don't run ahead! To people suffering from a lack of energy and initiative in organizational work, from lack of "plans" for wide and bold organizational work, they shout about the "tactics-process"! The most serious sin we commit is that we *degrade* our political *and organizational* tasks to the level of the immediate, "palpable," "concrete" interests of the every-day economic struggle; and yet they keep singing to us the old song: give the economic struggle itself a political character. We say again: this kind of thing displays as much "sensitiveness to life" as was displayed by the hero in the popular fable who shouted to a passing funeral procession: many happy returns of the day!

Recall the matchless, truly "Narcissus"-like superciliousness with which these wiseacres lectured Plekhanov about the "workers' *circles* generally" *(sic!)* being "incapable of fulfilling political tasks in the real and *practical* sense of the word, *i.e.,* in the sense of the expedient and successful *practical* struggle for political demands." (*Rabocheye Dyelo's Reply,* p. 24.) There are circles and circles, gentlemen! Circles of "kustars," of course, are not capable of fulfilling political tasks and never will be, until they realize the primitiveness of their methods and abandon it. If, besides this, these amateurs are enamored of their primitive methods, and insist on writing the word "practical" in italics, and imagine that being practical demands that one's tasks be degraded to the level of understanding of the most backward strata of the masses, then they are hopeless, of course, and certainly cannot *fulfil general political tasks.* But circles of heroes like Alexeyev and Myshkin, Khalturin and Zhelyabov are able to fulfil political tasks in the genuine and most practical sense of the term because their passionate preaching meets with response among the spontaneously awakened masses, because their seething energy rouses a corresponding and sustained energy among the revolutionary class. Plekhanov was a thousand times right not only when he pointed to this revolutionary class, not only when he proved that its spontaneous awakening was inevitable, but also when he set the "workers' circles" a great and lofty political task. But you refer to the mass movement that has sprung up since that time in order to *degrade* this task, in order to *curtail* the energy and scope of activity of the "workers' circles." If you are not amateurs enamored of your primitive methods, what are you then? You boast that you are practical, but you fail to see what every Russian practical worker knows, namely, the miracles that the energy, not only of circles, but even of individual persons is able to perform in the revolutionary cause. Or do you think that our movements cannot produce heroes like those that were produced by the movement in the 'seventies? If so, why do you think so? Because we lack training? But we are training ourselves, will train ourselves, and we will be trained! Unfortunately it is true that scum has formed on the surface of the stagnant waters of the "economic struggle against the employers and the government"; there are people among us who kneel in prayer to spontaneity, gazing with awe upon the "posteriors" of the Russian proletariat (as Plekhanov expresses it). But we will rid ourselves of this scum. The time has come when Russian revolutionaries, led by a genuinely revolutionary theory, relying upon the genuinely revolutionary and spontaneously awakening class, can at last—at last!—rise to their full height and exert their giant strength to the utmost. All that is required in order that this may be so is that the masses of our practical workers, and the still larger masses of those who dream of doing practical work even while still at school, shall meet with scorn and ridicule any suggestion that may be made to degrade our political tasks and to restrict the scope of our organizational work. And we shall achieve that, don't you worry, gentlemen! . . .

But if the reader wishes to see the pearls of "Economist" passion for primitive methods, he must, of course, turn from the eclectic and vacillating *Rabocheye Dyelo* to the consistent and determined *Rabochaya Mysl*. In its Special Supplement, R. M. wrote:

"Now two words about the so-called revolutionary intelligentsia proper. It is true that on more than one occasion it proved that it was quite prepared to 'enter into determined battle with tsarism!' The unfortunate thing, however, is that, ruthlessly persecuted by the political police, our revolutionary intelligentsia imagined that the struggle with this political police was the political struggle with the autocracy. That is why, to this day, it cannot understand 'where the forces for the fight against the autocracy are to be obtained.' "

What matchless and magnificent contempt for the struggle with the police this worshipper (in the worst sense of the word) of the *spontaneous* movement displays, does he not? He is prepared to *justify* our inability to organize secretly by the argument that with the spontaneous growth of the mass movement, it is not at all important for us to fight against the political police!! Not many would agree to subscribe to this monstrous conclusion; our defects in revolutionary organization have become too urgent a matter to permit them to do that. And if Martynov would refuse to subscribe to it, it would only be because he is unable, or lacks the courage, to think out his ideas to their logical conclusion. Indeed, does the "task" of prompting the masses to put forward concrete demands promising palpable results call for special efforts to create a stable, centralized, militant organization of revolutionaries? Cannot such a "task" be carried out even by masses who do not "struggle with the political police"? Moreover, can this task be fulfilled unless, in addition to the few leaders, it is undertaken by the workers (the overwhelming majority), who in fact are *incapable* of "fighting against the political police"? Such workers, average people of the masses, are capable of displaying enormous energy and self-sacrifice in strikes and in street battles with the police and troops, and are capable (in fact, are alone capable) of *determining* the whole outcome of our movement—but the struggle against the *political* police requires special qualities; it requires *professional* revolutionaries. And we must not only see to it that the masses "advance" concrete demands, but also that the masses of the workers "advance" an increasing number of such professional revolutionaries from their own ranks. Thus we have reached the question of the relation between an organization of professional revolutionaries and the pure and simple labor movement. Although this question has found little reflection in literature, it has greatly engaged us "politicians" in conversations and controversies with those comrades who gravitate more or less towards Economism. It is a question that deserves special treatment. But before taking it up we shall deal with one other quotation in order to illustrate the position we hold in regard to the connection between primitiveness and Economism.

In his *Reply,* N. N. wrote: "The Emancipation of Labor group demands direct struggle against the government without first considering where the material forces for this struggle are to be obtained, and without indicating '*the path of the strug-*

gle.' " Emphasizing the last words, the author adds the following footnote to the word "path": "This cannot be explained by the conspiratorial aims pursued, because the program does not refer to secret plotting but to a *mass movement.* The masses cannot proceed by secret paths. Can we conceive of a secret strike? Can we conceive of secret demonstrations and petitions?" *(Vademecum.)* Thus, the author approaches quite closely to the question of the "material forces" (organizers of strikes and demonstrations) and to the "paths" of the struggle, but, nevertheless, is still in a state of consternation, because he "worships" the mass movement, *i.e.*, he regards it as something that *relieves* us of the necessity of carrying on revolutionary activity and not as something that should embolden us and *stimulate* our revolutionary activity. Secret strikes are impossible—for those who take a direct and immediate part in them, but a strike may remain (and in the majority of cases does remain) a "secret" to the masses of the Russian workers, because the government takes care to cut all communication between strikers, takes care to prevent all news of strikes from spreading. Now here indeed is a special "struggle with the political police" required, a struggle that can never be conducted by such large masses as usually take part in strikes. Such a struggle must be organized, according to "all the rules of the art," by people who are professionally engaged in revolutionary activity. The fact that the masses are spontaneously entering the movement does not make the organization of this struggle *less necessary*. On the contrary, it makes it *more necessary;* for we Socialists would be failing in our duty to the masses if we did not prevent the police from making a secret of (and if we did not ourselves sometimes secretly prepare) every strike and every demonstration. *And we shall succeed in doing this,* precisely because the spontaneously awakening masses will *also advance from their own ranks* increasing numbers of "professional revolutionaries" (that is, if we are not so foolish as to advise the workers to keep on marking time).

C. Organization of Workers and Organization of Revolutionaries

It is only natural that a Social-Democrat, who conceives the political struggle as being identical with the "economic struggle against the employers and the government," should conceive of an "organization of revolutionaries" as being more or less identical with an "organization of workers." And this, in fact, is what actually happens; so that when we talk about organization, we literally talk in different tongues. I recall a conversation I once had with a fairly consistent Economist, with whom I had not been previously acquainted. We were discussing the pamphlet *Who Will Make the Political Revolution?* and we were very soon agreed that the principal defect in that brochure was that it ignored the question of organization. We were beginning to think that we were in complete agreement with each other—but as the conversation proceeded, it became clear that we were talking of different things. My interlocutor accused the author of the brochure just mentioned of ignoring strike funds, mutual aid societies, etc.; whereas I had in mind an organization of revolutionaries as an essential factor in "making" the political revolution. After that became clear, I hardly remember a single question of importance upon which I was in agreement with that Economist!

What was the source of our disagreement? The fact that on questions of organization and politics the Economists are forever lapsing from Social-Democracy into trade unionism. The political struggle carried on by the Social-Democrats is far more extensive and complex than the economic struggle the workers carry on against the employers and the government. Similarly (and indeed for that reason), the organization of a revolutionary Social-Democratic Party must inevitably *differ* from the organizations of the workers designed for the latter struggle. A workers' organization must in the first place be a trade organization; secondly, it must be as wide as possible; and thirdly, it must be as public as conditions will allow (here, and further on, of course, I have only autocratic Russia in mind). On the other hand, the organizations of revolutionaries must consist first and foremost of people whose profession is that of a revolutionary (that is why I speak of organizations of *revolutionaries,* meaning revolutionary Social-Democrats). In view of this coming feature of the members of such an organization, *all distinctions as between workers and intellectuals,* and certainly distinctions of trade and profession, must be obliterated. Such an organization must of necessity be not too extensive and as secret as possible. Let us examine this threefold distinction.

In countries where political liberty exists the distinction between a trade union and a political organization is clear, as is the distinction between trade unions and Social-Democracy. The relation of the latter to the former will naturally vary in each country according to historical, legal and other conditions—it may be more or less close or more or less complex (in our opinion it should be as close and simple as possible); but trade union organizations are certainly not in the least identical with the Social-Democratic Party organization in free countries. In Russia, however, the yoke of autocracy appears at first glance to obliterate all distinctions between a Social-Democratic organization and trade unions, because *all* workers' associations and *all* circles are prohibited, and because the principal manifestation and weapon of the workers' economic struggle—the strike—is regarded as a criminal offense (and sometimes even as a political offense!). Conditions in our country, therefore, strongly "impel" the workers who are conducting the economic struggle to concern themselves with political questions. They also "impel" the Social-Democrats to confuse trade unionism with Social-Democracy (and our Krichevskys, Martynovs and their like, while speaking enthusiastically of the first kind of "impelling," fail to observe the "impelling" of the second kind). Indeed, picture to yourselves the people who are immersed ninety-nine per cent in "the economic struggle against the employers and the government." Some of them have never, *during the whole course of their activity* (four to six months), thought of the need for a more complex organization of revolutionaries; others, perhaps, come across the fairly widely distributed Bernsteinian literature, from which they become convinced of the profound importance of the forward march of "the drab every-day struggle." Still others are carried away, perhaps, by the seductive idea of showing the world a new example of "close and organic contact with the proletarian struggle"—contact between the trade union and Social-Democratic movements. Such people would perhaps argue that the later a country enters into the arena of capitalism and, consequently, of the labor movement, the more the Socialists in that country may take part in, and support, the trade union movement, and the less reason is there for non-Social-Democratic trade unions. So far, the argument is absolutely correct; unfortunately, however, some go beyond that and hint at the complete fusion of Social-Democracy with trade unionism. We shall soon see, from the example of the rules of the St. Petersburg League of Struggle, what a harmful effect these dreams have upon our plans of organization.

The workers' organizations for carrying on the economic struggle should be trade union organizations; every Social-Democratic worker should, as far as possible, support and actively work inside these organizations. That is true. But it is not in the least in our interest to demand that only Social-Democrats be eligible for membership in the trade unions, for this would only restrict our influence over the masses. Let every worker who understands the need for organization in order to carry on the struggle against the employers and the government join the trade unions. The very objects of the trade unions would be unattainable unless they were extremely *wide* organizations. The wider these organizations are, the wider our influence over them will be, and this influence will be exercised not only through the "spontaneous" development of the economic struggle, but also by the direct and conscious effect the Socialist members of the union have on their comrades. But a wide organization cannot apply the methods of strict secrecy (since the latter demands far greater training than is required for the economic struggle). How is the contradiction between the need for a large membership and the need for strictly secret methods to be reconciled? How are we to make the trade unions as public as possible? Generally speaking, there are perhaps only two ways to this end: either the trade unions become legalized (which in some countries precedes the legalization of the socialist and political unions), or the organization is kept a secret one, but so "free" and amorphous, *lose* as the Germans say, that the need for secret methods becomes almost negligible as far as the bulk of the members is concerned.

The legalization of the non-socialist and non-political labor unions in Russia has already begun, and there is no doubt that every advance our rapidly growing Social-Democratic working class movement makes will increase and encourage the attempts at legalization. These attempts proceed for the most part from supporters of the existing order, but they will proceed also from the workers themselves and from the liberal intellectuals. The banner of legality has already been unfurled by the Vassilyevs and the Zubatovs. Support has been promised by the Ozerovs and the Wormses, and followers of the new tendency are to be found among the workers. Henceforth, we must reckon with this tendency. How are we to reckon with it? There can be no two opinions about this among Social-Democrats. We must constantly expose any part played in this movement by the Zubatovs and the Vassilyevs, the gendarmes and the priests, and explain to the workers what their real intentions are. We must also expose the conciliatory, "harmonious" undertones that will be heard in the speeches delivered by liberal politicians at the legal meetings of the workers, irrespective of whether they proceed from an earnest conviction of the desirability of peaceful class collaboration, whether they proceed from a desire to curry favor with the employers, or are simply the result of clumsiness. We must also warn the workers against the traps often set by the police, who at such open meetings and permitted societies spy out the "hotheads" and who, through the medium of the legal organizations, endeavor to plant their *agents provocateurs* in the illegal organizations.

But while doing all this, we must not forget that *in the long run* the legalization of the working class movement will be to our advantage, and not to that of the Zubatovs. On the contrary, our campaign of exposure will help to separate the tares from the wheat. What the tares are, we have already indicated. By the wheat, we mean attracting the attention of still larger and more backward sections of the workers to social and political questions, and freeing ourselves, the revolutionaries, from functions which are essentially legal (the distribution of legal books, mutual aid, etc.), the development of which will inevitably provide us with an increasing quantity of material for agitation. In this sense, we may say, and we should say, to the Zubatovs and the Ozerovs: keep at it, gentlemen, do your best! When you place a trap in the path of the workers (either by way of direct provocation, or by the "honest" corruption of the workers with the aid of "Struve-ism"), we shall see to it that you are exposed. But whenever you take a real step forward, even if it is timid and vacillating, we shall say: please continue! And the only step that can be a real step forward is a real, if small, extension of the workers' field of action. Every such extension will be to our advantage and will help to hasten the advent of legal societies, not of the kind in which *agents provocateurs* hunt for Socialists, but of the kind in which Socialists will hunt for adherents. In a word, our task is to fight down the tares. It is not our business to grow wheat in flower-pots. By pulling up the tares, we clear the soil for the wheat. And while the old-fashioned folk are tending their flower-pot crops, we must prepare reapers, not only to cut down the tares of today, but also to reap the wheat of tomorrow.

Legislation, therefore, will *not solve* the problem of creating a trade union organization that will be as public and as extensive as possible (but we would be extremely glad if the Zubatovs and the Ozerovs provided even a partial opportunity for such a solution—to which end we must fight them as strenuously as possible!). There only remains the path of secret trade union organization; and *we must* offer all possible assistance to the workers, who (as we definitely know) have already adopted this path. Trade union organizations may not only be of tremendous value in developing and consolidating the economic struggle, but may also become a very important auxiliary to political agitation and revolutionary organization. In order to achieve this purpose, and in order to guide the nascent trade union movement in the direction the Social-Democrats desire, we must first fully understand the foolishness of the plan of organization with which the St. Petersburg Economists have been occupying themselves for nearly five years. That plan is described in the "Rules for a Workers' Benefit Fund" of July 1897 (*Listok Rabotnika,* No. 9-10, in *Rabochaya Mysl,* No. 1), and also in the "Rules for a Trade Union Workers' Organization," of October 1900. (Special leaflet printed in St. Petersburg and quoted in *Iskra,* No. 1.) The fundamental error contained in both these sets of rules is that they give a detailed formulation of a wide workers' organization and confuse the latter with the organization of revolutionaries. Let us take the last-mentioned set of rules, since it is drawn up in greater detail. The body of it consists of *fifty-two* paragraphs. Twenty-three paragraphs deal with structure, the method of conducting business and the competence of the "workers' circles," which are to be organized in every factory ("not more than ten persons") and which elect "central (factory) groups." "The central group," says paragraph 2, "observes all that goes on in its factory or workshop and keeps a record of events." "The central group presents to the contributors a monthly report on the state of the funds" (par. 17), etc. Ten paragraphs are devoted to the "district organization," and nineteen to the highly complex interconnection between the Committee of the Workers' Organization and the Committee of the St. Petersburg League of Struggle (delegates from each district and from the "executive groups"—"groups of propagandists, groups for maintaining contact with the provinces and with the organization abroad, and for managing stores, publications and funds").

Social-Democracy = "executive groups" in relation to the economic struggle of the workers! It would be difficult to find a more striking illustration than this of how the Economists' ideas deviate from Social-Democracy to trade unionism, and how foreign to them is the idea that a Social-Democrat must concern himself first and foremost with an organization of revolutionaries, capable of guiding the *whole* proletarian struggle for emancipation. To talk of "the political emancipation of the working class" and the struggle against "tsarist despotism," and at the same time to draft rules like these, indicates a complete failure to understand what the real political tasks of Social-Democracy are. Not one of the fifty or so paragraphs reveals the slightest glimmer of understanding that it is necessary to conduct the widest possible political agitation among the masses, an agitation that deals with every phase of Russian absolutism and with every aspect of the various social classes in Russia. Rules like these are of no use even for the achievement of trade union aims, let alone political aims, for that requires organization *according to trade,* and yet the rules do not contain a single reference to this.

But most characteristic of all, perhaps, is the amazing top-heaviness of the whole "system," which attempts to bind every factory with the "committee" by a permanent string of uniform and ludicrously petty rules and a three-stage system of election. Hemmed in by the narrow outlook of Economism, the mind is lost in details which positively reek of red tape and bureaucracy. In practice, of course, three-fourths of the clauses are never applied; on the other hand, however, a "conspiratorial" organization of this kind, with its central group in each factory, makes it very easy for the gendarmes to carry out raids on a large scale. Our Polish comrades have already passed through a similar phase in their own movement, when everybody was extremely enthusiastic about the extensive organization of workers' funds; but these ideas were very quickly abandoned when it was found that such organizations only provided rich harvests for the gendarmes. If we are out for wide workers' organizations, and not for wide arrests, if it is not our purpose to provide satisfaction to the gendarmes, these organizations must remain absolutely loose. But will they be able to function? Well, let us see what the functions are: ". . . to observe all that goes on in the factory and keep a record of events." (par. 2 of the Rules.) Do we need a special group for this? Could not the purpose be better served by correspondence conducted in the illegal papers and without setting up special groups? ". . . to lead the struggles of the workers for the improvement of their workshop conditions." (par. 3 of the Rules.) This, too, requires no special group. Any agitator with any intelligence at all can gather what demands the workers want to advance in the course of ordinary conversation and transmit them to a narrow—not a wide—organization of revolutionaries to be embodied in a leaflet. ". . . to organize a fund . . . to which contributions of two kopecs per ruble should be made" (par. 9) . . . to present monthly reports to the contributors on the state of the funds (par. 17) . . . to expel members who fail to pay their contributions (par. 10), and so forth. Why, this is a very paradise for the police; for nothing would be easier than for them to penetrate into the ponderous secrecy of a "central factory fund," confiscate the money and arrest the best members. Would it not be simpler to issue one-kopek or two-kopek coupons bearing the official stamp of a well-known (very exclusive and very secret) organization, or to make collections without coupons of any kind and to print reports in a certain agreed code in the illegal paper? The object would thereby be attained, but it would be a hundred times more difficult for the gendarmes to pick up clues.

I could go on analyzing the rules, but I think that what has been said will suffice. A small, compact core, consisting of reliable, experienced and hardened workers, with responsible agents in the principal districts and connected by all the rules of strict secrecy with the organizations of revolutionaries, can, with the wide support of the masses and without an elaborate organization, perform *all* the functions of a trade union organization, and perform them, moreover, in the manner Social-Democrats desire. Only in this way can we secure the *consolidation* and development of a *Social-Democratic* trade union movement, in spite of the gendarmes.

It may be objected that an organization which is so loose that it is not even definitely formed, and which even has no enrolled and registered members, cannot be called an organization at all. That may very well be. I am not out for names. But this "organization without members" can do everything that is required, and will, from the very outset, guarantee the closest contact between our future trade unions and socialism. Only an incorrigible utopian would want a *wide* organization of workers, with elections, reports, universal suffrage, etc., under the autocracy.

The moral to be drawn from this is a simple one. If we begin with the solid foundation of a strong organization of revolutionaries, we can guarantee the stability of the movement as a whole and carry out the aims of both Social-Democracy and of trade unionism. If, however, we begin with a wide workers' organization, supposed to be most "accessible" to the masses, when as a matter of fact it will be most accessible to the gendarmes and will make the revolutionaries most accessible to the police, we shall achieve the aims neither of Social-Democracy nor of trade unionism; we shall not escape from our primitiveness, and because we constantly remain scattered and broken up, we shall make only the trade unions of the Zubatov and Ozerov type most accessible to the masses.

What, properly speaking, should be the functions of the organization of revolutionaries? We shall deal with this in detail. But first let us examine a very typical argument advanced by the terrorist, who (sad fate!) in this matter also is a next-door neighbor to the Economist. *Svoboda* (No. 1), a journal published for workers, contains an article entitled "Organization," the author of which tries to defend his friends, the Economist workers of Ivanovo-Voznesensk. He writes:

"It is a bad thing when the crowd is mute and unenlightened, and when the movement does not proceed from the rank and file. For instance, the students of a university town leave for their homes during the summer and other vacations and immediately the workers' movement comes to a standstill. . . . Can a workers' movement which has to be pushed on from outside be a real force? Of course not! It has not yet learned to walk, it is still in leading strings. So it is everywhere. The students go off, and everything comes to a standstill. As soon as the cream is skimmed—the milk turns sour. If the 'committee' is arrested, everything comes to a standstill until a new one can be formed. And one never knows what sort of committee will be set up next—it may be nothing like the former one. The first preached one thing, the second may preach the very opposite. The continuity between yesterday and tomorrow is broken, the experience of the past does not enlighten the future. And all this is because no deep roots have been struck in the crowd; because, instead of having a hundred fools at work, we have a dozen wise men. A dozen wise men can be caught up at a snap; but when the organization embraces the crowd, everything will proceed from the crowd, and nobody, however zealous, can stop the cause."

The facts are described correctly. The above quotation presents a fairly good picture of our primitive methods. But the conclusions drawn from it are worthy of *Rabochaya Mysl* both for their stupidity and their political tactlessness. They represent the height of stupidity, because the author confuses the philosophical and social-historical question of the "depth" of the "roots" of the movement with the technical and organizational question of the best method of fighting the gendarmes. They represent the height of political tactlessness, because the author, instead of appealing from the bad leaders to the good leaders, appeals from the leaders in general to the "crowd." This is as much an attempt to drag the movement back organizationally as the idea of substituting excitative terrorism for political agitation in an attempt to drag it back politically. Indeed, I am experiencing a veritable *embarras de richesses,* and hardly know where to begin to disentangle the confusion *Svoboda* has introduced in this subject. For the sake of clarity, I shall begin by quoting an example. Take the Germans. It will not be denied, I hope, that the German organizations embrace the crowd, that in Germany everything proceeds from the crowd, that the working class movement there has learned to walk. Yet observe how this vast crowd of millions values its "dozen" tried political leaders, how firmly it clings to them! Members of the hostile parties in parliament often tease the Socialists by exclaiming: "Fine democrats you are indeed! Your movement is a working class movement only in name; as a matter of fact, it is the same clique of leaders that is always in evidence, Bebel and Liebknecht, year in and year out, and that goes on for decades. Your deputies who are supposed to be elected from among the workers are more permanent that the officials appointed by the Emperor!" But the Germans only smile with contempt at these demagogic attempts to set the "crowd" against the "leaders," to arouse bad and ambitious instincts in the former, and to rob the movement of its solidity and stability by undermining the confidence of the masses in their "dozen wise men." The political ideas of the Germans have already developed sufficiently and they have acquired enough political experience to enable them to understand that without the "dozen" tried and talented leaders (and talented men are not born by the hundred), professionally trained, schooled by long experience and working in perfect harmony, no class in modern society is capable of conducting a determined struggle. The Germans have had demagogues in their ranks who have flattered the "hundred fools," exalted them above the "dozen wise men," extolled the "mighty fists" of the masses, and (like Most and Hasselmann) have spurred them on to reckless "revolutionary" action and sown distrust towards the firm and steadfast leaders. It was only by stubbornly and bitterly combating every element of demagogy within the socialist movement that German socialism managed to grow and become as strong as it is. Our wiseacres, however, at the very moment when Russian Social-Democracy is passing through a crisis entirely due to our lack of sufficient numbers of trained, developed and experienced leaders to guide the spontaneous ferment of the masses, cry out with the profundity of fools, "it is a bad thing when the movement does not proceed from the rank and file.

"A committee of students is no good, it is not stable." Quite true. But the conclusion that should be drawn from this is that we must have a committee of professional *revolutionaries* and it does not matter whether a student or a worker is capable of qualifying himself as a professional revolutionary. The conclusion you draw, however, is that the working class movement must not be pushed on from outside! In your political innocence you fail to observe that you are playing into the hands of our Economists and fostering our primitiveness. I would like to ask, what is meant by the students "pushing on" the workers? *All* it means is that the student brought to the worker the fragments of political knowledge he possesses, the crumbs of socialist ideas he has managed to acquire (for the principal intellectual diet of the present-day student, "legal Marxism," can furnish only the A B C, only the crumbs of knowledge). There has never been too much of *such* "pushing on from outside," on the contrary, so far there has been too little of it in our movement; we have been stewing in our own juice far too long; we have bowed far too slavishly before the spontaneous "economic struggle of the workers against the employers and the government." We professional revolutionaries must continue, and will continue, *this kind* of "pushing," and a hundred times more forcibly than we have done hitherto. The very fact that you select so despicable a phrase as "pushing on from outside"—a phrase which cannot but rouse in the workers (at least in the workers who are as ignorant as you yourselves are) a sense of distrust towards *all* who bring them political knowledge and revolutionary experience from outside, and rouse in them an instinctive hostility to such people—proves that you are *demagogues,* and a demagogue is the worst enemy of the working class.

Oh! Don't start howling about my "uncomradely methods" of controversy. I have not the least intention of casting aspersions upon the purity of your intentions. As I have already said, one may become a demagogue out of sheer political innocence. But I have shown that you have descended to demagogy, and I shall never tire of repeating that demagogues are the worst enemies of the working class, because they arouse bad instincts in the crowd, because the ignorant worker is unable to recognize his enemies in men who represent themselves, and sometimes sincerely represent themselves, to be his friends. They are the worst enemies of the working class, because in this period of dispersion and vacillation, when our movement is just beginning to take shape, nothing is easier than to employ demagogic methods to side-track the crowd, which can realize its mistake only by bitter experience. That is why the slogan of the day for Russian Social-Democrats must be: determined opposition to *Svoboda* and *Rabocheye Dyelo,* both of which have sunk to the level of demagogy. We shall return to this subject again.[1]

"A dozen wise men can be more easily caught than a hundred fools!" This wonderful truth (which the hundred fools will applaud) appears obvious only because in the very midst of the argument you have skipped from one question to another. You began by talking, and continued to talk, of catching a "committee," of catching an "organization," and now you skip to the question of getting hold of the "roots" of the movement in the "depths." The fact is, of course, that our movement cannot be caught precisely because it has hundreds and hundreds of thousands of roots deep down among the masses; but that is not the point we are discussing. As far as "deep roots" are concerned, we cannot be "caught" even now, in spite of all our primitiveness; but we all complain, and cannot but complain, that the *organizations* are caught, with the result that it is impossible to maintain continuity in the movement. If you agree to discuss the question of catching the *organizations* and to stick to that question, then I assert that it is far more difficult to catch a dozen wise men than it is to catch a hundred fools. And this position I shall defend no matter how much you instigate the crowd against me for my "anti-democratic" views, etc. As I have already said, by "wise men," in connection with organization, I mean *professional revolutionaries,* irrespective of whether they are trained from among students or workingmen. I assert: 1) that no movement can be durable without a stable organization of leaders to maintain continuity; 2) that the more widely the masses are spontaneously drawn into the struggle and form the basis of the movement and participate in it, the more necessary is it to have such an organization, and the more stable must it be (for it is much easier for demagogues to side-track the

[1] For the moment we shall observe merely that our remarks on "pushing on from outside" and the other views on organization expressed by *Svoboda* apply *entirely* to *all* the Economists, including the adherents of *Rabocheye Dyelo,* for either they themselves have preached and defended such views on organization, or have themselves drifted into them.

more backward sections of the masses); 3) that the organization must consist chiefly of persons engaged in revolutionary activities as a profession; 4) that in a country with an autocratic government, the more we *restrict* the membership of this organization to persons who are engaged in revolutionary activities as a profession and who have been professionally trained in the art of combating the political police, the more difficult will it be to catch the organization, and 5) the *wider* will be the circle of men and women of the working class or of other classes of society able to join the movement and perform active work in it.

I invite our Economists, terrorists and "Economists-terrorists"[1] to confute these propositions. At the moment, I shall deal only with the last two points. The question as to whether it is easier to catch "a dozen wise men" or "a hundred fools" reduces itself to the question we have considered above, namely, whether it is possible to have a mass *organization* when the maintenance of strict secrecy is essential. We can never give a mass organization that degree of secrecy which is essential for the persistent and continuous struggle against the government. But to concentrate all secret functions in the hands of as small a number of professional revolutionaries as possible does not mean that the latter will "do the thinking for all" and that the crowd will not take an active part in the *movement.* On the contrary, the crowd will advance from its ranks increasing numbers of professional revolutionaries, for it will know that it is not enough for a few students and workingmen, waging economic war, to gather together and form a "committee," but that it takes years to train professional revolutionaries; the crowd will "think" not of primitive ways but of training professional revolutionaries. The centralization of the secret functions of the *organization* does not mean the centralization of all the functions of the *movement.* The active participation of the broad masses in the dissemination of illegal literature will not diminish because a dozen

[1] This latter term is perhaps more applicable to *Svoboda* than the former, for in an article entitled "The Regeneration of Revolutionism" it defends terrorism, while in the article at present under review it defends Economism. One might say of *Svoboda* that "it would if it could, but it can't." Its wishes and intentions are excellent—but the result is utter confusion: and this is chiefly due to the fact that while *Svoboda* advocates continuity of organization, it refuses to recognize the continuity of revolutionary thought and of Social-Democratic theory. It wants to revive the professional revolutionary ("The Regeneration of Revolutionism"), and to that end proposes, first, excitative terrorism, and secondly, "the organization of the average worker," because he will be less likely to be "pushed on from outside." In other words, it proposes to pull the house down to use the timber for warming it.

professional revolutionaries centralize the secret part of the work; on the contrary, it will *increase tenfold.* Only in this way will the reading of illegal literature, the contribution to illegal literature and to some extent even the distribution of illegal literature *almost cease to be secret work,* for the police will soon come to realize the folly and futility of setting the whole judicial and administrative machine into motion to intercept every copy of a publication that is being broadcast in thousands. This applies not only to the press, but to every function of the movement, even to demonstrations. The active and widespread participation of the masses will not suffer; on the contrary, it will benefit by the fact that a "dozen" experienced revolutionaries, no less professionally trained than the police, will centralize all the secret side of the work—prepare leaflets, work out approximate plans and appoint bodies of leaders for each urban district, for each factory district and for each educational institution, etc. (I know that exception will be taken to my "undemocratic" views, but I shall reply to this altogether unintelligent objection later on.) The centralization of the more secret functions in an organization of revolutionaries will not diminish, but rather increase the extent and the quality of the activity of a large number of other organizations intended for wide membership and which, therefore, can be as loose and as public as possible, for example, trade unions, workers' circles for self-education and the reading of illegal literature, and socialist and also democratic circles for *all other sections of the population*, etc., etc. We must have *as large a number as possible* of such organizations having the widest possible variety of functions, but it is absurd and dangerous to *confuse these with organizations of revolutionaries,* to erase the line of demarcation between them, to dim still more the masses' already incredibly hazy appreciation of the fact that in order to "serve" the mass movement we must have people who will devote themselves exclusively to Social-Democratic activities, and that such people must *train* themselves patiently and steadfastly to be professional revolutionaries.

Aye, this appreciation has become incredibly dim. The most grievous sin we have committed in regard to organization is that *by our primitiveness we have lowered the prestige of revolutionaries in Russia.* A man who is weak and vacillating on theoretical questions, who has a narrow outlook, who makes excuses for his own slackness on the ground that the masses are awakening spontaneously, who resembles a trade union secretary more than a people's tribune, who is unable to conceive of a broad and bold plan, who is incapable of inspiring even his opponents with respect for himself, and who is inexperienced and clumsy in his own professional art—the art of combating the political police—such a man is not a revolutionary but a wretched amateur!

Let no active worker take offense at these frank remarks, for as far as insufficient training is concerned, I apply them first and foremost to myself. I used to work in a circle that set itself great and all-embracing tasks; and every member of that circle suffered to the point of torture from the realization that we were proving ourselves to be amateurs at a moment in history when we might have been able to say, paraphrasing a well-known epigram: "Give us an organization of revolutionaries, and we shall overturn the whole of Russia!" And the more I recall the burning sense of shame I then experienced, the more bitter are my feelings towards those pseudo-Social-Democrats whose teachings bring disgrace on the calling of a revolutionary, who fail to understand that our task is not to degrade the revolutionaries to the level of an amateur, but to *exalt* the amateur to the level of a revolutionary.

D. The Scope of Organizational Work

We have already heard from B——v about "the lack of revolutionary forces fit for action which is felt not only in St. Petersburg, but throughout the whole of Russia." No one, we suppose, will dispute this fact. But the question is, how is it to be explained? B——v writes:

> "We shall not enter in detail into the historical causes of this phenomenon; we shall state merely that a society, demoralized by prolonged political reaction and split by past and present economic changes, advances from its own ranks *an extremely small number of persons fit for revolutionary work;* that the working class does advance from its own ranks revolutionary workers who to some extent reinforce the ranks of the illegal organizations, but that the number of such revolutionaries is inadequate to meet the requirements of the times. This is more particularly the case because the worker engaged for eleven and a half hours a day in the factory is mainly able to fulfil the functions of an agitator; but propaganda and organization, delivery and reproduction of illegal literature, issuing leaflets, etc., are duties which must necessarily fall mainly upon the shoulders of an extremely small intelligent force." (*Rabocheye Dyelo,* No. 6.)

There are many points in the above upon which we disagree with B——v, particularly with those points we have emphasized, and which most strikingly reveal that, although weary of our primitive methods (as every practical worker who thinks over the position would be), B——v cannot find the way out of this intolerable situation, because he is so ground down by Economism. It is not true to say that society advances few persons from its ranks fit for "work." It advances *very many,* but we are unable to make use of them all. The critical, transitional state of our movement in this connection may be formulated as follows: *there are no people —yet there are enormous numbers of people.* There are enormous numbers of people, because the working class and the most diverse strata of society, year after year, advance from their ranks an increasing number of discontented people who desire to protest, who are ready to render all the assistance they can in the fight against absolutism, the intolerableness of which is not yet recognized by all, but is nevertheless more and more acutely sensed by increasing masses of the people. At the same time we have no people, because we have no leaders, no political leaders, we have no talented organizers capable of organizing extensive and at the same time uniform and harmonious work that would give employment to all forces, even the most inconsiderable. "The growth and development of revolutionary organizations" not only lag behind the growth of the labor movement, which even B——v admits, but also behind the general democratic movement among all strata of the people (in passing, probably B——v would now admit this supplement to his conclusion). The scope of revolutionary work is too narrow compared with the breadth of the spontaneous basis of the movement. It is too hemmed in by the wretched "economic struggle against the employers and the government" theory. And yet, at the present time, not only Social-Democratic political agitators, but also Social-Democratic organizers must "go among all classes of the population."[1]

There is hardly a single practical worker who would have any doubt about the ability of Social-Democrats to distribute the thousand and one minute functions of their organizational

[1] For example, in military circles an undoubted revival of the democratic spirit has recently been observed, partly as a consequence of the frequent street fights that now take place against "enemies" like workers and students. And as soon as our available forces permit, we must without fail devote serious attention to propaganda and agitation among soldiers and officers, and to the creation of "military organizations" affiliated to our Party.

work among the various representatives of the most varied classes. Lack of specialization is one of our most serious technical defects, about which B——v justly and bitterly complains. The smaller each separate "operation" in our common cause will be, the more people we shall find capable of carrying out such operations (people, who, in the majority of cases, are not capable of becoming professional revolutionaries), the more difficult will it be for the police to "catch" all these "detail workers," and the more difficult will it be for them to frame up, out of an arrest for some petty affair, a "case" that would justify the government's expenditure on the "secret service." As for the number ready to help us, we have already referred in the previous chapter to the gigantic change that has taken place in this respect in the last five years or so. On the other hand, in order to unite all these tiny fractions into one whole, in order, in breaking up functions, to avoid breaking up the movement, and in order to imbue those who carry out these minute functions with the conviction that their work is necessary and important, for without this they will never do the work,[1] it is necessary to have a strong organization of tried revolutionaries. The more secret such an organization would be, the stronger and more widespread would be the confidence of the masses in the Party, and, as we know, in time of war, it is not only of great importance to imbue one's own army with confidence in its own strength, it is important also to convince the enemy and all *neutral* elements of this strength; friendly neutrality may sometimes decide the issue. If such an organization existed on a firm theoretical basis, and possessed a Social-Democratic journal, we would have no reason to fear that the movement would be diverted from its path by the

[1] I recall the story a comrade related to me of a factory inspector, who, desiring to help, and while in fact helping Social-Democracy, bitterly complained that he did not know whether the "information" he sent reached the proper revolutionary quarter; he did not know how much his help was really required, and what possibilities there were for utilizing his small services. Every practical worker, of course, knows of more than one case, similar to this, of our primitiveness depriving us of allies. And these services, each "small" in itself, but incalculable when taken together, could be rendered to us by office employees and officials, not only in factories, but in the postal service, on the railways, in the Customs, among the nobility, among the clergy and *every other* walk of life, including even the police service and the Court! Had we a real party, a real militant organization of revolutionaries, we would not put the question bluntly to every one of these "abettors," we would not hasten in every single case to bring them right into the very heart of our "illegality," but, on the contrary, we would husband them very carefully and would train people especially for such functions, bearing in mind the fact that many students could be of much greater service to the Party as "abettors"—officials—than as "short-term" revolutionaries. But, I repeat, only an organization that is already established and has no lack of active forces would have the right to apply such tactics.

numerous "outside" elements that are attracted to it. (On the contrary, it is precisely at the present time, when primitive methods prevail among us, that many Social-Democrats are observed to gravitate towards the *Credo*, and only imagine that they are Social-Democrats.) In a word, specialization necessarily presupposes centralization, and in its turn imperatively calls for it.

But B——v himself, who has so excellently described the necessity for specialization, underestimates its importance, in our opinion, in the second part of the argument that we have quoted. The number of working class revolutionaries is inadequate, he says. This is absolutely true, and once again we assert that the "valuable communication of a close observer" fully confirms our view of the causes of the present crisis in Social-Democracy, and, consequently, confirms our view of the means for removing these causes. Not only are revolutionaries lagging behind the spontaneous awakening of the masses generally, but even working class revolutionaries are lagging behind the spontaneous awakening of the working class masses. And this *fact* most strikingly confirms, even from the "practical" point of view, not only the absurdity but even the *political reactionaries* of the "pedagogics" to which we are so often treated when discussing our duties to the workers. This fact proves that our very first and most imperative duty is to help to train working class revolutionaries who will be on the same level *in regard to Party activity* as intellectual revolutionaries (we emphasize the words "in regard to Party activity," because although it is necessary, it is not so easy and not so imperative to bring the workers up to the level of intellectuals in other respects). Therefore, attention must be devoted *principally* to the task of *raising* the workers to the level of revolutionaries, and not to *degrading* ourselves to the level of the "labor masses" as the Economists wish to do, or necessarily to the level of the average worker, as *Svoboda* desires to do (and by this raises itself to the second grade of Economist "pedagogics"). I am far from denying the necessity for popular literature for the workers, and especially popular (but, of course, not vulgar) literature for the especially backward workers. But what annoys me is that pedagogics are constantly confused with questions of politics and organization. You, gentlemen, who are so much concerned about the "average worker," as a matter of fact, rather insult the workers by your desire to *talk down* to them when discussing labor politics and labor organization. Talk about serious things in a serious manner; leave pedagogics to the pedagogues, and not to politicians and to organizers! Are there not advanced people, "average people," and "masses," among the intelligentsia? Does not everyone recognize that popular literature is required also for the intelligentsia and is not such literature written? Just imagine someone, in an article on organizing college or high-school students, repeating over and over again, as if he had made a new discovery, that first of all we must have an organization of "average students." The author of such an article would rightly be laughed at. He would be told: give us an organizational idea, if you have one, and we ourselves will settle the question as to which of us are "average," as to who is higher and who is lower. But if you have no organizational ideas *of your own,* then all your chatter about "masses" and "average" is simply boring. Try to understand that these questions about "politics" and "organization" are so serious in themselves that they cannot be dealt with in any other but a serious way. We can and must *educate* workers (and university and high-school students) so as to enable them to understand us when we speak to them about these questions; and when you do come to us to talk about these questions, give us real replies to them, do not fall back on the "average," or on the "masses"; don't evade them by quoting adages or mere phrases.[1]

In order to be fully prepared for his task, the working class revolutionary must also become a professional revolutionary. Hence B——v is wrong when he says that as the worker is engaged for eleven and a half hours a day in the factory, therefore, the brunt of all the other revolutionary functions (apart from agitation) *"must necessarily* fall mainly upon the shoulders of an extremely small intellectual force." It need not "necessarily" be so. It is so because we are backward, because we do not recognize our duty to assist every capable worker to become a *professional* agitator, organizer, propagandist, literature distributor, etc., etc. In this respect, we waste our strength in a positively shameful manner; we lack the ability to husband that which should be tended and reared with spe-

[1] *Svoboda,* No. 1, in the article "Organization": "The heavy tread of the army of labor will reinforce all the demands that will be advanced by Russian Labor"—Labor with a capital L, of course. And this very author exclaims: "I am not in the least hostile towards the intelligentsia, but" (this is the very word, *but,* that Shchedrin translated as meaning: the ears never grow higher than the forehead!) "but it always frightfully annoys me when a man comes to me, utters beautiful and charming words and demands that they be accepted for their (his?) beauty and other virtues." Yes. This "always frightfully annoys" me too.

cial care. Look at the Germans: they have a hundred times more forces than we have. But they understand perfectly well that the "average" does not too frequently promote really capable agitators, etc., from its ranks. Hence they immediately try to place every capable workingman in such conditions as will enable him to develop and apply his abilities to the utmost: he is made a professional agitator, he is encouraged to widen the field of his activity, to spread it from one factory to the whole of his trade, from one locality to the whole country. He acquires experience and dexterity in his profession, his outlook becomes wider, his knowledge increases, he observes the prominent political leaders from other localities and other parties, he strives to rise to their level and combine within himself the knowledge of working class environment and freshness of socialist convictions with professional skill, without which the proletariat *cannot* carry on a stubborn struggle with the excellently trained enemy. Only in this way can men of the stamp of Bebel and Auer be promoted from the ranks of the working class. But what takes place very largely automatically in a politically free country must in Russia be done deliberately and systematically by our organizations. A workingman agitator who is at all talented and "promising" *must not be left* to work eleven hours a day in a factory. We must arrange that he be maintained by the Party, that he may in due time go underground, that he change the place of his activity, otherwise he will not enlarge his experience, he will not widen his outlook, and will not be able to stay in the fight against the gendarmes for at least a few years. As the spontaneous rise of the working class masses becomes wider and deeper, they not only promote from their ranks an increasing number of talented agitators, but also of talented organizers, propagandists and "practical workers" in the best sense of the term (of whom there are so few among our intelligentsia who, in the majority of cases, are somewhat careless and sluggish in their habits, so characteristic of Russians). When we have detachments of specially trained working class revolutionaries who have gone through long years of preparation (and, of course, revolutionaries "of all arms"), no political police in the world will be able to contend against them, for these detachments of men absolutely devoted and loyal to the revolution will themselves enjoy the absolute confidence and devotion of the broad masses of the workers. The *sin* we commit is that we do not sufficiently "stimulate" the workers to take this path, "common" to them and to the "intellectuals," of professional revolutionary training, and that we too frequently drag them back by our silly speeches about what "can be understood" by the masses of the workers, by the "average workers," etc.

In this, as in other cases, the narrowness of our field of organizational work is without a doubt directly due (although the overwhelming majority of the Economists and the novices in practical work do not appreciate it) to the fact that we restrict our theories and our political tasks to a narrow field. Subservience to spontaneity seems to inspire a fear of taking even one step away from what "can be understood" by the masses, a fear of rising too high above mere subservience to the immediate requirements of the masses. Have no fear, gentlemen! Remember that we stand so low on the plane of organization that the very idea that we could rise *too high* is absurd!

E. "Conspirative" Organization and "Democracy"

There are many people among us who are so sensitive to the "voice of life" that they fear it more than anything in the world and accuse those who adhere to the views here expounded of "Narodovolism," of failing to understand "democracy," etc. We must deal with these accusations, which, of course, have been echoed by *Rabocheye Dyelo.*

The writer of these lines knows very well that the St. Petersburg Economists accused *Rabochaya Gazeta* of being Narodovolist (which is quite understandable when one compares it with *Rabochaya Mysl*). We were not in the least surprised, therefore, when, soon after the appearance of *Iskra,* a comrade informed us that the Social-Democrats in the town of X describe *Iskra* as a Narodovolist journal. We, of course, were flattered by this accusation. What real Social-Democrat has not been accused by the Economists of being a Narodovolist?

These accusations are called forth by a twofold misunderstanding. First, the history of the revolutionary movement is so little known among us that the very idea of a militant centralized organization which declares a determined war upon tsarism is described as Narodovolist. But the magnificent organization that the revolutionaries had in the 'seventies, and which should serve us all as a model, was not formed by the Narodovolists but by the adherents of *Zemlya i Volya,* who split up into Chernoperedelists and Narodovolists. Consequently, to regard a militant revolutionary organization as something specifically Narodovolist is absurd both historically and logically, because no revolutionary tendency, if it seriously thinks of fighting, can dispense with such an organization. But the mistake the Narodovolists committed was not that they strove to recruit to their organization *all* the discontented, and to hurl this organization into the decisive battle against the autocracy; on the contrary, that was their great historical merit. Their mistake was that they relied on a theory which in substance was not a revolutionary theory at all, and they either did not know how, or circumstances did not permit them, to link up their movement inseparably with the class struggle that went on within developing capitalist society. And only a gross failure to understand Marxism (or an "understanding" of it in the spirit of Struve-ism) could prompt the opinion that the rise of a mass, spontaneous labor movement *relieves* us of the duty of creating as good an organization of revolutionaries as *Zemlya i Volya* had in its time, and even an incomparably better one. On the contrary, this movement *imposes* this duty upon us, because the spontaneous struggle of the proletariat will not become a genuine "class struggle" until it is led by a strong organization of revolutionaries.

Secondly, many, including apparently B. Krichevsky (*Rabocheye Dyelo,* No. 10), misunderstood the polemics that Social-Democrats have always waged against the "conspirative" view of the political struggle. We have always protested, and will, of course, continue to protest against *restricting* the political struggle to conspiracies.[1] But this does not, of course, mean that we deny the need for a strong revolutionary organization. And in the pamphlet mentioned in the preceding footnote, after the polemics against reducing the political struggle to a conspiracy, a description is given (as a Social-Democratic ideal) of an organization so strong as to be able to "resort to rebellion" and to "every other form of attack," in order to "deliver a smashing blow against absolutism."[2] According to its *form* a strong revolutionary organization of that

[1] *Cf. The Tasks of Russian Social-Democrats.* Polemics against P. L. Lavrov.

[2] *Ibid. Apropos,* we shall give another illustration of the fact that *Rabocheye Dyelo* either does not understand what it is talking about, or changes its views "with every change in the wind." In No. 1 of *Rabocheye Dyelo,* we find the following passage in italics: *"The sum and substance of the views expressed in this pamphlet coincide entirely with the editorial program of 'Rabocheye Dyelo.'"* Is that so, indeed? Does the view that the mass movement must not be set the primary task of overthrowing the autocracy coincide with the views expressed in the pamphlet, *The Tasks of Russian Social-Democrats?* Do "the economic struggle against the employers and the government" theory and the stages theory coincide with the views expressed in that pamphlet? We leave it to the reader to judge whether an organ which understands the meaning of "coincidence" in this peculiar manner can have firm principles.

kind in an autocratic country may also be described as a "conspirative" organization, because the French word *"conspiration"* means in Russian "conspiracy," and we must have the utmost conspiracy for an organization of that kind. Secrecy is such a necessary condition for such an organization that all the other conditions (number and selection of members, functions, etc.) must all be subordinated to it. It would be extremely naive indeed, therefore, to fear the accusation that we Social-Democrats desire to create a conspirative organization. Such an accusation would be as flattering to every opponent of Economism as the accusation of being followers of Narodovolism would be.

Against us it will be argued: such a powerful and strictly secret organization, which concentrates in its hands all the threads of secret activities, an organization which of necessity must be a centralized organization, may too easily throw itself into a premature attack, may thoughtlessly intensify the movement before political discontent, the ferment and anger of the working class, etc., are sufficiently ripe for it. To this we reply: speaking abstractly, it cannot be denied, of course, that a militant organization *may* thoughtlessly commence a battle, which *may* end in defeat, which might have been avoided under other circumstances. But we cannot confine ourselves to abstract reasoning on such a question, because every battle bears within itself the abstract possibility of defeat, and there is no other way of *reducing this possibility* than by organized preparation for battle. If, however, we base our argument on the concrete conditions prevailing in Russia at the present time, we must come to the positive conclusion that a strong revolutionary organization is absolutely necessary precisely for the purpose of giving firmness to the movement, and of *safeguarding* it against the possibility of its making premature attacks. It is precisely at the present time, when no such organization exists yet, and when the revolutionary movement is rapidly and spontaneously growing, that we *already observe* two opposite extremes (which, as is to be expected, "meet"), *i.e.*, absolutely unsound Economism and the preaching of moderation, and equally unsound "excitative terror," which strives artificially to "call forth symptoms of its end in a movement which is developing and becoming strong, but which is as yet nearer to its beginning than to its end." (V. Zasulich, in *Zarya,* No. 2-3.) And the example of *Rabocheye Dyelo* shows that *there are already* Social-Democrats who give way to both these extremes. This is not surprising because, apart from other reasons, the "economic struggle against the employers and the government" *can never* satisfy revolutionaries, and because opposite extremes will always arise here and there. Only a centralized, militant organization that consistently carries out a Social-Democratic policy, that satisfies, so to speak, all revolutionary instincts and strivings, can safeguard the movement against making thoughtless attacks and prepare it for attacks that hold out the promise of success.

It will be further argued against us that the views on organization here expounded contradict the "principles of democracy." Now while the first-mentioned accusation was of purely Russian origin, this one is of *purely foreign* origin. And only an organization abroad (the League of Russian Social-Democrats) would be capable of giving its editorial board instructions like the following:

> "*Principles of Organization.* In order to secure the successful development and unification of Social-Democracy, broad democratic principles of Party organization must be emphasized, developed and fought for; and this is particularly necessary in view of the anti-democratic tendencies that have become revealed in the ranks of our Party." (*Two Congresses.*)

We shall see how *Rabocheye Dyelo* fights against *Iskra's* "anti-democratic tendencies" in the next chapter. Here we shall examine more closely the "principle" that the Economists advance. Everyone will probably agree that "broad democratic principles" presuppose the two following conditions: first, full publicity, and second, election to all functions. It would be absurd to speak about democracy without publicity, that is, a publicity that extends beyond the circle of the membership of the organization. We call the German Socialist Party a democratic organization because all it does is done publicly; even its Party congresses are held in public. But no one would call an organization that is hidden from every one but its members by a veil of secrecy, a democratic organization. What is the use of advancing "*broad* democratic principles" when the fundamental condition for these principles *cannot be fulfilled* by a secret organization? "Broad principles" turns out to be a resonant but hollow phrase. More that that, this phrase proves that the urgent tasks in regard to organization are totally misunderstood. Everyone knows how great is the lack of secrecy among the "broad" masses of revolutionaries. We have heard the bitter complaints of B——v on this score, and his absolutely just demand for a "strict selection of members." (*Rabocheye Dyelo,* No. 6.) And people who boast about their "sensitiveness to life" come forward in a situation like this, and *urge,* not strict secrecy and a strict (and therefore more restricted) selection of members but "*broad* democratic principles"! This is what we call being absolutely wide of the mark.

Nor is the situation with regard to the second attribute of democracy, namely, the principle of election, any better. In politically free countries, this condition is taken for granted. "Membership of the Party is open to those who accept the principles of the Party program, and render all the support they can to the Party"—says point 1 of the rules of the German Social-Democratic Party. And as the political arena is as open to the public view as is the stage in a theatre, this acceptance or non-acceptance, support or opposition, is known to all from the press and public meetings. Everyone knows that a certain political worker commenced in a certain way, passed through a certain evolution, behaved in difficult periods in a certain way and possesses certain qualities and, consequently, knowing all the facts of the case, *every* Party member can decide for himself whether or not to elect this person for a certain Party office. The general control (in the literal sense of the term) that the Party exercises over every act this person commits in the political field brings into existence an automatically operating mechanism which brings about what in biology is called "survival of the fittest." "Natural selection" of full publicity, the principle of election and general control provide the guarantee that, in the last analysis, every political worker will be "in his proper place," will do the work for which he is best fitted by his strength and abilities, will feel the effects of his mistakes on himself, and prove before all the world his ability to recognize mistakes and to avoid them.

Try to put this picture in the frame of our autocracy! Is it possible in Russia for all those "who accept the principles of the Party program and render all the support they can to the Party" to control every action of the revolutionary working in secret? Is it possible for all the revolutionaries to elect one of their number to any particular office, when, in the very interests of the work, he *must* conceal his identity from nine out of ten of these "all"? Ponder a little over the real meaning of the high-sounding phrases that *Rabocheye Dyelo* gives utterance to, and you will realize that "broad democracy" in Party organization, amidst the gloom of autocracy and the domination of gendarme selection, is nothing more than a *useless and harmful toy.* It is a useless toy because, as a matter of fact, no revolutionary organization has ever practiced *broad* democracy, nor could it, however much it desired to do so. It is a harmful toy because any attempt to practice the "broad democratic principles" will simply facilitate the work of the police in making big raids, it will perpetuate the prevailing primitiveness, divert the thoughts of the practical workers from the serious and imperative task of training themselves to become professional revolutionaries to that of drawing up detailed "paper" rules for election systems. Only abroad, where very often people who have no opportunity of doing real live work gather together, can the "game of democracy" be played here and there, especially in small groups.

In order to show how improper *Rabocheye Dyelo's* favorite trick is of advancing the implausible "principle" of democracy in revolutionary affairs, we shall again call a witness. This witness, E. Serebryakov, the editor of the London magazine, *Nakanunye,* has a tender feeling for *Rabocheye Dyelo,* and is filled with hatred against Plekhanov and the Plekhanovists. In articles that it published on the split in the League of Russian Social-Democrats Abroad, *Nakanunye* definitely took the side of *Rabocheye Dyelo* and poured a stream of despicable abuse upon Plekhanov. But this only makes this witness all the more valuable for us on this question. In No. 7 of *Nakanunye* (July 1899), in an article entitled "The Manifesto of the Self-Emancipation of the Workers Group," E. Serebryakov argues that it was "indecent" to talk about such things as "self-deception, priority and so-called Areopagus in a serious revolutionary movement," and *inter alia* wrote:

> "Myshkin, Rogachev, Zhelyabov, Mikhailov, Perovskaya, Figner and others never regarded themselves as leaders, and no one ever elected or appointed them as such, although as a matter of fact, they were leaders because, in the propaganda period, as well as in the period of the fight against the government, they took the brunt of the work upon themselves, they went into the most dangerous places and their activities were the most fruitful. Leadership came to them not because they wished it, but because the comrades surrounding them had confidence in their wisdom, their energy and loyalty. To be afraid of some kind of Areopagus [if it is not feared, why write about it?] that would arbitrarily govern the movement is far too naive. Who would obey it?"

We ask the reader, in what way does "Areopagus" differ from "anti-democratic tendencies"? And is it not evident that *Rabocheye Dyelo's* "plausible" organizational principle is equally naive and indecent; naive, because no one would obey "Areopagus," or people with "anti-democratic tendencies," if "the comrades surrounding them had" no "confidence in their wisdom, energy and loyalty"; indecent, because it is a demagogic sally calculated to play on the conceit of some, on the ignorance of the actual state of our movement on the part of others, and on the lack of training and ignorance of the history of the revolutionary movement of still others. The only serious organizational principle the active workers of our movement can accept is strict secrecy, strict selection of members and the training of professional revolutionaries. If we possessed these qualities, something even more than "democracy" would be guaranteed to us, namely, complete, comradely, mutual confidence among revolutionaries. And this is absolutely essential for us because in Russia it is useless thinking that democratic control can serve as a substitute for it. It would be a great mistake to believe that because it is impossible to establish real "democratic" control, the members of the revolutionary organization will remain altogether uncontrolled. They have not the time to think about the toy forms of democracy (democracy within a close and compact body of comrades in which complete, mutual confidence prevails), but they have a lively sense of their *responsibility,* because they know from experience that an organization of real revolutionaries will stop at nothing to rid itself of an undesirable member. Moreover, there is a fairly well-developed public opinion in Russian (and international) revolutionary circles which has a long history behind it, and which sternly and ruthlessly punishes every departure from the duties of comradeship (and does not "democracy," real and not toy democracy, form a part of the conception of comradeship?). Take all this into consideration and you will realize that all the talk and resolutions about "anti-democratic tendencies" has the fetid odor of the game of generals that is played abroad.

It must be observed also that the other source of this talk, *i.e.,* naiveté, is likewise fostered by the confusion of ideas concerning the meaning of democracy. In Mr. and Mrs. Webb's book on trade unionism, there is an interesting chapter entitled "Primitive Democracy." In this chapter, the authors relate how, in the first period of existence of their unions, the British workers thought that it was an indispensable sign of democracy for all the members to do all the work of managing the unions; not only were all questions decided by the votes of all the members, but all the official duties were fulfilled by all the members in turn. A long period of historical experience was required to teach these workers how absurd such a conception of democracy was and to make them understand the necessity for representative institutions on the one hand, and for full-time professional officials on the other. Only after a number of cases of financial bankruptcy of trade unions occurred did the workers realize that rates of contributions and benefits cannot be decided merely by a democratic vote, but must be based on the advice of insurance experts. Let us take also Kautsky's book on parliamentarism and legislation by the people. There you will find that the conclusions drawn by the Marxian theoretician coincide with the lessons learned from many years of experience by the workers who organized "spontaneously." Kautsky strongly protests against Rittinghausen's primitive conception of democracy; he ridicules those who in the name of democracy demand that "popular newspapers shall be directly edited by the people"; he shows the need for *professional* journalists, parliamentarians, etc., for the Social-Democratic leadership of the proletarian class struggle; he attacks the "socialism of anarchists and *litterateurs,*" who in their "striving after effect" proclaim the principle that laws should be passed directly by the whole people, completely failing to understand that in modern society this principle can have only a relative application.

Those who have carried on practical work in our movement know how widespread is the "primitive" conception of democracy among the masses of the students and workers. It is not surprising that this conception permeates rules of organization and literature. The Economists of the Bernstein persuasion included in their rules the following: "§ 10. All affairs affecting the interests of the whole of the union organization shall be decided by a majority vote of all its members." The Economists of the terrorist persuasion repeat after them: "The decisions of the committee must be circulated among all the circles and become effective only after this has been done." (*Svoboda,* No. 1.) Observe that this proposal for a widely applied referendum is advanced *in addition* to the demand that *the whole of* the organization be organized on an elective basis! We would not, of course, on this account condemn practical workers who have had too few opportunities for studying the theory and practice of real democratic organization, but when *Rabocheye Dyelo,* which claims to play a leading role, confines itself, under such conditions, to resolutions about broad democratic principles, how else can it be described than as a mere "striving after effect"?

F. Local and All-Russian Work

Although the objections raised against the plan for an organization outlined here on the grounds of its undemocratic and conspirative character are totally unsound, nevertheless, a question still remains which is frequently put and which deserves detailed examination. This is the question about the relations between local work and all-Russian work. Fears are expressed that the formation of a centralized organization would shift the center of gravity from the former to the latter; that this would damage the movement, would weaken our contacts with the masses of the workers, and would weaken local agitation generally. To these fears we reply that our movement in the past few years has suffered precisely from the fact that the local workers have been too absorbed in local work. Hence it is absolutely necessary to shift the weight of the work somewhat from local work to national work. This would not weaken, on the contrary, it would strengthen our ties and the continuity of our local agitation. Take the question of central and local journals. I would ask the reader not to forget that we cite the publication of journals only as *an example,* illustrating an immeasurably broader, more widespread and varied revolutionary activity.

In the first period of the mass movement (1896-98), an attempt is made by local Party workers to publish an all-Russian journal, *Rabochaya Gazeta.* In the next period (1898-1900), the movement makes enormous strides, but the attention of the leaders is wholly absorbed by local publications. If we count up all the local journals that were published, we shall find that on the average one paper per month was published.[1] Does this not illustrate our primitive ways? Does this not clearly show that our revolutionary organization lags behind the spontaneous growth of the movement? If *the same number* of issues had been published, not by scattered local groups, but by a single organization, we would not only have saved an enormous amount of effort, but we would have secured immeasurably greater stability and continuity in our work. This simple calculation is very frequently lost sight of by those

[1] See *Report to the Paris Congress.* "From that time [1897] to the spring of 1900, thirty issues of various papers were published in various places. . . . On an average, over one number per month was published."

practical workers who work *actively*, almost exclusively, on local publications (unfortunately this is the case even now in the overwhelming majority of cases), as well as by the publicists who display an astonishing quixotism on this question. The practical workers usually rest content with the argument that "it is difficult" for local workers to engage in the organization of an all-Russian newspaper, and that local newspapers are better than no newspapers at all.[1] The latter argument is, of course, perfectly just, and we shall not yield to any practical worker in our recognition of the enormous importance and usefulness of local newspapers *in general*. But this is not the point. The point is, can we rid ourselves of the state of diffusion and primitiveness that is so strikingly expressed in the thirty numbers of local newspapers published throughout the whole of Russia in the course of two and a half years? Do not restrict yourselves to indisputable, but too general, statements about the usefulness of local newspapers generally; have the courage also openly to admit the defects that have been revealed by the experience of two and a half years. This experience has shown that under the conditions in which we work, these local newspapers prove, in the majority of cases, to be unstable in their principles, lacking in political significance, extremely costly in regard to expenditure of revolutionary forces, and totally unsatisfactory from a technical point of view (I have in mind, of course, not the technique of printing them, but the frequency and regularity of publication). These defects are not accidental; they are the inevitable result of the diffusion which on the one hand explains the predominance of local newspapers in the period under review, and on the other hand is *fostered by* this predominance. A separate local organization is *positively unable* to maintain stability of principles in its newspaper and raise it to the level of a political organ; *it is unable* to collect and utilize sufficient material dealing with the whole of our political life. While in politically free countries it is often argued in defense of numerous local newspapers that the cost of printing by local workers is low and that the local population can be kept more fully and quickly informed, experience has shown that in Russia this argument can be used *against* local newspapers. In Russia, local newspapers prove to be excessively costly in regard to the expenditure of revolutionary forces, and *appear very rarely*,

[1] This difficulty is more apparent than real. As a matter of fact, *there is not a single* local circle that lacks the opportunity of taking up some function or other in connection with all-Russian work. "Don't say: I can't; say: I won't."

for the very simple reason that no matter how small its size, the publication of an *illegal newspaper* requires a large secret apparatus such as requires large factory production; for such an apparatus cannot be created in a small, handicraft workshop. Very frequently, the primitiveness of the secret apparatus (every practical worker knows of numerous cases like this) enables the police to take advantage of the publication and distribution of one or two numbers to make *mass arrests,* which make such a clean sweep that it is necessary afterwards to start all over again. A well-organized secret apparatus requires professionally well-trained revolutionaries and proper division of labor, but neither of these requirements can be met by separate local organizations, no matter how strong they may be at any given moment. Not only are the general interests of our movement as a whole (training of the workers in consistent socialist and political principles) *better served by non-local newspapers,* but so also are even specifically local interests. This may seem paradoxical at first sight, but it has been proved up to the hilt by the two and a half years of experience to which we have already referred. Everyone will agree that if all the local forces that were engaged in the publication of these thirty issues of newspapers had worked on a single newspaper, they could easily have published sixty if not a hundred numbers and, consequently, would have more fully expressed all the specifically local features of the movement. True, it is not an easy matter to attain such a high degree of organization, but we must realize the need for it. Every local circle must think about it, and *work actively* to achieve it, without waiting to be pushed on from outside; and we must stop being tempted by the easiness and closer proximity of a local newspaper which, as our revolutionary experience has shown, proves to a large extent to be illusory.

And it is a bad service indeed those publicists render to the practical work who, thinking they stand particularly close to the practical workers, fail to see this illusoriness, and make shift with the astonishingly cheap and astonishingly hollow argument: we must have local newspapers, we must have district newspapers and we must have all-Russian newspapers. Generally speaking, of course, all these are necessary, but when you undertake to solve a concrete organizational problem, surely you must take time and circumstance into consideration. Is it not quixotic on the part of *Svoboda* (No. 1), in a special article "dealing with *the question of a newspaper,*" to write: "It seems to us that every locality, where any number of workers are collected, should have its own labor newspaper; not a newspaper imported from somewhere or other, but its very own." If the publicist who wrote that refuses to think about the significance of his own words, then at least you, reader, think about it for him. How many scores, if not hundreds, of "localities where any number of workers are collected" are there in Russia, and would it not be simply perpetuating our primitive methods if indeed every local organization set to work to publish its own newspaper? How this diffusion would facilitate the task of the gendarmes of fishing out—without any considerable effort at that—the local Party workers at the very beginning of their activity and preventing them from developing into real revolutionaries! A reader of an all-Russian newspaper, continues the author, would not find descriptions of the malpractices of the factory owners and the "details of factory life in other towns outside his district at all interesting." But "an inhabitant of Orel would not find it dull reading about Orel affairs. Each time he picked up his paper he would learn that some factory owner had been 'caught' and another 'exposed,' and his spirits would begin to soar." Yes, yes, the spirit of the Orelian would begin to soar, but the thoughts of our publicist are also beginning to soar—too high. He should have asked himself: is it right to concern oneself entirely with defending the striving after petty reforms? We are second to none in our appreciation of the importance and necessity of factory exposures, but it must be borne in mind that we have reached a stage when St. Petersburgians find it dull reading the St. Petersburg correspondence of the St. Petersburg *Rabochaya Mysl.* Local factory exposures have always been *and should always continue* to be made through the medium of leaflets, but we must raise the level of the *newspaper,* and not degrade it to the level of a factory leaflet. We do not require "petty" exposures for our "newspaper." We require exposures of the important, typical evils of factory life, exposures based on the most striking facts and capable of interesting *all* workers and all leaders of the movement, capable of really enriching their knowledge, widening their outlook, and of rousing new districts and new professional strata of the workers.

"Moreover, in a local newspaper, the malpractices of the factory officials and other authorities may be seized upon immediately, and they may be caught red-handed. In the case of a general newspaper, however, by the time the news reaches the paper and by the time they are published the facts will have been forgotten in the localities in which they occurred. The reader, when he gets the paper, will say: 'God knows when that happened!' " *(Ibid.)* Exactly! God knows when it happened. As we know from the source I have already quoted, during two and a half years, thirty issues of newspapers were published in six cities. This, on the average, is *one issue per city per half year.* And even if our frivolous publicist *trebled* his estimate of the productivity of local work (which would be wrong in the case of an average city, because it is impossible to increase productivity to any extent by our primitive methods), we would still get only one issue every two months, *i.e.,* nothing at all like "catching them red-handed." It would be sufficient, however, to combine a score or so of local organizations, and assign active functions to their delegates in organizing a general newspaper, to enable us to "catch" *over the whole of Russia,* not petty, but really outstanding and typical evils once every fortnight. No one who has any knowledge at all of the state of affairs in our organizations can have the slightest doubt about that. It is quite absurd to talk about an illegal newspaper catching the enemy red-handed, that is, if we mean it seriously and not merely as a metaphor. That can only be done by a surreptitious leaflet, because an incident like that can only be of interest for a matter of a day or two (take, for example, the usual brief strikes, beatings in a factory, demonstrations, etc.).

"The workers not only live in factories, they also live in the cities," continues our author, rising from the particular to the general, with a strict consistency that would have done honor to Boris Krichevsky himself; and he refers to matters like city councils, city hospitals, city schools, and demands that labor newspapers should not ignore municipal affairs in general. This demand is an excellent one in itself, but it serves as a remarkable illustration of the empty abstraction which too frequently characterizes discussions about local newspapers. First of all, if indeed newspapers appeared "in every locality where any number of workers are collected" with such detailed information on municipal affairs as *Svoboda* desires, it would, under our Russian conditions, inevitably degenerate into a striving for petty reforms, would lead to a weakening of the consciousness of the importance of an all-Russian revolutionary attack upon the tsarist autocracy, and would strengthen those extremely virile shoots of the tendency —not uprooted but rather temporarily suppressed—which has already become notorious as a result of the famous remark about revolutionaries who talk a great deal about non-existent parliaments and too little about existing city councils. We say "inevitably" deliberately, in order to emphasize that *Svoboda* obviously does not want this but the contrary to happen. But good intentions are not enough. In order that municipal affairs may be dealt with in their proper perspective, in relation to the whole of our work, this perspective must first be clearly conceived; it must be firmly established, not only by argument, but by numerous examples, in order that it may acquire the firmness of a *tradition.* This is far from being the case with us yet. And yet this must be done *first,* before we can even think and talk about an extensive local press.

Secondly, in order to be able to write well and interestingly about municipal affairs, one must know these questions not only from books. And there are hardly any Social-Democrats *anywhere in Russia* who possess this knowledge. In order to be able to write in newspapers (not in popular pamphlets) about municipal and state affairs, one must have fresh and multifarious material collected and worked up by able journalists. And in order to be able to collect and work up such material, we must have something more than the "primitive democracy" of a primitive circle, in which everybody does everything and all entertain one another by playing at referendums. For this it is necessary to have a staff of expert writers, expert correspondents, an army of Social-Democratic reporters that has established contacts far and wide, able to penetrate into all sorts of "state secrets" (about which the Russian government official is so puffed up, but which he so easily blabs), find its way "behind the scenes," an army of men and women whose "official duty" it must be to be ubiquitous and omniscient. And we, the party that fights against *all* economic, political, social and national oppression, can and must find, collect, train, mobilize and set into motion such an army of omniscient people—but all this has yet to be done! Not only has not a single step been taken towards this in the overwhelming majority of localities, but in many cases the necessity for doing it is *not even realized.* Search our Social-Democratic press for lively and interesting articles, correspondence, and exposures of our diplomatic, military, ecclesiastical, municipal, financial, etc., etc., affairs and malpractices! You will find *almost nothing,* or very little, about these things.[1]

[1] That is why even examples of exceptionally good local newspapers fully confirm our point of view. For example, *Yuzhny Rabochy* [*Southern Worker*] is an excellent newspaper, and is altogether free from instability of principles.

That is why "It always frightfully annoys me when a man comes to me and utters beautiful and charming words" about the need for newspapers that will expose factory, municipal and government evils "in every locality where any number of workers are collected"!

The predominance of the local press over the central press may be either a symptom of poverty or a symptom of luxury. Of poverty, when the movement has not yet developed the forces for large-scale production, and continues to flounder in primitive ways and in "the petty details of factory life." Of luxury, when the movement has *already fully mastered the task* of all-sided exposure and all-sided agitation and it becomes necessary to publish numerous local newspapers in addition to the central organ. Let each one decide for himself what the predominance of local newspapers implies at the present time. I shall limit myself to a precise formulation of my own conclusion in order to avoid misunderstanding. Hitherto, the majority of our local organizations have been thinking almost exclusively of local newspapers, and have devoted almost all their activities to these. This is unsound—the very opposite should be the case. The majority of the local organizations should think principally of the publication of an all-Russian newspaper, and devote their activities principally to it. Until this is done, we shall never be able to establish *a single newspaper* capable, to any degree, of serving the movement with *all-sided* press agitation. When it is done, however, normal relations between the necessary central newspapers and the necessary local newspapers will be established automatically.

* * *

It would seem at first sight that the conclusion drawn concerning the necessity for transferring the weight of effort from local work to all-Russian work does not apply to the sphere of the specifically economic struggle. In this struggle, the immediate enemy of the workers is the individual employer or

---

But it has been unable to provide what it desired for the local movement, owing to the infrequency of its publication and to extensive police raids. What our Party most urgently requires, at the present time, *viz.*, the presentation of the fundamental questions of the movement and wide political agitation, the local newspaper has been unable to satisfy. And the material it has published exceptionally well, like the articles about the mine owners' congress, unemployment, etc., was not strictly local material, *it was required for the whole of Russia,* and not for the South alone. No articles like that have appeared in any of our Social Democratic newspapers.

group of employers, who are not bound by any organization having even the remotest resemblance to the purely militant, strictly centralized organization of the Russian government which is guided even in its minutest details by a single will, and which is our immediate enemy in the political struggle.

But that is not the case. As we have already pointed out many times, the economic struggle is a trade struggle, and for that reason it requires that the workers be organized according to trade and not only according to their place of employment. And this organization by trade becomes all the more imperatively necessary, the more rapidly our employers organize in all sorts of companies and syndicates. Our state of diffusion and our primitiveness hinder this work of organization, and in order that this work may be carried out we must have a single, all-Russian organization of revolutionaries capable of undertaking the leadership of the all-Russian trade unions. We have already described above the type of organization that is desired for this purpose, and now we shall add just a few words about this in connection with the question of our press.

Hardly anyone will doubt the necessity for every Social-Democratic newspaper having a special section devoted to the trade union (economic) struggle. But the growth of the trade union movement compels us to think also about the trade union press. It seems to us, however, that with rare exceptions it is not much use thinking of trade union newspapers in Russia at the present time; that would be a luxury, and in many places we cannot even obtain our daily bread. The form of trade union press that would suit the conditions of our illegal work and is already called for at the present time is the *trade union pamphlet*. In these pamphlets, *legal*[1] and ille-

[1] Legal material is particularly important in this connection, but we have lagged behind very much in our ability systematically to collect and utilize it. It would not be an exaggeration to say that legal material alone would be sufficient for a trade union pamphlet, whereas illegal material alone would not be sufficient. In illegal material collected from workers on questions like those dealt with in the publications of *Rabochaya Mysl*, we waste a lot of the efforts of revolutionaries (whose place in this work could very easily be taken by legal workers), and yet we never obtain good material because a worker who knows only a single department of a large factory, who knows the economic results but not the general conditions and standards of his work, cannot acquire the knowledge which is possessed by the office staff of a factory, by inspectors, doctors, etc., and which is scattered in petty newspaper correspondence, and in special, industrial, medical, Zemstvo and other publications.

I very distinctly remember my "first experiment," which I would never like to repeat. I spent many weeks "examining" a workingman who came to visit me, about the conditions prevailing in the enormous factory at which he was employed. True, after great effort, I managed to obtain material for a description (of just one single factory!), but at the end of the interview the work-

gal material should be collected and grouped systematically, on conditions of labor in a given trade, on the various conditions prevailing in the various parts of Russia, on the principal demands advanced by the workers in a given trade, on the defects of the laws in relation to that trade, on the outstanding cases of workers' economic struggle in this trade, on the rudiments, the present state and the requirements of their trade union organizations, etc. Such pamphlets would, in the first place, relieve our Social-Democratic press of a mass of trade details that interest only the workers employed in the given trade; secondly, they would record the results of our experience in the trade union struggle, would preserve the material collected—which is now literally lost in a mass of leaflets and fragmentary correspondence—and would generalize this material. Thirdly, they could serve as material for the guidance of agitators, because conditions of labor change relatively slowly and the principal demands of the workers in a given trade hardly ever change (see, for example, the demands advanced by the weavers in the Moscow district in 1885 and in the St. Petersburg district in 1896); a compilation of these demands and needs might serve for years as an excellent handbook for agitators on economic questions in backward localities or among backward strata of the workers. Examples of successful strikes, information about the higher standard of living, about better conditions of labor in one district, would encourage the workers in other districts to take up the fight again and again. Fourthly, having made a start in generalizing the trade union struggle, and having in this way strengthened the contacts between the Russian trade union movement and socialism, the Social-Democrats would at the same time see to it that our trade union work did not take up either too small or too large a part of our general Social-Democratic work. A local organization that is cut off from the organizations in other towns finds it very difficult, and sometimes almost impossible, to maintain a correct sense of proportion (and the example of *Rabochaya Mysl* shows what a monstrous exaggeration is sometimes made in the direction of trade unionism). But an all-Russian organization of revolutionaries, that stands undeviatingly on the basis of Marxism, that leads the

---

ingman would wipe the sweat from his brow, and say to me smilingly: "I would rather work overtime than reply to your questions!"

The more energetically we carry on our revolutionary struggle, the more the government will be compelled to legalize a part of the "trade union" work, and by that relieve us of part of our burden.

whole of the political struggle and possesses a staff of professional agitators, will never find it difficult to determine the proper proportion.

CONCLUSION

The history of Russian Social-Democracy can be divided into three distinct periods:

The first period covers about ten years, approximately the years 1884 to 1894. This was the period of the rise and consolidation of the theory and program of Social-Democracy. The number of adherents of the new tendency in Russia could be counted in units. Social-Democracy existed without a labor movement; it was, as it were, in its period of gestation.

The second period covers three or four years—1894-98. In this period Social-Democracy appeared in the world as a social movement, as the rising of the masses of the people, as a political party. This is the period of its childhood and adolescence. The fight against Narodism and going among the workers infected the intelligentsia wholesale like an epidemic, and the workers were equally infected by strikes. The movement made enormous strides. The majority of the leaders were very young people who had by no means reached the "age of thirty-five" which to N. Mikhailovsky appears to be a sort of natural borderline. Owing to their youth, they proved to be untrained for practical work and they left the scene with astonishing rapidity. But in the majority of cases the scope of their work was extremely wide. Many of them began their revolutionary thinking as Narodovolists. Nearly all of them in their early youth enthusiastically worshipped the terrorist heroes. It was a great wrench to abandon the captivating impressions of these heroic traditions and it was accompanied by the breaking off of personal relationships with people who were determined to remain loyal to *Narodnaya Volya* and for whom the young Social-Democrats had profound respect. The struggle compelled them to educate themselves, to read the illegal literature of all tendencies and to study closely the questions of legal Narodism. Trained in this struggle, Social-Democrats went into the labor movement without "for a moment" forgetting the theories of Marxism which illumined their path or the task of overthrowing the autocracy. The formation of the Party in the spring of 1898 was the most striking and at the same time the *last* act of the Social-Democrats in this period.

The third period, as we have seen, began in 1897 and definitely replaced the second period in 1898 (1898—?). This was the period of dispersion, dissolution and vacillation. In the period of adolescence the youth's voice breaks. And so, in this period, the voice of Russian Social-Democracy began to break, began to strike a false note—on the one hand, in the productions of Messrs. Struve and Prokopovich, Bulgakov and Berdyaev, on the other hand, in the productions of V. I——n and R. M., B. Krichevsky and Martynov. But it was only the leaders who wandered about separately and went back; the movement itself continued to grow, and it advanced with enormous strides. The proletarian struggle spread to new strata of the workers over the whole of Russia and at the same time indirectly stimulated the revival of the democratic spirit among the students and among other strata of the population. The consciousness of the leaders, however, yielded to the breadth and power of the spontaneous rising; among Social-Democrats, a different streak predominated—a streak of Party workers who had been trained almost exclusively on "legal Marxian" literature, and the more the spontaneity of the masses called for consciousness, the more the inadequacy of this literature was felt. The leaders not only lagged behind in regard to theory ("freedom of criticism") and practice ("primitiveness"), but even tried to justify their backwardness by all sorts of high-flown arguments. Social-Democracy was degraded to the level of trade unionism in legal literature by the Brentano-ists and in illegal literature by the *khvostists.* The program of the *Credo* began to be put into operation, especially when the "primitiveness" of the Social-Democrats caused a revival of non-Social-Democratic revolutionary tendencies.

And if the reader reproaches me for having dealt in excessive detail with a certain *Rabocheye Dyelo,* I shall say to him in reply: *Rabocheye Dyelo* acquired "historical" significance because it most strikingly reflected the "spirit" of this third period.[1] It was not the consistent R. M. but the weathercock Krichevskys and Martynovs who could properly express the confusion and vacillation, and the readiness to make concessions to "criticism," to "Economism" and to terrorism. It is not the lofty contempt for practical work displayed by the

[1] I could also reply with the German proverb: *Den Sack schlägt man, den Esel meint man* (you beat the sack, but the blows are intended for the ass). It was not *Rabocheye Dyelo* alone that was carried away by the fashion of "criticism" but also *the masses of practical workers and theoreticians;* they became confused on the question of spontaneity and strayed from the Social-Democratic to the trade union conception of our political and organizational tasks.

worshippers of the "absolute" that is characteristic of this period, but the combination of pettifogging practice and utter disregard for theory. It was not so much the downright rejection of "grand phrases" that the heroes of this period engaged in as in the vulgarization of these phrases: scientific socialism ceased to be an integral revolutionary theory and became a hodge-podge idea "freely" diluted with the contents of every new German textbook that appeared; the slogan "class struggle" did not impel them forward to wider and more strenuous activity but served as a soothing syrup, because the "economic struggle is inseparably linked up with the political struggle"; the idea of a party did not serve as a call for the creation of a militant organization of revolutionaries, but was used to justify some sort of a "revolutionary bureaucracy" and infantile playing at "democratic" forms.

When this third period will come to an end and the fourth begin we do not know (at all events it is already heralded by many signs). We are passing from the sphere of history to the sphere of the present and partly to the sphere of the future. But we firmly believe that the fourth period will see the consolidation of militant Marxism, that Russian Social-Democracy will emerge from the crisis in the full strength of manhood, that the place of the rearguard of opportunists will be taken by a genuine vanguard of the most revolutionary class.

In the sense of calling for such a "new guard" and summing up, as it were, all that has been expounded above, my reply to the question: "What is to be done?" can be put briefly: Liquidate the Third Period.

IMPERIALISM, THE HIGHEST STAGE OF CAPITALISM

Lenin wrote *Imperialism, the Highest Stage of Capitalism* early in 1916, while in exile in Switzerland. Although the manuscript was at the printer by October 1916, the book itself did not appear in St. Petersburg until September 1917, apparently as a result of the general confusion and disorganization in Russia during this period.

The book was written for open, legal publication in Russia; Lenin had Tsarist censorship in mind and devised means to circumvent it. Employing what he characterized as "Aesopian language," he used non-Russian examples to illustrate points about Russia. As Lenin commented later, "It is painful, in these days of liberty, to read these squeezed-in passages of the pamphlet, crushed, as they seem, in an iron vise, distorted on account of the censor." He went on to explain: "The careful reader will easily substitute Russia for Japan, and Finland, Poland, Courland, the Ukraine, Khiva, Bokhara, Estonia and other regions peopled by non-Great Russians for Korea."

To Lenin, imperialism is the dominance of finance capital. Specifically, he does not define imperialism as it is generally defined, namely, the building of empires by subjugation of territories and the exploitation of these colonial territories for new materials and as markets. Indeed, as early as the World War I period, Lenin believed this form of imperialism was outmoded. Instead, he concerned himself with what he asserted was the inevitable next stage of imperialism, where the "have" nations could and would dominate the "have not" nations simply by the export of capital itself. By this means, the rich nations would not need to exploit the poor nations to secure raw materials for their own industries, nor would they need to utilize the poor nations as captive markets; they could merely collect the continuing income from their capital, while all the actual work was performed in the "have not" debtor nations.

It is obvious what this would cause in the wealthy nations

themselves; the financiers would divert their capital to the foreign locales where it would produce the highest returns and refrain from aiding industry in their own countries, resulting in industrial stagnation in the wealthy nations. This, in turn, would intensify the division between the productive, working classes and the nonproductive, investing classes within the wealthy nations.

This, Lenin predicts, is the final, stagnant, "parasitic," revolutionary stage of capitalism. To emphasize his case, Lenin deliberately does not draw upon Marx or Marxist economists for substantiation, but instead chooses to utilize non-Marxist sources for statistics and quotations.

Of particular interest to the contemporary American reader is Lenin's attention to the history of American industry and finance, his references to the business techniques of the "robber barons" of the late nineteenth and early twentieth centuries, his analysis of the conflict between large and small capital, and his striking predictions concerning the development and role of the modern corporation.

Imperialism, the Highest Stage of Capitalism appears here complete.

CHAPTER I

CONCENTRATION OF PRODUCTION AND MONOPOLIES

The enormous growth of industry and the remarkably rapid process of concentration of production in ever-larger enterprises represent one of the most characteristic features of capitalism. Modern censuses of production give complete and exact information on this process.

In Germany, for example, for every 1,000 industrial enterprises, large enterprises, *i.e.*, those employing more than 50 workers, numbered three in 1882; six in 1895; nine in 1907; and out of every 100 workers employed, this group of enterprises, on the dates mentioned, employed 22, 30 and 37 respectively. Concentration of production, however, is much more intense than the concentration of workers, since labor in the large enterprises is much more productive. This is shown by the figures available on steam and electric motors. If we take what in Germany is called industry in the broad sense of the term, that is, including commerce, transport, etc., we get the following picture: Large-scale enterprises: 30,588 out of a total of 3,265,623, that is to say, 0.9 per cent. These large-scale enterprises employ 5,700,000 workers out of a total of 14,400,000, that is, 39.4 per cent; they use 6,600,000 steam horse power out of a total of 8,800,000, that is, 75.3 per cent, and 1,200,000 kilowatts of electricity out of a total of 1,500,000, that is, 77.2 per cent.

Less than one-hundredth of the total enterprises utilize *more than three-fourths* of the steam and electric power! Two million nine hundred and seventy thousand small enterprises (employing up to five workers), representing 91 per cent of the total, utilize only 7 per cent of the steam and electric power. Tens of thousands of large-scale enterprises are everything; millions of small ones are nothing.

In 1907, there were in Germany 586 establishments employing one thousand and more workers. They employed nearly one-tenth (1,380,000) of the total number of workers employed in industry and utilized *almost one-third* (32 per cent) of the total steam and electric power employed. As we shall see, money capital and the banks made this superiority of a handful of the largest enterprises still more overwhelming, in the most literal sense of the word, since millions of small, medium, and even some big "masters" are in fact in complete subjection to some hundreds of millionaire financiers.

In another advanced country of modern capitalism, the United States, the growth of the concentration of production is still greater. Here statistics single out industry in the narrow sense of the word, and group enterprises according to the value of their annual output. In 1904 in the United States, large-scale enterprises with an annual output of one million dollars and over numbered 1,900 (out of 216,180, that is, 0.9 per cent). These employed 1,400,000 workers (out of 5,500,000, *i.e.*, 25.6 per cent) and their combined annual output was valued at $5,600,000,000 (out of $14,800,000,000, *i.e.*, 38 per cent). Five years later, in 1909, the corresponding figures were: Large-scale enterprises: 3,060 (out of 268,491, *i.e.*, 1.1 per cent); employing: 2,000,000 workers (out of

6,600,000, *i.e.*, 30.5 per cent); producing: $9,000,000,000 (out of $20,700,000,000, *i.e.*, 43.8 per cent).

Almost half the total production of all the enterprises of the country was carried on by a *hundredth* part of those enterprises! These 3,000 giant enterprises embrace 268 branches of industry. From this it can be seen that, at a certain stage of its development, concentration itself, as it were, leads right to monopoly; for a score or so of giant enterprises can easily arrive at an agreement, while on the other hand the difficulty of competition and the tendency towards monopoly arise from the very dimensions of the enterprises. This transformation of competition into monopoly is one of the most important—if not the most important—phenomena of modern capitalist economy, and we must deal with it in greater detail. But first we must clear up one possible misunderstanding.

American statistics say: 3,000 giant enterprises in 250 branches of industry, as if there were only a dozen large-scale enterprises for each branch of industry.

But this is not the case. Not in every branch of industry are there large-scale enterprises; and, moreover, a very important feature of capitalism in its highest stage of development is the so-called *combine,* that is to say, the grouping in a single enterprise of different branches of industry, which either represent the consecutive stages in the working up of raw materials (for example, the smelting of iron ore into pig iron, the conversion of pig iron into steel, and then, perhaps, the manufacture of steel goods)—or are auxiliary to one another (for example, the utilization of waste or of by-products, the manufacture of packing materials, etc.).

> ". . . Combination," writes Hilferding, "levels out the fluctuations of trade and therefore assures to the combined enterprises a more stable rate of profit. Secondly, combination has the effect of eliminating trading. Thirdly, it has the effect of rendering possible technical improvements and, consequently, the acquisition of super-profits over and above those obtained by the 'pure,' *i.e.*, non-combined, enterprises. Fourthly, it strengthens the position of the combined enterprises compared with that of 'pure' enterprises, it increases their competitive power in periods of serious depression when the fall in prices of raw materials does not keep pace with the fall in prices of manufactured articles."

The German bourgeois economist, Heymann, who has written a book especially on "mixed," that is, combined, enterprises in the German iron industry, says: "Non-combine enterprises perish, crushed by the high price of raw material and the low price of the finished product." Thus we get the following picture:

"There remain, on the one hand, the great coal companies, producing millions of tons yearly, strongly organized in their coal syndicate, and closely connected with them the big steel plants and their steel syndicate; and these great enterprises, producing 400,000 tons of steel per annum, with correspondingly extensive coal, ore and blast furnace operations, as well as the manufacturing of finished goods, employing 10,000 workers quartered in company houses, sometimes owning their own wharves and railways, are today the standard type of German iron and steel plant. And concentration continues. Individual enterprises are becoming larger and larger. An ever increasing number of enterprises in one given industry, or in several different industries, join together in giant combines, backed up and controlled by half a dozen Berlin banks. In the German mining industry, the truth of the teachings of Karl Marx on the concentration of capital is definitely proved, at any rate in a country where it is protected by tariffs and freight rates. The German mining industry is ripe for expropriation."

Such is the conclusion which a conscientious bourgeois economist, and such are exceptional, had to arrive at. It must be noted that he seems to place Germany in a special category because her industries are protected by high tariffs. But the concentration of industry and the formation of monopolist, manufacturers' combines, cartels, syndicates, etc., could only be accelerated by these circumstances. It is extremely important to note that in free trade England, concentration *also* leads to monopoly, although somewhat later and perhaps in another form. Professor Hermann Levy, in his special investigation entitled *Monopolies, Cartels and Trusts,* based on data on British economic development, writes as follows:

"In Great Britain it is the size of the enterprise and its capacity which harbor a monopolist tendency. This, for one thing, is due to the fact that the great investment of capital per enterprise, once the concentration movement has commenced, gives rise to increasing demands for new capital for the new enterprises and thereby renders their launching more difficult. Moreover (and this seems to us to be the more important point), every new enterprise that wants to keep pace with the gigantic enterprises that have arisen on the basis of the process of concentration produces such an enormous quantity of surplus goods that it can only dispose of them either by being able to sell them profitably as a result of an enormous increase in demand or by immediately forcing down prices to a level that would be unprofitable both for itself and for the monopoly combines."

In England, unlike other countries where the protective tariffs facilitate the formation of cartels, monopolist alliances of *entrepreneurs,* cartels and trusts, arise in the majority of cases only when the number of competing enterprises is reduced to a "couple of dozen or so." "Here the influence of the concentration movement on the formation of large industrial monopolies in a whole sphere of industry stands out with crystal clarity."

Fifty years ago, when Marx was writing *Capital,* free competition appeared to most economists to be a "natural law." The official scientists tried, by a conspiracy of silence, to kill the works of Marx, which by a theoretical and historical analysis of capitalism showed that free competition gives rise to the concentration of production, which, in turn, at a certain stage of development, leads to monopoly. Today, monopoly has become a fact. The economists are writing mountains of books in which they describe the diverse manifestations of monopoly, and continue to declare in chorus that "Marxism is refuted." But facts are stubborn things, as the English proverb says, and they have to be reckoned with, whether we like it or not. The facts show that differences between capitalist countries, *e.g.,* in the matter of protection or free trade, only give rise to insignificant variations in the form of monopolies or in the moment of their appearance, and that the rise of monopolies, as the result of the concentration of production, is a general and fundamental law of the present stage of development of capitalism.

For Europe, the time when the new capitalism was *definitely* substituted for the old can be established fairly precisely: it was the beginning of the twentieth century. In one of the latest compilations on the history of the "formation of monopolies," we read:

"A few isolated examples of capitalist monopoly could be cited from the period preceding 1860; in these could be discerned the embryo of the forms that are common today; but all undoubtedly represent pre-history. The real beginning of modern monopoly goes back, at the earliest, to the 'sixties. The first important period of development of monopoly commenced with the international industrial depression of the 'seventies and lasted until the beginning of the 'nineties. . . . If we examine the question on a European scale, we will find that the development of free competition reached its apex in the 'sixties and 'seventies. Then it was that England completed the construction of its old style capitalist organization. In Germany, this organization had entered into a decisive struggle with handicraft and domestic industry, and had begun to create for itself its own forms of existence. . . ."

"The great revolutionization commenced with the crash of 1873, or rather, the depression which followed it and which, with hardly discernible interruptions in the early 'eighties and the unusually violent, but short-lived boom about 1889, marks twenty-two years of European economic history. During the short boom of 1889-90, the system of cartels was widely resorted to in order to take advantage of the favorable business conditions. An ill-considered policy drove prices still higher than would have been the case otherwise and nearly all these cartels perished ingloriously in the smash. Another five-year period of bad trade and low prices followed, but a new spirit reigned in industry; the depression was no longer regarded as something to be taken for granted: it was regarded as nothing more than a pause before another boom.

"The cartel movement entered its second epoch. Instead of being a transitory phenomenon, the cartels became one of the foundations of economic life. They are winning one field after another, primarily, the raw materials industry. At the beginning of the 'nineties the cartel system had already acquired—in the organization of the coke syndicate on the model of which the coal syndicate was later formed—a cartel technique which could hardly be improved. For the first time the great boom at the close of the nineteenth century and the crisis of 1900-03 occurred entirely—in the mining and iron industries at least—under the aegis of the cartels. And while at that time it appeared to be something novel, now the general public takes it for granted that large spheres of economy have been, as a general rule, systematically removed from the realm of free competition."

Thus, the principal stages in the history of monopolies are the following: 1) 1860-70, the highest stage, the apex of development of free competition; monopoly is in the barely discernible, embryonic stage. 2) After the crisis of 1873, a wide zone of development of cartels; but they are still the exception. They are not yet durable. They are still a transitory phenomenon. 3) The boom at the end of the nineteenth century and the crisis of 1900-03. Cartels become one of the foundations of the whole of economic life. Capitalism has been transformed into imperialism.

Cartels come to agreement on the conditions of sale, terms of payment, etc. They divide the markets among themselves. They fix the quantity of goods to be produced. They fix prices. They divide the profits among the various enterprises, etc.

The number of cartels in Germany was estimated at about 250 in 1896 and at 385 in 1905, with about 12,000 firms participating. But it is generally recognized that these figures are underestimations. From the statistics of German industry for 1907 we quoted above, it is evident that even 12,000 large enterprises must certainly utilize more than half the steam and electric power used in the country. In the United States, the number of trusts in 1900 was 185, and in 1907, 250. American statistics divide all enterprises into three categories, according to whether they belong to individuals, to private firms or to corporations. These latter in 1904 comprised 23.6 per cent, and in 1909, 25.9 per cent (*i.e.*, more than one-fourth of the total industrial enterprises in the country). These employed in 1904, 70.6 per cent, and in 1909, 75.6 per cent (*i.e.*, more than three-fourths) of the total wage earners. Their output amounted at these two dates to $10,900,000,000 and to $16,300,000,000 respectively, *i.e.*, to 73.7 per cent and to 79 per cent of the total.

Not infrequently, cartels and trusts concentrate in their hands seven or eight-tenths of the total output of a given branch of industry. The Rhine-Westphalian Coal Syndicate, at its foundation in 1893, controlled 86.7 per cent of the total coal output of the area. In 1910, it controlled 95.4 per cent. The monopoly so created ensures enormous profits, and leads to the formation of technical productive units of formidable magnitude. The famous Standard Oil Company in the United States was founded in 1900:

"It has an authorized capital of $150,000,000. It issued $100,000,000 worth of common shares and $106,000,000 worth of preferred shares. From 1900 to 1907 they earned the following dividends: 48, 48, 45, 44, 36, 40, 40, 40 per cent, in the respective years, *i.e.*, in all, $367,000,000. From 1882 to 1907 the Standard Oil Company made clear profits to the amount of $889,000,000 of which $606,000,000 were distributed in dividends, and the rest went to reserve capital. . . . In 1907 the various enterprises of the United States Steel Corporation employed no less than 210,180 workers and other employees. The largest enterprise in the German mining industry, the Gelsenkirchen Mining Company (*Gelsenkirchner Bergwerksgesellschaft*), employed, in 1908, 46,048 wage earners."

In 1902, the United States Steel Corporation produced 9,000,000 tons of steel. Its output constituted, in 1901, 66.3 per cent, and in 1908, 56.1 per cent of the total output of steel in the United States. Its share of the output of mineral ore increased from 43.9 per cent to 46.3 per cent of the total output in the same period.

The report of the American government commission on trusts states:

"Their superiority over their competitors is due to the magnitude of their enterprises and their excellent technical equipment. Since its inception, the tobacco trust devoted all its efforts to the substitution of mechanical for manual labor on an extensive scale. With this end in view, it bought up all patents that had anything to do with the manufacture of tobacco and spent enormous sums for this purpose. Many of these patents at first proved to be of no use, and had to be modified by the engineers employed by the trust. At the end of 1906, two subsidiary companies were formed solely to acquire patents. With the same object in view, the trust built its own foundries, machine shops and repair shops. One of these establishments, that in Brooklyn, employs on the average 300 workers; there experiments are carried out on inventions concerning the manufacture of cigarettes, cheroots, snuff, tinfoil for packing, boxes, etc. Here, also, inventions are perfected.

"Other trusts employ so-called developing engineers whose business it is to devise new methods of production, think out new production processes and to test technical improvements. The United States Steel Corporation grants big bonuses to its workers and engineers for all inventions suitable for raising technical efficiency, for improving machinery or for reducing costs of production."

In German large-scale industry, *e.g.*, in the chemical industry, which has developed so enormously during these last few decades, the promotion of technical improvement is organized in the same way. In 1908, the process of concentration had already given rise to two main groups which, in their way, came close to being monopolies. First these groups represented "dual alliances" of two pairs of big factories, each having a capital of from twenty to twenty-one million marks: on the one hand, the former Meister Factory at Höchst and the Cassel Factory at Frankfurt-on-Main; and on the other hand, the aniline and soda factory at Ludwigshafen and the former Bayer Factory at Elberfeld. In 1905, one of these groups, and in 1908 the other group, each concluded a separate agreement with yet another factory. The result was the formation of two "triple alliances," each with a capital of from forty to fifty million marks. And these "alliances" began to come "close" to one another, to reach "an understanding" about prices, etc.[1]

Competition becomes transformed into monopoly. The result is immense progress in the socialization of production. In particular, the process of technical invention and improvement becomes socialized.

This is no longer the old type of free competition between manufacturers, scattered and out of touch with one another,

[1] The newspapers (June 1916) report the formation of a new gigantic trust which is to combine the chemical industry of Germany.

and producing for an unknown market. Concentration has reached the point at which it is possible to make an approximate estimate of all sources of raw material (for example, the iron ore deposits) of a country and even, as we shall see, of several countries, or of the whole world. Not only are such estimates made, but these sources are captured by gigantic monopolist alliances. An approximate estimate of the capacity of markets is also made, and the trusts divide them up among themselves by agreement. Skilled labor power is monopolized, the best engineers are engaged; the means of transport are captured: railways in America, shipping companies in Europe and America. Capitalism in its imperialist stage arrives at the threshold of the most complete socialization of production. In spite of themselves the capitalists are dragged, as it were, into the new social order, which marks the transition from complete free competition to complete socialization. Production becomes social, but appropriation remains private. The social means of production remain the private property of a few. The framework of formally recognized free competition remains, but the yoke of a few monopolists on the rest of the population becomes a hundred times heavier, more burdensome and intolerable.

The German economist, Kestner, has written a book especially on the subject of "the struggle between the cartels and outsiders," *i.e.*, enterprises outside the cartels. He entitled his work *Compulsory Organization*, although, in order to present capitalism in its true light, he should have given it the title: "Compulsory Submission to Monopolist Combines." This book is edifying if only for the list it gives of the modern and civilized methods that monopolist combines resort to in their striving towards "organization."

They are as follows: 1) Stopping supplies of raw materials ("one of the most important methods of compelling adherence to the cartel"); 2) Stopping the supply of labor by means of "alliances" (*i.e.*, of agreements between employers and the trade unions by which the latter permit their members to work only in trustified enterprises); 3) Cutting off deliveries; 4) Closing of trade outlets; 5) Agreements with the buyers, by which the latter undertake to trade only with the cartels; 6) The systematic lowering of prices to ruin "outside" firms, *i.e.*, those who refuse to submit to the trust. Millions are spent in order to sell goods for a certain time below their cost price (the price of benzine was thus lowered from 40 to 22 marks, *i.e.*, reduced almost by half!); 7) Stopping credits; 8) Boycott.

This is no longer competition between small and large-scale industry, or between technically developed and backward enterprises. We see here the monopolies throttling those which do not submit to them, to their yoke, to their dictation. The following is the way in which this process is reflected in the mind of a bourgeois economist:

"Even in the purely economic sphere," writes Kestner, "a certain change is taking place from commercial activity in the old sense of the word to organizational-speculative activity. The greatest success no longer goes to the merchant whose technical and commercial experience enables him best of all to estimate the needs of the buyer, and, so to say, to 'discover' latent demand; it goes to the speculative genius" (?!) "who knows how to estimate in advance, or even only to sense the organizational development and the possibilities of connections between individual enterprises and the banks."

Translated into ordinary human language this means that the development of capitalism has arrived at a stage when, although commodity production still "reigns" and continues to be regarded as the basis of economic life, it has in reality been undermined and the big profits go to the "genius" of financial manipulation. At the basis of these swindles and manipulations lies socialized production; but the immense progress of humanity, which achieved this socialization, entirely goes to benefit the speculators. We shall see later how "on these grounds" reactionary, petty-bourgeois critics of capitalist imperialism dream of taking a step *backward,* of a return to "free," "peaceful" and "honest" competition.

"The prolonged raising of prices which results from the formation of cartels," says Kestner, "has hitherto been observed only in relation to the most important means of production, such as coal, iron and potassium, and has never been observed for any length of time in relation to manufactured goods. Similarly, the increase in profits resulting from that has been limited only to the industries which produce means of production. To this observation we must add that the raw materials industry secures advantages from the cartel formation not only in regard to growth of income and profitableness, to the detriment of the finished goods industry, but also a *dominating position* over the latter, which did not exist under free competition."

The words which we have italicized reveal the essence of the case which the bourgeois economists admit so rarely and so unwillingly, and which the modern defenders of opportunism, led by K. Kautsky, so zealously try to evade and brush aside. Domination and violence that is associated with it—such are the relationships that are most typical of the "latest phase of capitalist development"; this is what must inevitably result, and has resulted, from the formation of all-powerful economic monopolies.

We will give one more example of the methods employed by monopolies. It is particularly easy for cartels and monopolies to arise when it is possible to capture all the sources of raw materials, or at least the most important of them. It would be wrong, however, to assume that monopolies do not arise in other industries in which it is impossible to corner the sources of raw materials. The cement industry, for instance, can find its raw material everywhere. Yet in Germany it is strongly trustified. The cement manufacturers have formed regional syndicates: South German, Rhine-Westphalian, etc. The prices fixed are monopoly prices: 230 to 280 marks a carload (at a cost price of 180 marks). The enterprises pay a dividend of from 12 per cent to 16 percent—and let us not forget that the "geniuses" of modern speculation know how to pocket big profits besides those they draw by way of dividends. Now, in order to prevent competition in such a profitable industry, the monopolists resort to sundry stratagems. For example, they spread disquieting rumors about the situation of their industry. Anonymous warnings are published in the newspapers, like the following: "Investors, don't place your capital in the cement industry!" They buy up "outsiders" (those outside the trusts) and pay them "indemnities" of 60,000, 80,000 and even 150,000 marks. Monopoly hews a path for itself without scruple as to the means, from "modestly" buying off competitors to the American device of "employing" dynamite against them.

The statement that cartels can abolish crises is a fable spread by bourgeois economists who at all costs desire to place capitalism in a favorable light. On the contrary, when monopoly appears in *certain* branches of industry, it increases and intensifies the anarchy inherent in capitalist production *as a whole.* The disparity between the development of agriculture and that of industry which is characteristic of capitalism, is increased. The privileged position of the most highly trustified industry, *i.e.,* so-called heavy industry, especially coal and iron, causes "a still greater lack of concerted organization" in other branches of production—as Jeidels, the author of one of the best works on the relationship of the German big banks to industry, puts it.

"The more developed an economic system is," writes Liefmann, one of the most unblushing apologists of capitalism, "the more it resorts to risky enterprises, or enterprises abroad, to those which need a great deal of time to develop, or finally to those which are only of local importance."

The increased risk is connected in the long run with the prodigious increase of capital, which overflows the brim, as it were, flows abroad, etc. At the same time the extremely rapid rate of technical progress gives rise more and more to disturbances in the co-ordination between the various spheres of industry, to anarchy and crisis. Liefmann is obliged to admit that:

"In all probability mankind will see further important technical revolutions in the near future which will also affect the economic system . . . for example, electricity and aviation. . . . As a general rule, in such a period of radical economic change, speculation becomes rife."

Crises of every kind—economic crises more frequently, but not only these—in their turn increase very considerably the tendency towards concentration and monopoly. In this connection, the following reflections of Jeidels on the crisis of 1900, which was, as we have already seen, the turning point in the history of modern monopoly, are exceedingly instructive.

"Side by side with the giant plants in the basic industries, the crisis of 1900 found many plants organized on lines that today would be considered obsolete, the 'pure' [non-combined] plants, which had also arisen on the crest of the industrial boom. The fall in prices and the falling off in demand put these 'pure' enterprises in a precarious position, but did not affect some of the big combined enterprises at all and affected others only for a very short time. As a consequence of this the crisis of 1900 resulted in a far greater concentration of industry than the former crises, like that of 1873. The latter crisis also produced a sort of selection of the best equipped enterprises, but owing to the level of technical development of that time, this selection could not place the firms which successfully emerged from the crisis in a position of monopoly. Such a durable monopoly exists to a high degree in the gigantic enterprises in the present iron and steel and electric industries, and to a lesser degree, in the engineering industry and certain metal, transport and other enterprises in consequence of their complicated technique, their extensive organization and the magnitude of their capital."

Monopoly! This is the last word in the "latest phase of capitalist development." But we shall only have a very insufficient, incomplete and poor notion of the real power and significance of modern monopolies if we do not take into consideration the part played by the banks.

CHAPTER II

THE BANKS AND THEIR NEW ROLE

The principal and primary function of banks is to serve as an intermediary in the making of payments. In doing so they transform inactive money capital into active capital, that is, into capital producing a profit; they collect all kinds of money revenues and place them at the disposal of the capitalist class.

As banking develops and becomes concentrated in a small number of establishments, the banks become transformed, and instead of being modest intermediaries they become powerful monopolies having at their command almost the whole of the money capital of all the capitalists and small businessmen and also a large part of the means of production and of the sources of raw materials of the given country and of a number of countries. The transformation of numerous intermediaries into a handful of monopolists represents one of the fundamental processes in the transformation of capitalism into capitalist imperialism. For this reason we must first of all deal with the concentration of banking.

In 1907-08, the combined deposits of the German joint stock banks, having a capital of more than a million marks, amounted to 7,000,000,000 marks, while in 1912-13, they amounted to 9,800,000,000 marks. Thus, in five years their deposits increased by 40 per cent. Of the 2,800,000,000 increase, 2,750,000,000 was divided among 57 banks, each having a capital of more than 10,000,000 marks. The distribution of the deposits among big and small banks was as follows:

PERCENTAGE OF TOTAL DEPOSITS

Period	*In 9 big Berlin banks*	*In 48 other banks with a capital of more than 10 million*	*In 115 banks with a capital of 1 to 10 million*	*In the small banks with a capital of less than 1 million*
1907-08	47	32.5	16.5	4
1912-13	49	36.0	12.0	3

The small banks are being squeezed out by the big banks, of which nine concentrate in their own hands almost half the total deposits. But we have left out of account many important details, for instance, the transformation of numerous small banks practically into branches of big banks, etc. Of this we shall speak later on.

At the end of 1913, Schulze-Gävernitz estimated the deposits in the nine big Berlin banks at 5,100,000,000 marks, out of a total of about 10,000,000,000 marks. Taking into account not only the deposits, but also the capital of these banks, this author wrote:

"At the end of 1909, the nine big Berlin banks, *together* with their *affiliated institutions*, controlled 11,276,000,000 marks, that is, about 83 per cent of the total German bank capital. The Deutsche Bank, *which, together with its affiliated banks,* controls nearly 3,000,000,000 marks, represents, parallel with the Prussian State Railway Administration, the biggest and also the most decentralized accumulation of capital in the old world."

We have emphasized the reference to the "affiliated" banks because this is one of the most important features of modern capitalist concentration. Large-scale enterprises, especially the banks, not only completely absorb small ones, but also "join" them to themselves, subordinate them, bring them into their "own" group or "concern" (to use the technical term) by having "holdings" in their capital, by purchasing or exchanging shares, by controlling them through a system of credits, etc., etc. Professor Liefmann has written a voluminous book of about 500 pages describing modern "holding and finance companies," unfortunately adding "theoretical" reflections of a very poor quality to what is frequently partly digested raw material. To what results this "holding" system leads in regard to concentration is best illustrated in the book written by the banker, Riesser, on the big German banks. But before examining his data, we will quote an example of the "holding" system.

The Deutsche Bank group is one of the biggest, if not the biggest, banking group. In order to trace the main threads which connect all the banks in this group, it is necessary to distinguish between holdings of the first, second and third degree, or what amounts to the same thing, between dependence (of the lesser establishments on the Deutsche Bank), in the first, second and third degree. We then obtain the following picture:

THE DEUTSCHE BANK HAS HOLDINGS:

	Constantly	*for an indefinite period*	*Occasionally*	*Total*
1st degree	in 17 banks	in 5 banks	in 8 banks	in 30 banks
2nd degree	of which 9 hold stock in 34 others		of which 5 hold stock in 14 others	of which 14 hold stock in 48 others
3rd degree	of which 4 hold stock in 7 others		of which 2 hold stock in 2 others	of which 6 hold stock in 9 others

Included in the eight banks dependent on the Deutsche Bank in the "first degree," "occasionally," there are three foreign banks: one Austrian, the Wiener Bankverein, and two Russian, the Siberian Commercial Bank and the Russian Bank for Foreign Trade. Altogether, the Deutsche Bank group comprises, directly and indirectly, partially and totally, no less than 87 banks; and the capital—its own and others which it controls—ranges between two and three billion marks.

It is obvious that a bank which stands at the head of such a group and which enters into agreement with a half dozen other banks only slightly smaller than itself for the purpose of conducting big and profitable operations like floating state loans is no longer a mere "intermediary" but a combine of a handful of monopolists.

The rapidity with which the concentration of banking proceeded in Germany at the end of the nineteenth and the beginning of the twentieth centuries is shown by the following data which we quote in an abbreviated form from Riesser:

SIX BIG BERLIN BANKS

Date	*Branches in Germany*	*Deposit banks and exchange offices*	*Constant holdings in German joint stock banks*	*Total establishments*
1895	16	14	1	42
1900	21	40	8	80
1911	104	276	63	450

We see the rapid extension of a close network of canals which cover the whole country, centralizing all capital and all revenues, transforming thousands and thousands of scattered economic enterprises into a single national, capitalist, and then into an international, capitalist, economic unit. The "decentralization" that Schulze-Gävernitz, as an exponent of modern bourgeois political economy, speaks of in the passage previously quoted really means the subordination of an increasing number of formerly relatively "independent," or rather, strictly local economic units, to a single center. In reality it is *centralization*, the increase in the role, the importance and the power of monopolist giants.

In the old capitalist countries this "banking network" is still more close. In Great Britain (including Ireland), in 1910, there were 7,151 branches of banks. Four big banks had more than 400 of these branches each (from 447 to 689); four had more than 200 branches each; and eleven more than 100 each.

In France, the three most important banks (Crédit Lyonnais, the Comptoir National d'Escompte de Paris and the Société Générale) extended their operations and their network of branches in the following manner:

	Number of Branches and Offices			*Capital in million francs*	
Year	*In the provinces*	*In Paris*	*Total*	*Own Capital*	*Loan Capital*
1870	47	17	64	200	427
1890	192	66	258	265	1,245
1909	1,033	196	1,229	887	4,363

In order to show the "connections" of a big modern bank, Riesser gives the following figures of the number of letters dispatched and received by the Disconto-Gesellschaft, one of the most important banks in Germany and in the world, the capital of which amounted to 300,000,000 marks in 1914:

Year	*Letters received*	*Letters dispatched*
1852	6,135	6,292
1870	85,800	87,513
1900	533,102	626,043

In 1875, the big Paris bank, the Crédit Lyonnais, had 28,535 accounts. In 1912 it had 633,539.

These simple figures show perhaps better than long explanations how the concentration of capital and the growth of their turnover is radically changing the significance of the banks. Scattered capitalists are transformed into a single collective capitalist. When carrying the current accounts of a few capitalists, the banks, as it were, transact a purely technical and exclusively auxiliary operation. When, however, these operations grow to enormous dimensions we find that a handful of monopolists control all the operations, both commercial and industrial, of capitalist society. They can, by means of their banking connections, by running current accounts and transacting other financial operations, first *ascertain exactly* the position of the various capitalists, then *control* them, influence them by restricting or enlarging, facilitating or hindering their credits, and finally they can *entirely determine* their fate, determine their income, deprive them of capital, or, on the other hand, permit them to increase their capital rapidly and to enormous proportions, etc.

We have just mentioned the 300,000,000 marks capital of the Disconto-Gesellschaft of Berlin. The increase of the capital of this bank to this high figure was one of the incidents in the struggle for hegemony between two of the biggest Berlin banks—the Deutsche Bank and the Disconto.

In 1870, the Deutsche Bank, a new enterprise, had a capital of only 15,000,000 marks, while that of the Disconto was as much as 30,000,000 marks. in 1908, the first had a capital of 200,000,000, while the second only had 170,000,000. In 1914, the Deutsche Bank increased its capital to 250,000,000 and the Disconto, by absorbing a very important bank, the Schaffhausenschen Bankverein, increased its capital to 300,000,000. And, of course, while this struggle for hegemony goes on the two banks more and more frequently conclude "agreements" of an increasingly durable character with each other. This development of banking leads specialists in the study of banking questions—who regard economic questions from a standpoint which does not in the least exceed the bounds of the most moderate and cautious bourgeois reformism—to the following conclusions:

The German review, *Die Bank,* commenting on the increase of the capital of the Disconto-Gesellschaft to 300,000,000 marks, writes:

"Other banks will follow its example and in time the three hundred men, who today govern German economically, will gradually be reduced to fifty, twenty-five or still fewer. It cannot be expected that this new move towards concentration will be confined to banking. The close relations that exist between certain banks naturally involve the bringing together of the manufacturing combines which they patronize. . . . One fine morning we shall wake up in surprise to see nothing but trusts before our eyes, and to find ourselves faced with the necessity of substituting state monopolies for private monopolies. However, we have nothing to reproach ourselves with, except with having allowed things to follow their own course, slightly accelerated by the manipulation of stocks."

This is a very good example of the impotence of bourgeois journalism which differs from bourgeois science only in that the latter is less sincere and strives to obscure essential things, to conceal the wood by trees. To be "surprised" at the results of concentration, to "reproach" the government of capitalist Germany, or capitalist society ("ourselves"), to fear that the introduction of stocks and shares might "hasten" concentration, as the German "cartel specialist" Tschierschky fears the American trusts and "prefers" the German cartels on the grounds that they do not, "like the trusts, hasten technical economic progress to an excessive degree"—is not this impotence?

But facts remain facts. There are no trusts in Germany; there are "only" cartels—but Germany is governed by not more than three hundred magnates, and the number of these is constantly diminishing. At all events, banks in all capitalist countries, no matter what the law in regard to them may be, accelerate the process of concentration of capital and the formation of monopolies.

The banking system, Marx wrote a half century ago in *Capital,* "presents indeed the form of universal bookkeeping and of distribution of means of production on a social scale, but only the form."

The figures we have quoted on the development of bank capital, on the increase in the number of branches and offices of the biggest banks, the increase in the number of their accounts, etc., present a concrete picture of this "universal bookkeeping" of the *whole capitalist class;* and not only of the capitalists, for the banks collect, even though temporarily, all kinds of financial revenues of small businessmen, office clerks, and of a small upper stratum of the working class. It is "universal distribution of means of production" that, from the formal point of view, grows out of the development of modern banks, the most important of which, numbering from three to six in France, and from six to eight in Germany, control billions and billions. In point of fact, however, the distribution of means of production is by no means "universal," but private, *i.e.,* it conforms to the interests of big capital, and primarily of very big monopoly capital, which operates in conditions in which the masses of the population live in want, in which the whole development of agriculture hopelessly lags behind the development of industry, and within industry itself, the "heavy industries" exact tribute from all other branches of industry.

The savings banks and post offices are beginning to compete with the banks in the matter of socializing capitalist economy; they are more "decentralized," *i.e.*, their influence extends to a greater number of localities, to more remote places, to wider sections of the population. An American commission has collected the following data on the comparative growth of deposits in banks and savings banks:

DEPOSITS (IN BILLIONS OF MARKS)

	England		*France*		*Germany*		
Year	*Banks*	*Savings Banks*	*Banks*	*Savings Banks*	*Banks*	*Credit Societies*	*Savings Banks*
1880	8.4	1.6	?	0.9	0.5	0.4	2.6
1888	12.4	2.0	1.5	2.1	1.1	0.4	4.5
1908	23.2	4.2	3.7	4.2	7.1	2.2	13.9

As they pay interest at the rate of 4 per cent and 4½ per cent on deposits, the savings banks must seek "profitable" investments for their capital, they must deal in bills, mortgages, etc. Thus, the boundaries between the banks and the savings banks "become more and more obliterated." The Chambers of Commerce at Bochum and Erfurt, for example, demand that savings banks be prohibited from engaging in "purely" banking business, such as discounting bills. They also demand the limitation of the "banking" operations of the post office. The banking magnates seem to be afraid that state monopoly will steal upon them from an unexpected quarter. It goes without saying, however, that this fear is no more than the expression, as it were, of the rivalry between two department managers in the same office; for, on the one hand, the billions entrusted to the savings banks are actually controlled by *these very same* bank magnates, while, on the other hand, state monopoly in capitalist society is nothing more than a means of increasing and guaranteeing the income of millionaires on the verge of bankruptcy in one branch of industry or another.

The change from the old type of capitalism, in which free competition predominated, to the new capitalism, in which monopoly reigns, is expressed, among other things, by a decrease in the importance of the Stock Exchange. The German review, *Die Bank*, wrote:

"For a long time now, the Stock Exchange has ceased to be the indispensable intermediary of circulation that it was formerly when the banks were not yet able to place with their clients the greater part of their issues."

"Every bank is a Stock Exchange—and the bigger the bank, and the more successful the concentration of banking is, the truer does this modern proverb become."

"While formerly, in the 'seventies, the Stock Exchange, flushed with the exuberance of youth" (a delicate allusion to the crash of 1873, and to the stock flotation scandals), "opened the era of the industrialization of Germany by utilizing the gambling chance that lies in stocks, nowadays the banks and industry are able to 'do it alone.' The domination of our big banks over the Stock Exchange is nothing but the expression of the completely organized German industrial state. If the domain of the automatically functioning economic laws is thus restricted, and if the domain consciously regulated by the banks is considerably increased, the national economic responsibility of a very small number of guiding heads is infinitely increased," wrote Professor Schulze-Gävernitz, an apologist of German imperialism, who is regarded as an authority by the imperialists of all countries, and who tries to gloss over a "detail," *viz.*, that the "conscious regulation" of economic life by the banks is robbery of the public by a handful of "completely organized" monopolists. For the task of a bourgeois professor is not to lay bare the mechanisms of the financial system, or to divulge all the machinations of the finance monopolists, but rather, to present them in a favorable light.

In the same way, Riesser, a still more authoritative economist and a banker himself, makes shift with meaningless phrases in order to explain away undeniable facts. He says:

"The Stock Exchange is steadily losing the feature which is absolutely essential for commerce and industry as a whole and for the circulation of securities in particular—that of being an exact measuring-rod and an almost automatic regulator of the economic movements which converge on it."

In other words, the old capitalism, the capitalism of free competition, and its indispensable regulator, the Stock Exchange, are passing away. A new capitalism is succeeding it, which bears obvious features of something transitory, which is a mixture of free competition and monopoly. The question naturally arises: to *what* is this new, "transitory" capitalism leading? But the bourgeois scholars are afraid to raise this question.

"Thirty years ago, employers, freely competing against one another, performed nine-tenths of the economic work which is outside the sphere of manual labor. At the present time, nine-tenths of this economic 'brain work' is performed by *officials*. Banking is in the forefront of this evolution."

This admission by Schulze-Gävernitz brings us once again to the question of what this new capitalism, capitalism in its imperialist stage, is leading to.

Among the few banks which, as a result of the process of concentration, remain at the head of all capitalist economy, there is naturally to be observed an increasingly marked tendency towards monopolist agreements, towards a *bank trust*. In America, there are not nine, but *two* big banks, those of the billionaires Rockefeller and Morgan, which control a capital of eleven billion marks. In Germany, the absorption of the Schaffhausenschen Bankverein by the Disconto-Gesellschaft, to which we referred above, was commented on in the following terms by the *Frankfurter Zeitung*, one of the organs of the Stock Exchange interests:

"The concentration movement of the banks is narrowing the circle of establishments from which it is possible to obtain large credits, and consequently is increasing the dependence of large-scale industry upon a small number of banking groups. In view of the internal links between industry and finance, the freedom of movement of manufacturing companies in need of bank capital is restricted. For this reason, large-scale industry is watching the growing trustification of the banks with mixed feelings. Indeed, we have repeatedly seen the beginnings of certain agreements between the individual big banking concerns, which aim at limiting competition."

Again, the final word in the development of the banks is monopoly.

The close ties that exist between the banks and industry are the very things that bring out most strikingly the new role of the banks. When a bank discounts a bill for an industrial firm, opens a current account for it, etc., these operations, taken separately, do not in the least diminish the independence of the industrial firm, and the bank plays no other part than that of a modest intermediary. But when such operations are multiplied and become continuous, when the bank "collects" in its own hands enormous amounts of capital, when the running of a current account for the firm in question enables the bank —and this is what happens—to become better informed of the economic position of the client, then the result is that industrial capital becomes more completely dependent on the bank.

Parallel to this process there is being developed a very close personal union between the banks and the biggest industrial and commercial enterprises, the fusing of one with the other through the acquisition of shares, through the appointment of bank directors to the boards of industrial and commercial enterprises and *vice versa.*

The German economist, Jeidels, has compiled very complete data on this form of concentration of capital and of enterprises. Six of the biggest Berlin banks were represented by their directors in 344 industrial companies, and by their board members in 407 other companies. Altogether, they supervised a total of 751 companies. In 289 of these companies they either had two of their representatives on each of the respective Supervisory Boards, or held the posts of presidents. These industrial and commercial companies are engaged in the most varied branches of industry: in insurance, transport, restaurants, theatres, art industry, etc.

On the other hand, there were on the Supervisory Boards of the six banks (in 1910) fifty-one of the biggest manufacturers, among whom were the directors of Krupp, of the powerful Hamburg-Amerika Line, etc. From 1895 to 1910, each of these six banks participated in the share issues of several hundreds of industrial companies (the number ranging from 281 to 419).

The "personal union" between the banks and industry is completed by the "personal union" between both and the state.

> "Seats on the Supervisory Board are freely offered to persons of title, also to ex-civil servants, who are able to do a great deal to facilitate" (!!) "relations with the authorities."

Generally there is "a member of parliament or a Berlin city councillor" on the Supervisory Board of a big bank. The building, so to speak, of the great capitalist monopolies, is, therefore, going full steam ahead by all "natural" and "supernatural" ways. A sort of division of labor among some hundreds of kings of finance who now reign over modern capitalist society is being systematically developed.

"Accompanying this widening of the sphere of activity of certain big industrialists" (sharing in the management of banks, etc.) "and together with the allocation of provincial managers to definite industrial regions, there is a growth of specialization among the directors of the great banks. Generally speaking, this specialization is only conceivable when banking is carried on on a large scale, and particularly when it has widespread connections with industry. This division of labor proceeds along two lines: on the one hand, the relations with industry as a whole are entrusted to one manager, as his special function; on the other, each director assumes the supervision of several isolated enterprises or enterprises with allied interests or in the same branch of industry, sitting on their Boards of Directors" (capitalism has reached the stage of organized control of individual enterprises). "One specializes in German industry, sometimes even in West German industry, alone" (the West is the most industrialized part of Germany). "Others specialize in relations with foreign states and foreign industry, in information about personal data, in Stock Exchange questions, etc. Besides, each bank director is often assigned a special industry or locality, where he has a say on the Board of Directors; one works mainly on the Board of Directors of electric companies, another in the chemical, brewing or sugar beet industry; a third in several isolated undertakings, and at the same time, in non-industrial, even insurance companies. . . . It is certain that, as the extent and diversification of the big banks' operations increase, the division of labor among their directors also spreads, with the object and result of lifting them somewhat out of pure banking and making them better experts, better judges of the general problems of industry and the special problems of each branch of industry, thus making them more capable of action within the respective bank's industrial sphere of influence. This system is supplemented by the banks' endeavors to have elected to their own Board of Directors, or to those of their subsidiary banks, men who are experts in industrial affairs, such as industrialists, former officials, especially those formerly in railway service or in mining, etc."

We find the same system, with only slight difference, in French banking. For instance, one of the three largest French banks, the Crédit Lyonnais, has organized a financial research service (Service des Etudes Financières), which permanently employs about fifty engineers, statisticians, economists, lawyers, etc., at a cost of six or seven hundred thousand francs per annum. The service is in turn divided into eight sections, of which one deals with industrial establishments, another with general statistics, a third with railway and steamship companies, a fourth with securities, a fifth with financial reports, etc.

The result is twofold: on the one hand, a fusion, or, as N. Bukharin aptly calls it, the merging of bank and industrial capital; and, on the other hand, a transformation of the banks into institutions of a truly "universal character." On this question we consider it important to quote the exact terms used by Jeidels, who has best studied the subject:

> "An examination of the sum total of industrial relationships reveals the *universal character* of the financial establishments working on behalf of industry. Unlike other kinds of banks and contrary to the requirements often laid down in literature—according to which banks ought to specialize in one kind of business or in one branch of industry in order to maintain a firm footing—the big banks are striving to make their industrial connections as varied and far-reaching as possible, according to locality and branch of business, and are striving to do away with the inequalities in the local and business distribution resulting from the development of various enterprises. . . . One tendency is to make the ties with industry general; the other tendency is to make these ties durable and close. In the six big banks both these tendencies are realized, not in full, but to a considerable extent and to an equal degree."

Quite often industrial and commercial circles complain of the "terrorism" of the banks. We are not surprised, for the big banks "command," as will be seen from the following example: on November 19, 1901, one of the big Berlin "D" banks (such is the name given to the four biggest banks whose names begin with the letter D) wrote to the Board of Directors of the German Central Northwest Cement Syndicate in the following terms:

> "We learn, from the notice you published in the *Reichsanzeiger* of 18th instant, that the next general meeting of your company, fixed for the 30th of this month, may decide on measures which are likely to effect changes in your undertakings which we cannot sanction. We deeply regret that, for these reasons, we are obliged henceforth to withdraw the credit which has been hitherto allowed you. If the said next general meeting does not decide upon measures we cannot sanction, and if we receive suitable guarantees on this matter for the future, we shall be quite willing to open negotiations with you on the opening of a new credit."

As a matter of fact, this is small capital's old complaint about being oppressed by big capital, but in this case it was a whole syndicate that fell into the category of "small" capital! The old struggle between big and small capital is being resumed on a new and higher stage of development. It stands to reason that undertakings, financed by big banks handling billions, can accelerate technical progress in a way that cannot possibly be compared with the past. The banks, for example, set up special technical research societies, and only "friendly" industrial enterprises benefit from their work. To this category belong the Electric Railway Research Association and the Central Bureau of Scientific and Technical Research.

The directors of the big banks themselves cannot fail to see that new conditions of economic life are being created. But they are powerless in the face of these phenomena.

"Anyone who has watched, in recent years, the changes of incumbents of directorships and seats on the Boards of Directors of the big banks cannot fail to have noticed that power is gradually passing into the hands of men who consider the active intervention of the big banks in the general development of production to be indispensable and of increasing importance. It often happens that, between these new men and the old bank directors, disagreements of a business and personal nature often occur on this subject. The question that is in dispute is whether or not the banks, as credit institutions, will suffer from his intervention in industry, whether they are sacrificing tried principles and an assured profit to engage in a field of activity which has nothing in common with their role as intermediaries in providing credit and which is leading the banks into a field where they are more than ever before exposed to the blind forces of trade fluctuations. This is the opinion of many of the older bank directors, while most of the young men consider active intervention in industry to be a necessity as great as that which gave rise, simultaneously with big modern industry, to the big banks and modern industrial banking. The two parties to this discussion are agreed only on one point and that is, that as yet there are neither firm principles nor a concrete aim in the new activities of the big banks."

The old form of capitalism has had its day. The new form represents a transition towards something. It is hopeless, of course, to seek for "firm principles" and a "concrete aim" for the purpose of "reconciling" monopoly with free competition. The admission of the practical men has quite a different ring from the official praises of the charms of "organized" capitalism sung by its apologists, Schulze-Gävernitz, Liefmann and similar "theoreticians."

At precisely what period was the "new activity" of the big banks finally established? Jeidels gives us a fairly exact answer to this important question:

"The ties between the industrial enterprises, with their new content, their new forms and their new organs, namely, the big banks which are organized on both a centralized and a decentralized basis, were scarcely a characteristic economic phenomenon before 1890; in one sense, indeed, this initial date may be advanced to the year 1897, when the important 'mergers' took place and when, for the first time, the new form of decentralized organization was introduced to suit the industrial policy of the banks. This starting point could perhaps be placed at an even later date, for it was only the crisis" (of 1900) "that enormously accelerated and intensified the process of concentration of industry and banking, consolidated that process and more than ever transformed the connection with industry into the monopoly of the big banks, and made this connection, taken individually, much closer and more active."

Thus, the beginning of the twentieth century marks the turning point at which the old capitalism gave way to the new, at which the domination of capital in general made way for the domination of finance capital.

CHAPTER III

FINANCE CAPITAL AND FINANCIAL OLIGARCHY

"AN increasing proportion of industrial capital does not belong to the industrialists who employ it. They obtain the use of it only through the medium of the banks, which, in relation to them, represent the owners of the capital. On the other hand, the bank is forced to put an increasing share of its funds into industry. Thus, to an increasing degree the banker is being transformed into an industrial capitalist. This bank capital, *i.e.*, capital in money form which is thus really transformed into industrial capital, I call 'finance capital.' . . . So finance capital is capital controlled by the banks and employed by the industrialists."

This definition is incomplete in so far as it is silent on one extremely important fact: the increase of concentration of production and of capital to such an extent that it leads, and has led, to monopoly. But throughout the whole of his work, and particularly in the two chapters which precede the one from which this definition is taken, Hilferding stresses the part played by *capitalist monopolies.*

The concentration of production; the monopoly arising therefrom; the merging or coalescence of banking with industry: this is the history of finance capital and what gives the term "finance capital" its content.

We now have to describe how, under commodity production and private property, the "domination" of capitalist monopolies inevitably becomes the domination of a financial oligarchy. It should be noted that the representatives of German bourgeois science—and not only of German science—like Riesser, Schulze-Gävernitz, Liefmann and others—are all apologists for imperialism and for finance capital. Instead of revealing the "mechanics" of the formation of an oligarchy, its methods, its revenues "innocent and sinful," its connections with parliament, etc., they conceal, obscure and embellish them. They evade these "vexed questions" by a few vague and pompous phrases: appeals to the "sense of responsibility" of bank directors, praising "the sense of duty" of Prussian officials; by giving serious study to petty details, to ridiculous bills for the "supervision" and "regulation" of monopolies; by playing with theories, like, for example, the following "scientific" definition, arrived at by Professor Liefmann. *"Commerce is a gainful occupation carried on by collecting goods, storing it and making it available."* (The professor's italics.) From this it would follow that primitive man, who knew nothing about exchange, was a trader, and that commerce will exist under socialism!

But the monstrous facts concerning the monstrous rule of the financial oligarchy are so striking that in all capitalist countries, in America, France and Germany, a whole literature has sprung up, written from the *bourgeois* point of view, but which, nevertheless, gives a fairly accurate picture and criticism—petty-bourgeois, naturally—of this oligarchy.

The "holding system," to which we have already briefly referred above, should be placed at the corner-stone. The German economist, Heymann, probably the first to call attention to this matter, describes it in this way:

"The executive director controls the parent company; the latter reigns over the subsidiary companies which similarly control still other subsidiaries."

Thus, it is possible with a comparatively small capital to dominate immense spheres of production. As a matter of fact, if holding 50 per cent of the capital is always sufficient to control a company, the executive director needs only one million to control eight millions in the second subsidiaries. And if this "interlocking" is extended, it is possible with one million to control sixteen, thirty-two or more millions.

Experience shows that it is sufficient to own 40 per cent of the shares of a company in order to direct its affairs, since a certain number of small shareholders find it impossible, in practice, to attend general meetings, etc. The "democratization" of the ownership of shares, from which the bourgeois sophists and opportunists "would-be" Social-Democrats expect (or declare that they expect) the "democratization" of capital, the strengthening of the role of small-scale production, etc., is in fact one of the ways of increasing the power of the financial oligarchy. For this reason, among others, in the more advanced, or in the older and more "experienced" capitalist countries, the law allows the issue of shares of very small denomination. In Germany, it is illegal to issue shares of less value than one thousand marks, and the magnates of German finance look with an envious eye at England, where it is legal to issue one pound shares. Siemens, one of the biggest industrialists and "financial kings" in Germany, told the Reichstag on June 7, 1900, that "the one pound share is the basis of British imperialism." This merchant has a much deeper and more "Marxian" understanding of imperialism than a certain disreputable writer, generally held to be one of the founders of Russian Marxism, who believes that imperialism is a bad habit of a certain nation. . . .

But the "holding system" not only serves to increase the power of the monopolists enormously; it also enables them to resort with impunity to all sorts of shady tricks to cheat the public, for the directors of the parent company are not legally responsible for the subsidiary companies, which are supposed to be "independent," and *through the medium* of which they can do *anything*. Here is an example taken from the German review, *Die Bank*, for May 1914:

"The Spring Steel Corporation of Kassel was regarded some years ago as being one of the most profitable enterprises in Germany. Through bad management its dividends fell within the space of a few years from 15 per cent to nil. It appears that the board, without consulting the shareholders, had loaned *six million marks* to one of the subsidiary companies, the Hassia, Ltd., which had a nominal capital of only some hundreds of thousands of marks. This commitment, amounting to nearly treble the capital of the parent company, was never mentioned in its balance sheets. This omission was quite legal, and could be kept up for two whole years because it did not violate any provisions of company law. The chairman of the Supervisory Board, who as the responsible head signed the false balance sheets, was and still is the president of the Kassel Chamber of Commerce. The shareholders only heard of the loan to the Hassia, Ltd., long afterwards, when it had long been proved to have been a mistake" (this word the writer should have put in quotation marks), "and when 'Spring Steel' shares had dropped nearly 100 points, because those in the know had got rid of them. . . .

"*This typical example of balance sheet jugglery, quite common in joint stock companies,* explains why boards of directors are more willing to undertake risky transactions than individual enterprises. Modern methods of drawing up balance sheets not only make it possible to conceal doubtful undertakings from the average shareholder, but also allow the people most concerned to escape the consequence of unsuccessful speculation by selling their shares in time while the private dealer risks his own skin.

"The balance sheets of most joint stock companies put us in mind of the palimpsests of the Middle Ages from which the visible inscription had first to be erased in order to discover beneath another inscription giving the real meaning of the document." (Palimpsests are parchment documents on which the original inscription was obliterated and another inscription imposed.)

"The simplest and, therefore, most common procedure for making balance sheets indecipherable is to divide a single business into several parts by setting up subsidiary companies—or by annexing such. The advantages of this system for various objects—legal and illegal—are so evident that it is quite unusual to find an important company in which it is not actually in use."

As an example of an important monopolist company widely employing this system, the author quotes the famous Allgemeine Elektrizitäts Gesellschaft, the A.E.G., to which we shall refer later on. In 1912, it was calculated that this company held shares in from *175* to *200* other companies, controlling them of course, and thus having control of a total capital of *1,500,000,000 marks!*

All rules of control, the publication of balance sheets, the drawing up of balance sheets according to a definite form, the public auditing of accounts, the things about which well-intentioned professors and officials—that is, those imbued with the good intention of defending and embellishing capitalism—discourse to the public, are of no avail. For private property is sacred, and no one can be prohibited from buying, selling, exchanging or mortgaging shares, etc.

The extent to which this "holding system" has developed in the big Russian banks may be judged by the figures given by E. Agahd, who was for fifteen years an official of the Russo-Chinese Bank and who, in May 1914, published a book, not altogether correctly entitled *Big Banks and the World Market.*

The author divides the great Russian banks into two main categories: a) those which operate as "holding banks," and b) "independent" banks (the independence of the latter being arbitrarily taken to mean being independent of *foreign* banks). The author sub-divides the first group into three sub-groups: 1) German holding banks; 2) British and 3) French, having in view those houses in whose business the big banks of the three European countries mentioned hold stock and predominate. The author divides the capital of the banks into "productively" invested capital (in industrial and commercial undertakings), and "speculatively" invested capital (in Stock Exchange and financial operations), assuming from his petty-bourgeois reformist point of view that it is possible, under capitalism, to separate the first form of investment from the second and to abolish the second form.

Here are the figures he supplies:

BANK ASSETS
(According to reports for October-November 1913, in millions of rubles)

Groups of Russian Banks	*Capital Invested*		
	Productive	*Speculative*	*Total*
A 1) Four banks: Siberian Commercial Bank, Russian Bank, International Bank, and Discount Bank	413.7	859.1	1,272.8
2) Two banks: Industrial and Commercial and Russo-British	239.3	169.1	408.4
3) Five Banks: Russian-Asiatic, St. Petersburg Private, Azov-Don, Union Moscow, Russo-French Commercial	711.8	661.2	1,373.0
Total: (11 banks) ....A =	1,364.8	1,689.4	3,054.2
B Eight banks: Moscow Merchant, Volga-Kama, Junker and Co., St. Petersburg Commercial (formerly Wawelberg), Bank of Moscow (formerly Ryabushinsky), Moscow Discount, Moscow Commercial, Private Bank of Moscow	504.2	391.1	895.3
Total (19 banks)	1,869.0	2,080.5	3,949.5

According to these figures, of the approximately four billion rubles making up the "working" capital of the big banks, *more than three-fourths,* more than three billion belonged to banks which in reality were only subsidiary companies of foreign banks, and chiefly of the Paris banks (the famous trio: Union Parisien, Paris et Pays-Bas and Société Générale), and of the Berlin banks (particularly the Deutsche Bank and the Disconto-Gesellschaft). Two of the most important Russian banks, the Russian Bank for Foreign Trade and the St. Petersburg International Commercial, between 1906 and 1912 increased their capital from 44,000,000 to 98,000,000 rubles, and their reserve from 15,000,000 to 39,000,000, "employing three-fourth German capital." The first belongs to the Deutsche Bank group and the second to the Disconto-Gesellschaft. The worthy Agahd is indignant at the fact that the majority of the shares are held by German banks, and that, therefore, the Russian shareholders are powerless. Naturally, the country which exports capital skims the cream: for example, the Deutsche Bank, while introducing the shares of the Siberian Commercial Bank on the Berlin market, kept them in its portfolio for a whole year, and then sold them at the rate of 193 for 100, that is, at nearly twice their nominal value, "earning" a profit of nearly 6,000,000 rubles, which Hilferding calls "promoters' profits."

Our author puts the total resources of the principal St. Petersburg banks at 8,235,000,000 rubles and the "holdings," or rather, the extent to which foreign banks dominated them, he estimates as follows: French banks, 55 per cent; English, 10 per cent; German, 35 per cent. The author calculates that of the total of 8,235,000,000 rubles of functioning capital, 3,687,000,000 rubles, or over 40 per cent, fall to the share of the syndicates, Produgol and Prodameta—and the syndicates in the oil, metallurgical and cement industries. Thus, the merging of bank and industrial capital has also made great strides in Russia owing to the formulation of capitalist monopolies.

Finance capital, concentrated in a few hands and exercising a virtual monopoly, exacts enormous and ever-increasing profits from the floating of companies, issue of stock, state loans, etc., tightens the grip of the financial oligarchies and levies tribute upon the whole of society for the benefit of the monopolists. Here is an example, taken from a multitude of others, of the methods employed by American trusts, quoted by Hilferding: in 1887, Havemeyer founded the Sugar Trust by amalgamating fifteen small firms, whose total capital amounted to nearly $6,500,000. Suitably "watered," as the Americans say, the capital of the trust was increased to $50,000,000. This "over-capitalization" anticipated the profits of the monopoly, in the same way as the United States Steel Corporation anticipated its profits by buying up as many iron fields as possible. In fact, the Sugar Trust managed to impose monopoly prices on the market, which secured it such profits that it could pay 10 per cent dividend on capital *"watered" sevenfold, or about 70 per cent on the capital actually invested at the time of the creation of the trust!* In 1909, the capital of the Sugar Trust was increased to $90,000,000. In twenty-two years, it had increased its capital more than tenfold.

In France the role of the "financial oligarchy" (*Against the Financial Oligarchy in France,* the title of the well-known book by Lysis, the fifth edition of which was published in 1908) assumed a form that was only slightly different. Four of the most powerful banks enjoy, not a relative, but an "absolute monopoly" in the issue of bonds. In reality this is a "trust of the big banks." And their monopoly ensures the monopolist profits from bond issues. A country borrowing from France rarely gets more than 90 per cent of the total of the loan, the remaining 10 per cent goes to the banks of other middlemen. The profit made by the banks out of the Russo-Chinese loans of 400,000,000 francs amounted to 8 per cent; out of the Russian (1904) loan of 800,000,000 francs the profit amounted to 10 per cent; and out of the Moroccan (1904) loan of 62,500,000 francs, to 18.75 per cent. Capitalism, which began its development with petty usury capital, ends its development with gigantic usury capital. "The French," says Lysis, "are the usurers of Europe." All the conditions of economic life are being profoundly modified by this transformation of capitalism. With a stationary population, and stagnant industry, commerce and shipping, the "country" can grow rich by usury. "Fifty persons, representing a capital of 8,000,000 francs can control *2,000,000,000* francs deposited in four banks." The "holding system," with which we are already familiar, leads to the same result. One of the biggest banks, the Société Générale, for instance, issues 64,000 bonds for one of its subsidiary companies, the Egyptian Sugar Refineries. The bonds are issued at 150 per cent, the bank gaining 50 centimes on the franc. The dividends of the new company are then found to be fictitious. The "public" lost from 90 to 100 million francs. One of the directors of the Société Générale is a member of the Board of Directors of the Egyptian Sugar Refineries. Hence it is not surprising that the author is driven to the conclusion that "the French Republic is a financial monarchy";

"it is the complete domination of the financial oligarchy; the latter controls the press and the government."

The extraordinarily high rate of profit obtained from the issue of bonds, which is one of the principal functions of finance capital, plays a large part in the development and stabilization of the financial oligarchy.

"There is not in the whole country a single business that brings in profits even approximately equal to those obtained from the issue of foreign loans," says the German magazine, *Die Bank*.

"No banking operation brings in profits comparable with those obtained from the flotation of loans."

According to the *German Economist*, the average annual profits made on the issue of industrial securities were as follows:

	Per cent		*Per cent*
1895	38.6	1898	67.7
1896	36.1	1899	66.9
1897	66.7	1900	55.2

In the ten years from 1891 to 1900, *more than a billion* marks were "earned" on the issue of industrial securities.

While, during periods of industrial boom, the profits of finance capital are disproportionately large, during periods of depression small and unsound businesses go out of existence and the big banks take "holdings" in their shares which are bought up for next to nothing, or in profitable schemes for their "reconstruction" and "reorganization." In the "reconstruction" of undertakings which have been running at a loss, the share capital is written down, that is, profits are distributed on a smaller capital and subsequently are calculated on this smaller basis. If the income has fallen to nil, new capital is called in, which, combined with the old and less remunerative capital, will bring in an adequate return.

"Incidentally," adds Hilferding, "these reorganizations and reconstructions have a twofold significance for the banks: first, as profitable transactions; and secondly, as opportunities for securing control of the companies in difficulties."

Here is an instance. The Union Mining Company of Dortmund, founded in 1872, with a capital of about 40,000,000 marks, saw the market price of shares rise to 170 after it had paid a 12 per cent dividend in its first year. Finance capital skimmed the cream and earned a "trifle" of something like 28,000,000 marks. The principal sponsor of this company was that very big German Disconto-Gesellschaft which so successfully attained a capital of 300,000,000 marks. Later, the dividends of the Union dropped to nil: the shareholders had to consent to a "writing down" of capital, that is, to losing some of it in order not to lose it all. By a series of "reconstructions" more than 73,000,000 marks were written off the books of the Union in the course of thirty years.

"At the present time, the original shareholders of this company possess only 5 per cent of the nominal value of their shares."

But the bank made a profit out of every "reconstruction."

Speculation in land situated in the suburbs of rapidly growing towns is a particularly profitable operation for finance capital. The monopoly of the banks merges here with the monopoly of ground rent and with the monopoly of the means of communication, since the increase in value of the land and the possibility of selling it profitably in allotments is mainly dependent on good means of communication with the center of the town; and these means of communication are in the hands of large companies connected, by means of the holding system and by the distribution of positions on the directorates, with the interested banks. As a result we get what the German writer, L. Eschwege, a contributor to *Die Bank,* who has made a special study of real estate business and mortgages, calls the formation of a "bog." Frantic speculation in land in the suburbs of large towns: collapse of building enterprises (like that of the Berlin firm of Boswau and Knauer, which grabbed 100,000,000 marks with the help of the "sound and solid" Deutsche Bank—the latter acting, of course, discreetly behind the scenes through the holding system and getting out of it by losing "only" 12,000,000 marks), the ruin of small masters and of workers who get nothing from the fraudulent building firms, underhand agreements with the "honest" Berlin police and the Berlin administration for the purpose of getting control of the issue of building sites, tenders, building licenses, etc.

"American ethics," so strongly but hypocritically condemned by European professors and well-meaning bourgeois, have, in the age of finance capital, become the ethics of literally every large city, no matter what country it is in.

At the beginning of 1914, there was talk in Berlin of the proposed formation of a traffic trust to combine three Berlin traffic undertakings, *i.e.*, to establish "common interests" between the metropolitan electric railway, the tramway company and the omnibus company.

"We know," wrote *Die Bank,* "that this plan has been contemplated since it became known that the majority of the shares in the bus company has been acquired by the other two traffic companies. . . . We may believe those who are pursuing this aim when they say that by uniting the transport services, they will unify traffic and thus secure economies part of which will in time benefit the public. But the question is complicated by the fact that behind the traffic trust that is being formed are the banks, which, if they desire, can subordinate the means of communication, which they have monopolized, to the interests of their real estate business. To be convinced of the reasonableness of such a conjecture, we need only recall that at the very formation of the Elevated Railway Company the traffic interests became interlocked with the real estate interests of the bank which financed it, and this interlocking even created the prerequisites for the formation of the traffic enterprise. Its eastern line, in fact, was to run through land which, when it became certain the line was to be laid down, this bank sold to the real estate firm at an enormous profit for itself and for several partners in the transaction."

A monopoly, once it is formed and controls thousands of millions, inevitably penetrates into *every* sphere of public life, regardless of the form of government and all other "details." In the economic literature of Germany one usually comes across the servile praise of the integrity of the Prussian bureaucracy, and allusions to the French Panama scandal and to political corruption in America. But the fact is that *even* the bourgeois literature devoted to German banking matters constantly has to go beyond the field of purely banking operations and to speak, for instance, of "the attraction of the banks" in reference to the increasing frequency with which public officials take employment with the banks.

"How about the integrity of a state official who in his inmost heart is aspiring to a soft job in the Behrenstrasse?" (The street in Berlin in which the head office of the Deutsche Bank is situated.)

In 1909, the publisher of *Die Bank,* Alfred Lansburgh, wrote an article entitled "The Economic Significance of Byzantinism," in which he incidentally referred to Wilhelm II's tour of Palestine, and to "the immediate result of this journey," the construction of the Bagdad railway, that fatal "great product of German enterprise, which is more responsible for the 'encirclement' than all our political blunders put together." (By encirclement is meant the policy of Edward VII of isolating Germany by surrounding her with an imperialist anti-German alliance.) In 1912, another contributor to this magazine, Eschwege, to whom we have already referred, wrote an article entitled "Plutocracy and Bureaucracy," in which he exposes the case of a German official named Volker, who was a zealous member of the Cartel Committee and who some time later obtained a lucrative post in the biggest cartel, *i.e.*, the Steel Syndicate. Similar cases, by no means casual, forced this bourgeois author to admit that "the economic liberty guaranteed by the German Constitution is at present, in many departments of economic life, only a meaningless phrase" and that under the rule of the plutocrats, "the widest political liberty cannot save us from being converted into a nation of unfree people."

As for Russia, we will content ourselves by quoting one example. Some years ago, all the newspapers announced that Davidov, the director of the Credit Department of the Treasury, had resigned his post to take employment with a certain big bank at a salary which, according to the contract, was to amount to over one million rubles in the course of several years. The function of the Credit Department is to "co-ordinate the activities of all the credit institutions of the country"; it also grants subsidies to banks in St. Petersburg and Moscow amounting to between 800 and 1,000 million rubles.

Generally speaking, under capitalism, the ownership of capital is separate from the application of capital to production; money capital is separate from industrial or productive capital; the *rentier,* living entirely on income obtained from money capital, is separated from the *entrepreneur* and from all those directly concerned in the management of capital. Imperialism, or the rule of finance capital, is that highest stage of capitalism in which this separation reaches vast proportions. The supremacy of finance capital over all other forms of capital means the rule of the *rentier* and of the financial oligarchy; it means the crystallization of a small number of financially "powerful" states from among all the rest. The extent to which this process is going on may be judged from the statistics on emissions, *i.e.,* the issue of all kinds of securities.

In the Bulletin of the International Statistical Institute, A. Neymarck has published very comprehensive and complete comparative figures covering the issue of securities all over the world, which have been repeatedly quoted in economic literature. The following are the totals he gives for four decades:

TOTAL ISSUES IN BILLIONS OF FRANCS

1871-1880	76.1
1881-1890	64.5
1891-1900	100.4
1901-1910	197.8

In the 1870's, the total amount of issues for the whole world was high, owing particularly to the loans floated in connection with the Franco-Prussian War, and the company promoting boom which set in in Germany after the war. In general, the increase is not very rapid for the three last decades of the nineteenth century, and only in the first ten years of the twentieth century is an enormous increase observed of almost 100 per cent. Thus the beginning of the twentieth century marks the turning point, not only in regard to the growth of monopolies (cartels, syndicates, trusts), of which we have already spoken, but also in regard to the development of finance capital.

Neymarck estimates the total amount of issued securities current in the world in 1910 at about 815,000,000,000 francs. Deducting from this amounts which might have been duplicated, he reduces the total to 575-600 billion, which is distributed among the various countries as follows: (We will take 600,000,000,000.)

FINANCIAL SECURITIES CURRENT IN 1910
(In billions of francs)

Great Britain	142	479 (Great Britain, United States, France, Germany)
United States	132	
France	110	
Germany	95	
Russia	31	
Austria-Hungary	24	
Italy	14	
Holland	12.5	
Japan	12	
Belgium	7.5	
Spain	7.5	
Switzerland	6.25	
Denmark	3.75	
Sweden, Norway, Rumania, etc.	2.5	
Total	600.00	

It will be seen at once from these figures what a privileged position is held by four of the richest capitalist countries, each of which controls securities to amounts ranging approximately from 100 to 150 billion francs. Two of these countries are the oldest capitalist countries, and, as we shall see, possess the most colonies: England and France; the other two are in the front rank as regards rapidity of development and the degree of extension of capitalist monopolies in industry: the United States and Germany. Together, these four countries own 479,000,000,000 francs, that is, nearly 80 per cent of the world's finance capital. Thus, in one way or another, the whole world is more or less the debtor to and vassal of these four international banker countries, the four "pillars" of world finance capital.

It is particularly important to examine the part which capital exports play in creating the international network of dependence and ties of finance capital.

CHAPTER IV

THE EXPORT OF CAPITAL

Under the old type of capitalism, when free competition prevailed, the export of *goods* was the most typical feature. Under modern capitalism, when monopolies prevail, the export of *capital* has become the typical feature.

Capitalism is commodity production at the highest stage of development, when labor power itself becomes a commodity. The growth of internal exchange, and particularly of international exchange, is a special feature of capitalism. The uneven and spasmodic character of the development of individual enterprises, of individual branches of industry and individual countries, is inevitable under the capitalist system. England became a capitalist country before any other, and in the middle of the nineteenth century, having adopted free trade, claimed to be the "workshop of the world," the great purveyor of manufactured goods to all other countries, which in exchange were to keep her supplied with raw materials. In the last quarter of the nineteenth century, *this* monopoly was already undermined. Other countries, protecting themselves by tariff walls, had developed into independent capitalist countries. On the threshold of the twentieth century, we see a new type of monopoly coming into existence. First, there are monopolist capitalist combines in all advanced capitalist countries; secondly, a few rich countries, in which the accumulation of capital reaches gigantic proportions, occupy a monopolist position. An enormous "superfluity of capital" has accumulated in the advanced countries.

It goes without saying that if capitalism could develop agriculture, which today lags far behind industry everywhere, if it could raise the standard of living of the masses, who are everywhere still poverty-stricken and underfed, in spite of the amazing advance in technical knowledge, there could be no talk of a superfluity of capital. This "argument" the petty-bourgeois critics of capitalism advance on every occasion. But if capitalism did these things it would not be capitalism; for uneven development and wretched conditions of the masses are the fundamental and inevitable conditions and premises of this mode of production. As long as capitalism remains what it is, surplus capital will never be utilized for the purpose of raising the standard of living of the masses in a given country, for this would mean a decline in profits for the capitalists; it will be used for the purpose of increasing those profits by exporting capital abroad to the backward countries. In these backward countries, profits usually are high, for capital is scarce, the price of land is relatively low, wages are low, raw materials are cheap. The possibility of exporting capital is created by the entry of numerous backward countries into international capitalist intercourse; main railways have either been built or are being built there; the elementary conditions for industrial development have been created, etc. The necessity of exporting capital arises from the fact that in a few countries capitalism has become "over-ripe" and (owing to the backward state of agriculture and the impoverished state of the masses) capital cannot find "profitable" investment.

Here are approximate figures showing the amount of capital invested abroad by the three principal countries:

CAPITAL INVESTED ABROAD
(In billions of francs)

Year	*Great Britain*	*France*	*Germany*
1862	3.6	—	—
1872	15.0	10 (1869)	—
1882	22.0	15 (1880)	?
1893	42.0	20 (1890)	?
1902	62.0	27-37	12.5
1914	75-100	60	44.0

This table shows that the export of capital reached formidable dimensions only in the beginning of the twentieth century. Before the war the capital invested abroad by the three principal countries amounted to between 175 and 200 billion francs. At the modest rate of 5 per cent, this sum brought in from 8 to 10 billions a year. This provided a solid basis for imperialist oppression and the exploitation of most of the countries and nations of the world; a solid basis for the capitalist parasitism of a handful of wealthy states!

How is this capital invested abroad distributed among the various countries? *Where* does it go? Only an approximate answer can be given to this question, but sufficient to throw light on certain general relations and ties of modern imperialism.

APPROXIMATE DISTRIBUTION OF FOREIGN CAPITAL (ABOUT 1910)
(In billions of marks)

Continent	*Great Britain*	*France*	*Germany*	*Total*
Europe	4	23	18	45
America	37	4	10	51
Asia, Africa, Australia..	29	8	7	44
Total	70	35	35	140

The principal spheres of investment of British capital are the British colonies, which are very large also in America (for example, Canada), as well as in Asia, etc. In this case, enormous exports of capital are bound up with the possession of enormous colonies, of the importance of which for imperialism we shall speak later. In regard to France, the situation is quite different. French capital exports are invested mainly in Europe, particularly in Russia (at least ten billion francs). This is mainly *loan* capital, in the form of government loans and not investments in industrial undertakings. Unlike British colonial imperialism, French imperialism might be termed usury imperialism. In regard to Germany, we have a third type; the German colonies are inconsiderable, and German capital invested abroad is divided fairly evenly between Europe and America.

The export of capital greatly affects and accelerates the development of capitalism in those countries to which it is exported. While, therefore, the export of capital may tend to a certain extent to arrest development in the countries exporting capital, it can only do so by expanding and deepening the further development of capitalism throughout the world.

The countries which export capital are nearly always able to obtain "advantages," the character of which throws light on the peculiarities of the epoch of finance capital and monopoly. The following passage, for instance, occurred in the Berlin review, *Die Bank,* for October 1913:

"A comedy worthy of the pen of Aristophanes is being played just now on the international money market. Numerous foreign countries, from Spain to the Balkan states, from Russia to the Argentine, Brazil and China, are openly or secretly approaching the big money markets demanding loans, some of which are very urgent. The money market is not at the moment very bright and the political outlook is not yet promising. But not a single money market dares to refuse a loan for fear that its neighbor might grant it and so secure some small reciprocal service. In these international transactions the creditor nearly always manages to get some special advantages: an advantage of a commercial-political nature, a coaling station, a contract to construct a harbor, a fat concession, or an order for guns."

Finance capital has created the epoch of monopolies, and monopolies introduce everywhere monopolist methods: the utilization of "connections" for profitable transactions takes the place of competition on the open market. The most usual thing is to stipulate that part of the loan that is granted shall be spent on purchases in the country of issue, particularly on orders for war materials, or for ships, etc. In the course of the last two decades (1890-1910), France often resorted to this method. The export of capital abroad thus becomes a means for encouraging the export of commodities. In these circumstances transactions between particularly big firms assume a form "bordering on corruption," as Schilder "delicately" puts it. Krupp in Germany, Schneider in France, Armstrong in England, are instances of firms having close connections with powerful banks and governments whose "share" must not be forgotten when arranging a loan.

France granted loans to Russia in 1905 and by the commercial treaty of September 16, 1905, she "squeezed" concessions out of her to run till 1917. She did the same thing when the Franco-Japanese commercial treaty was concluded on August 19, 1911. The tariff war between Austria and Serbia, which lasted with a seven months' interval, from 1906 to 1911, was partly caused by competition between Austria and France for supplying Serbia with war material. In January 1912, Paul Deschanel stated in the Chamber of Deputies that from 1908 to 1911 French firms had supplied war material to Serbia to the value of 45,000,000 francs.

A report from the Austro-Hungarian Consul at Sao-Paulo (Brazil) states:

"The construction of the Brazilian railways is being carried out chiefly by French, Belgian, British and German capital. In the financial operations connected with the construction of these railways the countries involved also stipulate for orders for the necessary railway material."

Thus, finance capital, almost literally, one might say, spreads its net over all countries of the world. Banks founded in the colonies, or their branches, play an important part in these operations. German imperialists look with envy on the "old" colonizing nations which in this respect are "well established." In 1904, Great Britain had 50 colonial banks with 2,279 branches (in 1910 there were 72 banks with 5,449 branches); France had 20 with 136 branches; Holland, 16 with 68 branches, and Germany had a "mere" 13 with 70 branches.

The American capitalists, in their turn, are jealous of the English and German: "In South America," they complained in 1915, "five German banks had forty branches and five English banks had seventy. . . . During the last twenty-five years, Great Britain and Germany have invested in the Argentine, Brazil and Uruguay about four billion dollars, which places under their control 46 per cent of the total trade of these three countries."

The capital exporting countries have divided the world among themselves in the figurative sense of the term. But finance capital has also led to the *actual* division of the world.

CHAPTER V

THE DIVISION OF THE WORLD AMONG CAPITALIST COMBINES

Monopolist capitalist combines—cartels, syndicates, trusts—divide among themselves, first of all, the whole internal market of a country, and impose their control, more or less completely, upon the industry of that country. But under capitalism the home market is inevitably bound up with the foreign market. Capitalism long ago created a world market. As the export of capital increased, and as the foreign and colonial relations, the "spheres of influence" of the big monopolist combines, expanded, things tended "naturally" toward an international agreement among these combines and toward the formation of international cartels.

This is a new stage of world concentration of capital and production, incomparably higher than the preceding stages. Let us see how this super-monopoly develops.

The electrical industry is the most typical of the modern technical achievements of capitalism of the *end* of the nineteenth and beginning of the twentieth centuries. This industry has developed most in the two most advanced of the new capitalist countries, the United States and Germany. In Germany, the crisis of 1900 gave a particularly strong impetus to its concentration. During the crisis, the banks, which by this time had become fairly well merged with industry, greatly accelerated and deepened the collapse of relatively small firms and their absorption by the large ones.

> "The banks," writes Jeidels, "in refusing a helping hand to the very companies which need it, bring on, after a frenzied boom, the hopeless failure of the companies which are not permanently closely attached to them."

As a result, after 1900, concentration in Germany proceeded by leaps and bounds. Up to 1900 there had been seven or eight "groups" in the electrical industry. Each was formed of many companies (altogether there were twenty-eight) and each was supported by from two to eleven banks. Between 1908 and 1912 all the groups were united into two, or possibly one. The diagram below shows the process:

GROUPS IN THE GERMAN ELECTRICAL INDUSTRY

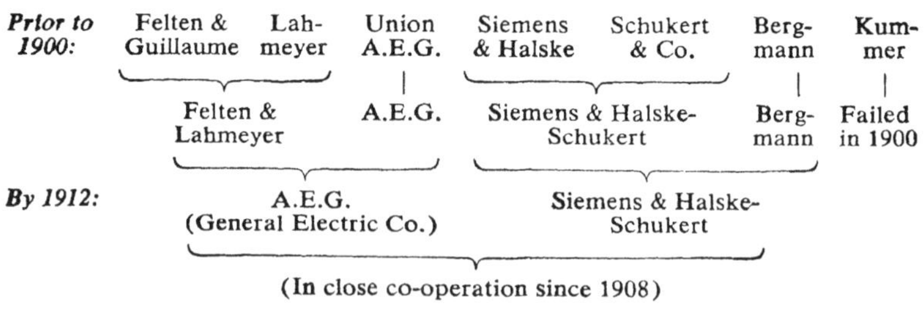

The famous A.E.G. (General Electric Company), which grew up in this way, controls 175 to 200 companies (through share holdings), and a total capital of approximately 1,500,000,000 marks. Abroad, it has thirty-four direct representatives, of which twelve are joint stock companies, in more than ten countries. As early as 1904, the amount of capital invested abroad by the German electrical industry was estimated at 233,000,000 marks. Of this sum, 62,000,000 were invested in Russia. Needless to say, the A.E.G. is a huge combine. Its manufacturing companies alone number no less than sixteen, and their factories make the most varied articles, from cables and insulators to motor cars and aeroplanes.

But concentration in Europe was a part of the process of concentration in America, which developed in the following way:

	General Electric Company	
United States:	Thompson-Houston Co. establishes a firm in Europe	Edison Co. establishes in Europe the French Edison Co. which transfers its patents to the
Germany:	Union Electric Co.	Gen'l Electric Co. (A.E.G.)
	General Electric Co. (A.E.G.)	

Thus, *two* "Great Powers" in the electrical industry were formed. "There are no other electric 'powers' in the world *completely* independent of them," wrote Heinig in his article "The Path of the Electricity Trust." An idea, although far from complete, of the turnover and the size of the enterprises of the two "trusts" can be obtained from the following figures:

		Turnover (In millions of marks)	*No. of Employees*	*Net Profits (In millions of marks)*
America: General Electric Co.	1907	 252	28,000	35.4
	1910	 298	32,000	45.6
Germany: A.E.G.	1907	 216	30,700	14.5
	1911	 362	60,800	21.7

In 1907, the German and American trusts concluded an agreement by which they divided the world between themselves. Competition between them ceased. The American General Electric Company "got" the United States and Canada. The A.E.G. "got" Germany, Austria, Russia, Holland, Denmark, Switzerland, Turkey and the Balkans. Special agreements, naturally secret, were concluded regarding the penetration of "subsidiary" companies into new branches of industry, into "new" countries formally not yet allotted. The two trusts were to exchange inventions and experiments.

It is easy to understand how difficult competition has become against this trust, which is practically world-wide, which controls a capital of several billion marks, and has its "branches," agencies, representatives, connections, etc., in every corner of the world. But the division of the world between two powerful trusts does not remove the possibility of *re-division,* if the relation of forces changes as a result of uneven development, war, bankruptcy, etc.

The oil industry provides an instructive example of such a re-division, or rather of a struggle for re-division.

"The world oil market," wrote Jeidels in 1905, "is even today divided in the main between two great financial groups—Rockefeller's Standard Oil Co., and the controlling interests of the Russian oilfields in Baku, Rothschild and Nobel. The two groups are in close alliance. But for several years, five enemies have been threatening their monopoly": 1) The exhaustion of the American wells; 2) the competition of the firm of Mantashev of Baku; 3) the Austrian wells; 4) the Rumanian wells; 5) the transoceanic oilfields, particularly in the Dutch colonies (the extremely rich firms, Samuel and Shell, also connected with British capital). The three last groups are connected with the great German banks, principally the Deutsche Bank. These banks independently and systematically developed the oil industry in Rumania, in order to have a foothold of their "own." In 1907, 185,000,000 francs of foreign capital were invested in the Rumanian oil industry, of which 74,000,000 came from Germany.

A struggle began, which, in economic literature, is fittingly called "the struggle for the division of the world." On one side, the Rockefeller trust, wishing to conquer *everything,* formed a subsidiary company right in Holland, and bought up oil wells in the Dutch Indies, in order to strike at its principal enemy, the Anglo-Dutch Shell trust. On the other side, the Deutsche Bank and the other German banks aimed at "retaining" Rumania "for themselves" and at uniting it with Russia against Rockefeller. The latter controlled far more capital and an excellent system of oil transport and distribution. The struggle had to end, and did end in 1907, with the defeat of the Deutsche Bank, which was forced to choose between two alternatives, either to liquidate its oil business and lose millions, or to submit. It chose to submit, and concluded a very disadvantageous agreement with the American trust. The Deutsche Bank agreed "not to attempt anything which might injure American interests." Provision was made, however, for the annulment of the agreement in the event of Germany establishing a state oil monopoly.

Then the "comedy of oil" began. One of the German finance kings, von Gwinner, a director of the Deutsche Bank, began through his private secretary, Strauss, a campaign for a state oil monopoly. The gigantic machine of the big German bank and all its "connections" were set in motion. The press bubbled over with "patriotic" indignation against the "yoke" of the American trust, and, on March 15, 1911, the Reichstag by an almost unanimous vote adopted a motion asking the government to introduce a bill for the establishment of an oil monopoly. The government seized upon this "popular" idea and the game of the Deutsche Bank, which hoped to deceive its American partner and improve its business by a state monopoly, appeared to have been won. The German oil magnates saw visions of wonderful profits, which would not be less than those of the great Russian sugar refiners. . . . But, first, the great German banks quarrelled among themselves over the division of the spoils; the Disconto-Gesellschaft exposed the covetous aims of the Deutsche Bank; secondly, the government took fright at the prospect of a struggle with Rockefeller; it was doubtful whether Germany could be sure of obtaining oil from other sources (the Rumanian output was small). Thirdly, just at that time the 1913 credits of a billion marks were voted for Germany's war preparations. The project of the oil monopoly was postponed. The Rockefeller trust came out of the struggle, for the time being, victorious.

The Berlin magazine, *Die Bank,* said in this connection that Germany could only fight the oil trust by establishing an electricity monopoly and by converting water power into cheap electricity.

"But," the author added, "the power monopoly will come when the producers need it, that is to say, when the next great failure in the electrical industry is impending and when the powerful expensive electric stations which are now being put up at great cost everywhere by private electric concerns, which obtain partial monopolies from towns, from the state, etc., can no longer work at a profit. Water power will then have to be used. But this cannot be converted into cheap electricity at state expense; it will have to be handed over to 'a private monopoly controlled by the state,' because of the immense compensation and damages that would have to be paid to private industry. . . . So it was with the nitrate monopoly; so it is with the oil monopoly; so it is with the petroleum monopoly; so it will be with the electric power monopoly. It is time our state socialists, who allow themselves to be blinded by beautiful principles, understood once and for all that in Germany monopolies have never pursued the aim, nor have they had the result of benefiting the consumer, or of handing over to the state part of the *entrepreneurs'* profits; they have served only to sanitate, at the expense of the state, private industries which were on the verge of bankruptcy."

Such are the valuable admissions which the German bourgeois economists are forced to make. We see plainly here how private monopolies and state monopolies are bound together in the age of finance capital; how both are but separate links in the imperialist struggle between the big monopolists for the division of the world.

In mercantile shipping, the tremendous development of concentration has ended also in the division of the world. In Germany two powerful companies have raised themselves to first rank, the Hamburg-Amerika and the Nord-Deutscher-Lloyd, each having a capital of 200,000,000 marks in stocks and bonds, and possessing 185 to 189 million marks worth of shipping tonnage. On the other side, in America, on January 1, 1903, the Morgan trust, the International Maritime Trading Company, was formed which united nine British and American steamship companies, and which controlled a capital of 120,000,000 dollars (480,000,000 marks). As early as 1903, the German giants and the Anglo-American trust concluded an agreement and divided the world in accordance with the division of profits. The German companies undertook not to compete in the Anglo-American traffic. The ports were carefully allotted to each; a joint committee of control was set up. This contract was concluded for twenty years, with a prudent provision for its annulment in the event of war.

Extremely instructive also is the story of the creation of the International Rail Cartel. The first attempt of the British, Belgian and German rail manufacturers to create such a cartel was made as early as 1884, at the time of a severe industrial depression. The manufacturers agreed not to compete with one another for the internal markets of the countries involved, and they divided the foreign markets in the following quotas: Great Britain—66 per cent; Germany—27 per cent; Belgium—17 per cent. India was reserved entirely for Great Britain. Joint war was declared against a British firm which remained outside the cartel. The cost of this economic war was met by a percentage levy on all sales. But in 1886 the cartel collapsed when two British firms retired from it. It is characteristic that agreement could not be achieved in the period of industrial prosperity which followed.

At the beginning of 1904, the German Steel Syndicate was formed. In November 1904, the International Rail Cartel was revived with the following quotas for foreign trade: Great Britain—53.5 per cent; Germany—28.83 per cent; Belgium—17.67 per cent. France came in later with 4.8 per cent, 5.8 per cent and 6.4 per cent in the first, second and third years respectively, in excess of the 100 per cent limit, *i.e.*, when the total was 104.8 per cent, etc. In 1905, the United States Steel Corporation entered the cartel; then Austria; then Spain.

"At the present time," wrote Vogelstein in 1910, "the partition of the world is completed, and the big consumers, primarily the state railways—since the world has been parcelled out without consideration for their interests—can now dwell like the poet in the palace of Jupiter."

We will mention also the International Zinc Syndicate, established in 1909, which divided output exactly among five groups of factories: German, Belgian, French, Spanish and British. Then there is the International Dynamite Trust, of which Liefmann says that it is

"quite a modern close alliance between all the manufacturers of explosives who, with the English and French dynamite manufacturers who have organized in a similar manner, have divided the whole world among themselves, so to speak."

Altogether, Liefmann, in 1897, counted about forty international cartels in which Germany had a share, while in 1910 there were about a hundred.

Certain bourgeois writers (with whom K. Kautsky, who has completely abandoned the Marxian position he held, for example, in 1909, has now associated himself) express the opinion that international cartels are the most striking expressions of the internationalization of capital, and that they, therefore, give the hope of peace among nations under capitalism. Theoretically, this opinion is absurd, while in practice it is a sophism and a dishonest defense of the worst opportunism. International cartels show to what point capitalist monopolies have developed, and they *reveal the object* of the struggle between the various capitalist groups. This last circumstance is the most important; it alone shows us the historico-economic significance of events; for the *forms* of the struggle may and do vary in accordance with varying, relatively particular and transitory causes, but the *essence* of the struggle, its class *content, cannot* change while classes exist. It is easy to understand, for example, that it is in the interests of the German bourgeoisie, whose theoretical arguments have now been adopted by Kautsky (we will deal with this later), to obscure the *content* of the contemporary economic struggle (the division of the world) and to emphasize one or another *form* of the struggle. Kautsky makes the same mistake. Of course, we have in mind not only the German bourgeoisie, but the bourgeoisie all over the world. The capitalists divide the world, not out of malice, but because the degree of concentration which has been reached forces them to adopt this method in order to get profits. And they divide it in proportion to capital, in proportion to "strength," because there cannot be any other system of division under the system of commodity production and capitalism. But strength varies with the degree of economic and political development. In order to understand what takes place, it is necessary to know what questions are settled by this change of forces. The question as to whether these changes are "purely" economic or *non*-economic (*e.g.*, military) is a secondary one, which does not in the least affect the fundamental view on the latest epoch of capitalism. To substitute for the question of the *content* of the struggle and agreements between capitalist combines the question of the *form* of these struggles and agreements (today peaceful, tomorrow war-like, the next day peaceful again) is to descend into sophistry.

The epoch of modern capitalism shows us that certain relations are established between capitalist alliances, *based* on the economic partition of the world; while parallel to this fact and in connection with it, certain relations are established between political alliances, between states, on the basis of the territorial division of the world, of the struggle for colonies, of the "struggle for economic territory."

CHAPTER VI

THE DIVISION OF THE WORLD AMONG THE GREAT POWERS

In his book, *The Territorial Development of the European Colonies,* A. Supan, the geographer, briefly sums up this development at the end of the nineteenth century, as follows:

PERCENTAGE OF TERRITORIES BELONGING TO THE EUROPEAN COLONIAL POWERS (INCLUDING UNITED STATES)

	1876	*1900*	*Increase or Decrease*
Africa	10.8	90.4	+79.6
Polynesia	56.8	98.9	+42.1
Asia	51.5	56.6	+ 5.1
Australia	100.0	100.0	—
America	27.5	27.2	— 0.3

"The characteristic feature of this period," he concludes, "is, therefore, the division of Africa and Polynesia."

As there are no unoccupied territories—that is, territories that do not belong to any state—in Asia and America, Mr. Supan's conclusion must be carried further and we must say that the characteristic feature of this period is the final partition of the globe—not in the sense that a *new partition* is impossible—on the contrary, new partitions are possible and inevitable—but in the sense that the colonial policy of the capitalist countries has *completed* the seizure of the unoccupied territories on our planet. For the first time the world is completely shared out, so that in the future *only re-division* is possible; territories can only pass from one "owner" to another, instead of passing as unowned territory to an "owner."

Hence, we are passing through a peculiar period of world colonial policy, which is closely associated with the "latest phase of capitalist development," with finance capital. For this reason, it is essential to deal in detail with the facts, in order to ascertain exactly what distinguishes this period from those preceding it, and what the present situation is. In the first place, two questions of fact arise here. Is an intensification of colonial policy, an intensification of the struggle for colonies, observed in this period of finance capital? And how, in this respect, is the world divided at the present time?

The American writer, Morris, in his book *The History of Colonization,* has made an attempt to compile data on the colonial possessions of Great Britain, France and Germany during different periods of the nineteenth century. The following is a brief summary of the results he has obtained:

COLONIAL POSSESSIONS

	Great Britain		France		Germany	
	Area (million sq. miles)	Population (millions)	Area (million sq. miles)	Population (millions)	Area (million sq. miles)	Population (millions)
1815-30	?	126.4	0.02	0.5	—	—
1860	2.5	145.1	0.2	3.4	—	—
1880	7.7	267.9	0.7	7.5	—	—
1899	9.3	309.0	3.7	56.4	1.0	14.7

For Great Britain, the period of the enormous expansion of colonial conquests is that between 1860 and 1880, and it was also very considerable in the last twenty years of the nineteenth century. For France and Germany this period falls precisely in these last twenty years. We saw above that the apex of pre-monopoly capitalist development, of capitalism in which free competition was predominant, was reached in the sixties and seventies of the last century. We now see that it is *precisely following that period* that the "boom" in colonial annexations begins, and that the struggle for a territorial division of the world becomes extraordinarily keen. It is beyond doubt, therefore, that the transition of capitalism to monopoly capitalism, to finance capitalism, is *connected* with the intensification of the struggle for the partition of the world.

Hobson, in his work on imperialism, marks the years 1884-1900 as the period of the intensification of the colonial "expansion" of the chief European states. According to his estimate, Great Britain during these years acquired 3,700,000 square miles of territory with a population of 57,000,000 inhabitants; France acquired 3,600,000 square miles with a population of 36,500,000 inhabitants; Germany, 1,000,000 square miles with a population of 16,700,000 inhabitants; Belgium, 900,000 square miles with 30,000,000 inhabitants; Portugal, 800,000 square miles with 9,000,000 inhabitants. The quest for colonies by all the capitalist states at the end of the nineteenth century, and particularly since the 1880's, is a commonly known fact in the history of diplomacy and of foreign affairs.

When free competition in Great Britain was at its height, *i.e.*, between 1840 and 1860, the leading British bourgeois politicians were opposed to colonial policy and were of the opinion that the liberation of the colonies and their complete separation from Great Britain was inevitable and desirable. M. Beer, in an article, "Modern British Imperialism," published in 1898, shows that in 1852, Disraeli, a statesman generally inclined towards imperialism, declared: "The colonies are millstones round our necks." But at the end of the nineteenth century the heroes of the hour were Cecil Rhodes and Joseph Chamberlain, open advocates of imperialism, who applied the imperialist policy in the most cynical manner.

It is not without interest to observe that even at that time these leading British bourgeois politicians fully appreciated the connection between what might be called the purely economic and the politico-social roots of modern imperialism. Chamberlain advocated imperialism by calling it a "true, wise and economical policy," and he pointed particularly to the German, American and Belgian competition which Great Britain was encountering in the world market. Salvation lies in monopolies, said the capitalists as they formed cartels, syndicates and trusts. Salvation lies in monopolies, echoed the political leaders of the bourgeoisie, hastening to appropriate the parts of the world not yet shared out. The journalist, Stead, relates the following remarks uttered by his close friend Cecil Rhodes in 1895 regarding his imperialist ideas:

> "I was in the East End of London yesterday and attended a meeting of the unemployed. I listened to the wild speeches, which were just a cry for 'bread,' 'bread,' 'bread,' and on my way home I pondered over the scene and I became more than ever convinced of the importance of imperialism. . . . My cherished idea is a solution for the social problem, *i.e.*, in order to save the 40,000,000 inhabitants of the United Kingdom from a bloody civil war, we colonial statesmen must acquire new lands for settling the surplus population, to provide new markets for the goods produced in the factories and mines. The Empire, as I have always said, is a bread and butter question. If you want to avoid civil war, you must become imperialists."

This is what Cecil Rhodes, millionaire, king of finance, the man who was mainly responsible for the Boer War, said in 1895. His defense of imperialism is just crude and cynical, but in substance it does not differ from the "theory" advocated by Messrs. Maslov, Südekum, Potresov, David, the founder of Russian Marxism and others. Cecil Rhodes was a somewhat more honest social-chauvinist.

To tabulate as exactly as possible the territorial division of the world, and the changes which have occurred during the last decades, we will take the data furnished by Supan in the work already quoted on the colonial possessions of all the powers of the world. Supan examines the years 1876 and 1900; we will take the year 1876—a year aptly selected, for it is precisely at that time that the pre-monopolist stage of development of West European capitalism can be said to have been completed, in the main, and we will take the year 1914, and in place of Supan's figures we will quote the more recent statistics of Hübner *(Geographical and Statistical Tables)*. Supan gives figures for colonies only: we think it useful, in order to present a complete picture of the division of the world, to add brief figures on non-colonial and semi-colonial countries like Persia, China and Turkey. Persia is already almost completely a colony; China and Turkey are on the way to becoming colonies. We thus get the following summary:

COLONIAL POSSESSIONS OF THE GREAT POWERS
(*In millions of square kilometers and in millions of inhabitants*)

	Colonies				*Home Countries*		*Total*	
	1876		1914		1914		1914	
	Area	*Pop.*	*Area*	*Pop.*	*Area*	*Pop.*	*Area*	*Pop.*
Great Britain	22.5	251.9	33.5	393.5	0.3	46.5	33.8	440.0
Russia	17.0	15.9	17.4	33.2	5.4	136.2	22.8	169.4
France	0.9	6.0	10.6	55.5	0.5	39.6	11.1	95.1
Germany	—	—	2.9	12.3	0.5	64.9	3.4	77.2
U. S. A.	—	—	0.3	9.7	9.4	97.0	9.7	106.7
Japan	—	—	0.3	19.2	0.4	53.0	0.7	72.2
Total	40.4	273.8	65.0	523.4	16.5	437.2	81.5	960.6
Colonies of other Powers (Belgium, Holland, etc.)							9.9	45.3
Semi-colonial countries (Persia, China, Turkey)							14.5	361.2
Other countries							28.0	289.9
Total area and population of the world							133.9	1,657.0

We see from these figures how "complete" was the partition of the world at the end of the nineteenth and beginning of the twentieth centuries. After 1876 colonial possessions increased to an enormous degree, more than one and a half times, from 40,000,000 to 65,000,000 square kilometers in area for the six biggest powers, an increase of 25,000,000 square kilometers, that is, one and a half times greater than the area of the "home" countries, which have a total of 16,500,000 square kilometers. In 1876 three powers had no colonies, and a fourth, France, had scarcely any. In 1914 these four powers had 14,100,000 square kilometers of colonies, or an area one and a half times greater than that of Europe, with a population of nearly 100,000,000. The unevenness in the rate of expansion of colonial possessions is very marked. If, for instance, we compare France, Germany and Japan which do not differ very much in area and population, we will see that the first (France) has annexed almost three times as much colonial territory as the other two combined.

But in regard to finance capital, also, France, at the beginning of the period we are considering, was perhaps several times richer than Germany and Japan put together. In addition to and on the basis of purely economic causes, geographical conditions and other factors also affect the dimensions of colonial possessions. However strong the process of levelling the world, of levelling economic and living conditions in different countries may have been in the past decades as a result of the pressure of large-scale industry, exchange and finance capital, great differences still remain; and even among the six powers we see, first, young capitalist powers (America, Germany, Japan) which progressed very rapidly; secondly, countries with an old capitalist development (France and Great Britain), which have made much slower progress of late than the previously mentioned countries, and thirdly, a country (Russia) which is economically most backward, in which modern capitalist imperialism is enmeshed, so to speak, in a thick web of pre-capitalist relations.

Alongside the colonial possessions of these great powers, we have placed the small colonies of the small states, which are, so to speak, the next possible and probable objects of a new colonial "share-out." Most of these little states are able to retain their colonies only because of the conflicting interests, frictions, etc., among the big powers, which prevent them from coming to an agreement in regard to the division of the spoils. The semi-colonial states provide an example of the transitional forms which are to be found in all spheres of nature and society. Finance capital is such a great, it may be said, such a decisive force in all economic and international relations that it is capable of subordinating to itself, and actually does subordinate to itself, even states enjoying complete political independence. We shall shortly see examples of this. Naturally, finance capital finds it most "convenient," and is able, to extract the greatest profit from a subordination which involves the loss of the political independence of the subjected countries and peoples. In this connection, the semi-colonial countries provide a typical example of the "middle stage." It is natural that the struggle for these semi-dependent countries should have become particularly bitter during the period of finance capital, when the rest of the world had already been shared out.

Colonial policy and imperialism existed before this latest stage of capitalism, and even before capitalism. Rome, founded on slavery, pursued a colonial policy and achieved imperialism. But "general" arguments about imperialism which ignore, or put into the background, the fundamental difference of social-economic systems, inevitably degenerate into absolutely empty banalities, or into grandiloquent comparisons like "Greater Rome and Greater Britain." Even the colonial policy of capitalism in its *previous* stages is essentially different from the colonial policy of finance capital.

The principal feature of modern capitalism is the domination of monopolist combines of the big capitalists. These monopolies are most durable when *all* the sources of raw materials are controlled by the one group. And we have seen with what zeal the international capitalist combines exert every effort to make it impossible for their rivals to compete with them; for example, by buying up mineral lands, oil fields, etc. Colonial possession alone gives complete guarantee of success to the monopolies against all the risks of the struggle with competitors, including the risk that the latter will defend themselves by means of a law establishing a state monopoly. The more capitalism develops, the more the need for raw materials arises, the more bitter competition becomes, and the more feverishly the hunt for raw materials proceeds all over the world, the more desperate becomes the struggle for the acquisition of colonies.

Schilder writes:

> "It may even be asserted, although it may sound paradoxical to some, that in the more or less discernible future the growth of the urban industrial population is more likely to be hindered by a shortage of raw materials for industry than by a shortage of food."

For example, there is a growing shortage of timber—the price of which is steadily rising—of leather and raw materials for the textile industry.

> "As instances of the efforts of industrial associations to effect a balance between agriculture and industry in world industry we might mention the International Federation of Cotton Spinners' Associations in the most important industrial countries, founded in 1904, and the European Federation of Flax Spinners' Associations, founded on the above pattern in 1910."

The bourgeois reformists, and among them particularly the present-day adherents of Kautsky, of course, try to belittle the importance of facts of this kind by arguing that it "would be possible" to obtain raw materials in the open market without a "costly and dangerous" colonial policy; and that it "would be possible" to greatly increase the supply of raw materials "simply" by improving agriculture. But these arguments are simply an apology for imperialism, an attempt to embellish it, because they ignore the principal feature of modern capitalism: monopoly. Free markets are becoming more and more a thing of the past; monopolist syndicates and trusts are restricting them more and more every day, and "simply" improving agriculture reduces itself to improving the conditions of the masses, of raising wages and reducing profits. Where, except in the imagination of the sentimental reformists, are there any trusts capable of interesting themselves in the condition of the masses instead of the conquering of colonies?

Finance capital is not only interested in the already known sources of raw materials; it is also interested in possible sources of raw materials, because present-day technical development is extremely rapid, and because land which is useless today may be made fertile tomorrow if new methods are applied (to devise these new methods a big bank can equip a whole expedition of engineers, agricultural experts, etc.), and large amounts of capital are invested. This also applies to prospecting for minerals, to new methods of working up and utilizing raw materials, etc., etc. Hence, the inevitable striving of finance capital to extend its economic territory and even its territory in general. In the same way that the trusts capitalize their property by estimating it at two or three times its value, taking into account its "possible" future (and not present) returns, and the further results of monopoly, so finance capital strives to seize the largest possible amount of land of all kinds and in any place it can, and by any means, counting on the possibilities of finding raw materials there, and fearing to be left behind in the insensate struggle for the last available scraps of unappropriated territory, or for the repartition of that which has been already appropriated.

The British capitalists are exerting every effort to develop cotton grown in *their own* Egyptian colony (in 1904, out of 2,300,000 hectares of land under cultivation, 600,000, or more than one-fourth, were devoted to cotton growing); the Russians are doing the same in their colony, Turkestan; and they are doing so because in this way they will be in a better position to defeat their foreign competitors, to monopolize the sources of raw materials and form a more economical and profitable textile trust in which *all* the processes of production will be "combined" and concentrated in the hands of a single owner.

The necessity of exporting capital also serves to stimulate the quest for colonies, for it is easier in the colonial market (and sometimes it is the only possible way), by monopolist methods to eliminate competition, to make sure of orders, to strengthen the necessary "connections," etc.

The non-economic superstructure which grows up on the basis of finance capital, its politics and its ideology, stimulates the striving for colonial conquest. "Finance capital does not want liberty, it wants domination," as Hilferding very truly says. And a French bourgeois writer, developing and supplementing, as it were, the ideas of Cecil Rhodes, which we quoted above, writes that social causes should be added to the economic causes of modern colonial policy.

"Owing to the growing complexity and difficulties of life which weigh, not only on the masses of the workers, but also on the middle classes, impatience, irritation and hatred are accumulating in all the countries of the old civilization and are becoming a menace to public order; employment must be found for the energy which is being hurled out of the definite class channel: it must be given an outlet abroad in order to avert an explosion at home."

Since we are speaking of colonial policy in the period of capitalist imperialism, it must be observed that finance capital and its corresponding foreign policy, which reduces itself to the struggle of the Great Powers for the economic and political division of the world, give rise to a number of *transitional* forms of national dependence. The division of the world into two principal groups—of colony-owning countries on the one hand and colonies on the other—is not the only typical feature of this period; there is also a variety of forms of dependence; countries which, formally, are politically independent, but which are, in fact, enmeshed in the net of financial and diplomatic dependence. We have already referred to one form of dependence—the semi-colony. Another example is provided by Argentina.

"South America, and especially Argentina," writes Schulze-Gävernitz in his work on British imperialism, "is so dependent financially on London that it ought to be described as almost a British commercial colony."

Basing himself on the report of the Austro-Hungarian consul at Buenos Aires, Schilder estimates the amount of British capital invested in Argentina in 1909 at 8,750,000,000 francs. It is not difficult to imagine the solid bonds that are thus created between British finance capital (and its faithful "friend," diplomacy) and the Argentine bourgeoisie, the leading businessmen and politicians of that country.

A somewhat different form of financial and diplomatic dependence, accompanied by political independence, is presented by Portugal. Portugal is an independent sovereign state. In actual fact, however, for more than two hundred years, since the war of the Spanish Succession (1700-14), it has been a British protectorate. The British have protected Portugal and her colonies in order to fortify their own positions in the fight against their rivals, Spain and France. In return, they have received commercial advantages, preferential imports of goods, and, above all, of capital into Portugal and the Portuguese colonies, the right to use the ports and islands of Portugal, her telegraph cables, etc. Relations of this kind have always existed between big and small states. But during the period of capitalist imperialism they become a general system, they form part of the process of "dividing the world"; they become a link in the chain of operations of world finance capital.

In order to complete our examination of the question of the division of the world, we must make the following observation. This question was raised quite openly and definitely not only in American literature after the Spanish-American War, and in English literature after the Boer War, at the very end of the nineteenth century and the beginning of the twentieth; not only has German literature, which always "jealously" watches "British imperialism," systematically given its appraisal of this fact, but it has been raised in French bourgeois literature in terms as wide and as clear as are possible from the bourgeois point of view. We will quote Driault, the historian, who, in his book, *Political and Social Problems at the End of the Nineteenth Century,* in the chapter "The Great Powers and the Division of the World," wrote the following:

> "During recent years all the free territory of the earth, with the exception of China, has been occupied by the powers of Europe and North America. Several conflicts and displacements of influence have already occurred over this matter, which foreshadow more terrible outbreaks in the near future. For it is necessary to make haste. The nations which have not yet made provision for themselves run the risk of never receiving their share and never participating in the tremendous exploitation of the globe which will be one of the essential features of the next century" (*i.e.,* the twentieth). "That is why all Europe and America has lately been afflicted with the fever of colonial expansion, of 'imperialism,' that most characteristic feature of the end of the nineteenth century."

And the author added:

"In this partition of the world, in this furious pursuit of the treasures and of the big markets of the globe, the relative power of the empires founded in this nineteenth century is totally out of proportion to the place occupied in Europe by the nations which founded them. The dominant powers in Europe, those which decide the destinies of the Continent, are *not* equally preponderant in the whole world. And, as colonial power, the hope of controlling hitherto unknown wealth, will obviously react to influence the relative strength of the European powers, the colonial question—'imperialism,' if you will—which has already transformed the political conditions of Europe, will modify them more and more."

CHAPTER VII

IMPERIALISM AS A SPECIAL STAGE OF CAPITALISM

We must now try to sum up and put together what has been said above on the subject of imperialism. Imperialism emerged as the development and direct continuation of the fundamental attributes of capitalism in general. But capitalism only became capitalist imperialism at a definite and very high stage of its development, when certain of its fundamental attributes began to be transformed into their opposites, when the features of the period of transition from capitalism to a higher social and economic system began to take shape and reveal themselves all along the line. The fundamental economic factor in this process is the substitution of capitalist monopolies for capitalist free competition. Free competition is the fundamental attribute of capitalism and of commodity production generally. Monopoly is exactly the opposite of free competition; but we have seen the latter being transformed into monopoly before our very eyes, creating large-scale industry and eliminating small industry, replacing large-scale industry by still larger-scale industry, finally leading to such a concentration of production and capital that monopoly has been and is the result: cartels, syndicates and trusts, and merging with them, the capital of a dozen or so banks manipulating thousands of millions. At the same time monopoly, which has grown out of free competition, does not abolish the latter, but exists alongside it and hovers over it, as it were, and, as a result, gives rise to a number of very acute antagonisms, frictions and conflicts. Monopoly is the transition from capitalism to a higher system.

If it were necessary to give the briefest possible definition of imperialism we should have to say that imperialism is the monopoly stage of capitalism. Such a definition would include what is most important, for, on the one hand, finance capital is the bank capital of the few big monopolist banks, merged with the capital of the monopolist combines of manufacturers; and, on the other hand, the division of the world is the transition from a colonial policy which has extended without hindrance to territories unoccupied by any capitalist power, to a colonial policy of the monopolistic possession of the territories of the world which have been completely divided up.

But very brief definitions, although convenient, for they sum up the main points, are nevertheless inadequate, because very important features of the phenomenon that has to be defined have to be especially deduced. And so, without forgetting the conditional and relative value of all definitions, which can never include all the concatenations of a phenomenon in its complete development, we must give a definition of imperialism that will embrace the following five essential features:

1) The concentration of production and capital developed to such a stage that it creates monopolies which play a decisive role in economic life.

2) The merging of bank capital with industrial capital, and the creation, on the basis of "finance capital," of a financial oligarchy.

3) The export of capital, which has become extremely important, as distinguished from the export of commodities.

4) The formation of international capitalist monopolies which share the world among themselves.

5) The territorial division of the whole world among the greatest capitalist powers is completed.

Imperialism is capitalism in that stage of development in which the domination of monopolies and finance capital has established itself; in which the export of capital has acquired pronounced importance; in which the division of the world among the international trusts has begun; in which the partition of all the territories of the globe among the great capitalist powers has been completed.

We shall see later that imperialism can and must be defined differently if consideration is to be given, not only to the basic, purely economic factors—to which the above definition is limited—but also to the historical place of this stage of capitalism in relation to capitalism in general, or to the relations between imperialism and the two main tendencies in the working class movement. The point to be noted just now is that imperialism, as interpreted above, undoubtedly represents a special stage in the development of capitalism. In order to enable the reader to obtain as well grounded an idea of imperialism as possible, we deliberately quoted largely from *bourgeois* economists who are obliged to admit the particularly indisputable facts regarding modern capitalist economy. With the same object in view, we have produced detailed statistics which reveal the extent to which bank capital, etc., has developed, showing how the transformation of quantity into quality, of developed capitalism into imperialism, has expressed itself. Needless to say, all the boundaries in nature and in society are conditional and changeable, and, consequently, it would be absurd to discuss the exact year or the decade in which imperialism "definitely" became established.

In this matter of defining imperialism, however, we have to enter into controversy, primarily, with Karl Kautsky, the principal Marxian theoretician of the epoch of the so-called Second International, that is, of the twenty-five years between 1889 and 1914.

Kautsky, in 1915 and even in November 1914, decisively attacked the fundamental ideas expressed in our definition of imperialism. Kautsky said that imperialism must not be regarded as a "phase" or stage of economy, but as a policy; a definite policy "preferred" by finance capital; that imperialism cannot be "identified" with "contemporary capitalism"; that if imperialism is to be understood to mean "all the phenomena of contemporary capitalism"—cartels, protection, the hegemony of the financiers and colonial policy—then the question as to whether imperialism is necessary for capitalism becomes reduced to the "flattest tautology"; because, in that case, imperialism is "naturally a vital necessity for capitalism," and so on. The best way to present Kautsky's ideas is to quote his own definition of imperialism, which is diametrically opposed to the substance of the ideas which we have set forth (for the objections coming from the camp of the German Marxists, who have been advocating such ideas for many years already, have long been known to Kautsky as the objections of a definite trend in Marxism).

Kautsky's definition is as follows:

"Imperialism is a product of highly developed industrial capitalism. It consists in the striving of every industrial capitalist nation to bring under its control and to annex increasingly big *agrarian*" (Kautsky's italics) "regions irrespective of what nations inhabit those regions."

This definition is utterly worthless because it one-sidedly, *i.e.*, arbitrarily, brings out the national question alone (although this is extremely important in itself as well as in its relation to imperialism), it arbitrarily and *inaccurately* connects imperialism *only* with industrial capital in the countries which annex other nations and in an equally arbitrary and inaccurate manner brings out the annexation of agrarian regions.

Imperialism is a striving for annexations—this is what the *political* part of Kautsky's definition amounts to. It is correct, but very incomplete, for politically imperialism is in general a striving towards violence and reaction. For the moment, however, we are interested in the *economic* aspect of the question, which Kautsky *himself* introduced in *his* definition. The inaccuracy of Kautsky's definition is obvious. The characteristic feature of imperialism is *not* industrial capital, *but* finance capital. It is not an accident that in France it was precisely the extraordinarily rapid development of *finance* capital and the weakening of industrial capital that, from 1880 onwards, gave rise to the extreme extension of annexationist (colonial) policy. The characteristic feature of imperialism is precisely that it strives to annex *not only* agricultural regions, but even highly industrialized regions (German appetite for Belgium; French appetite for Lorraine), because 1) the fact that the world is already partitioned obliges those contemplating a *new* partition to stretch out their hands to *any kind* of territory, and 2) because an essential feature of imperialism is the rivalry between a number of great powers in the striving for hegemony, *i.e.*, for the conquest of territory, not so much directly for themselves, as to weaken the adversary and undermine *his* hegemony. (Belgium is chiefly necessary for Germany as a base for operations against England; England needs Bagdad as a base for operations against Germany, etc.)

Kautsky refers especially—and repeatedly—to English writers who, he alleges, have given a purely political meaning to the word "imperialism" in the sense that Kautsky understands it. We take up the work by the Englishman Hobson, *Imperialism*, which appeared in 1902, and therein we read:

"The new imperialism differs from the older, first in substituting for the ambition of a single growing empire the theory and the practice of competing empires, each motivated by similar lusts of political aggrandisement and commercial gain, secondly, in the dominance of financial, or investing, over mercantile interests."

We see, therefore, that Kautsky is absolutely wrong in referring to English writers generally (unless he meant the vulgar British imperialist writers, or the avowed apologists for imperialism). We see that Kautsky, while claiming that he continues to defend Marxism, as a matter of fact takes a step backward compared with the *social-liberal* Hobson, who more *correctly* takes into account two "historically concrete" (Kautsky's definition is a mockery of historical concreteness) features of modern imperialism: 1) the competition between *several* imperialisms, and 2) the predominance of the financier over the merchant. If it were chiefly a question of the annexation of agrarian countries by industrial countries, the role of the merchant would be predominant.

But Kautsky's definition is not only wrong and un-Marxian. It serves as a basis for a whole system of views which run counter to Marxian theory and Marxian practice all along the line. We shall refer to this again later. The argument about words which Kautsky raises: whether the latest stage of capitalism should be called "imperialism" or "the stage of finance capital" is of no importance. Call it what you will, it matters little. The important fact is that Kautsky detaches the politics of imperialism from its economics, speaks of annexations as being a policy "preferred" by finance capital, and opposes to it another bourgeois policy which he alleges is possible on this very basis of finance capital. According to his argument, monopolies in economics are compatible with non-monopolistic, non-violent, non-annexationist methods in politics. According to his argument, the territorial division of the world, which was completed precisely during the period of finance capital, and which constitutes the basis of the present peculiarities of the form of rivalry between the biggest capitalist states, is compatible with a non-imperialist policy. The result is a slurring over and a blunting of the most profound contradictions of the latest stage of capitalism, instead of an exposure of their depth. The result is bourgeois reformism instead of Marxism.

Kautsky enters into controversy with the German apologist of imperialism and annexations, Cuno, who clumsily and cynically argues as follows: imperialism is modern capitalism, the development of capitalism is inevitable and progressive; therefore imperialism is progressive; therefore we should bow down before it and chant its praises. This is something like the caricature of Russian Marxism which the Narodniki drew in 1894-95. They used to argue as follows: if the Marxists believe that capitalism is inevitable in Russia, that it is progressive, then they ought to open a public-house and begin to implant capitalism! Kautsky's reply to Cuno is as follows: imperialism is not modern capitalism. It is only one of the forms of the policy of modern capitalism. This policy we can and should fight; we can and should fight against imperialism, annexations, etc.

The reply seems quite plausible, but in effect it is a more subtle and more disguised (and therefore more dangerous) form of propaganda of conciliation with imperialism, for unless it strikes at the economic basis of the trusts and banks, the "struggle" against the policy of the trusts and banks reduces itself to bourgeois reformism and pacifism, to an innocent and benevolent expression of pious hopes. Kautsky's theory means refraining from mentioning existing contradictions, forgetting the most important of them, instead of revealing them in their full depth; it is a theory that has nothing in common with Marxism. Naturally, such a "theory" can only serve the purpose of advocating unity with the Cunos. Kautsky writes that from the purely economic point of view it is not impossible that capitalism will yet go through a new phase, that of the extension of the policy of the cartels to foreign policy, the phase of ultra-imperialism, *i.e.*, of a super-imperialism, a union of world imperialism and not struggles among imperialisms; a phase when wars shall cease under capitalism, a phase of "the joint exploitation of the world by internationally united finance capital."

We shall have to deal with this "theory of ultra-imperialism" later on in order to show how definitely and utterly it departs from Marxism. In keeping with the plan of the present work, we shall examine the exact economic data on this question. Is "ultra-imperialism" possible "from the purely economic point of view" or is it ultra-nonsense?

If, by "purely economic point of view" a "pure" abstraction is meant, then all that can be said reduces itself to the following proposition: evolution is proceeding towards monopoly; therefore the trend is towards a single world monopoly, to a universal trust. This is indisputable, but it is also as completely devoid of meaning as is the statement that "evolution is proceeding" towards the manufacture of food-stuffs in laboratories. In this sense the "theory" of ultra-imperialism is no less absurd than a "theory of ultra-agriculture" would be, if one were suggested.

If, on the other hand, we are discussing the "purely economic" conditions of the epoch of finance capital as a historically concrete epoch in the twentieth century, the best reply that one can make to lifeless abstractions of "ultra-imperialism" (which serve an exclusively reactionary aim, *viz.*, that of diverting attention from the depth of *existing* antagonisms) is to contrast them with the concrete economic realities of present-day world economy. Kautsky's meaningless talk about ultra-imperialism encourages, among other things, that profoundly mistaken idea which only brings grist to the mill of the apologists of imperialism, *viz.*, that the domination of finance capital *lessens* the unevenness and contradictions inherent in world economy, whereas in reality it *increases* them.

Richard Calwer, in his little book, *An Introduction to World Economics*, attempted to compile the main, purely economic data required to depict in a concrete way the internal relations of world economy at the end of the nineteenth and beginning of the twentieth centuries. He divides the world into five "main economic areas," as follows: 1) Central Europe (the whole of Europe with the exception of Russia and Great Britain); 2) Great Britain; 3) Russia; 4) Eastern Asia; 5) America; he includes the colonies in the "areas" of the state to which they belong and "leaves out" a few countries not distributed according to areas, such as Persia, Afghanistan and Arabia in Asia; Morocco and Abyssinia in Africa, etc.

Here is a brief summary of the economic data he quotes on these regions:

	Area	Pop.	Transport		Trade	Industry		
Principal economic areas	Million sq. km.	Millions	Railways (thous. km.)	Mercantile fleet (million tons)	Import and export (billion marks)	Output of coal (million tons)	Output of pig iron (million tons)	No. of cotton spindles (mill.)
1) Central European	27.6 (23.6)[1]	388 (146)	204	8	41	251	15	26
2) British	28.9 (28.6)	398 (355)	140	11	25	249	9	51
3) Russian	22	131	63	1	3	16	3	7
4) East Asian	12	389	8	1	2	8	0.02	2
5) American	30	148	379	6	14	245	14	19

[1] The figures in parentheses show the area and population of the colonies.

We notice three areas of highly developed capitalism, that is, with a high development of means of transport, of trade and of industry. These are the Central European, the British and the American areas. Among these are three states which dominate the world: Germany, Great Britain, the United States. Imperialist rivalry and the struggle between these countries have become very keen because Germany has only a restricted area and few colonies (the creation of "central Europe" is still a matter for the future; it is being born in the midst of desperate struggles). For the moment the distinctive feature of Europe is political disintegration. In the British and American areas, on the other hand, political concentration is very highly developed, but there is a tremendous disparity between the immense colonies of the one and the insignificant colonies of the other. In the colonies, capitalism is only beginning to develop. The struggle for South America is becoming more and more acute.

There are two areas where capitalism is not strongly developed: Russia and Eastern Asia. In the former the density of population is very small, in the latter it is very high; in the former political concentration is very high; in the latter it does not exist. The partition of China is only beginning, and the struggle between Japan, U.S.A., etc., in connection therewith is steadily gaining in intensity.

Compare this reality, the vast diversity of economic and political conditions, the extreme disparity in the rate of development of the various countries, and the violent struggles of the imperialist states, with Kautsky's stupid little fable about "peaceful" ultra-imperialism. Is this not the reactionary attempt of a frightened philistine to hide from stern reality? Do not the international cartels which Kautsky imagines are the embryos of "ultra-imperialism" (with as much reason as one would have for describing the manufacture of tabloids in a laboratory as ultra-agriculture in embryo) present an example of the division and the *re-division* of the world, the transition from peaceful division to *violent* division and *vice versa?* Is not American and other finance capital, which divide the whole world peacefully, with Germany's participation, for example, in the International Rail Syndicate, or in the International Mercantile Shipping Trust, now engaged in *re-dividing* the world on the basis of a new relation of forces, which has been changed by methods *by no means* peaceful?

Finance capital and the trusts are aggravating instead of

diminishing the differences in the rate of development of the various parts of world economy. When the relation of forces is very highly developed, but there is a tremendous disparity contradictions be found, except by resorting to *violence?*

Railway statistics provide remarkably exact data on the different rates of development of capitalism and finance capital in world economy. In the last decades of imperialist development, the total length of railways, expressed in thousands of kilometers, has changed as follows:

	1890		*1913*		*Increase*	
Europe	224		346		122	
U. S. A.	268		411		143	
Colonies (total)	82	125	210	347	128	222
Independent or semi-independent states of Asia and America	43		137		94	
Total	617		1,104			

Thus, the development of railways has been more rapid in the colonies and in the independent or semi-independent states of Asia and America. Here, as we know, the finance capital of the four or five biggest capitalist states reigns undisputed. Two hundred thousand kilometers of new railways in the colonies and in the other countries of Asia and America represent more than 40,000,000,000 marks in capital, newly invested under particularly advantageous conditions, with special guarantees of a good return and with profitable orders for steel works, etc., etc.

Capitalism is growing with the greatest rapidity in the colonies and in trans-oceanic countries. Among the latter, *new* imperialist powers are emerging (*e.g.*, Japan). The struggle of world imperialism is becoming aggravated. The tribute levied by finance capital on the most profitable colonial and trans-oceanic enterprises is increasing. In sharing out this booty, an exceptionally large part goes to countries which, as far as the development of productive forces is concerned, do not always stand at the top of the list. In the case of the biggest countries, considered with their colonies, the total length of railways was as follows (in thousands of kilometers):

	1890	*1913*	*Increase*
U. S. A.	268	413	145
British Empire	107	208	101
Russia	32	78	46
Germany	43	68	25
France	41	63	22
Total	491	830	339

Thus, about 80 per cent of the total existing railways are concentrated in the hands of the five great powers. But the concentration of the *ownership* of these railways, that of finance capital, is much greater still: French and English millionaires, for example, own an enormous amount of stocks and bonds in American, Russian and other railways.

Thanks to her colonies, Great Britain has increased "her" length of railways by 100,000 kilometers, four times as much as Germany. And yet it is well known that the development of productive forces in Germany, and especially the development of the coal and iron industries, has been much more rapid during this period than in England—not to mention France and Russia. In 1892, Germany produced 4,900,000 tons of pig iron, and Great Britain produced 6,800,000 tons; in 1912, German produced 17,600,000 tons and Great Britain, 9,000,000 tons. Germany, therefore, had an overwhelming superiority over England in this respect!

We ask, is there *under capitalism* any means of remedying the disparity between the development of productive forces and the accumulation of capital on the one side, and the division of colonies and "spheres of influence" by finance capital on the other side—other than by resorting to war?

CHAPTER VIII

THE PARASITISM AND DECAY OF CAPITALISM

We have to examine yet another very important aspect of imperialism to which, usually, too little importance is attached in most of the arguments on this subject. One of the shortcomings of the Marxist, Hilferding, is that he takes a step backward compared with the non-Marxist, Hobson. We refer to parasitism, which is a feature of imperialism.

As we have seen, the most deep-rooted economic foundation of imperialism is monopoly. This is capitalist monopoly, *i.e.*, monopoly which has grown out of capitalism and exists in the general capitalist environment of commodity production and competition, and remains in permanent and insoluble contradiction to this general environment. Nevertheless, like all monopoly, this capitalist monopoly inevitably gives rise to a tendency to stagnation and decay. As monopoly prices become fixed, even temporarily, the stimulus to technical and, consequently, to all progress, disappears to a certain extent, and to that extent, also, the *economic* possibility arises of deliberately retarding technical progress. For instance, in America, a certain Mr. Owens invented a machine which revolutionized the manufacture of bottles. The German bottle manufacturing trust purchased Owens' patent, but refrained from utilizing it. Certainly, monopoly cannot, under capitalism, eliminate competition in the world market completely and for a long period of time (and this, by the by, is one of the reasons why the theory of ultra-imperialism is so absurd). Certainly the possibility of reducing cost of production and increasing profits by introducing technical improvements is an influence in the direction of change. Nevertheless, the *tendency* to stagnation and decay, which is the feature of monopoly, continues, and in certain branches of industry, in certain countries, for certain periods of time, it becomes predominant.

The monopoly of ownership of very extensive, rich or well-situated colonies operates in the same direction.

Moreover, imperialism is an immense accumulation of money capital in a few countries, which, as we have seen, amounts to 100 to 150 billion francs in various securities. Hence the extraordinary growth of the class, or rather of the category, of bondholders (*rentiers*), people who live by clipping coupons, who take no part whatever in production, whose profession is idleness. The export of capital, one of the essential economic bases of imperialism, still more completely isolates the *rentiers* from production and sets the seal of parasitism on the whole country that lives by the exploitation of the labor of several overseas countries and colonies.

"In 1893," writes Hobson, "the British capital invested abroad represented about 15 per cent of the total wealth of the United Kingdom."

Let us remember that by 1915 this capital had increased about two and a half times.

"Aggressive imperialism," says Hobson further on, "which costs the taxpayer so dear, which is of so little value to the manufacturer and trader . . . is a source of great gain to the investor. . . . The annual income Great Britain derives from commissions in her whole foreign and colonial trade, import and export, is estimated by Sir R. Giffen at £18,000,000 for 1899, taken at 2.5 per cent upon a turnover of £800,000,000."

Great as this sum is, it does not explain the aggressive imperialism of Great Britain. This is explained by the 90 to 100 million pounds sterling revenue from "invested" capital, the income of the *rentier* class.

The revenue of the bondholders is *five times greater* than the revenue obtained from the foreign trade of the greatest trading country in the world. This is the essence of imperialism and imperialist parasitism.

For that reason the term, "bondholder state" (*Rentnerstaat*), or usurer state, is passing into current use in the economic literature that deals with imperialism. The world has become divided into a handful of money-lending states on the one side, and a vast majority of debtor states on the other.

"The premier place among foreign investments," says Schulze-Gävernitz, "is held by those placed in politically dependent or closely allied countries. Great Britain grants loans to Egypt, Japan, China and South America. Her navy plays the part of bailiff in case of necessity. Great Britain's political power protects her from the indignation of her debtors."

Sartorius von Waltershausen in his work, *The Economic System of Foreign Investments,* cites Holland as the model bondholder state and points out that Great Britain and France have taken the same road. Schilder believes that five industrial nations have become "pronounced creditor nations"; Great Britain, France, Germany, Belgium and Switzerland. Holland does not appear on this list simply because it is "industrially less developed." He asserts that the United States is creditor only of the other American countries.

"Great Britain," says Schulze-Gävernitz, "is gradually becoming transformed from an industrial state into a creditor state. Notwithstanding the absolute increase in industrial output and the export of manufactured goods, the relative importance of income from interest and dividends, issues, commissions and speculation is on the increase for the whole of the national economy. In my opinion it is precisely this that forms the economic basis of imperialist ascendancy. The creditor is more permanently attached to the debtor than the seller is to the buyer."

In regard to Germany, A. Lansburgh, the editor of *Die Bank,* in 1911, in an article entitled "Germany as a Bondholder State," wrote the following:

"People in Germany are ready to sneer at the yearning observed in France of people to become *rentiers.* But they forget that as far as the middle class is concerned the situation in Germany is becoming more and more like that in France."

The *rentier* state is a state of parasitic decaying capitalism, and this circumstance cannot fail to influence all the social-political conditions of the countries affected generally and the two fundamental trends in the working class movement particularly. To demonstrate this in the clearest possible manner we will quote Hobson, who will be regarded as a more "reliable" witness, since he cannot be suspected of leanings towards "orthodox Marxism"; moreover, he is an Englishman who is very well acquainted with the situation in the country which is richest in colonies, in finance capital and in imperialist experience.

With the Boer War fresh in his mind, Hobson describes the connection between imperialism, and the interests of the "financiers," the growing profits from war contracts, etc., and writes as follows:

"While the directors of this definitely parasitic policy are capitalists, the same motives appeal to special classes of the workers. In many towns, most important trades are dependent upon government employment or contracts; the imperialism of the metal and shipbuilding centers is attributable in no small degree to this fact."

In this writer's opinion there are two causes which weakened the older empires: 1) "economic parasitism," and 2) the formation of armies composed of subject races.

"There is first the habit of economic parasitism, by which the ruling state has used its provinces, colonies and dependencies, in order to enrich its ruling class and to bribe its lower classes into acquiescence."

And we would add that the economic possibility of such corruption, whatever its form may be, requires high monopolist profits.

As for the second cause, Hobson writes:

"One of the strangest symptoms of the blindness of imperialism is the reckless indifference with which Great Britain, France and other imperialist nations are embarking on this perilous dependence. Great Britain has gone farthest. Most of the fighting by which we have won our Indian Empire has been done by natives; in India, as more recently in Egypt, great standing armies are placed under British commanders; almost all the fighting associated with our African dominions, except in the southern part, has been done for us by natives."

Hobson gives the following economic appraisal of the prospect of the partition of China:

"The greater part of Western Europe might then assume the appearance and character already exhibited by tracts of country in the South of England, in the Riviera, and in the tourist-ridden or residential parts of Italy and Switzerland, little clusters of wealthy aristocrats drawing dividends and pensions from the Far East, with a somewhat larger group of professional retainers and tradesmen and a large body of personal servants and workers in the transport trade and in the final stages of production of the more perishable goods; all the main arterial industries would have disappeared, the staple foods and manufactures flowing in as tribute from Asia and Africa.

"We have foreshadowed the possibility of even a larger alliance of Western states, a European federation of great powers which, so far from forwarding the cause of world civilization, might introduce the gigantic peril of a Western parasitism, a group of advanced industrial nations, whose upper classes draw vast tribute from Asia and Africa, with which they support great tame masses of retainers, no longer engaged in the staple industries of agriculture and manufacture, but kept in the performance of personal or minor industrial services under the control of a new financial aristocracy. Let those who would scout such a theory as undeserving of consideration examine the economic and social condition of districts in Southern England today, which are already reduced to this condition, and reflect upon the vast extension of such a system which might be rendered feasible by the subjection of China to the economic control of similar groups of financiers, investors, and political and business officials, draining the greatest potential reservoir of profit the world has ever known, in order to consume it in Europe. The situation is far too complex, the play of world forces far too incalculable, to render this or any other single interpretation of the future very probable; but the influences which govern the imperialism of Western Europe today are moving in this direction and, unless counteracted or diverted, make towards some such consummation."

Hobson is quite right. *Unless* the forces of imperialism are counteracted they will lead to what he has described. He correctly appraises the significance of a "United States of Europe," in the present conditions of imperialism. He should have added, however, that, even within the working class movement, the opportunists, who are for the moment predominant in most countries, are "working" systematically and undeviatingly in this very direction. Imperialism, which means the partition of the world, and the exploitation of other countries besides China, which means high monopoly profits for a handful of very rich countries, creates the economic possibility of corrupting the upper strata of the proletariat, and thereby fosters, gives form to, and strengthens opportunism. However, we must not lose sight of the forces which counteract imperialism generally, and opportunism particularly, which, naturally, the social-liberal Hobson is unable to perceive.

The German opportunist, Gerhard Hildebrand, who was expelled from the Party for defending imperialism, and would today make an excellent leader of the so-called "Social-Democratic" Party of Germany, serves as a good supplement to Hobson by his advocacy of a "United States of Western Europe" (without Russia) for the purpose of "joint" action against . . . the African Negroes, against the "great Islamic movement," for the "upkeep of a powerful army and navy," against a "Sino-Japanese coalition," etc.

The description of "British imperialism" in Schulze-Gävernitz's book reveals the same parasitical traits. The national income of Great Britain approximately doubled from 1865 to 1898, while the income from "overseas" increased *ninefold* in the same period. While the "merit" of imperialism is that it "trains the Negro to habits of industry" (not without coercion of course . . .), the "danger" of imperialism is that Europe

> "will shift the burden of physical toil—first agricultural and mining, then the more arduous toil in industry—on to the colored races, and itself be content with the role of *rentier*, and in this way, perhaps, pave the way for the economic, and later the political emancipation of the colored races."

An increasing proportion of land in Great Britain is being taken out of cultivation and used for sport, for the diversion of the rich.

> "Scotland," says Schulze-Gävernitz, "is the most artistocratic playground in the world—it lives on its past and on Mr. Carnegie."

Great Britain annually spends £14,000,000 on horse racing and fox hunting. The number of bondholders in Great Britain has risen to about one million. The percentage of producers among the total population is becoming smaller.

Year	Population (millions)	No. workers employed in basic industries (millions)	Per cent of producers to total population
1851	17.9	4.1	23
1901	32.5	4.9	15

And, in speaking of the British working class, the bourgeois student of "British imperialism at the beginning of the twentieth century" is obliged to distinguish systematically between the *"upper stratum"* of the workers and the *"lower stratum of the proletariat proper."* The upper stratum furnishes the main body of co-operators, of trade unionists, of members of sporting clubs and of numerous religious sects. The electoral system, which in Great Britain is "still *sufficiently restricted to exclude the lower stratum of the proletariat proper,"* is adapted to their level! In order to present the condition of the British working class in the best possible light, only this upper stratum—which constitutes only a *minority* of the proletariat—is generally spoken of. For instance, the problem of unemployment "is mainly a London problem and that of the lower proletarian stratum, *which is of little political moment."*

It would be better to say: which is of little political moment for the bourgeois politicians and the "socialist" opportunists.

Another special feature of imperialism, which is connected with the facts we are describing, is the decline in emigration from imperialist countries, and the increase in immigration to those countries from the backward countries where low wages are paid. As Hobson observes, emigration from Great Britain has been declining since 1894. In that year the number of emigrants from Great Britain was 242,000, while in 1900, the number was only 169,000. German emigration reached the highest point between 1880 and 1890, with a total of 1,453,000 emigrants. In the course of the following two decades, it fell to 544,000 and even to 341,000. On the other hand, there was an increase in the number of workers entering Germany from Austria, Italy, Russia and other countries. According to the 1907 census, there were 1,342,294 foreigners in Germany, of whom 440,800 were industrial workers and 257,329 were agricultural workers. In France, the workers employed in the mining industry are, "in great part," foreigners: Polish, Italian and Spanish. In the United States, immigrants from Eastern and Southern Europe are engaged in the most poorly paid occupations, while American workers provide the highest percentage of overseers or of the better paid workers. Imperialism has the tendency of creating privileged sections even among the workers, and of detaching them from the main proletarian masses.

It must be observed that in Great Britain the tendency of imperialism to divide the workers in this way, to encourage opportunism among them, and cause temporary decay in the working class movement, revealed itself much earlier than the end of the nineteenth and the beginning of the twentieth centuries; for two important features of imperialism were observed in Great Britain in the middle of the nineteenth century, *viz.*, vast colonial possessions and a monopolist position in world markets. Marx and Engels systematically traced this relation between opportunism in the labor movement and the imperialistic features of British capitalism for several decades. For example, on October 7, 1858, Engels wrote to Marx:

"The English proletariat is becoming more and more bourgeois, so that this most bourgeois of all nations is apparently aiming ultimately at the possession of a bourgeois aristocracy and a bourgeois proletariat *as well as* a bourgeoisie. For a nation which exploits the whole world this is, of course, to a certain extent justifiable."

Almost a quarter of a century later, in a letter dated August 11, 1881, Engels speaks of ". . . the worst type of British trade unions which allow themselves to be led by men who have been bought by the capitalists, or at least are in their pay." In a letter to Kautsky, dated September 12, 1882, Engels wrote:

"You ask me what the English workers think about colonial policy. Well, exactly the same as they think about politics in general: the same as what the bourgeois think. There is no workers' party here, there are only Conservatives and Liberal-Radicals, and the workers gaily share the feast of England's monopoly of the world market and the colonies." (Engels expressed similar ideas in the press in his preface to the second edition of *The Condition of the Working Class in England,* which appeared in 1892.)

We thus see clearly the causes and effects. The causes are: 1) Exploitation of the whole world by this country. 2) Its monopolistic position in the world market. 3) Its colonial monopoly. The effects are: 1) A section of the British proletariat becomes bourgeois. 2) A section of the proletariat permits itself to be led by people who are bought by the bourgeoisie, or, at least, who are in their pay.

The imperialism of the beginning of the twentieth century completed the partition of the world among a very few states, each of which today exploits (*i.e.*, draws super-profits from) a part of the world only a little smaller than that which England exploited in 1858. Each of them, by means of trusts, cartels, finance capital, and debtor and creditor relations, occupies a monopoly position on the world market. Each of them enjoys to some degree a colonial monopoly. (We have seen that out of the total of 75,000,000 sq. km. which comprise the *whole* colonial world, *65,000,000* sq. km., or 86 per cent, belong to six great powers; *61,000,000* sq. km., or 81 per cent, belong to three powers.)

The distinctive feature of the present situation is the prevalence of economic and political conditions which could not but increase the irreconcilability between opportunism and the general and vital interests of the working class movement. Embryonic imperialism has grown into a dominant system; capitalist monopolies occupy first place in economics and politics; the division of the world has been completed. On the other hand, instead of an undisputed monopoly by Great Britain, we see a few imperialist powers disputing among themselves for the right to share in this monopoly, and this struggle is characteristic of the whole period of the beginning of the twentieth century. Opportunism, therefore, cannot now triumph in the working class movement of any country for decades as it did in England in the second half of the nineteenth century. But in a number of countries it has grown ripe, over-ripe, and rotten, and has become completely merged with bourgeois policy in the form of "social-chauvinism."[1]

CHAPTER IX

THE CRITIQUE OF IMPERIALISM

By the critique of imperialism, in the broad sense of the term, we mean the attitude towards imperialist policy of the different classes of society as part of their general ideology.

The enormous dimensions of finance capital concentrated

[1] Russian social-chauvinism represented by Messrs. Potresov, Chkhenkeli, Maslov, etc., in its obvious form as well as in its tacit form, as represented by Messrs. Chkheidze, Skobelev, Axelrod, Martov, etc., also emerged from the Russian variety of opportunism, namely liquidationism.

in a few hands and creating an extremely extensive and close network of ties and relationships which subordinate not only the small and medium, but also even the very small capitalists and small masters, on the one hand, and the intense struggle waged against other national state groups of financiers for the partition of the world and the power to rule over other countries, on the other hand, cause the wholesale transition of the possessing classes to the side of imperialism. The signs of the times are a "general" enthusiasm regarding its prospects, a passionate defense of imperialism, and every possible embellishment of its real nature. The imperialist ideology also permeates the working class. There is no Chinese Wall between it and the other classes. The leaders of the so-called "Social-Democratic" Party of Germany are today justly called social-imperialists, that is, socialists in words and imperialists in deeds; but as early as 1902, Hobson noted the existence of "Fabian imperialists" who belonged to the opportunist Fabian Society in England.

The bourgeois scholars and publicists usually come out in defense of imperialism in a somewhat veiled form and obscure its complete domination and its profound roots; they strive to concentrate attention on details and secondary characteristics and do their very best to distract attention from the main issue by means of ridiculous schemes for "reform," such as police supervision of the trusts and banks, etc. Less frequently, cynical and frank imperialists speak out and are bold enough to admit the absurdity of the idea of "reforming" the fundamental features of imperialism.

We will give an example. The German imperialists attempt, in the magazine, *Archives of World Economy,* to follow the movements for national emancipation in the colonies, particularly, of course, in colonies other than those belonging to Germany. They note the ferment and protest movements in India, the movement in Natal (South Africa), the movements in the Dutch East Indies, etc. One of them, commenting on an English report of the speeches delivered at a conference of subject peoples and races, held June 28-30, 1910, at which representatives of various peoples subject to foreign domination in Africa, Asia and Europe were present, writes as follows in appraising the speeches delivered at this conference:

"We are told that we must fight against imperialism; that the dominant states must recognize the right of subject peoples to home rule; that an international tribunal should supervise the fulfilment of treaties concluded between the great powers and weak peoples. One does not get any further than the expression of these pious wishes. We see no trace of understanding of the fact that imperialism is indissolubly bound up with capitalism in its present form" (!!) "and therefore also no trace of the realization that an open struggle against imperialism would be hopeless, unless, perhaps, the fight is confined to protests against certain of its especially abhorrent excesses."

Since the reform of the basis of imperialism is a deception, a pious "wish," since the bourgeois representatives of oppressed nations go no "further" forward, the bourgeois representatives of the oppressing nation go "further" *backward,* to servility towards imperialism, concealed by the cloak of "science." "Logic," indeed!

The question as to whether it is possible to reform the basis of imperialism, whether to go forward to the aggravation of the antagonisms which it engenders, or backwards, towards allaying these antagonisms, is a fundamental question in the critique of imperialism. As a consequence of the fact that the political features of imperialism are reaction all along the line, and increased national oppression, resulting from the oppression of the financial oligarchy and the elimination of free competition, a democratic petty-bourgeois opposition has been rising against imperialism in almost all imperialist countries since the beginning of the twentieth century. And the desertion of Kautsky and of the broad international Kautskyan trend from Marxism is displayed in the very fact that Kautsky not only did not trouble to oppose, not only was not able to oppose this petty-bourgeois reformist opposition, which is really reactionary in its economic basis, but in practice actually became merged with it.

In the United States, the imperialist war waged against Spain in 1898 stirred up the opposition of the "anti-imperialists," the last of the Mohicans of bourgeois democracy. They declared this war to be "criminal," denounced the annexation of foreign territories as being a violation of the constitution, and denounced the "Jingo treachery" by means of which Aguinaldo, leader of the native Filipinos, was deceived (the Americans promised him the independence of his country, but later they landed troops and annexed it). They quoted the words of Lincoln:

> "When the white man governs himself, that is self-government, but when he governs himself and also governs others, it is no longer self-government; it is despotism."

But while all this criticism shrank from recognizing the indissoluble bond between imperialism and the trusts, and, therefore, between imperialism and the very foundations of capitalism; while it shrank from joining up with the forces engendered by large-scale capitalism and its development—it remained a "pious wish."

This is also, in the main, the attitude of Hobson in his criticism of imperialism. Hobson anticipated Kautsky in protesting against the "inevitability of imperialism," and in calling for the need to "raise the consuming capacity of the people" (under capitalism!). The petty-bourgeois point of view in the critique of imperialism, the domination of the banks, the financial oligarchy, etc., is that adopted by the authors we have often quoted, such as Agahd, A. Lansburgh, L. Eschwege; and among French writers, Victor Bérard, author of a superficial book entitled *England and Imperialism* which appeared in 1900. All these authors, who make no claim to being Marxists, contrast imperialism with free competition and democracy; they condemn the Bagdad railway "scheme" as leading to disputes and war, utter "pious wishes" for peace, etc. This applies also to the compiler of international stock and share issue statistics, A. Neymarck, who, after calculating the hundreds of billions of francs representing "international" values, exclaimed in 1912: "Is it possible to believe that the peace can be disturbed . . . that, in the face of these enormous figures, anyone would risk starting a war?"

Such simplicity of mind on the part of the bourgeois economists is not surprising. Besides, *it is in their interests* to pretend to be so naive and to talk "seriously" about peace under imperialism. But what remains of Kautsky's Marxism, when, in 1914-15-16, he takes up the same attitude as the bourgeois reformists and affirms that "everybody is agreed" (imperialists, pseudo-socialists and social-pacifists) as regards peace? Instead of an analysis of imperialism and an exposure of the depths of its contradictions, we have nothing but a reformist "pious wish" to waive it aside, to evade it.

Here is an example of Kautsky's economic criticism of imperialism. He takes the statistics of British import and export trade with Egypt for 1872 and 1912. These statistics show that this import and export trade has developed more slowly than British foreign trade as a whole. From this Kautsky concludes:

"We have no reason to suppose that British trade with Egypt would have been less developed as a result of the mere operation of economic factors, without military occupation. . . . The urge of the present-day states to expand can be best satisfied, not by the violent methods of imperialism, but by peaceful democracy."

This argument, which is repeated in every key by Kautsky's armor-bearer (and the Russian protector of social-chauvinists), Mr. Spectator, forms the basis of Kautskyan criticism of imperialism and that is why we must deal with it in greater detail. We will begin with a quotation from Hilferding, whose conclusions, as Kautsky on many occasions, and notably in April 1915, declared, have been "unanimously adopted by all socialist theoreticians."

"It is not the business of the proletariat," wrote Hilferding, "to contrast the more progressive capitalist policy to that of the now bygone era, of free trade and of hostility towards the state. The reply of the proletariat to the economic policy of finance capital, to imperialism, cannot be free trade, but socialism. The aim of proletarian policy cannot now be the ideal of restoring free competition—which has now become a reactionary ideal—but the complete abolition of competition by the abolition of capitalism."

Kautsky departed from Marxism by advocating what is, in the period of finance capital, a "reactionary ideal," "peaceful democracy," "the mere operation of economic factors," etc., for *objectively,* this ideal drags us back from monopoly capitalism to the non-monopolist stage, and is a reformist swindle.

Trade with Egypt (or with any other colony or semi-colony) would have been better "developed" *without* military occupation, without imperialism, and without finance capital. . . . What does this mean? That capitalism would develop more rapidly if free competition were not restricted by monopolies in general, by the "connections" or the yoke (*i.e.,* the monopoly) of finance capital, or by the monopolist possession of colonies by certain countries?

Kautsky's argument can have no other meaning; and this "meaning" is meaningless. But suppose, for the sake of argument, free competition, without any sort of monopoly, *would* develop capitalism and trade more rapidly. Is it not a fact that the more rapidly trade and capitalism develop, the greater is the concentration of production and capital which *gives rise* to monopoly? And monopolies have *already* come into being —precisely *out of* free competition. Even if monopolies have now begun to retard progress, it is not an argument in favor of free competition, which has become impossible since it gave rise to monopoly.

Whichever way one turns Kautsky's argument, one will find nothing in it except reaction and bourgeois reformism.

Even if we modify this argument and say, as Spectator says, that the trade of the British colonies with the mother country is now developing more slowly than their trade with other countries, it does not save Kautsky; for it is *also* monopoly and imperialism that is beating Great Britain, only it is the monopoly and imperialism of another country (America, Germany). It is known that the cartels have given rise to a new and peculiar form of protective tariff: goods suitable for export are protected (Engels noted this in Vol. III of *Capital*). It is known, too, that the cartels and finance capital have a system peculiar to themselves, that of exporting goods at "dumping prices," or "dumping," as the English call it: within a given country the cartel sells its goods at a high price fixed by monopoly; abroad it sells them at a much lower price to undercut the competitor, to enlarge its own production to the utmost, etc. If German trade with the British colonies is developing more rapidly than that of Great Britain with the same colonies, it only proves that German imperialism is younger, stronger and better organized than British imperialism, is superior to it. But this by no means proves the "superiority" of free trade, for it is not free trade fighting against protection and colonial dependence, but two rival imperialisms, two monopolies, two groups of finance capital. The superiority of German imperialism over British imperialism is stronger than the wall of colonial frontiers or of protective tariffs. To use this as an argument in *favor* of free trade and "peaceful democracy" is banality, is to forget the essential features and qualities of imperialism, to substitute petty-bourgeois reformism for Marxism.

It is interesting to note that even the bourgeois economist, A. Lansburgh, whose criticism of imperialism is as petty-bourgeois as Kautsky's, nevertheless got closer to a more scientific study of commercial statistics. He did not compare merely one country chosen at random, and a colony, with the other countries; he examined the export trade of an imperialist country: 1) with countries which are financially dependent upon it, which borrow money from it, and 2) with countries which are financially independent. He obtained the following results:

EXPORT TRADE OF GERMANY
(*millions of marks*)

Countries Financially Dependent on Germany	*1889*	*1908*	*Percentage of increase*
Rumania	48.2	70.8	47
Portugal	19.0	32.8	73
Argentina	60.7	147.0	143
Brazil	48.7	84.5	73
Chile	28.3	52.4	85
Turkey	29.9	64.0	114
Total	234.8	451.5	92
Countries Financially Independent of Germany			
Great Britain	651.8	997.4	53
France	210.2	437.9	108
Belgium	137.2	322.8	135
Switzerland	177.4	401.1	127
Australia	21.2	64.5	205
Dutch East Indies	8.8	40.7	363
Total	1,206.6	2,264.4	87

Lansburgh did not *add up* the columns and therefore, strangely enough, failed to observe that *if* the figures prove anything at all, they prove that *he is wrong,* for the exports to countries financially dependent on Germany have grown *more rapidly,* if only slightly, than those to the countries which are financially independent. (We emphasize the "if," for Lansburgh's figures are far from complete.)

On the relation between export trade and loans, Lansburgh wrote:

"In 1890-91, a Rumanian loan was floated through the German banks which had already in previous years made advances on this loan. The loan was used chiefly for purchases by Rumania of railway material in Germany. In 1891 German exports to Rumania amounted to 55,000,000 marks. The following year they fell to 39,400,000 marks; then with fluctuations, to 25,400,000 in 1900. Only in very recent years have they regained the level of 1891, thanks to a few new loans.

"German exports to Portugal rose, following the loans of 1888-89 to 21,000,000 (1890); then fell, in the two following years, to 16,200,000 and 7,400,000; and only regained their former level in 1903.

"German trade with the Argentine is still more striking. Following the loans floated in 1888 and 1890, German exports to the Argentine reached, in 1889, 60,700,000 marks. Two years later they only reached 18,600,000 marks, that is to say, less than one-third of the previous figures. It was not until 1901 that they regained and surpassed the level of 1889, and then only as a result of new loans floated by the state and by municipalities, with advances to build power stations, and with other credit operations.

"As for Chile, exports to that country rose to 45,200,000 marks in 1892, after the loan negotiated in 1889. The following year they fell to 22,500,000 marks. A new Chilean loan floated by the German banks in 1906 was followed by a rise of exports, in 1907, to 84,700,000 marks, only to fall again to 52,400,000 marks in 1908."

From all these facts Lansburgh draws the amusing petty-bourgeois moral of how unstable and irregular export trade is when it is bound up with loans, how bad it is to invest capital abroad instead of "naturally" and "harmoniously" developing home industry, how "costly" is the *baksheesh* that Krupp has to pay in floating foreign loans, etc.! But the facts are clear. The increase in exports is *closely* connected with the swindling tricks of finance capital, which is not concerned with bourgeois morality, but with skinning the ox twice—first, it pockets the profits from the loan; then it pockets other profits from the *same* loan which the borrower uses to make purchases from Krupp, or to purchase railway material from the Steel Syndicate, etc.

We repeat that we do not by any means consider Lansburgh's figures to be perfect. But we had to quote them because they are more scientific than Kautsky's and Spectator's and because Lansburgh showed the correct way of approaching the question. In discussing the significance of finance capital in regard to exports, etc., one must be able to single out the connection of exports especially and solely with the tricks of the financiers, especially and solely with the sale of goods by cartels, etc. Simply to compare colonies with non-colonies, one imperialism with another imperialism, one semi-colony or colony (Egypt) with all other countries, is to evade and to tone down the very *gist* of the question.

Kautsky's theoretical critique of imperialism has nothing in common with Marxism and serves no other purpose than as a preamble to propaganda for peace and unity with the opportunists and the social-chauvinists, precisely for the reason that it evades and obscures the very profound and radical contradictions of imperialism: the contradictions between monopoly and free competition that exists side by side with it, between the gigantic "operations" (and gigantic profits) of finance capital and "honest" trade on the free market, the contradictions between combines and trusts, on the one hand, and non-trustified industry, on the other, etc.

The notorious theory of "ultra-imperialism," invented by Kautsky, is equally reactionary. Compare his arguments on this subject in 1915, with Hobson's arguments in 1902.

Kautsky:

". . . whether the present imperialist policy cannot be supplanted by a new, ultra-imperialist policy, which will introduce the joint exploitation of the world by internationally united finance capital in place of the mutual rivalries of national finance capital. Such a new phase of capitalism is, at any rate, conceivable. Can it be achieved? Sufficient premises are still lacking to enable us to answer this question."

Hobson:

"Christendom thus laid out in a few great federal empires, each with a retinue of uncivilized dependencies, seems to many the most legitimate development of present tendencies and one which would offer the best hope of permanent peace on an assured basis of inter-imperialism."

Kautsky called ultra-imperialism or super-imperialism what Hobson thirteen years earlier had described as inter-imperialism. Except for coining a new and clever word, by replacing one Latin prefix by another, the only progress Kautsky has made in the sphere of "scientific" thought is that he has labelled as Marxism that which Hobson, in effect, described as the cant of English parsons. After the Anglo-Boer War it was quite natural that this worthy caste should exert every effort to *console* the British middle class and the workers who had lost many of their relatives on the battle-fields of South Africa and who were obliged to pay high taxes in order to guarantee still higher profits for the British financiers. And what better consolation could there be than the theory that imperialism is not so bad; that it stands close to inter- (or ultra-) imperialism while it promises permanent peace? No matter what the good intentions of the British parsons, or of sentimental Kautsky, may have been, the only objective, *i.e.*, real, social meaning Kautsky's "theory" can have is that it is a most reactionary method of consoling the masses with hopes of permanent peace being possible under capitalism, detracting their attention from the sharp antagonisms and acute problems of the present era, and directing it along illusory perspectives of an imaginary "ultra-imperialism" of the future. Deception of the masses—there is nothing but this in Kautsky's "Marxian" theory.

Indeed, it is enough to compare well-known and indisputable facts to become convinced of the utter falsity of the prospects which Kautsky tries to conjure up before the German workers (and the workers of all lands). Let us consider India, Indo-China and China. It is known that these three colonial and semi-colonial countries, inhabited by six to seven hundred million human beings, are subjected to the exploitation of the finance capital of several imperialist states: Great Britain, France, Japan, the U.S.A., etc. We will presume that these imperialist countries form alliances against one another in order to protect and extend their possessions, their interests and their spheres of influence in these Asiatic states; these alliances will be "inter-imperialist," or "ultra-imperialist" alliances. We will presume that *all* the imperialist countries conclude an alliance for the "peaceful" sharing out of these parts of Asia; this alliance would be an alliance of "internationally united finance capital." As a matter of fact, alliances of this kind have been made in the twentieth century, notably with regard to China. We ask, is it "conceivable," assuming that the capitalist system remains intact—and this is precisely the assumption that Kautsky does make—that such alliances would be more than temporary, that they would eliminate friction, conflicts and struggle in all and every possible form?

This question only requires stating clearly enough to make it impossible for any but a negative reply to be given; for there can be *no* other conceivable basis under capitalism for the sharing out of spheres of influence, of interests, of colonies, etc., than a calculation of the *strength* of the participants in the share out, their general, economic, financial, military strength, etc. And the strength of these participants in the share out does not change to an equal degree, for under capitalism the development of different undertakings, trusts, branches of industry or countries cannot be *even*. Half a century ago, Germany was a miserable insignificant country, as far as its capitalist strength was concerned, compared with the strength of England at that time. Japan was similarly insignificant compared with Russia. Is it "conceivable" that in ten or twenty years' time the relative strengths of the imperialist powers will have remained *unchanged?* Absolutely inconceivable.

Therefore, "inter-imperialist" or "ultra-imperialist" alliances, in the realities of the capitalist system, and not in the banal philistine phantasies of English parsons or of the German "Marxist," Kautsky, no matter what form they may assume, whether of one imperialist coalition against another, or of a general alliance embracing *all* the imperialist powers, are *inevitably* nothing more than a "truce" in periods between wars. Peaceful alliances prepare the ground for wars, and in their turn grow out of wars; the one is the condition for the other, giving rise to alternating forms of peaceful and non-peaceful struggle out of the *single* basis of imperialist connections and the relations between world economics and world politics. But in order to pacify the workers and to reconcile them with the social-chauvinists who have deserted to the side of the bourgeoisie, wise Kautsky *separates* one link of a single chain from the other, separates the present peaceful (and ultra-imperialist, nay, ultra-ultra-imperialist) alliance of *all* the powers for the "pacification" of China (remember the suppression of the Boxer Rebellion) from the non-peaceful conflict of tomorrow, which will prepare the ground for another "peaceful" general alliance for the partition, say, of Turkey, on the day after tomorrow, *etc., etc.* Instead of showing the vital connection between periods of imperialist peace and periods of imperialist war, Kautsky puts before the workers a lifeless abstraction solely in order to reconcile them to their lifeless leaders.

An American writer, David Jayne Hill, in his *History of Diplomacy in the International Development of Europe,* points out in his preface the following periods of contemporary diplomatic history: 1) The revolutionary period; 2) The constitutional movement; 3) The present period of "commercial imperialism." Another writer divides the history of Great Britain's foreign policy since 1870 into four periods: 1) The first Asiatic period: that of the struggle against Russia's advance in Central Asia towards India; 2) The African period (approximately 1885-1902): that of the struggle against France for the partition of Africa (the Fashoda incident of 1898 which brought France within a hair's breadth of war with Great Britain); 3) The second Asiatic period (alliance with Japan against Russia), and 4) The European period, chiefly anti-German. "The political skirmishes of outposts take place on the financial field," wrote Riesser, the banker, in 1905, in showing how French finance capital operating in Italy was preparing the way for a political alliance between the countries, and how a conflict was developing between Great Britain and Germany over Persia, among all the European capitalists over Chinese loans, etc. Behold, the living reality of peaceful "ultra-imperialist" alliances in their indissoluble connection with ordinary imperialist conflicts!

The toning down of the deepest contradictions of imperialism by Kautsky, which inevitably becomes an embellishment of imperialism, leaves its traces in this writer's criticism of the political features of imperialism. Imperialism is the epoch of finance capital and of monopolies, which introduce everywhere the striving for domination, not for freedom. The result is reaction all along the line, whatever the political system, and an extreme intensification of existing antagonisms in this domain also. Particularly acute becomes the yoke of national oppression and the striving for annexations, *i.e.,* the violation of national independence (for annexation is nothing else than the violation of the right of nations to self-determination). Hilferding justly draws attention to the relation between imperialism and the growth of national oppression.

> "In regard to the newly opened up countries themselves," he writes, "the capitalism imported into them intensifies contradictions and constantly excites the growing resistance against the intruders of the peoples who are awakened to national consciousness. This resistance can easily become transformed into dangerous measures directed against foreign capital. The old social relations become completely revolutionized. The age-long agrarian incrustation of 'nations without a history' is blasted away, and they are drawn into the capitalist whirlpool. Capitalism itself gradually procures for the vanquished the means and resources for their emancipation and they set out to achieve the same goal which once seemed highest to the European nations: the creation of a single national state as a means to economic and cultural freedom. This movement for national independence threatens European capital in its valuable and most promising fields of exploitation and European capital can maintain its domination to an increasing extent only by continually increasing its means of exercising violence."

To this must be added that it is not only in newly opened up countries, but also in the old, that imperialism is leading to annexation, to increased national oppression, and, consequently, also to increased resistance. While opposing the intensification of political reaction caused by imperialism, Kautsky obscures the question, which has become very serious, of the impossibility of unity with the opportunists in the epoch of imperialism. While objecting to annexations, he presents his objections in a form that will be most acceptable and least offensive to the opportunists. He addresses himself to a German audience, yet he obscures the most topical and important point, for instance, the annexation by Germany of Alsace-Lorraine. In order to appraise this "mental aberration" we will take the following example. Let us suppose that a Japanese is condemning the annexation of the Philippine Islands by the Americans. Will many believe that he is doing so because he has a horror of annexations as such, and not because he himself has a desire to annex the Philippines? And shall we not be constrained to admit that the "fight" the Japanese is waging against annexations can be regarded as sincere and politically honest only if he fights against the annexation of Korea by Japan, and urges freedom for Korea to secede from Japan?

Kautsky's theoretical analysis of imperialism, as well as his economic and political criticism of imperialism, is permeated *through and through* with a spirit, absolutely incompatible with Marxism, of obscuring and glossing over the most profound contradictions of imperialism, and with a striving to preserve the crumbling unity with opportunism in the European labor movement at all costs.

CHAPTER X

THE PLACE OF IMPERIALISM IN HISTORY

We have seen that the economic quintessence of imperialism is monopoly capitalism. This very fact determines its place in history, for monopoly that grew up on the basis of free competition, and out of free competition, is the transition from the capitalist system to a higher social economic order. We must take special note of the four principal forms of monopoly, or the four principal manifestations of monoply capitalism, which are characteristic of the period under review.

1) Monopoly arose out of the concentration of production at a very advanced stage of development. This refers to the monopolist capitalist combines: cartels, syndicates and trusts. We have seen the important role these play in modern economic life. At the beginning of the twentieth century, monopolies acquired complete supremacy in the advanced countries. And although the first steps towards the formation of the combines were first taken by countries enjoying the protection of high tariffs (Germany, America), England, with her system of free trade, was not far behind in revealing the same phenom-

enon, namely, the birth of monopoly out of the concentration of production.

2) Monopolies have accelerated the capture of the most important sources of raw materials, especially for the coal and iron industry, which is the basic and most highly trustified industry in capitalist society. The monopoly of the most important sources of raw materials has enormously increased the power of big capital, and has sharpened the antagonism between trustified and non-trustified industry.

3) Monopoly has sprung from the banks. The banks have developed from modest intermediary enterprises into the monopolists of finance capital. Some three or five of the biggest banks in each of the foremost capitalist countries have achieved the "personal union" of industrial and bank capital, and have concentrated in their hands the power to dispose of thousands upon thousands of millions which form the greater part of the capital and revenue of entire countries. A financial oligarchy, which throws a close net of relations of dependence over all the economic and political institutions of contemporary bourgeois society without exception—such is the most striking manifestation of this monopoly.

4) Monopoly has grown out of colonial policy. To the numerous "old" motives of colonial policy, finance capital has added the struggle for the sources of raw materials, for the export of capital, for "spheres of influence," *i.e.*, for spheres of good business, concessions, monopolist profits, and so on; in fine, for economic territory in general. When the colonies of the European powers in Africa comprised only one-tenth of that territory (as was the case in 1876), colonial policy was able to develop by methods other than those of monopoly—by the "free grabbing" of territories, so to speak. But when nine-tenths of Africa had been seized (approximately in 1900), when the whole world had been shared out, there was inevitably ushered in a period of colonial monopoly and, consequently, a period of intense struggle for the partition and the repartition of the world.

The extent to which monopolist capital has intensified all the contradictions of capitalism is generally known. It is sufficient to mention the high cost of living and the power of the trusts. This intensification of contradictions constitutes the most powerful driving force of the transitional period of history, which began at the time of the definite victory of world finance capital.

Monopolies, oligarchy, the striving for domination instead

of the striving for liberty, the exploitation of an increasing number of small or weak nations by an extremely small group of the richest or most powerful nations—all these have given birth to those distinctive features of imperialism which compel us to define it as parasitic or decaying capitalism. More and more there emerges, as one of the tendencies of imperialism, the creation of the "bondholding" *(rentier)* state, the usurer state, in which the bourgeoisie lives on the proceeds of capital exports and by "clipping coupons." It would be a mistake to believe that this tendency to decay precludes the possibility of the rapid growth of capitalism. It does not. In the epoch of imperialism, certain branches of industry, certain strata of the bourgeoisie and certain countries betray, to a greater or less degree, one or other of these tendencies. On the whole capitalism is growing far more rapidly than before, but it is not only that this growth is becoming more and more uneven; this unevenness manifests itself also, in particular, in the decay of the countries which are richest in capital (such as England).

In regard to the rapidity of Germany's economic development, Riesser, the author of the book on the great German banks, states:

> "The progress of the preceding period (1848-70), which had not been exactly slow, stood in about the same ratio to the rapidity with which the whole of Germany's national economy and with it German banking progressed during this period (1870-1905), as the mail coach of the Holy Roman Empire of the German nation stood to the speed of the present-day automobile . . . which in whizzing past, it must be said, often endangers not only innocent pedestrians in its path, but also the occupants of the car."

In its turn, this finance capital which has grown so rapidly is not unwilling (precisely because it has grown so quickly) to pass on to a more "tranquil" possession of colonies which have to be captured—and not only by peaceful methods—from richer nations. In the United States, economic development in the last decades has been even more rapid than in Germany, and *for this very reason* the parasitic character of modern American capitalism has stood out with particular prominence. On the other hand, a comparison of, say, the republican American bourgeoisie with the monarchist Japanese or German bourgeoisie shows that the most pronounced political differences become insignificant during the imperialist period—not because they are unimportant in general, but because throughout it is a case of a bourgeoisie with definite traits of parasitism.

The receipt of high monopoly profits by the capitalists in one of the numerous branches of industry, in one of numerous countries, etc., makes it economically possible for them to corrupt individual sections of the working class and sometimes a fairly considerable minority, and win them to the side of the capitalists of a given industry or nation against all the others. The intensification of antagonisms between imperialist nations for the partition of the world increases this striving. And so there is created that bond between imperialism and opportunism, which revealed itself first and most clearly in England, owing to the fact that certain features of imperialist development were observable there much sooner than in other countries.

Some writers, L. Martov, for example, try to evade the fact that there is a connection between imperialism and opportunism in the labor movement—which is particularly striking at the present time—by resorting to stereotyped, optimistic arguments (*à la* Kautsky and Huysmans) like the following: the cause of the opponents of capitalism would be hopeless if it were precisely progressive capitalism that led to the increase of opportunism, or if it were precisely the best paid workers who were inclined towards opportunism, etc. We must have no illusion regarding "optimism" of this kind. It is optimism in regard to opportunism; it is optimism which serves to conceal opportunism. As a matter of fact the extraordinary rapidity and the particularly revolting character of the development of opportunism is by no means a guarantee that its victory will be durable; the rapid growth of a malignant abscess on a healthy body only causes it to burst quickly and thus to relieve the body of it. The most dangerous people of all in this respect are those who do not wish to understand that the fight against imperialism is a sham and humbug unless it is inseparably bound up with the fight against opportunism.

From all that has been said in this book on the economic nature of imperialism, it follows that we must define it as capitalism in transition, or, more precisely, as moribund capitalism. It is very instructive in this respect to note that the bourgeois economists, in describing modern capitalism, frequently employ terms like "interlocking," "absence of isolation," etc.; "in accordance with their functions and course of development," banks are "not purely private business enterprises; they are more and more outgrowing the sphere of purely private business regulations." And this very Riesser, who uttered the words just quoted, declares with all seriousness that the "prophecy" of the Marxists concerning "socialization" has not been realized!

What then does this word "interlocking" express? It merely expresses the most striking feature of the process going on before our eyes. It shows that the observer counts the separate trees without seeing the wood. It slavishly copies the superficial, the fortuitous, the chaotic. It reveals the observer as one overwhelmed by the mass of raw material and utterly incapable of appreciating its meaning and importance. Ownership of shares and relations between owners of private property "interlock in a haphazard way." But the underlying factor of this interlocking, its very base, is the changing social relations of production. When a big enterprise assumes gigantic proportions, and, on the basis of exact computation of mass data, organizes according to plan the supply of primary raw materials to the extent of two-thirds, or three-fourths of all that is necessary for tens of millions of people; when these raw materials are transported to the most suitable place of production, sometimes hundreds or thousands of miles away, in a systematic and organized manner; when a single center directs all the successive stages of work right up to the manufacture of numerous varieties of finished articles; when these products are distributed according to a single plan among tens of hundreds of millions of consumers (as in the case of the distribution of oil in America and Germany by the American "Standard Oil")—then it becomes evident that we have socialization of production, and not mere "interlocking"; that private economic relations and private property relations constitute a shell which is no longer suitable for its contents, a shell which must of necessity begin to decay if its destruction be postponed by artificial means; a shell which may continue in a state of decay for a fairly long period (particularly if the cure of the opportunist abscess is protracted), but which must inevitably be removed.

The enthusiastic admirer of German imperialism, Schulze-Gävernitz, exclaims:

"Once the supreme management of the German banks has been entrusted to the hands of a dozen persons, their activity is even today more significant for the public good than that of the majority of the Ministers of State." (The "interlocking" of bankers, ministers, magnates of industry and bondholders, is here conveniently forgotten.) "If we conceive of the tendencies of development which we have noted as realized to the utmost: the money capital of the nation united in the banks; the banks themselves combined in cartels; the investment capital of the nation cast in the shape of securities, then the brilliant forecast of Saint-Simon will be fulfilled. 'The present anarchy of production caused by the fact that economic relations are developing without uniform regulation must make way for organization in production. Production will no longer be shaped by isolated manufacturers, independent of each other and ignorant of man's economic needs, but by a social institution. A central body of management, able to survey the large fields of social economy from a more elevated point of view, will regulate it for the benefit of the whole of society, will be able to put the means of production into suitable hands, and above all will take care that there be constant harmony between production and consumption. Institutions already exist which have assumed as part of their task a certain organization of economic labor: the banks.' The fulfilment of the forecasts of Saint-Simon still lies in the future, but we are on the way to its fulfilment—Marxism, different from what Marx imagined, but different only in form."

A crushing "refutation" of Marx, indeed! It is a retreat from Marx's precise, scientific analysis to Saint-Simon's guesswork, the guesswork of a genius, but guesswork all the same.

THE STATE AND REVOLUTION

The State and Revolution is generally regarded as Lenin's major work. Most of the manuscript was written early in 1917 while Lenin was in exile in Switzerland. He put it aside to return to Russia later that same year. The book was finished during the historic summer of 1917 and was published in August, only a few months before the Bolshevik revolution.

This study, in addition to its ideological significance, is perhaps the most polished of Lenin's works. It is generally less polemic in style, more carefully organized, and more free of statistics and dated details than his other writings. For these reasons, it is more difficult to summarize in a brief note; it requires and deserves a careful and thorough reading.

The importance of *The State and Revolution* is profound, for in this work Lenin specifically outlines the incompatibility of Leninism and Western democracy. According to Lenin, Leninists cannot participate in democracy for any purpose other than to destroy it. Parliamentary government must be swept away. The non-Leninist state must be shattered and utterly destroyed.

Together with this absolute, unyielding policy—which totally rejects not only capitalism, but also all Western political forms and institutions—Lenin combines a utopian vision of society under communism. When the Leninist revolution comes to power, Lenin predicts that the new proletarian state will consistently wither away, leaving no state at all.

CHAPTER I

CLASS SOCIETY AND THE STATE

1. The State as the Product of the Irreconcilability of Class Antagonisms

What is now happening to Marx's doctrine has, in the course of history, often happened to the doctrines of other revolutionary thinkers and leaders of oppressed classes struggling for emancipation. During the lifetime of great revolutionaries, the oppressing classes relentlessly persecute them, and treat their teachings with malicious hostility, the most furious hatred and the most unscrupulous campaign of lies and slanders. After their death, attempts are made to convert them into harmless icons, to canonize them, so to say, and to surround their *names* with a certain halo for the "consolation" of the oppressed classes and with the object of duping them, while at the same time emasculating the revolutionary doctrine of its content, vulgarizing it and blunting its revolutionary edge. At the present time, the bourgeoisie and the opportunists in the labor movement concur in this "revision" of Marxism. They omit, obliterate and distort the revolutionary side of its doctrine, its revolutionary soul. They push to the foreground and extol what is or seems acceptable to the bourgeoisie. All the social-chauvinists are now "Marxists" (don't laugh!). And more and more frequently, German bourgeois professors, erstwhile specialists in the extermination of Marxism, are speaking of the "national-German" Marx, who, they aver, trained the labor unions which are so splendidly organized for the purpose of conducting a predatory war!

In such circumstances, in view of the incredibly widespread nature of the distortions of Marxism, our first task is to *restore* the true doctrine of Marx on the state. For this purpose it will be necessary to quote at length from the works of Marx and Engels. Of course, long quotations will make the text cumbersome and will not help to make it popular reading, but we cannot possibly avoid them. All, or at any rate, all the most essential passages in the works of Marx and Engels on the subject of the state must necessarily be given as fully as possible, in order that the reader may form an independent opinion on the totality of views of the founders of scientific socialism and on the development of those views, and in order that their distortion by the now prevailing "Kautskyism" may be documentarily proved and clearly demonstrated.

Let us begin with the most popular of Engels' works, *Der Ursprung der Familie, des Privateigentums und des Staates,* the sixth edition of which was published in Stuttgart as far back as 1894. We must translate the quotations from the German originals, as the Russian translations, although very numerous, are for the most part either incomplete or very unsatisfactory.

Summing up his historical analysis, Engels says:

> "The state is therefore by no means a power imposed on society from the outside; just as little is it 'the reality of the moral idea,' 'the image and reality of reason,' as Hegel asserts. Rather, it is a product of society at a certain stage of development; it is the admission that this society has become entangled in an insoluble contradiction with itself, that it is cleft into irreconcilable antagonisms, which it is powerless to dispel. But in order that these antagonisms, classes with conflicting economic interests, might not consume themselves and society in sterile struggle, a power apparently standing above society became necessary for the purpose of moderating the conflict and keeping it within the bounds of 'order'; and this power, arising out of society, but placing itself above it, and increasingly alienating itself from it, is the state."

This fully expresses the basic idea of Marxism on the question of the historical role and meaning of the state. The state is the product and the manifestation of the *irreconcilability* of class antagonisms. The state arises when, where and to the extent that class antagonisms *cannot* be objectively reconciled. And, conversely, the existence of the state proves that the class antagonisms *are* irreconcilable.

It is precisely on this most important and fundamental point that distortions of Marxism, proceeding along two main lines, begin.

On the one hand, the bourgeois ideologists, and particularly the petty-bourgeois ideologists, compelled by the pressure of indisputable historical facts to admit that the state only exists where there are class antagonisms and the class struggle, "correct" Marx in a way that makes it appear that the state is an organ for the *conciliation* of classes. According to Marx, the state could neither arise nor continue to exist if it were possible to conciliate classes. According to the petty-bourgeois and philistine professors and publicists—frequently on the strength of well-meaning references to Marx!—the state conciliates classes. According to Marx, the state is an organ of class *rule,* an organ for the *oppression* of one class by another; it creates "order," which legalizes and perpetuates this oppression by moderating the collision between the classes. In the opinion of the petty-bourgeois politicians, order means the conciliation of classes, and not the oppression of one class by another; to moderate collisions means conciliating and not depriving the oppressed classes of definite means and methods of fighting to overthrow the oppressors.

For instance, when, in the Revolution of 1917, the question of the real meaning and role of the state arose in all its magnitude as a practical question demanding immediate action on a wide mass scale, all the Socialist-Revolutionaries and Mensheviks immediately and completely sank to the petty-bourgeois theory that the "state" "conciliates" classes. Innumerable resolutions and articles by politicians of both these parties are thoroughly saturated with this purely petty-bourgeois and philistine "conciliation" theory. Petty-bourgeois democracy is never able to understand that the state is the organ of the rule of a definite class which *cannot* be reconciled with its antipode (the class opposite to it). Their attitude towards the state is one of the most striking proofs that our Socialist-Revolutionaries and Mensheviks are not socialists at all (which we Bolsheviks have always maintained), but petty-bourgeois democrats with near-Socialist phraseology.

On the other hand, the "Kautskyan" distortion of Marxism is far more subtle. "Theoretically," it is not denied that the state is the organ of class rule, or that class antagonisms are irreconcilable. But what is lost sight of or glossed over is this: if the state is the product of irreconcilable class antagonisms, if it is a power standing *above society* and *"increasingly alienating itself from it,"* it is clear that the liberation of the oppressed class is impossible, not only without violent revolution, *but also without the destruction* of the apparatus of state power which was created by the ruling class and which is the embodiment of this "alienation." As we shall see later, Marx very definitely drew this theoretically self-evident conclusion from a concrete historical analysis of the tasks of the revolution. And—as we shall show fully in our subsequent remarks—it is precisely this conclusion which Kautsky has "forgotten" and distorted.

2. Special Bodies of Armed Men, Prisons, Etc.

Engels continues:

"As against the ancient *gentile* organization, the primary distinguishing feature of the state is the division of the subjects of the state *according to territory*."

Such a division seems "natural" to us, but it cost a prolonged struggle against the old form of tribal or gentile society.

". . . The second is the establishment of a *public power*, which is no longer directly identical with the population organizing itself as an armed power. This special public power is necessary, because a self-acting armed organization of the population has become impossible since the cleavage into classes. . . . This public power exists in every state; it consists not merely of armed men, but of material appendages, prisons and coercive institutions of all kinds, of which gentile society knew nothing. . . ."

Engels further elucidates the concept of the "power" which is termed the state—a power which arises from society, but which places itself above it and becomes more and more alienated from it. What does this power mainly consist of? It consists of special bodies of armed men which have prisons, etc., at their disposal.

We are justified in speaking of special bodies of armed men, because the public power which is an attribute of every state is not "directly identical" with the armed population, with its "self-acting armed organization."

Like all the great revolutionary thinkers, Engels tried to draw the attention of the class conscious workers to the very fact which prevailing philistinism regards as least worthy of attention, as the most common and sanctified, not only by long standing, but one might say by petrified prejudices. A standing army and police are the chief instruments of state power. But can it be otherwise?

From the point of view of the vast majority of Europeans of the end of the nineteenth century whom Engels was addressing, and who have not lived through or closely observed a single great revolution, it cannot be otherwise. They completely fail to understand what a "self-acting armed organization of the population" is. To the question, whence arose the need for special bodies of armed men, standing above society and becoming alienated from it (police and standing army), the West European and Russian philistines are inclined to answer with a few phrases borrowed from Spencer or Mikhailovsky, by referring to the complexity of social life, the differentiation of functions, and so forth.

Such a reference seems "scientific"; it effectively dulls the senses of the average man and obscures the most important and basic fact, namely, the cleavage of society and irreconcilably antagonistic classes. Had this cleavage not existed, the "self-acting armed organization of the population" might have differed from the primitive organization of a tribe of monkeys grasping sticks, or of primitive man, or of men united in a tribal form of society, by its complexity, its high technique, and so forth; but it would still have been possible.

It is impossible now, because civilized society is divided into antagonistic and, indeed, irreconcilably antagonistic classes, the "self-acting" arming of which would lead to an armed struggle between them. A state arises, a special force is created in the form of special bodies of armed men, and every revolution, by destroying the state apparatus, demonstrates to us how the ruling class strives to restore the special bodies of armed men which serve *it*, and how the oppressed class strives to create a new organization of this kind, capable of serving not the exploiters but the exploited.

In the above argument, Engels raises theoretically the very question which every great revolution raises practically, palpably and on a mass scale of action, namely, the question of the relation between special bodies of armed men and the "self-acting armed organization of the population." We shall see how this is concretely illustrated by the experience of the European and Russian revolutions.

But let us return to Engels' exposition.

He points out that sometimes, in certain parts of North America, for example, this public power is weak (he has in mind a rare exception in capitalist society, and parts of North America in its pre-imperialist days where the free colonist predominated), but that in general it grows stronger:

> "It [the public power] grows stronger, however, in proportion as the class antagonisms within the state become more acute, and with the growth in size and population of the adjacent states. We have only to look at our present-day Europe, where class struggle and rivalry in conquest have screwed up the public power to such a pitch that it threatens to devour the whole of society and even the state itself."

This was written no later than the beginning of the nineties of the last century, Engels' last preface being dated June 16.

1891. The turn towards imperialism—meaning by that the complete domination of the trusts, the omnipotence of the big banks, a colonial policy on a grand scale, and so forth—was only just beginning in France, and was even weaker in North America and in Germany. Since then "rivalry in conquest" has made gigantic strides—especially as, by the beginning of the second decade of the twentieth century, the whole world had been finally divided up among these "rivals in conquest," *i.e.*, among the great predatory powers. Since then, military and naval armaments have grown to monstrous proportions, and the predatory war of 1914-17 for the domination of the world by England or Germany, for the division of the spoils, has brought the "devouring" of all the forces of society by the rapacious state power to the verge of complete catastrophe.

As early as 1891 Engels was able to point to "rivalry in conquest" as one of the most important distinguishing features of the foreign policy of the Great Powers, but in 1914-17, when this rivalry, many times intensified, has given birth to an imperialist war, the rascally social-chauvinists cover up their defense of the predatory interests of "their" bourgeoisie by phrases about "defense of the fatherland," "defense of the republic and the revolution," etc.!

3. The State as an Instrument for the Exploitation of the Oppressed Class

For the maintenance of a special public power standing above society, taxes and state loans are needed.

> ". . . Possessing the public power and the right to exact taxes, the officials now exist as organs of society standing *above* society. The free, voluntary respect which was accorded to the organs of the gentile organization does not satisfy them, even if they could have it."

Special laws are enacted proclaiming the sanctity and immunity of the officials. "The shabbiest police servant" has more "authority" than all the representatives of the tribe put together, but even the head of the military power of a civilized state may well envy a tribal chief the "unfeigned and undisputed respect" the latter enjoys.

Here the question of the privileged position of the officials as organs of state power is stated. The main point indicated is: what puts them *above* society? We shall see how this theoretical problem was solved in practice by the Paris Commune in 1871 and how it was slurred over in a reactionary manner by Kautsky in 1912.

"As the state arose out of the need to hold class antagonisms in check, but as it, at the same time, arose in the midst of the conflict of these classes, it is, as a rule, the state of the most powerful, economically dominant class, which through the medium of the state became also the dominant class politically, and thus acquired new means of holding down and exploiting the oppressed class...."

It was not only the ancient and feudal states that were organs for the exploitation of the slaves and serfs but

". . . the contemporary representative state is an instrument of exploitation of wage-labor by capital. By way of exception, however, periods occur when the warring classes are so nearly balanced that the state power, ostensibly appearing as a mediator, acquires, for the moment, a certain independence in relation to both. . . ."

Such, for instance, were the absolute monarchies of the seventeenth and eighteenth centuries, the Bonapartism of the First and Second Empires in France, and the Bismarck regime in Germany. Such, we add, is the present Kerensky government in republican Russia since it began to persecute the revolutionary proletariat, at a moment when, thanks to the leadership of the petty-bourgeois democrats, the Soviets have *already* become impotent while the bourgeoisie is *not yet* strong enough openly to disperse them.

In a democratic republic, Engels continues, "wealth wields its power indirectly, but all the more effectively," first, by means of the "direct corruption of the officials" (America); second, by means of "the alliance between the government and the Stock Exchange" (France and America).

At the present time, imperialism and the domination of the banks have "developed" both these methods of defending and asserting the omnipotence of wealth in democratic republics of all descriptions to an unusually fine art. For instance, in the very first months of the Russian democratic republic, one might say during the honeymoon of the union of the "Socialist" S. R.'s and the Mensheviks with the bourgeoisie, Mr. Palchinsky, in the coalition government, obstructed every measure intended for the purpose of restraining the capitalists and their marauding practices, their plundering of the public treasury by means of war contracts. When Mr. Palchinsky resigned (and, of course, was replaced by an exactly similar Palchinsky), the capitalists "rewarded" him with a "soft" job and a salary of 120,000 rubles per annum. What would you call this—direct or indirect corruption? An alliance between the government and the syndicates, or "only" friendly relations? What role do the Chernovs, Tseretellis, Avksentyevs and Skobelevs play? Are they the "direct" or only the indirect allies of the millionaire treasury looters?

The omnipotence of "wealth" is thus more *secure* in a democratic republic, since it does not depend on the faulty political shell of capitalism. A democratic republic is the best possible political shell for capitalism, and, therefore, once capital has gained control of this very best shell (through the Palchinskys, Chernovs, Tseretellis and Co.), it established its power so securely, so firmly, that *no* change, either of persons, of institutions, or of parties in the bourgeois-democratic republic, can shake it.

We must also note that Engels very definitely calls universal suffrage an instrument of bourgeois rule. Universal suffrage, he says, obviously summing up the long experience of German Social-Democracy, is

". . . an index of the maturity of the working class. It cannot and never will be anything more in the modern state."

The petty-bourgeois democrats, such as our Socialist-Revolutionaries and Mensheviks, and also their twin brothers, the social-chauvinists and opportunists of Western Europe, all expect "more" from universal suffrage. They themselves share and instill into the minds of the people the wrong idea that universal suffrage "in the *modern* state" is really capable of expressing the will of the majority of the toilers and of ensuring its realization.

Here we can only note this wrong idea, only point out that Engels' perfectly clear, precise and concrete statement is distorted at every step in the propaganda and agitation conducted by the "official" (*i.e.*, opportunist) Socialist Parties. A detailed elucidation of the utter falsity of this idea, which Engels brushes aside, is given in our further account of the views of Marx and Engels on the *"modern"* state.

Engels gives a general summary of his views in the most popular of his works in the following words:

"The state, therefore, has not existed from all eternity. There have been societies which managed without it, which had no conception of the state and state power. At a certain stage of economic development, which was necessarily bound up with the cleavage of society into classes, the state became a necessity owing to this cleavage. We are now rapidly approaching a stage in the development of production at which the existence of these classes has not only ceased to be a necessity, but is becoming a positive hindrance to production. They will fall as inevitably as they arose at an earlier stage. Along with them, the state will inevitably fall. The society that organizes production anew on the basis of the free and equal association of the producers will put the whole state machine where it will then belong: in the museum of antiquities, side by side with the spinning wheel and the bronze axe."

We do not often come across this passage in the propaganda and agitation literature of present-day Social-Democracy. But even when we do come across it, it is generally quoted in the same manner as one bows before an icon, *i.e.*, it is done merely to show official respect for Engels, and no attempt is made to gauge the breadth and depth of the revolution that this relegating of "the whole state machine . . . to the museum of antiquities" presupposes. In most cases we do not even find an understanding of what Engels calls the state machine.

4. The "Withering Away" of the State and Violent Revolution

Engels' words regarding the "withering away" of the state are so widely known, they are so often quoted, and they reveal the significance of the customary painting of Marxism to look like opportunism so clearly that we must deal with them in detail. We shall quote the whole passage from which they are taken.

"The proletariat seizes the state power and transforms the means of production in the first instance into state property. But in doing this, it puts an end to itself as the proletariat, it puts an end to all class differences and class antagonisms, it puts an end also to the state as the state. Former society, moving in class antagonisms, had need of the state, that is, an organization of the exploiting class, at each period for the maintenance of its external conditions of production; that is, therefore, for the forcible holding down of the exploited class in the conditions of oppression (slavery, villeinage or serfdom, wage-labor) determined by the existing mode of production. The state was the official representative of society as a whole, its embodiment in a visible corporation; but it was this only in so far as it was the state of that class which itself, in its epoch, represented society as a whole: in ancient times, the state of the slave-owning citizens; in the Middle Ages, of the feudal nobility; in our epoch, of the bourgeoisie. When ultimately it becomes really representative of society as a whole, it makes itself superfluous. As soon as there is no longer any class of society to be held in subjection; as soon as, along with class domination and the struggle for individual existence based on the former anarchy of production, the collisions and excesses arising from these have also been abolished, there is nothing more to be repressed, which would make a special repressive force, a state, necessary. The first act in which the state really comes forward as the representative of society as a whole—the taking possession of the means of production in the name of society—is at the same time its last independent act as a state. The interference of the state power in social relations becomes superfluous in one sphere after another, and then ceases of itself. The government of persons is replaced by the administration of things and the direction of the process of production. The state is not 'abolished,' *it withers away*. It is from this standpoint that we must appraise the phrase 'free people's state'—both its justification at times for agitational purposes, and its ultimate scientific inadequacy—and also the demand of the so-called anarchists that the state should be abolished overnight."

It may be said without fear of error that of this argument of Engels, which is so singularly rich in ideas, only one point has become an integral part of socialist thought among modern Socialist Parties, namely, that according to Marx the state "withers away"—as distinct from the anarchist doctrine of the "abolition of the state." To emasculate Marxism in such a manner is to reduce it to opportunism, for such an "interpretation" only leaves the hazy conception of a slow, even, gradual change, of absence of leaps and storms, of absence of revolution. The current, widespread, mass, if one may say so, conception of the "withering away" of the state undoubtedly means the slurring over, if not the repudiation, of revolution.

Such an "interpretation" is the crudest distortion of Marxism, advantageous only to the bourgeoisie; in point of theory, it is based on a disregard for the most important circumstances and considerations pointed out, say, in the "summary" of Engels' argument we have just quoted in full.

In the first place, Engels at the very outset of his argument says that, in assuming state power, the proletariat by that "puts an end to the state . . . as the state." It is not "good form" to ponder over what this means. Generally, it is either ignored altogether, or it is considered to be a piece of "Hegelian weakness" on Engels' part. As a matter of fact, however, these words briefly express the experience of one of the great proletarian revolutions, the Paris Commune of 1871, of which we shall speak in greater detail in its proper place. As a matter of fact, Engels speaks here of the "abolition" of the *bourgeois* state by the proletarian revolution, while the words about its withering away refer to the remnants of the *proletarian* state *after* the socialist revolution. According to Engels the bourgeois state does not "wither away," but is *"put an end to"* by the proletariat in the course of the revolution. What withers away after the revolution is the proletarian state or semi-state.

Secondly, the state is a "special repressive force." Engels gives this splendid and extremely profound definition here with complete lucidity. And from it follows that the "special repressive force" for the suppression of the proletariat by the bourgeoisie, for the suppression of the millions of toilers by a handful of the rich, must be superseded by a "special repressive force" for the suppression of the bourgeoisie by the proletariat (the dictatorship of the proletariat). This is precisely what is meant by putting an end to "the state as the state." This is precisely the "act" of taking possession of the means of production in the name of society. And it is obvious that such a substitution of one (proletarian) "special repressive force" for another (bourgeois) "special repressive force" cannot possibly take place in the form of "withering away."

Thirdly, in regard to the state "withering away," and the even more expressive and colorful "ceasing of itself;" Engels refers quite clearly and definitely to the period *after* the state has "taken possession of the means of production in the name of society," that is, *after* the socialist revolution. We all know that the political form of the "state" at that time is the most complete democracy. But it never enters the head of any of the opportunists who shamelessly distort Marxism that Engels here speaks of *democracy* "withering away," or "ceasing of itself." This seems very strange at first sight; but it is "unintelligible" only to those who have not pondered over the fact that democracy is *also* a state and that, consequently, democracy will also disappear when the state disappears. Revolution alone can "put an end" to the bourgeois state. The state in general, *i.e.,* the most complete democracy, can only "wither away."

Fourthly, after formulating his famous proposition that "the state withers away," Engels at once explains concretely that this proposition is directed equally against the opportunists and the anarchists. In doing this, however, Engels puts in the forefront the conclusion deduced from the proposition, the "state withers away," which is directed against the opportunists.

One can wager that out of every 10,000 persons who have read or heard about the "withering away" of the state, 9,990 do not know, or do not remember, that Engels did not direct the conclusions he deduced from this proposition against the anarchists *alone*. Of the remaining ten, probably nine do not know the meaning of "free people's state" or why an attack on this watchword contains an attack on the opportunists. This is how history is written! This is how a great revolutionary doctrine is imperceptibly falsified and adapted to prevailing philistinism! The conclusion drawn against the anarchists has been repeated thousands of times, vulgarized, dinned into people's heads in the crudest fashion and has acquired the strength of a prejudice; whereas the conclusion drawn against the opportunists has been hushed up and "forgotten"!

The "free people's state" was a program demand and a popular slogan of the German Social-Democrats in the 'seventies. The only political content of this slogan is a pompous philistine description of the concept democracy. In so far as it hinted in a lawful manner at a democratic republic, Engels was prepared to "justify" its use "for a time" from an agitational point of view. But it was an opportunist slogan, for it not only expressed an embellishment of bourgeois democracy, but also a lack of understanding of the socialist criticism of the state in general. We are in favor of a democratic republic as the best form of state for the proletariat under capitalism; but we have no right to forget that wage-slavery is the lot of the people even in the most democratic bourgeois republic. Furthermore, every state is a "special repressive force" for the suppression of the oppressed class. Consequently, *no* state is a "free" or a "people's state." Marx and Engels explained this repeatedly to their party comrades in the 'seventies.

Fifthly, this very same work of Engels, of which everyone remembers the argument about the "withering away" of the state, also contains a disquisition on the significance of violent revolution. Engels' historical analysis of its role becomes a veritable panegyric on violent revolution. This "no one remembers"; it is not good form in modern Socialist Parties to talk or even think about the importance of this idea, and it plays no part whatever in their daily propaganda and agitation among the masses. And yet, it is inseparably bound up with the "withering away" of the state into one harmonious whole.

Here is Engels' argument:

"That force, however, plays yet another role [other than that of a diabolical power] in history, a revolutionary role; that, in the words of Marx, it is the midwife of every old society which is pregnant with the new; that it is the instrument by the aid of which the social movement forces its way through and shatters the dead, fossilized, political forms—of this there is not a word in Herr Dühring. It is only with sighs and groans that he admits the possibility that force will perhaps be necessary for the overthrow of the economic system of exploitation—unfortunately, because all use of force, forsooth, demoralizes the person who uses it. And this in spite of the immense moral and spiritual impetus which has resulted from every victorious revolution! And this in Germany, where a violent collision—which indeed may be forced on the people—would at least have the advantage of wiping out the servility which has permeated the national consciousness as a result of the humiliation of the Thirty Years' War. And this parson's mode of thought—lifeless, insipid and impotent—claims to impose itself on the most revolutionary party which history has known!"

How can this panegyric on violent revolution, which Engels insistently brought to the attention of the German Social-Democrats between 1878 and 1894, *i.e.,* right up to the time of his death, be combined with the theory of the "withering away" of the state to form a single doctrine?

Usually the two views are combined by means of eclecticism, by an unprincipled, or sophistic, arbitrary selection (or a selection to please the powers that be) of one or another argument, and in ninety-nine cases out of a hundred (if not more often), it is the idea of the "withering away" that is specially emphasized. Eclecticism is substituted for dialectics—this is the most usual, the most widespread phenomenon to be met with in present-day official Social-Democratic literature on Marxism. This sort of substitution is not new, of course, it is observed even in the history of classic Greek philosophy. In painting Marxism to look like opportunism, the substitution of eclecticism for dialectics is the best method of deceiving the masses; it gives an illusory satisfaction; it seems to take into account all sides of the process, all tendencies of development, all the conflicting influences, and so forth, whereas in reality it presents no consistent and revolutionary conception of the process of social development at all.

We have already said above, and shall show more fully later, that the doctrine of Marx and Engels concerning the inevitability of a violent revolution refers to the bourgeois state. The latter *cannot* be superseded by the proletarian state (the dictatorship of the proletariat) in the process of "withering away"; as a general rule, this can happen only by means of a violent revolution. The panegyric Engels sang in its honor, and which fully corresponds to Marx's repeated declarations (recall the concluding passages of *The Poverty of Philosophy* and *The Communist Manifesto,* with their proud and open declaration of the inevitability of a violent revolution; recall Marx's *Critique of the Gotha Program** of 1875, in which, almost thirty years later, he mercilessly castigates the opportunist character of that program)—this panegyric is by no means a mere "impulse," a mere declamation or a polemical sally. The necessity of systematically imbuing the masses with *this* and precisely this view of violent revolution lies at the root of the *whole* of Marx's and Engels' doctrine. The betrayal of their doctrine by the now predominant social-chauvinist and Kautskyan trends is brought out in striking relief by the neglect of *such* propaganda and agitation by both these trends.

The substitution of the proletarian state for the bourgeois state is impossible without a violent revolution. The abolition of the proletarian state, *i.e.*, of the state in general, is impossible except through the process of "withering away."

Marx and Engels fully and concretely enlarged on these views in studying each revolutionary situation separately, in analyzing the lessons of the experience of each individual revolution. We shall now proceed to discuss this, undoubtedly the most important part of their doctrine.

CHAPTER II

THE STATE AND REVOLUTION. THE EXPERIENCE OF 1848-51

1. The Eve of the Revolution

The first works of mature Marxism—*The Poverty of Philosophy* and *The Communist Manifesto*—appeared on the eve of the Revolution of 1848. For this reason, in addition to presenting the general principles of Marxism, they reflect to a certain degree the concrete revolutionary situation of the time. Hence, it will be more expedient, perhaps, to examine what the authors of these works said about the state immediately before they drew conclusions from the experience of the years 1848-51.

In *The Poverty of Philosophy* Marx wrote:

"The working class in the course of its development will substitute for the old civil society an association which will exclude

* See footnote on the Gotha Program of 1875, page 69.—Ed.

classes and their antagonism, and there will be no more political power properly so-called, since political power is precisely the official expression of antagonism in civil society."

It is instructive to compare this general statement of the idea of the state disappearing after classes have been abolished with the statement contained in *The Communist Manifesto,* written by Marx and Engels a few months later—to be exact, in November 1847:

"In depicting the most general phases of the development of the proletariat, we traced the more or less veiled civil war, raging within existing society, up to the point where that war breaks out into open revolution, and where the violent overthrow of the bourgeoisie lays the foundation for the sway of the proletariat. . . .

". . . We have seen above that the first step in the revolution by the working class is to raise the proletariat to the position of ruling class, to win the battle of democracy.

"The proletariat will use its political supremacy to wrest, by degrees, all capital from the bourgeoisie, to centralize all instruments of production in the hands of the state, *i.e.,* of the proletariat organized as the ruling class; and to increase the total of productive forces as rapidly as possible."

Here we have a formulation of one of the most remarkable and most important ideas of Marxism on the subject of the state, namely, the idea of the "dictatorship of the proletariat" (as Marx and Engels began to call it after the Paris Commune); and also a very interesting definition of the state which also belongs to the category of the "forgotten words" of Marxism: *"the state," i.e., "the proletariat organized as the ruling class."*

This definition of the state has never been explained in the prevailing propaganda and agitation literature of the official Social-Democratic Parties. More than that, it has been forgotten, for it is absolutely irreconcilable with reformism, and is a slap in the face of the common opportunist prejudices and philistine illusions about the "peaceful development of democracy."

The proletariat needs the state—this is repeated by all the opportunists, social-chauvinists and Kautskyists, who assure us that this is what Marx taught. But they "forget" to add that, in the first place, according to Marx, the proletariat needs only a state which is withering away, *i.e.,* a state so constituted that it begins to wither away immediately, and cannot but wither away. Secondly, the toilers need a "state," *i.e.,* "the proletariat organized as the ruling class."

The state is a special organization of force; it is the organization of violence for the suppression of some class. What class must the proletariat suppress? Naturally, only the exploiting class, *i.e.*, the bourgeoisie. The toilers need a state only to overcome the resistance of the exploiters, and only the proletariat can direct this suppression, carry it out; for the proletariat is the only class that is consistently revolutionary, the only class that can unite all the toilers and the exploited in the struggle against the bourgeoisie, in completely displacing it.

The exploiting classes need political rule in order to maintain exploitation, *i.e.*, in the selfish interests of an insignificant minority and against the interests of the vast majority of the people. The exploited classes need political rule in order completely to abolish all exploitation, *i.e.*, in the interests of the vast majority of the people, and against the interests of the insignificant minority consisting of the modern slave-owners—the landlords and the capitalists.

The petty-bourgeois democrats, those alleged Socialists who substituted dreams of class harmony for the class struggle, even pictured the socialist reformation in a dreamy fashion—not in the form of the overthrow of the rule of the exploiting class, but in the form of the peaceful submission of the minority to the majority which has become conscious of its aims. This petty-bourgeois utopia, which is inseparably bound up with the idea of the state being above classes, led in practice to the betrayal of the interests of the toiling classes, as was shown, for example, by the history of the French revolutions of 1848 and 1871, and by the "Socialists" joining bourgeois cabinets in England, France, Italy and other countries at the end of the nineteenth and the beginning of the twentieth centuries.

Marx fought all his life against this petty-bourgeois socialism—now resurrected in Russia by the Socialist Revolutionary and Menshevik Parties. He logically pursued his doctrine of the class struggle to the doctrine of political power, the doctrine of the state.

The overthrow of bourgeois rule can be accomplished only by the proletariat, as the particular class whose economic conditions of existence train it for this task and provide it with the opportunity and the power to perform it. While the bourgeoisie breaks up and disintegrates the peasantry and all the petty-bourgeois strata, it welds together, unites and organizes the proletariat. Only the proletariat—by virtue of the economic role it plays in large-scale production—is capable of acting as the leader of *all* the toiling and exploited masses, whom the bourgeoisie exploits, oppresses and crushes not less, and often more, than it does the proletarians, but who are incapable of waging an *independent* struggle for their emancipation.

The doctrine of the class struggle, as applied by Marx to the question of the state and of the socialist revolution, leads inevitably to the recognition of the *political rule* of the proletariat, of its dictatorship, *i.e.*, of power shared with none and relying directly upon the armed force of the masses. The overthrow of the bourgeoisie can be achieved only by the proletariat becoming transformed into the *ruling class,* capable of crushing the inevitable and desperate resistance of the bourgeoisie, and of organizing *all* the toiling and exploited masses for the new economic order.

The proletariat needs state power, the centralized organization of force, the organization of violence, for the purpose of crushing the resistance of the exploiters and for the purpose of *leading* the great mass of the population—the peasantry, the petty bourgeoisie, the semi-proletarians—in the work of organizing socialist economy.

By educating the workers' party, Marxism educates the vanguard of the proletariat which is capable of assuming power and of *leading the whole people* to socialism, of directing and organizing the new order, of being the teacher, guide and leader of all the toiling and exploited in the task of building up their social life without the bourgeoisie and against the bourgeoisie. As against this, the now prevailing opportunism breeds in the ranks of the workers' party representatives of the better paid workers, who lose touch with the rank and file, "get along" fairly well under capitalism, and sell their birthright for a mess of pottage, *i.e.*, renounce their role of revolutionary leaders of the people against the bourgeoisie.

Marx's theory: "The state, *i.e.*, the proletariat organized as the ruling class," is inseparably bound up with all he taught on the revolutionary role of the proletariat in history. The culmination of this role is the proletarian dictatorship, the political rule of the proletariat.

But if the proletariat needs a state as a *special* form of organization of violence *against* the bourgeoisie, the following deduction automatically arises: is it conceivable that such an organization can be created without first abolishing, destroying the state machine created by the bourgeoisie for *itself?* *The Communist Manifesto* leads straight to this deduction, and it is of this deduction that Marx speaks when summing up the experience of the Revolution of 1848-51.

2. The Revolution Summed Up

Marx sums up the Revolution of 1848-51, in connection with the question of the state we are concerned with, in the following passage in *The Eighteenth Brumaire of Louis Bonaparte:*

"... But the revolution is thoroughgoing. It is still in process of passing through purgatory. It does its work methodically. By December 2, 1851 [the day of Louis Bonaparte's *coup d'état*], it had completed one-half of its preparatory work; it is now completing the other half. First it perfected the parliamentary power, in order to be able to overthrow it. Now that it has attained this, it perfects the *executive power,* reduces it to its purest expression, isolates it, sets it up against itself as the sole target, in order to *concentrate all its forces of destruction against it* [italics ours]. And when it has done this second half of its preliminary work, Europe will leap from her seat and exultantly exclaim: well grubbed, old mole!

"This executive power with its monstrous bureaucratic and military organization, with its artificial state machinery embracing wide strata, with a host of officials numbering half a million, besides an army of another half million, this appalling parasitic growth, which enmeshes the body of French society like a net and chokes all its pores, sprang up in the days of the absolute monarchy, with the decay of the feudal system, which it helped to hasten." The first French Revolution developed centralization, "but at the same time [it developed] the extent, the attributes and the agents of governmental authority. Napoleon perfected this state machinery." The legitimist monarchy and the July monarchy ... "added nothing but a greater division of labor. . . ."

"The parliamentary republic finally, in its struggle against the revolution, found itself compelled to strengthen, along with the repressive measures, the resources and centralization of governmental power. *All the revolutions perfected this machine, instead of smashing it up* [italics ours]. The parties that contended in turn for domination regarded the possession of this huge state edifice as the principal spoils of the victor."

In this remarkable passage Marxism takes a tremendous step forward compared with *The Communist Manifesto.* In the latter, the question of the state is still treated in an extremely abstract manner, in the most general terms and expressions. In the above-quoted passage, the question is treated in a concrete manner, and the conclusion is most precise, definite, practical and palpable: all the revolutions which have occurred up to now have helped to perfect the state machine, whereas it must be smashed, broken.

This conclusion is the chief and fundamental thesis in the Marxian doctrine of the state. And it is precisely this fundamental thesis which has been not only completely *forgotten* by the predominant official Social-Democratic Parties, but positively *distorted* (as we shall see later) by the foremost theoretician of the Second International, K. Kautsky.

The Communist Manifesto gives a general summary of history, which compels us to regard the state as the organ of class rule and leads us to the inevitable conclusion that the proletariat cannot overthrow the bourgeoisie without first capturing political power, without attaining political supremacy, without transforming the state into the "proletariat organized as the ruling class"; it inevitably leads to the conclusion that this proletarian state will begin to wither away immediately after its victory, because the state is unnecessary and cannot exist in a society in which there are no class antagonisms. The question as to how, from the point of view of historical development, the substitution of the proletarian state for the bourgeois state is to take place is not raised.

Marx raises this question and answers it in 1852. True to his philosophy of dialectical materialism, Marx takes as his basis the experience of the great years of revolution, 1848 to 1851. Here, as everywhere, his teaching is the *summary of experience,* illuminated by a profound philosophical conception of the world and a rich knowledge of history.

The problem of the state is put concretely: how did the bourgeois state, the state machine necessary for the rule of the bourgeoisie, come into being historically? What changes did it undergo, what evolution did it undergo in the course of the bourgeois revolutions and in the face of the independent actions of the oppressed classes? What are the tasks of the proletariat in relation to this state machine?

The centralized state power that is peculiar to bourgeois society came into being in the period of the fall of absolutism. Two institutions are most characteristic of this state machine: bureaucracy and a standing army. In their works, Marx and Engels repeatedly mention the thousand threads which connect these institutions with the bourgeoisie. The experience of every worker illustrates this connection in an extremely striking and impressive manner. From its own bitter experience, the working class learns to recognize this connection; that is why it learns so quickly and why it so completely assimilates the doctrine which reveals this inevitable connection, a doctrine which the petty-bourgeois democrats either ignorantly and light-heartedly deny, or, still more light-heartedly, admit "in general," forgetting to draw the corresponding practical conclusions.

The bureaucracy and the standing army are a "parasite" on the body of bourgeois society—a parasite created by the inherent antagonisms which rend that society, but a parasite which "chokes all its pores" of life. The Kautskyan opportunism now prevalent in official Social-Democracy considers the view that the state is a *parasitic growth* to be the peculiar and exclusive attribute of anarchism. Naturally, this distortion of Marxism is extremely useful to those philistines who have so utterly disgraced socialism by justifying and embellishing the imperialist war with the term "national defense"; but it is an absolute distortion nevertheless.

The development, perfection and strengthening of the bureaucratic and military apparatus proceeded during all the numerous bourgeois revolutions which Europe has witnessed since the fall of feudalism. It is precisely the petty bourgeoisie that is attracted to the side of the big bourgeoisie and is subordinated to it to a large extent by means of this apparatus, which provides the upper strata of the peasantry, small artisans and tradesmen with a number of comparatively comfortable, quiet and respectable jobs which raise their holders *above* the people. Consider what happened in Russia during the six months following March 12, 1917. The governmental posts which hitherto had been given by preference to members of the Black Hundreds now became the spoils of the Cadets, Mensheviks and Social-Revolutionaries. Nobody really thought of introducing any serious reforms; every effort was made to put them off "until the Constituent Assembly was convened"; and to put off the convocation of the Constituent Assembly until the end of the war! But there was no delay, no waiting for the Constituent Assembly in the matter of dividing the spoils, of getting the posts of ministers, vice-ministers, governors-general, etc., etc.! The game of combinations that was played in forming the government was, in essence, only an expression of this division and re-division of the "spoils," which was going on high and low, throughout the country, in every department of central and local government. The six months between March 12 and September 1917, can be summed up, objectively summed up beyond all dispute, as follows: reforms shelved, distribution of official posts accomplished and "mistakes" in the distribution corrected by a few re-distributions.

But the more the bureaucratic apparatus is "re-distributed" among the various bourgeois and petty-bourgeois parties (among the Cadets, Socialist-Revolutionaries and Mensheviks, if we take the case of Russia), the more clearly the oppressed classes, with the proletariat at their head, become conscious of their irreconcilable hostility to the *whole* of bourgeois society. That is why it is necessary for all bourgeois parties, even for the most democratic and "revolutionary-democratic" parties, to increase their repressive measures against the revolutionary proletariat, to strengthen the apparatus of repression, *i.e.,* the state machine that we are discussing. This course of events compels the revolution *"to concentrate all its forces of destruction"* against the state power, and to regard the problem, not as one of perfecting the state machine, but one of *smashing and destroying it.*

It was not logical reasoning, but the actual development of events, the living experience of 1848-51, that led to the problem being presented in this way. The extent to which Marx held strictly to the solid ground of historical experience can be seen from the fact that, in 1852, he did not yet deal concretely with the question of *what* was to take the place of the state machine that was to be destroyed. Experience had not yet provided material for the solution of this problem which history placed on the order of the day later on, in 1871. In 1852 it was only possible to establish with the accuracy of scientific observation that the proletarian revolution *had approached* the task of "concentrating all its forces of destruction" against the state, of "breaking" the state machine.

Here the question may arise: is it correct to generalize the experience, observations and conclusions of Marx, to apply them to a field that is wider than the history of France during the three years 1848-51? Before proceeding to answer this question we shall recall a remark made by Engels, and then we shall proceed to examine the facts. In his introduction to the third edition of *The Eighteenth Brumaire* Engels wrote:

"France is the land, where, more than anywhere else, the historical class struggles were each time fought out to a decision, and where, consequently, the changing political forms within which they occur and in which their results are summarized have likewise been stamped with the sharpest outlines. The center of feudalism in the Middle Ages, the model country of centralized monarchy resting on estates since the Renaissance, France has demolished feudalism in the Great Revolution and established the unalloyed rule of the bourgeoisie in a classical purity unequalled by any other European land. And the struggle of the upward striving proletariat against the ruling bourgeoisie also appeared here in an acute form unknown elsewhere."

The last sentence is out of date, inasmuch as a lull has occurred in the revolutionary struggle of the French proletariat since 1871; although, long as this lull may be, it does not preclude the possibility that, in the coming proletarian revolution, France may once again reveal itself as the classic land of the class struggle to a decision.

Let us, however, cast a general glance over the history of the advanced countries at the end of the nineteenth and beginning of the twentieth centuries. We shall see that the same process has been going on more slowly, in more varied forms, on a much wider field: on the one hand, the development of "parliamentary power" in the republican countries (France, America, Switzerland), as well as in the monarchies (England, Germany to a certain extent, Italy, the Scandinavian countries, etc.); on the other hand, a struggle for power between the various bourgeois and petty-bourgeois parties which distribute and re-distribute the "spoils" of office, while the foundations of bourgeois society remain unchanged. Finally, the perfection and consolidation of the "executive power," its bureaucratic and military apparatus.

There is not the slightest doubt that these features are common to the whole of the modern evolution of all capitalist states in general. In the three years 1848-51 France displayed, in a swift, sharp, concentrated form, all the processes of development which are peculiar to the whole capitalist world.

Imperialism—the era of bank capital, the era of gigantic capitalist monopolies, the era of the transformation of monopoly capitalism into state-monopoly capitalism—has particularly witnessed an unprecedented strengthening of the "state machine" and an unprecedented growth of its bureaucratic and military apparatus, in connection with the increase in repressive measures against the proletariat in the monarchial as well as in the freest republican countries.

World history is now undoubtedly leading to the "concentration of all the forces" of the proletarian revolution on the "destruction" of the state machine on an incomparably larger scale than in 1852.

What the proletariat will put in its place is indicated by the extremely instructive material provided by the Paris Commune.

3. The Presentation of the Question by Marx in 1852

In 1907, Mehring, in the magazine *Neue Zeit* (Vol. XXV, 2, p. 164), published extracts from a letter from Marx to Weydemeyer dated March 5, 1852. This letter, among other things, contains the following remarkable observation:

"And now as to myself, no credit is due to me for discovering the existence of classes in modern society, nor yet the struggle between them. Long before me, bourgeois historians had described the historical development of this class struggle, and bourgeois economists the economic anatomy of the classes. What I did that was new was to prove: 1) that the *existence of classes* is only bound up with *particular historical phases in the development of production* [*historische Entwicklungsphasen der Produktion*]; 2) that the class struggle necessarily leads to the *dictatorship of the proletariat;* 3) that this dictatorship itself only constitutes the transition to the *abolition of all classes and to a classless society.*"

In these words Marx succeeded in expressing with striking clarity, first, the chief and radical difference between his doctrine and those of the most advanced and most profound thinkers of the bourgeoisie; and, second, the essence of his doctrine of the state.

It is often said and written that the core of Marx's theory is the class struggle; but it is not true. And from this error, very often, springs the opportunist distortion of Marxism, its falsification to make it acceptable to the bourgeoisie. The theory of the class struggle was *not* created by Marx, but by the bourgeoisie *before* Marx, and generally speaking it is *acceptable* to the bourgeoisie. Those who recognize *only* the class struggle are not yet Marxists; those may be found to have gone no further than the boundaries of bourgeois reasoning and bourgeois politics. To limit Marxism to the theory of the class struggle means curtailing Marxism, distorting it, reducing it to something which is acceptable to the bourgeoisie. A Marxist is one who *extends* the acceptance of the class struggle to the acceptance of the *dictatorship of the proletariat.* This is where the profound difference lies between a Marxist and an ordinary petty (and even big) bourgeois. This is the touchstone on which the *real* understanding and acceptance of Marxism should be tested. And it is not surprising that when the history of Europe brought the working class face to face with this question in a *practical* way, not only all the opportunists and reformists, but all the Kautskyists (those who vacillate between reformism and Marxism) proved to be miserable philistines and petty-bourgeois democrats who *repudiated* the dictatorship of the proletariat. Kautsky's pamphlet, *The Dictatorship of the Proletariat,* published in August 1918, *i.e.,* long after the first edition of the present pamphlet, is an example of the petty-bourgeois distortion of Marxism and base renunciation of it *in practice,* while hypocritically recognizing it *in words* (see my pamphlet, *The Proletarian Revolution and the Renegade Kautsky,* Petrograd and Moscow, 1918).

Present-day opportunism in the person of its principal representative, the ex-Marxist, K. Kautsky, fits in completely with Marx's characterization of the *bourgeois* position as quoted above, for this opportunism limits the field of recognition of the class struggle to the realm of bourgeois relationships. (Within this realm, within its framework, not a single educated liberal will refuse to recognize the class struggle "in principle"!) Opportunism *does not carry* the recognition of class struggle to the main point, to the period of *transition* from capitalism to communism, to the period of the *overthrow* and complete abolition of the bourgeoisie. In reality, this period inevitably becomes a period of unusually violent class struggles in their sharpest possible forms and, therefore, during this period, the state must inevitably be a state that is democratic *in a new way* (for the proletariat and the propertyless in general) and dictatorial *in a new way* (against the bourgeoisie).

To proceed. The essence of Marx's doctrine of the state is assimilated only by those who understand that the dictatorship of a *single* class is necessary not only for class society in general, not only for the *proletariat* which has overthrown the bourgeoisie, but for the entire *historical period* between capitalism and "classless society," communism. The forms of the bourgeois state are extremely varied, but in essence they are all the same: in one way or another, in the last analysis, all these states are inevitably the *dictatorship of the bourgeoisie.* The transition from capitalism to communism will certainly create a great variety and abundance of political forms, but in essence there will inevitably be only one: *the dictatorship of the proletariat.*

CHAPTER III

THE STATE AND REVOLUTION. EXPERIENCE OF THE PARIS COMMUNE OF 1871. MARX'S ANALYSIS

1. Wherein Lay the Heroism of the Communards' Attempt?

It is well known that in the autumn of 1870, a few months before the Commune, Marx warned the Paris workers that an attempt to overthrow the government would be desperate folly. But when, in March 1871, a decisive battle was *forced* upon the workers and they accepted it, when the uprising had become a fact, Marx greeted the proletarian revolution with the greatest enthusiasm, in spite of unfavorable auguries. Marx did not assume the rigid attitude of pedantically condemning a "premature" movement as did the ill-famed Russian renegade from Marxism, Plekhanov, who, in November 1905, wrote encouragingly about the workers' and peasants' struggle but, after December 1905, cried, liberal fashion: "They should not have taken to arms."

Marx, however, was not only enthusiastic about the heroism of the Communards who "stormed the heavens," as he expressed it. Although it did not achieve its aim, he regarded the mass revolutionary movement as a historic experiment of gigantic importance, as an advance of the world proletarian revolution, as a practical step that was more important than hundreds of programs and discussions. Marx conceived his task to be to analyze this experiment, to draw lessons in tactics from it, to re-examine his theory in the new light it afforded.

Marx made the only "correction" he thought it necessary to make in *The Communist Manifesto* on the basis of the revolutionary experience of the Paris Communards.

The last preface to the new German edition of *The Communist Manifesto* signed by both its authors is dated June 24, 1872. In this preface the authors, Karl Marx and Frederick Engels, say that the program of *The Communist Manifesto* "has in some details become antiquated" now, and they go on to say:

"One thing especially was proved by the Commune, *viz., that 'the working class cannot simply lay hold of the ready-made state machinery and wield it for its own purposes.'* "

The authors took the words in single quotation marks in the above-quoted passage from Marx's book, *The Civil War in France.*

Thus, Marx and Engels regarded one of the principal and fundamental lessons of the Paris Commune as being of such enormous importance that they introduced it as a vital correction in *The Communist Manifesto.*

It is extremely characteristic that it is precisely this vital correction that has been distorted by the opportunists, and its meaning, probably, is not known to nine-tenths, if not ninety-nine-hundredths, of the readers of *The Communist Manifesto.* We shall deal with this distortion more fully further on, in a chapter devoted specially to distortions. Here it will be sufficient to note that the current vulgar "interpretation" of Marx's famous utterance quoted above is that Marx here emphasizes the idea of gradual development in contradistinction to the seizure of power, and so on.

As a matter of fact, *exactly the opposite is the case.* Marx's idea is that the working class must *break up, smash* the "ready-made state machinery," and not confine itself merely to laying hold of it.

On April 12, 1871, *i.e.,* just at the time of the Commune, Marx wrote to Kugelmann:

"If you look at the last chapter of my *Eighteenth Brumaire,* you will find that I say that the next attempt of the French Revolution will be no longer, as before, to transfer the bureaucratic-military machine from one hand to another, but to *smash* it [Marx's italics —the original is *zerbrechen*]; and this is essential for every real people's revolution on the Continent. And this is what our heroic Party comrades in Paris are attempting."[1]

The words, "to smash" "the bureaucratic-military state machine," briefly express the principal lesson of Marxism on the tasks of the proletariat in relation to the state during a revolution. And it is precisely this lesson that has been not only completely forgotten, but positively distorted, in the prevailing Kautskyan "interpretation" of Marxism.

As for Marx's reference to *The Eighteenth Brumaire,* we quoted the corresponding passage in full above.

[1] *Neue Zeit,* Vol. XX, 1, 1901-02. The letters of Marx to Kugelmann have come out in Russian in no less than two editions, one of them edited and with an introduction by me.

It is interesting to note two particular points in the above-quoted passage in Marx's argument. First, he confines his conclusions to the Continent. This was natural in 1871, when England was still the model of a purely capitalist country, but without militarism and, to a considerable degree, without a bureaucracy. Hence, Marx excluded England, where a revolution, even a people's revolution could be conceived of, and was then possible, *without* the condition of first destroying the "ready-made state machinery."

Today, in 1917, in the epoch of the first great imperialist war, Marx's exception is no longer valid. Both England and America, the greatest and last representatives of Anglo-Saxon "liberty," in the sense that militarism and bureaucracy are absent, have today plunged headlong into the all-European, filthy, bloody morass of bureaucratic-military institutions to which everything is subordinated and which trample everything under foot. Today, both in England and America, the "essential" thing for "every real people's revolution" is the *smashing*, the *destruction* of the "ready-made state machinery" (brought in those countries, between 1914 and 1917, to general "European" imperialist perfection).

Secondly, particular attention should be paid to Marx's extremely profound remark that the destruction of the military and bureaucratic state machine is "essential for every real *people's* revolution." This idea of a "people's" revolution seems strange coming from Marx, and the Russian Plekhanovists and Mensheviks, those followers of Struve who wish to be regarded as Marxists, might possibly declare such an expression to be a "slip of the pen." They have reduced Marxism to such a state of wretched "liberal" distortion that nothing exists for them beyond the antithesis between bourgeois revolution and proletarian revolution—and even this antithesis they interpret in an entirely lifeless way.

If, for example, we take the revolutions of the twentieth century, we shall, of course, have to admit that the Portuguese and the Turkish revolutions are bourgeois revolutions. Neither, however, is a "people's" revolution, inasmuch as in neither of them does the mass of the people, the enormous majority, come out actively, independently, with its own economic and political demands. On the other hand, although the Russian bourgeois revolution of 1905-07 presented no such "brilliant" successes as at times fell to the lot of the Portuguese and Turkish revolutions, it was undoubtedly a "real people's" revolution, since the mass of the people, the majority, the "lowest social ranks," crushed by oppression and exploitation, rose independently, since they put on the entire course of the revolution the impress of *their* demands, of *their* attempts to build in their own way a new society in place of the old society that was being destroyed.

In Europe, in 1871, there was not a single country on the Continent in which the proletariat constituted the majority of the people. A "people's" revolution, that swept actually the majority into its stream, could be such only if it embraced the proletariat and the peasantry. Both classes then constituted the "people." Both classes were united by the fact that the "bureaucratic-military state machine" oppressed, crushed, exploited them. To *smash* this machine, to *break it up*—this is what is truly in the interests of the "people," of the majority, the workers and most of the peasants, this is what is "essential" for the free alliance between the poor peasantry and the proletarians; without such an alliance democracy is unstable and the socialist reformation is impossible.

As is well known, the Paris Commune strove for such an alliance, although it failed to achieve it owing to a number of circumstances, internal and external.

Consequently, in speaking of a "real people's revolution," Marx, without in the least forgetting the peculiar characteristics of the petty bourgeoisie (he spoke a great deal about them and often), very carefully took into account the class relations that actually existed in the majority of continental countries in Europe in 1871. On the other hand, he asserted that the "smashing" of the state machine was necessary in the interests of the workers and of the peasants, that it unites them, that it places before them the common task of removing the "parasite" and of substituting something new for it.

What exactly?

2. What Is to Supersede the Smashed State Machine?

In 1847, in *The Communist Manifesto,* Marx's answer to this question was still a purely abstract one, or, to speak more correctly, it was an answer that indicated the problem, but did not solve it. The answer given in *The Communist Manifesto* was that "the proletariat organized as the ruling class" "to win the battle of democracy" was to be the substitute for this machine.

Marx did not drop into utopia; he expected the *experience* of the mass movement to provide the reply to the question of the exact forms the organization of the proletariat as the ruling class will assume and the exact manner in which this organization will be combined with the most complete, most consistent winning of "the battle of democracy."

Marx subjected the experience of the Commune, meager as it was, to the most careful analysis in *The Civil War in France.* Let us quote the most important passages of this work.

There developed in the nineteenth century, he says, originating from the days of the Middle Ages, "the centralized state power, with its ubiquitous organs of standing army, police, bureaucracy, clergy and judicature." With the development of class antagonisms between capital and labor ". . . the state power assumed more and more the character of the national power of capital over labor, of a public force organized for social enslavement, of an engine of class despotism. After every revolution marking a progressive phase in the class struggle, the purely repressive character of the state power stands out in bolder and bolder relief." After the Revolution of 1848-49, the state power became "the national war engine of capital against labor." The Second Empire consolidated this.

"The direct antithesis to the Empire was the Commune," says Marx. It was the "positive form" of "a republic that was not only to supersede the monarchical form of class rule, but class rule itself."

What was this "positive" form of the proletarian, the socialist republic? What was the state it was beginning to create?

"The first decree of the Commune . . . was the suppression of the standing army, and the substitution for it of the armed people," says Marx.

This demand now figures in the program of every party calling itself Socialist. But the value of their program is best shown by the behavior of our Socialist-Revolutionaries and Mensheviks, who, precisely after the revolution of March 12, 1917, refused to carry out this demand!

"The Commune was formed of the municipal councillors, chosen by universal suffrage in the various wards of the town, responsible and revocable at short terms. The majority of its members were naturally working men, or acknowledged representatives of the working class. . . . Instead of continuing to be the agent of the Central Government, the police was at once stripped of its political attributes, and turned into the responsible and at all times revocable agent of the Commune. So were the officials of all other branches of the administration. From the members of the Commune downwards, the public service had to be done at *workmen's wages*. The vested interests and the representation allowances of the high dignitaries of state disappeared along with the high dignitaries themselves. . . .

"Having once got rid of the standing army and the police, the physical force elements of the old government, the Commune was anxious to break the spiritual force of repression, the 'parson-power.'. . .

"The judicial functionaries were to be divested of [their] sham independence. . . . Like the rest of the public servants, magistrates and judges were to be elective, responsible and revocable."

Thus the Commune appears to have substituted "only" fuller democracy for the smashed state machine: abolition of the standing army; all officials to be elected and subject to recall. But as a matter of fact this "only" signifies the very important substitution of one type of institution for others of a fundamentally different order. This is a case of "quantity becoming transformed into quality": democracy, introduced as fully and consistently as is generally conceivable, is transformed from bourgeois democracy into proletarian democracy; from the state (*i.e.*, a special force for the suppression of a particular class) into something which is no longer really a state.

It is still necessary to suppress the bourgeoisie and crush its resistance. This was particularly necessary for the Commune; and one of the reasons for its defeat was that it did not do this with sufficient determination. But the organ of suppression is now the majority of the population, and not the minority, as was always the case under slavery, serfdom and wage-slavery. And since the majority of the people *itself* suppresses its oppressors, a "special force" for suppression is *no longer necessary*. In this sense the state *begins to wither away*. Instead of the special institutions of a privileged minority (privileged officialdom, heads of the standing army), the majority itself can directly fulfil all these functions, and the more the functions of state power devolve upon the people generally, the less need is there for the existence of this power.

In this connection the measures adopted by the Commune and emphasized by Marx are particularly noteworthy, *viz.*, the abolition of all representation allowances, and of all monetary privileges in the case of officials, the reduction of the remuneration of *all* servants of the state to the level of *"workmen's wages."* This shows more clearly than anything else the *turn* from bourgeois democracy to proletarian democracy, from the democracy of the oppressors to the democracy of the oppressed classes, from the state as a *"special force"* for the suppression of a given class to the suppression of the oppressors by the *general force* of the majority of the people—the workers and the peasants. And it is precisely on this most striking point, perhaps the most important as far as the problem of the state is concerned, that the teachings of Marx have been most completely forgotten! In popular commentaries, the number of which is legion, this is not mentioned. It is "good form" to keep silent about it as if it were a piece of old-fashioned "naiveté," just as the Christians, after Christianity had attained the position of a state religion, "forgot" the "naiveté" of primitive Christianity with its democratic revolutionary spirit.

The reduction of the remuneration of the highest state officials seems to be "simply" a demand of naive, primitive democracy. One of the "founders" of modern opportunism, the ex-Social-Democrat, Eduard Bernstein, has more than once exercised his talents in repeating the vulgar bourgeois jeers at "primitive" democracy. Like all opportunists, including the present Kautskyists, he utterly fails to understand that, first of all, the transition from capitalism to socialism is *impossible* without some "reversion" to "primitive" democracy (how else can the majority, and even the whole population, proceed to discharge state functions?); and, secondly, he forgets that "primitive democracy" based on capitalism and capitalist culture is not the same as primitive democracy in prehistoric or pre-capitalist times. Capitalist culture has *created* large-scale production, factories, railways, the postal service, telephones, etc., and *on this basis* the great majority of functions of the old "state power" have become so simplified and can be reduced to such simple operations of registration, filing and checking that they can be easily performed by every literate person, and it will be possible to perform them for "workmen's wages," which circumstances can (and must) strip those functions of every shadow of privilege, of every semblance of "official grandeur."

All officials, without exception, elected and subject to recall *at any time*, their salaries reduced to the level of "workmen's wages"—these simple and "self-evident" democratic measures, while completely uniting the interests of the workers and the majority of the peasants, at the same time serve as the bridge between capitalism and socialism. These measures concern the purely political reconstruction of society; but, of course, they acquire their full meaning and significance only in connection with the "expropriation of the expropriators," either accomplished or in preparation, *i.e.*, with the transformation of capitalist private ownership of the means of production into social ownership. Marx wrote:

"The Commons made that catchword of bourgeois revolutions, cheap government, a reality by destroying the two greatest sources of expenditure—the standing army and state functionarism."

From the peasantry, as from other sections of the petty bourgeoisie, only an insignificant few "rise to the top," "get on in the world" in the bourgeois sense, *i.e.*, become either well-to-do people, bourgeois or officials in secure and privileged positions. In every capitalist country where there is a peasantry (and this is the case in most capitalist countries), the vast majority of the peasants is oppressed by the government and longs for its overthrow, longs for "cheap" government. This can be achieved *only* by the proletariat; and by achieving it, the proletariat at the same time takes a step forward towards the socialist reconstruction of the state.

3. The Abolition of Parliamentarism

Marx said:

"The Commune was to be a working, not a parliamentary body, executive and legislative at the same time. . . .

"Instead of deciding once in three or six years which member of the ruling class was to misrepresent the people in parliament, universal suffrage was to serve the people, constituted in Communes, as individual suffrage serves every other employer in the search for the workmen and managers in his business."

Thanks to the prevalence of social-chauvinism and opportunism, this remarkable criticism of parliamentarism made in 1871 also belongs now to the "forgotten words" of Marxism. The Cabinet Ministers and professional parliamentarians, the traitors to the proletariat and the "practical" Socialists of our day, have left all criticism of parliamentarism to the anarchists, and, on this wonderfully intelligent ground, they denounce *all* criticism of parliamentarism as "anarchism"!! It is not surprising that the proletariat of the "advanced" parliamentary countries, disgusted with such "Socialists" as Messrs. Scheidemann, David, Legien, Sembat, Renaudel, Henderson, Vandervelde, Stauning, Branting, Bissolati and Co.,* has been more

* In this reference, Lenin groups together most of the noted Western European democratic socialist political leaders of the late nineteenth and early twentieth centuries. It is significant to note that, operating within the Western

and more often giving its sympathies to anarcho-syndicalism, in spite of the fact that the latter is but the twin brother of opportunism.

But for Marx, revolutionary dialectics was never the empty fashionable phrase, the toy rattle, which Plekhanov, Kautsky and the others have made of it. Marx knew how to break with anarchism ruthlessly for its inability to make use even of the "pig-sty" of bourgeois parliamentarism, especially at a time when the situation was obviously not revolutionary; but at the same time he knew how to subject parliamentarism to genuine revolutionary-proletarian criticism.

To decide once every few years which member of the ruling class is to misrepresent the people in parliament is the real essence of bourgeois parliamentarism, not only in parliamentary-constitutional monarchies, but also in the most democratic republics.

But since we are discussing the question of the state, and if parliamentarism is to be regarded as one of the institutions of the state from the point of view of the tasks of the proletariat in *this* field, what is the way out of parliamentarism? How can it be dispensed with?

Again and again we must repeat: the lessons of Marx, based on the study of the Commune, have been so completely forgotten that any criticism of parliamentarism, other than anarchist or reactionary criticism, is quite unintelligible to the present-day "Social-Democrat" (read *present-day traitor to socialism*).

The way out of parliamentarism is not, of course, the abolition of the representative institutions and the electoral principle, but the conversion of the representative institutions from mere "talking shops" into working bodies.

> "The Commune was to be a working, not a parliamentary body, executive and legislative at the same time."

"A working, not a parliamentary body"—this hits the nail on the head in regard to the present-day parliamentarians and the parliamentary "lap dogs" of Social-Democracy! Take any parliamentary country, from America to Switzerland, from France to England, Norway and so forth—in these countries

---

system of parliamentary democracy that Lenin despised, many of these democratic socialists rose to cabinet rank in their respective nations, and several of them even became heads of government. For example, Karl Branting was the first Social Democratic Prime Minister of Sweden, and Thorvald Stauning was the first Social Democratic Prime Minister of Denmark; each, as head of government, left a lasting imprint on his respective nation.—Ed.

the actual work of the "state" is done behind the scenes and is carried on by the departments, the government offices and the General Staffs. Parliament itself is given up to talk for the special purpose of fooling the "common people." This is so true that even in the Russian republic, a bourgeois-democratic republic, all these sins of parliamentarism were immediately revealed, even before a real parliament was created. The heroes of rotten philistinism, such as the Skobelevs and the Tseretellis, the Chernovs and Avksentyevs, have managed to pollute even the Soviets with the pollution of disgusting bourgeois parliamentarism and to convert them into mere talking shops. In the Soviets, the Right Honorable "Socialist" Ministers are fooling the confiding peasants with phrasemongering and resolutions. In the government itself a sort of permanent quadrille is going on in order that, on the one hand, as many Socialist-Revolutionaries and Mensheviks as possible may get near the "pie," the lucrative and honorable posts, and that, on the other hand, the "attention of the people" may be engaged. Meanwhile, the real "state" business is being done in the government offices, in the General Staff.

Dyelo Naroda, the organ of the ruling "Socialist-Revolutionary" Party, recently admitted in an editorial article—with the matchless candor of people of "good society," in which "all" are engaged in political prostitution—that even in those Ministries of which the "Socialists" (save the mark) are at the head, the whole bureaucratic apparatus has in fact remained as before, that it is working in the old way, "freely" sabotaging revolutionary measures. Even without this admission, would not the actual history of the participation of the Socialist-Revolutionaries and Mensheviks in the government prove this? The only characteristic thing in this is that while in the Ministerial company of the Cadets, Messrs. Chernov, Rusanov, Zenzinov and the other editors of *Dyelo Naroda* have so completely lost all shame that they unblushingly proclaim, as if it were a mere bagatelle, that in "their" Ministries everything has remained as before! Revolutionary-democratic phrases to gull the Simple Simons; bureaucracy and red tape for the "benefit" of the capitalists—this is the *essence* of the "honest" coalition.

The Commune was to have substituted for the venal and rotten parliamentarism of bourgeois society institutions in which freedom of opinion and discussion would not have degenerated into deception, for the parliamentarians would have had to work themselves, would have had to execute their own laws, they themselves would have had to test their results in real life; they would have been directly responsible to their constituents. Representative institutions would have remained, but there was to have been *no* parliamentarism as a special system, as the division of labor between the legislative and the executive, as a privileged position for deputies. We cannot imagine democracy, not even proletarian democracy, without representative institutions, but we can and *must* think of democracy without parliamentarism, if criticism of bourgeois society is not mere empty words for us, if the desire to overthrow the rule of the bourgeoisie is our serious and sincere desire, and not a mere "election" cry for catching workers' votes, as it is with the Mensheviks and Socialist-Revolutionaries, the Scheidemanns, the Legiens, the Sembats and the Vanderveldes.

It is extremely instructive to note that, in speaking of the functions of the officials who are *necessary* for the Commune and for proletarian democracy, Marx compares them to the workers of "every other employer," that is, of the ordinary capitalist enterprise, with its "workmen and managers."

There is no trace of utopianism in Marx, in the sense that he invented or imagined a "new society." No, he studied the *birth* of the new society *from* the old, the forms of transition from the latter to the former as a natural historical process. He examined the actual experience of the mass proletarian movement and tried to draw practical lessons from it. He "learned" from the Commune, like all the great revolutionary thinkers who were not afraid to learn from the experience of the great movements of the oppressed classes, and who never preached pedantic "sermons" (such as Plekhanov's: "They should not have taken to arms"; or Tseretelli's: "A class must limit itself").

There can be no thought of destroying officialdom immediately everywhere, completely. That is utopia. But to *smash* the old bureaucratic machine at once and to begin immediately to construct a new one that will enable all officialdom to be gradually abolished is *not* utopia, it is the experience of the Commune, it is the direct and immediate task of the revolutionary proletariat.

Socialism simplifies the functions of "state" administration; it enables the methods of "official administration" to be thrown aside and the whole business to be reduced to a matter of organizing the proletarians (as the ruling class), which hires "workmen and managers" in the name of the whole of society.

We are not utopians, we do not indulge in "dreams" of dispensing *at once* with all administration, with all subordination; these anarchist dreams, based upon a lack of understanding of the tasks of the proletarian dictatorship, are totally alien to Marxism, and, as a matter of fact, serve only to postpone the socialist revolution until human nature has changed. No, we want the socialist revolution with human nature as it is now, with human nature that cannot dispense with subordination, control and "managers."

But the subordination must be to the armed vanguard of all the exploited, of all the toilers, *i.e.*, to the proletariat. Measures must be taken at once, overnight, to substitute for the specific methods of "official administration" by state officials the simple functions of "workmen and managers," functions which are already fully within the capacity of the average city dweller and can well be performed for "workmen's wages."

We ourselves, the workers, will organize large-scale production on the basis of what capitalism has already created; we shall rely on our own experience as workers, we shall establish strict, iron discipline supported by the state power of the armed workers, we shall reduce the role of the state officials to that of simply carrying out our instructions as responsible, revocable, moderately paid "managers" (of course, with the aid of technicians of all sorts, types and degrees). This is *our* proletarian task, this is what we can and must *start* with in carrying out the proletarian revolution. Such a beginning, on the basis of large-scale production, will of itself lead to the gradual "withering away" of all bureaucracy, to the gradual creation of an order, order without quotation marks, which will be different from wage-slavery, an order in which the functions of control and accounting—becoming more and more simple—will be performed by each in turn, will then become a habit and will finally die out as the *special* functions of a special stratum of the population.

A witty German Social-Democrat of the seventies of the last century called the *post-office* an example of the socialist system. This is very true. At present the post-office is a business organized on the lines of a state *capitalist* monopoly. Imperialism is gradually transforming all trusts into organizations of a similar type. Over the "common" toilers, who are overworked and starved, there stands the same bourgeois bureaucracy. But the mechanism of social management is here already to hand. Overthrow the capitalists, crush the resistance of these exploiters with the iron hand of the armed workers, smash the bureaucratic machine of the modern state—and you will have a mechanism of the highest technical equipment, free from the "parasite," capable of being wielded by the united workers themselves, who will hire their own technicians, managers and bookkeepers, and pay them *all*, as, indeed *every* "state" official, ordinary workmen's wages. Here is a concrete, practicable task, immediately possible of fulfilment in relation to all trusts, a task that frees the toilers from exploitation and takes into account what the Commune had already begun to carry out (particularly in the field of state construction).

Our immediate object is to organize the *whole* of national economy on the lines of the postal system, so that the technicians, managers, bookkeepers, as well as *all* officials, shall receive salaries no higher than "workmen's wages," all under the control and leadership of the armed proletariat. It is such a state, standing on such an economic basis, that we need. This is what will bring about the abolition of parliamentarism and the preservation of representative institutions. This is what will rid the laboring classes of the prostitution of these institutions by the bourgeoisie.

4. The Organization of National Unity

"In a rough sketch of national organization which the Commune had no time to develop, it states clearly that the Commune was to be the political form of even the smallest country hamlet. . . ."

The communes were to elect the "National Delegation" in Paris.

"The few but important functions which still would remain for a central government were not to be suppressed, as has been intentionally misstated, but were to be discharged by Communal and therefore strictly responsible agents. The unity of the nation was not to be broken, but, on the contrary, to be organized by the Communal constitutions, and to become a reality by the destruction of the state power which claimed to be the embodiment of that unity independent of, and superior to, the nation itself, from which it was but a parasitic excrescence. While the merely repressive organs of the old governmental power were to be amputated, its legitimate functions were to be wrested from an authority usurping pre-eminence over society itself, and restored to the responsible agents of society."

To what extent the opportunists of present-day Social-Democracy have failed to understand—or perhaps it would be more true to say, did not want to understand—these observations of Marx is best shown by the famous (the fame of Herostratus) book of the renegade Bernstein, *Die Voraussetzungen des Sozialismus und die Aufgaben der Sozialdemokratie.* It is precisely in connection with the above passage from Marx that Bernstein wrote that this program

". . . in its political content, in all its essential features, displays the greatest similarity to the federalism of Proudhon. . . . In spite of all the other points of difference between Marx and the 'petty-bourgeois' Proudhon [Bernstein places the word 'petty-bourgeois' in quotation marks in order to make it sound ironical], on these points their ways of thinking resemble each other as closely as could be."

Of course, Bernstein continues, the importance of the municipalities is growing, but

". . . it seems doubtful to me whether the first task of democracy would be such a dissolution [*Auflösung*] of the modern states and such a complete transformation [*Umwandlung*] of their organization as is described by Marx and Proudhon (the formation of a National Assembly from delegates of the provincial or district assemblies, which, in their turn, would consist of delegates from the Commune), so that the whole previous mode of national representation would vanish completely."

To confuse Marx's views on the "destruction of the state power"—of the "parasitic excrescence"—with Proudhon's federalism is positively monstrous! But it is not an accident, for it never occurs to the opportunist that Marx does not speak here about federalism as opposed to centralism, but about smashing the old bourgeois state machine which exists in all bourgeois countries.

The only thing that penetrates the opportunist's mind is what he sees around him, in a society of petty-bourgeois philistinism and "reformist" stagnation, namely, only "municipalities"! The opportunist has even forgotten how to think about the proletarian revolution.

It is ridiculous. But it is remarkable that nobody disputed Bernstein on this point! Bernstein has been refuted often enough, especially by Plekhanov in Russian literature and by Kautsky in European literature, but neither of them said *anything* about *this* distortion of Marx by Bernstein.

The opportunist has forgotten to think in a revolutionary way and to ponder over revolution to such an extent that he attributes "federalism" to Marx and confuses him with the founder of anarchism, Proudhon. And Kautsky and Plekhanov, the would-be orthodox Marxists and defenders of the doctrine of revolutionary Marxism, are silent on this point! Herein lies one of the roots of the extreme vulgarization of the views concerning the difference between Marxism and anarchism which is characteristic of the Kautskyists and opportunists, and which we shall discuss later.

Marx's observations on the experience of the Commune which we quoted above do not reveal a trace of federalism. Marx agreed with Proudhon on the very point that the opportunist Bernstein failed to see. Marx disagreed with Proudhon on the very point on which Bernstein said there was agreement.

Marx agreed with Proudhon on the necessity of "smashing" the present state machine. Neither the Kautskyists nor the opportunists wish to see this similarity between Marxism and anarchism (Proudhon and Bakunin) because on this point they have departed from Marxism.

Marx differed with Proudhon and with Bakunin precisely on the point of federalism (quite apart from the dictatorship of the proletariat). The petty-bourgeois views of anarchism advance federalism as a principle. Marx was a centralist. There is no departure from centralism in the observations of Marx quoted above. Only those who are imbued with the petty-bourgeois "superstitious belief" in the state can mistake the abolition of the bourgeois state machine for the abolition of centralism!

But will it not be centralism when the proletariat and poorest peasantry take political power in their own hands, organize themselves freely in communes, and *unite* the action of all the communes in striking at capital, in crushing the resistance of the capitalists, in transferring the ownership of the railways, factories, land and so forth, to the *entire* nation, to the whole of society? Will that not be the most consistent democratic centralism? And proletarian centralism at that?

Bernstein simply cannot conceive the possibility of voluntary centralism, of the voluntary amalgamation of the communes into a nation, the voluntary fusion of the proletarian communes in the process of destroying bourgeois rule and the bourgeois state machine. Like all philistines, Bernstein can imagine centralism only as something from above, to be imposed and maintained solely by means of bureaucracy and militarism.

Marx, as though foreseeing the possibility of the distortion of his ideas, deliberately emphasized the fact that the charge that the Commune desired to destroy the unity of the nation, to abolish the central power, was an intentional misstatement. Marx deliberately used the words: "The unity of the nation was . . . to be organized," so as to contrast conscious, democratic proletarian centralism with bourgeois, military, bureaucratic centralism.

But no one is so deaf as he who will not hear. And the very thing the opportunists of present-day Social-Democracy do not want to hear about is the abolition of state power, the excision of the parasite.

5. The Abolition of the Parasite State

We have already quoted part of Marx's utterances on this subject, and we must now supplement them. He wrote:

> "It is generally the fate of completely new historical creations to be mistaken for the counterpart of older and even defunct forms of social life, to which they may bear a certain likeness. Thus, this new Commune, which breaks the modern state power, has been mistaken for a reproduction of the mediæval Communes . . . for . . . a federation of small states, as dreamt of by Montesquieu and the Girondins . . . for an exaggerated form of the ancient struggle against over-centralization. . . . The Communal constitution would have restored to the social body all the forces hitherto absorbed by the state parasite feeding upon and clogging the free movement of society. By this one act it would have initiated the regeneration of France. . . . The Communal constitution brought the rural producers under the intellectual lead of the central towns of their districts, and there secured to them, in the workingmen, the natural trustees of their interests. The very existence of the Commune involved, as a matter of course, local municipal liberty, but no longer as a check upon the now superseded state power."

"Breaks the modern state power," which was a "parasitic excrescence"; the "respective organs" of which were to be "amputated"; the "destruction" of "the now superseded state power"—these are the expressions used by Marx concerning the state in appraising and analyzing the experience of the Commune.

All this was written a little less than half a century ago; and now one has to make excavations, as it were, to bring undistorted Marxism to the knowledge of the masses. The conclusions drawn from the observation of the last great revolution, through which Marx lived, were forgotten just at the moment when the time for the next great proletarian revolutions had arrived.

> "The multiplicity of interpretations to which the Commune has been subjected and the multiplicity of interests which construed it in their favor show that it was a thoroughly expansive political form, while all previous forms of government had been emphatically repressive. Its true secret was this. It was essentially *a working class government,* the product of the struggle of the producing against the appropriating class, the political form at last discovered under which to work out the economical emancipation of labor.
>
> "Except on this last condition, the Communal constitution would have been an impossibility and a delusion."

The utopians busied themselves with "inventing" the political forms under which the socialist transformation of society was to take place. The anarchists waived the question of political forms altogether. The opportunists of present-day Social-Democracy accepted the bourgeois political forms of the parliamentary democratic state as the unsurpassable limit; they battered their foreheads praying before this idol and denounced every attempt to *smash* these forms as anarchism.

Marx deduced from the whole history of Socialism and of the political struggle that the state was bound to disappear, and that the transitional form of its disappearance (the transition from state to no state) would be the "proletariat organized as the ruling class." But Marx did not set out to *discover* the political *forms* of this future stage. He limited himself to a precise observation of French history, to analyzing it, and to the conclusion to which the year 1851 had led, *viz.,* that matters were moving towards the *smashing* of the bourgeois state machine.

And when the mass revolutionary movement of the proletariat burst forth, Marx, in spite of the failure of that movement, in spite of its short life and its patent weakness, began to study the political forms that it had *disclosed.*

The Commune is the form "at last discovered" by the proletarian revolution, under which to work out the economic emancipation of labor.

The Commune is the first attempt of a proletarian revolution to *smash* the bourgeois state machine and it constitutes the political form, "at last discovered," which can and must *supersede* the smashed machine.

We shall see below that the Russian Revolutions of 1905 and 1917, in different circumstances and under different conditions, continued the work of the Commune and corroborated Marx's brilliant historical analysis.

CHAPTER IV

CONTINUATION. SUPPLEMENTARY EXPLANATIONS BY ENGELS

Marx gave the fundamentals on the question of the significance of the experience of the Commune. Engels returned to the same subject repeatedly and explained Marx's analysis and conclusions, sometimes illuminating *other* sides of the question with such strength and vividness that it is necessary to deal with his explanations separately.

1. "The Housing Question"

In his work, *The Housing Question* (1872), Engels took into account the experience of the Commune, and dealt several times with the tasks of the revolution in relation to the state. It is interesting to note that the treatment of this concrete subject revealed, on the one hand, points of similarity between the proletarian state and the present state—features which give grounds for speaking of the state in both cases—and, on the other hand, the features which differentiate them, or the features of the transition to the abolition of the state.

"How is the housing question to be solved then? In present-day society, just as any other social question is solved: by the gradual economic adjustment of supply and demand, a solution which ever reproduces the question itself anew and therefore is no solution. How a social revolution would solve this question depends not only on the circumstances which would exist in each case, but is also connected with much more far-reaching questions, among which one of the most fundamental is the abolition of the antithesis between town and country. As it is not our task to create utopian systems for the arrangement of the society of the future, it would be more than idle to go into the question here. But one thing is certain: there are already in existence sufficient buildings for dwellings in the big towns to remedy immediately any real 'housing *shortage*,' given rational utilization of them. This can naturally only take place by the expropriation of the present owners and by quartering in their houses the homeless or those workers who are excessively overcrowded in their old houses. Immediately the proletariat has conquered political power such a measure dictated in the public interest will be just as easy to carry out as other expropriations and billetings are by the existing state."

The change in the form of the state power is not discussed here, only the content of its activity is discussed. Expropriations and billeting of houses take place by order even of the present state. From the formal point of view the proletarian state will also "order" the occupation of houses and expropriation of buildings. But it is clear that the old executive apparatus, the bureaucracy, which is connected with the bourgeoisie, would simply be unfit to carry out the orders of the proletarian state.

". . . For the rest it must be pointed out that the 'actual seizure' of all instruments of labor, the seizure of industry as a whole by the working people, is the direct contrary of the Proudhonist theory of 'gradual redemption.' Under the latter, the *individual worker* becomes the owner of the dwelling, the peasant-farm, the instruments of labor; under the former, the 'working people' remain the collective owners of the houses, factories and instruments of labor, and would hardly permit of their use, at least in a transitional period, by individuals and associations without compensation for the costs, just as the abolition of property in land is not the abolition of ground rent, but its transfer, although in a modified form, to society. The actual seizure of all the instruments of labor by the working people therefore does not at all exclude the retention of the rent relations."

We shall discuss the question touched upon in this passage, namely, the economic reasons for the withering away of the state, in the next chapter. Engels expresses himself most cautiously, saying that the proletarian state would "hardly" permit, "at least in a transitional period," the use of houses without compensation for the cost. The letting of houses that belong to the whole people to separate families presupposes the collection of rent, a certain amount of control, and a certain standard of allotment of houses. All this calls for a certain form of state, but it does not call for a special military and bureaucratic apparatus, with officials occupying especially privileged positions. The transition to a state of affairs when it will be possible to let houses rent-free is bound up with the complete "withering away" of the state.

Speaking of the conversion of the Blanquists to the principles of Marxism after the Commune and as a result of its experience, Engels, in passing, formulates these principles as follows:

". . . Necessity of political action of the proletariat, and of the dictatorship of the proletariat as the transitional stage to the abolition of classes and, with them, of the state. . . ."

Addicts to hair-splitting criticism, and bourgeois "exterminators of Marxism," will perhaps see a contradiction between this recognition of the "abolition of the state" and the repudiation of this formula as an anarchist one in the previously-quoted passage from *Anti-Dühring*. It would not be surprising if the opportunists stamped Engels, too, as an "anarchist," for the habit of accusing the internationalists of anarchism is becoming more and more widespread among the social-chauvinists.

Marxism always taught that the state will be abolished with the abolition of classes. The well-known passage on the "withering away of the state" in *Anti-Dühring* does not blame the anarchists simply for being in favor of the abolition of the state, but for preaching that the state can be abolished "overnight."

In view of the fact that the now prevailing "Social-Democratic" doctrine completely distorts the relation of Marxism to anarchism on the question of the abolition of the state, it will be very useful to recall a certain controversy conducted by Marx and Engels with the anarchists.

2. Controversy With the Anarchists

This controversy took place in 1873. Marx and Engels contributed articles against the Proudhonists, "autonomists" or "anti-authoritarians," to an Italian Socialist annual, and it was not until 1913 that these articles appeared in German in *Neue Zeit*. Ridiculing the anarchists and their repudiation of politics, Marx wrote:

"If the political struggle of the working class assumes violent forms, if the workers set up their revolutionary dictatorship in place of the dictatorship of the bourgeoisie, they commit the terrible crime of violating principles, for in order to satisfy their wretched, vulgar, everyday needs, in order to crush the resistance of the bourgeoisie, instead of laying down their arms and abolishing the state, they give the state a revolutionary and transitory form. . . ."[1]

It was exclusively against this kind of "abolition" of the state that Marx fought in refuting the anarchists! He did not

[1] *Neue Zeit*, Vol. XXXII, 1, 1913-14.

combat the theory that the state would disappear when classes disappeared, or that it would be abolished when classes are abolished; he opposed the proposition that the workers should renounce the use of arms, the use of organized force, that is, *the use of the state,* in order to "crush the resistance of the bourgeoisie."

To prevent the true meaning of his struggle against the anarchists from being distorted, Marx deliberately emphasized the "revolutionary and *transitory* form" of the state which the proletariat needs. The proletariat needs the state only temporarily. We do not at all disagree with the anarchists on the question of the abolition of the state as an *aim.* We maintain that, to achieve this aim, we must temporarily make use of the instruments, resources and methods of the state power *against* the exploiters, just as the dictatorship of the oppressed class is temporarily necessary for the abolition of classes. Marx chooses the sharpest and clearest way of stating his position against the anarchists: after overthrowing the yoke of the capitalists, should the workers "lay down their arms," or use them against the capitalists in order to crush their resistance? But what is the systematic use of arms by one class against the other, if not a "transitory form" of state?

Let every Social-Democrat ask himself: is *that* the way he has been putting the question of the state in controversy with the anarchists? Is *that* the way the vast majority of the official Socialist Parties of the Second International have been putting it?

Engels enlarges on the same ideas in even greater detail and more simply. First of all he ridicules the muddled ideas of the Proudhonists, who called themselves "anti-authoritarians," *i.e.,* they repudiated every sort of authority, every sort of subordination, every sort of power. Take a factory, a railway, a ship on the high seas, said Engels—is it not clear that not one of these complex technical units, based on the employment of machinery and the ordered co-operation of many people, could function without a certain amount of subordination and, consequently, without some authority or power?

> "When I put these arguments," writes Engels, "up against the most rabid anti-authoritarians, they were only able to give me the following answer: 'Ah! that is true, but here it is not a case of authority which we confer on delegates, *but of a commission!*' These gentlemen think that they have changed the thing by changing its name. . . ."

Having thus shown that authority and autonomy are relative terms, that the sphere of their application varies with the various phases of social development, that it is absurd to take them as absolutes, and adding that the sphere of the application of machinery and large-scale production is constantly becoming enlarged, Engels passes from the general discussion of authority to the question of the state and writes:

". . . If the autonomists would confine themselves to saying that the social organization of the future will restrict authority to the limits in which the relations of production make it inevitable, we could understand each other, but they are blind to all facts which make the thing necessary, and they hurl themselves against the word.

"Why don't the anti-authoritarians confine themselves to crying out against political authority, against the state? All socialists are agreed that the state, and with it political authority, will disappear as the result of the coming social revolution, *i.e.*, that public functions will lose their political character and be transformed into the simple administrative functions of watching over real social interests. But the anti-authoritarians demand that the political state should be abolished at once, even before the social conditions which brought it into being have been abolished. They demand that the first act of the social revolution shall be the abolition of authority.

"Have these gentlemen never seen a revolution? A revolution is undoubtedly the most authoritarian thing there is. It is the act whereby one part of the population imposes its will upon the other part by means of rifles, bayonets and cannon, which are authoritarian means if ever there were any. And the victorious party, if it does not wish to have fought in vain, must maintain its rule by means of the terror which its arms inspire in the reactionaries. Would the Paris Commune have lasted a single day if it had not made use of this authority of the armed population against the bourgeoisie? Should we not on the contrary reproach it for not having made more extensive use of this authority? Therefore either one of two things is possible: either the anti-authoritarians don't know what they are saying, and in this case they sow nothing but confusion, or they do know, and in this case they are betraying the cause of the proletariat. In either case they serve the reaction."

This argument touches upon questions which must be examined in connection with the relation between politics and economics during the "withering away" of the state. (This is dealt with in the next chapter.) These questions are: the transformation of public functions from political functions into simple functions of administration, and the "political state." This last term, particularly liable to cause misunderstanding, indicates the process of the withering away of the state: at a certain stage of its withering away the moribund state can be called a non-political state.

Again, the most remarkable thing in this passage from Engels is the way he states the case against the anarchists. Social-Democrats, the would-be disciples of Engels, have discussed this question with the anarchists millions of times since 1873, but they have *not* discussed it as Marxists can and should. The anarchist idea of the abolition of the state is muddled and *non-revolutionary*—that is how Engels put it. It is precisely the revolution, in its rise and development, with its specific tasks in relation to violence, authority, power, the state, that the anarchists do not wish to see.

The usual criticism of anarchism by present-day Social-Democrats has been reduced to the purest philistine banality: "We recognize the state, whereas the anarchists do not!" Naturally, such banality cannot but repel revolutionary workers who think at all. Engels says something different. He emphasizes the fact that all socialists recognize the disappearance of the state as a result of the socialist revolution. He then deals with the concrete question of the revolution—the very question which, as a rule, the Social-Democrats, because of their opportunism, evade, and leave, so to speak, exclusively for the anarchists "to work out." And in putting the question, Engels takes the bull by the horns; he asks: should not the Commune have made *more* use of the *revolutionary* power of the *state, i.e.,* of the armed proletariat organized as the ruling class?

Prevailing official Social-Democracy usually dismissed the question of the concrete tasks of the proletariat in the revolution either with a philistine sneer, or, at best, with the evasive sophism, "wait and see." And the anarchists were thus justified in saying about such Social-Democracy that it had betrayed its task of educating the working class for the revolution. Engels utilizes the experience of the last proletarian revolution precisely for the purpose of making a very concrete study of what the proletariat should do in relation to the banks and the state, and how it should do it.

3. Letter to Bebel

One of the most remarkable, if not the most remarkable observation on the state in the works of Marx and Engels is contained in the following passage in Engels' letter to Bebel dated March 18-28, 1875. This letter, we may observe in passing, was, as far as we know, first published by Bebel in Volume II of his memoirs *(Aus meinem Leben)*, which appeared in 1911, *i.e.*, thirty-six years after it had been written and mailed.

Engels wrote to Bebel criticizing the very draft of the Gotha Program which Marx also criticized in his famous letter to Bracke. Referring particularly to the question of the state, Engels said:

". . . The free people's state is transformed into the free state. Taken in its grammatical sense a free state is one where the state is free in relation to its citizens and is therefore a state with a despotic government. The whole talk about the state should be dropped, especially since the Commune, which was no longer a state in the proper sense of the word. The *'people's state'* has been thrown in our faces by the anarchists too long although Marx's book against Proudhon and later *The Communist Manifesto* directly declare that with the introduction of the socialist order of society the state will dissolve of itself [*sich auflöst*] and disappear. As therefore the 'state' is only a transitional institution which is used in the struggle, in the revolution, in order to hold down [*niederzuhalten*] one's adversaries by force, it is pure nonsense to talk of a 'free people's state'; so long as the proletariat still *uses* the state, it does not use it in the interests of freedom but in order to hold down its adversaries, and as soon as it becomes possible of speak of freedom, the state, as such, ceases to exist. We would, therefore, propose to replace the word *'state'* everywhere by the word *Gemeinwesen* [*community*], a good old German word, which can very well represent the French word *'commune.'* "

It must be borne in mind that this letter refers to the Party program which Marx criticized in a letter dated only a few weeks later than the above (Marx's letter is dated May 5, 1875), and that at the time Engels was living with Marx in London. Consequently, when he says "we" in the last sentence, Engels undoubtedly, in his own as well as in Marx's name, suggests to the leader of the German workers' party that the word "state" *be struck out of the program* and replaced by the word "community."

What a howl about "anarchism" would be raised by the leaders of present-day "Marxism," which has been faked for the convenience of the opportunists, if such a rectification of the program were suggested to them!

Let them howl. The bourgeoisie will praise them for it.

But we shall go on with our work. In revising the program of our Party we must unfailingly take the advice of Engels and Marx into consideration in order to come nearer the truth, to restore Marxism by purging it of distortions, to guide the struggle of the working class for its emancipation more correctly. Certainly no Bolshevik will be found who opposes the advice of Engels and Marx. The only difficulty that may, perhaps, arise will be in regard to terminology. In German there are two words meaning "community," of which Engels used the one which does *not* denote a single community, but the totality, the system of communities. In Russian there is no such word, and perhaps we may have to decide to use the French word "commune," although this also has its drawbacks.

"The Commune, which was no longer a state in the proper sense of the word"—this is Engels' most important theoretical statement. After what has been said above, this statement is perfectly clear. The Commune *ceased* to be a state in so far as it had to repress, not the majority of the population, but the minority (the exploiters); it had smashed the bourgeois state machine; in place of a *special* repressive force, the whole population itself came on the scene. All this is a departure from the state in the proper sense of the word. And had the Commune lasted, all traces of the state in it would have "withered away" of themselves; it would not have been necessary for it to "abolish" the institutions of the state; they would have ceased to function in proportion as they ceased to have anything to do.

"The people's state has been thrown in our faces by the anarchists." In saying this, Engels had Bakunin and his attacks on the German Social-Democrats particularly in mind. Engels admitted that these attacks were justified *in so far* as the "people's state" was as much an absurdity and as much a departure from socialism as the "free people's state." Engels tried to put the struggle of the German Social-Democrats against the anarchists on right lines, to make this struggle correct in principle, to purge it of opportunist prejudices concerning the "state." Alas! Engels' letter was pigeonholed for thirty-six years. We shall see below that, even after Engels' letter was published, Kautsky obstinately repeated what in essence were the very mistakes against which Engels had uttered his warning.

Bebel replied to Engels in a letter, dated September 21, 1875, in which he wrote, *inter alia,* that he "fully agrees" with Engels' criticism of the draft program, and that he had reproached Liebknecht for his readiness to make concessions (Bebel's *Memoirs,* Vol. II). But if we take Bebel's pamphlet,

Unsere Ziele, we find there arguments on the state that are absolutely wrong.

"The state must be transformed from one based on *class rule* into a *people's state.*"

This is printed in the *ninth* (the ninth!) edition of Bebel's pamphlet! It is not surprising that such persistently repeated opportunist views on the state were absorbed by German Social-Democracy, especially as Engels' revolutionary interpretations were safely pigeonholed, and all the conditions of everyday life were such as to "wean" the people from revolution for a long time!

4. Criticism of the Draft of the Erfurt Program

In examining the Marxian doctrine of the state, the criticism of the draft of the Erfurt Program* sent by Engels to Kautsky on June 29, 1891, a criticism published only ten years later, in *Neue Zeit,* cannot be ignored; for this criticism is mainly concerned with the *opportunist* views of Social-Democracy on questions of *state* structure.

We shall note in passing that Engels also makes an exceedingly valuable observation on questions of economics, which shows how attentively and thoughtfully he watched the changes in modern capitalism, and how he was able to foresee to a certain extent the tasks of our own, the imperialist, epoch. Here is the passage: referring to the word "planlessness" *(Planlosigkeit)* used in the draft program, as characteristic of capitalism, Engels writes:

"When we pass from joint-stock companies to trusts which control and monopolize whole branches of industry, it is not only private production that ceases, but also planlessness."[1]

Here we have what is most essential in the theoretical appraisal of the latest phase of capitalism, *i.e.,* imperialism, *viz.,* that capitalism becomes monopoly *capitalism.* The latter must be emphasized because the erroneous bourgeois reformist view that monopoly capitalism or state monopoly capitalism is *no longer* capitalism, but can already be termed "state socialism,"

* The Erfurt Program of 1891 replaced the more moderate Gotha Program of 1875 (see footnote, page 69) as the platform of the German Social Democratic Party. The Erfurt Program, although Marxist in tone, was criticized nonetheless by Marxists as well as non-Marxist socialists.—Ed.

[1] *Neue Zeit,* Vol. XX, 1, 1901-02.

or something of that sort, is very widespread. The trusts, of course, have not created, do not create now, and cannot create full and complete planning. But to whatever extent they do plan, to whatever extent the capitalist magnates calculate in advance the volume of production on a national and even on an international scale, and to whatever extent they systematically regulate it, we still remain *under capitalism*—capitalism in its new stage, it is true, but still, undoubtedly, capitalism. The "proximity" of *such* capitalism to socialism should serve the genuine representatives of the proletariat as proof of the proximity, ease, feasibility and urgency of the socialist revolution, and not as an argument in favor of tolerating the repudiation of such a revolution or in favor of making capitalism look more attractive, an occupation in which all the reformists are engaged.

But let us return to the question of the state. In this letter Engels makes three valuable suggestions: first, as regards the republic; second, as regards the connection between the national question and the form of state, and, third, as regards local self-government.

As regards the republic, Engels made this the center of gravity of his criticism of the draft of the Erfurt Program. And when we remember what importance the Erfurt Program has acquired in the whole of international Social-Democracy, that it has become the model for the whole of the Second International, it may be said without exaggeration that Engels thereby criticized the opportunism of the whole Second International. Engels writes:

> "The political demands of the draft have one great fault. What actually ought to be said *is not there*. . . ." (Engels' italics.)

And, later on, he makes it clear that the German constitution is but a copy of the very reactionary constitution of 1850; that the Reichstag is only, as Wilhelm Liebknecht put it, "the fig-leaf of absolutism"; and that to wish "to transform all the instruments of labor into public property" on the basis of a constitution which legalizes the existence of petty states and the federation of petty German states is an "obvious absurdity."

"To touch on that is dangerous, however," Engels adds, knowing full well that it is impossible, for reasons of legality, to include in the program the demand for a republic in Germany. But Engels does not rest content with this obvious argument which satisfied "everybody." He continues:

"And yet somehow or other the thing has got to be attacked.... How necessary this is is shown precisely at the present time by the inroads which opportunism is making in a great section of the Social-Democratic press. From fear of a revival of the Anti-Socialist Law and from recollection of all manner of premature utterances which were let fall during the reign of that law the present legal position of the Party in Germany is now all of a sudden to be treated as sufficient for the carrying out of all the demands of the Party by peaceful means."

Engels particularly stresses the fundamental fact that the German Social-Democrats were prompted by fear of a revival of the Anti-Socialist Law, and unhesitatingly calls this opportunism; he declares that precisely because there was no republic and no freedom in Germany, the dreams of a "peaceful" path were absolutely absurd. Engels is sufficiently careful not to tie his hands. He admits that in republican or very free countries "one can conceive" (only "conceive"!) of a peaceful development towards socialism, but in Germany, he repeats,

"in Germany, where the government is almost almighty and the Reichstag and all other representative bodies have no real power, to proclaim such a thing in Germany—and moreover when there is no need to do so—is to remove the fig-leaf from absolutism, and use it to screen one's own nakedness."

The great majority of the official leaders of the German Social-Democratic Party, who pigeonholed this advice, have indeed proved to be a screen for absolutism.

"Ultimately such a policy can only lead one's own party astray. General abstract political questions have been put into the foreground, concealing thus the immediate concrete questions, the questions which at the first great events, the first political crisis, put themselves on the agenda. What can result from this except that at the decisive moment the Party is suddenly left without guidance, that unclarity and disunity reign on the most decisive points because these points have never been discussed? . . .

"This forgetfulness of the great main standpoint in the momentary interests of the day, this struggling and striving for the success of the moment without consideration for the later consequences, this sacrifice of the future of the movement for its present may be 'honestly' meant, but it is and remains opportunism, and 'honest' opportunism is perhaps the most dangerous of all. . . .

"If one thing is certain it is that our Party and the working class can only come to power under the form of the democratic republic. This is even the specific form for the dictatorship of the proletariat, as the Great French Revolution has already shown. . . ."

Engels repeats here in a particularly striking manner the fundamental idea which runs like a red thread through all of Marx's works, namely, that the democratic republic is the nearest approach to the dictatorship of the proletariat. For such a republic—without in the least abolishing the domination of capital, and, therefore, the oppression of the masses and the class struggle—inevitably leads to such an extension, development, unfolding and intensification of that struggle that, as soon as the possibility arises of satisfying the fundamental interests of the oppressed masses, this possibility is achieved inevitably and solely in the dictatorship of the proletariat, in the leadership of those masses by the proletariat. These, too, are "forgotten words" of Marxism for the whole of the Second International, and this forgetfulness was demonstrated with particular vividness by the history of the Menshevik Party in the first half year of the Russian Revolution of 1917.

On the question of a federal republic, in connection with the national composition of the population, Engels wrote:

> "What should take its place?" (of present-day Germany with its reactionary monarchial constitution and its equally reactionary division into petty states, which perpetuates all the specific features of "Prussianism" instead of dissolving them in Germany as a whole). "In my view, the proletariat can only use the form of one and indivisible republic. In the gigantic territory of the United States a federal republic is still, on the whole, a necessity, although in the Eastern states it is already becoming a hindrance. It would be a step forward in England, where the two islands are peopled by four nations and in spite of a single Parliament three different systems of legislation exist side by side even today. In little Switzerland, it has long been a hindrance, tolerable only because Switzerland is content to be a purely passive member of the European state system. For Germany, federation of the Swiss type would be an enormous step backward. Two points distinguish a federal state from a unitary state: first, that each separate federated state, each canton, has its own civil and criminal legislative and judicial system, and, second, that alongside of a popular chamber there is also a federal chamber in which each canton, large or small, votes as such."

In Germany the federal state is the transitional stage to the complete unitary state, and the "revolution from above" of 1866 and 1870 must not be reversed but supplemented by a "movement from below."

Engels did not display indifference to the question of the forms of state; on the contrary, he tried to analyze the transitional forms with the utmost care in order to establish, in accordance with the concrete, historical, specific features of each separate case, *from what and into what* the given transitional form is evolving.

From the point of view of the proletariat and the proletarian revolution, Engels, like Marx, insisted on democratic centralism, on one indivisible republic. He regarded the federal republic either as an exception and a hindrance to development, or as a transitional form from a monarchy to a centralized republic, as a "step forward" under certain special conditions. And in these special conditions, the national question comes to the front.

In spite of their ruthless criticism of the reactionary nature of small states, and, in certain concrete cases, the screening of this by the national question, Engels and Marx never betrayed a trace of a desire to evade the national question—a desire of which the Dutch and Polish Marxists are often guilty, as a result of their very justifiable opposition to the narrow philistine nationalism of "their" little states.

Even in regard to England, where geographical conditions, a common language and the history of many centuries would seem to have "put an end" to the national question in the separate small divisions of England—even in regard to this country, Engels took into account the patent fact that the national question had not yet been settled, and recognized in consequence that the establishment of a federal republic would be a "step forward." Of course, there is not a trace here of an attempt to abandon the criticism of the defects of a federal republic or the most determined propaganda and struggle for a united and centralized democratic republic.

But Engels did not interpret democratic centralism in the bureaucratic sense in which this term is used by bourgeois and petty-bourgeois ideologists, including the anarchists. His interpretation did not in the least preclude wide local self-government as would combine the voluntary defense of the unity of the state by the "communes" and districts with the complete abolition of all bureaucracy and all "ordering" from above. Enlarging on the program views of Marxism on the state, Engels wrote:

"So, then, a unitary republic—but not in the sense of the present French Republic, which is nothing but the Empire established in 1798 minus the Emperor. From 1792 to 1798 each Department of France, each commune [*Gemeinde*], enjoyed complete self-government on the American model, and this is what we too must have. How self-government is to be organized and how we can manage without a bureaucracy has been shown by America and the first French Republic, and is being shown even today by Australia, Canada and the other English colonies. And a provincial and local self-government of this type is far freer than Swiss federalism under which, it is true, the canton is very independent in relation to the *Bund* (*i.e.,* the federal state as a whole), but is also independent in relation to the district and the commune. The cantonal governments appoint the district governors [*Bezirksstatthalter*] and prefects—a feature which is unknown in English-speaking countries and which we shall have to abolish here in the future along with the Prussian *Landräte* and *Regierungsräte* (commissaries, district police chiefs, governors, and in general all officials appointed from above).

Accordingly, Engels proposes the following wording for the clause in the program on self-government:

"Complete self-government for the provinces" (districts and communities) "through officials elected by universal suffrage. The abolition of all local and provincial authorities appointed by the state."

I have already had occasion to point out—in *Pravda* (No. 68, June 10, 1917), which was suppressed by the government of Kerensky and other "Socialist" Ministers—how in this connection (of course, not only in this connection by any means) our alleged Socialist representatives of alleged-revolutionary alleged-democracy have departed *from democracy* in the most scandalous manner. Naturally, people who have bound themselves by a "coalition" with the imperialist bourgeoisie have remained deaf to this criticism.

It is extremely important to note that Engels, armed with facts, disproves by a precise example the prejudice that is very widespread, particularly among petty-bourgeois democrats, that a federal republic necessarily means a greater amount of freedom than a centralized republic. This is not true. It is disproved by the facts cited by Engels regarding the centralized French Republic of 1792-98 and the federal Swiss Republic. The really democratic centralized republic gave *more* freedom than the federal republic. In other words, the *greatest* amount of local, provincial and other freedom known in history was granted by a *centralized* and not by a federal republic.

Insufficient attention has been and is being paid to this fact in our Party propaganda and agitation, as, indeed, to the whole question of federal and centralized republics and local self-government.

5. The 1891 Introduction to Marx's "Civil War in France"

In his Introduction to the third edition of *The Civil War in France* (this Introduction is dated March 18, 1891, and was originally published in *Neue Zeit*), Engels, in addition to many other interesting incidental remarks on questions connected with the attitude to be taken towards the state, gives a remarkably striking résumé of the lessons of the Commune. This résumé, which was rendered more profound by the entire experience of the twenty years that separated the author from the Commune, and which was directed particularly against the "superstitious belief in the state" so widespread in Germany, can justly be called the *last word* of Marxism on the question dealt with here.

In France, Engels observes, the workers were armed after every revolution;

> ". . . therefore the disarming of the workers was the first commandment for the bourgeois at the helm of the state. Hence after every revolution won by the workers, a new struggle, ending with the defeat of the workers."

This résumé of the experience of bourgeois revolutions is as concise as it is expressive. The essence of the matter—also, by the way, of the question of the state (*has the oppressed class arms?*)—is here remarkably well defined. It is precisely this essential thing which is most often ignored by professors, who are influenced by bourgeois ideology, as well as by petty-bourgeois democrats. In the Russian Revolution of 1917, the honor (Cavaignac honor) of blabbing this secret of bourgeois revolutions fell to the Menshevik, "also-Marxist," Tseretelli. In his "historic" speech of June 22, Tseretelli blurted out the decision of the bourgeoisie to disarm the Petrograd workers—referring, of course, to this decision as his own, and as a vital necessity for the "state"!

Tseretelli's historic speech of June 22 will, of course, serve every historian of the Revolution of 1917 as one of the most striking illustrations of how the Socialist-Revolutionary and Menshevik *bloc,* led by Mr. Tseretelli, deserted to the side of the bourgeoisie *against* the revolutionary proletariat.

Another incidental remark of Engels', also connected with the question of the state, deals with religion. It is well known that German Social-Democracy, in proportion as it decayed and became more and more opportunist, slipped more and more frequently into the philistine misinterpretation of the celebrated formula: "Religion is a . . . private matter." That is, this formula was twisted to mean that the question of religion was a private matter *even for the party* of the revolutionary proletariat! It was against this utter betrayal of the revolutionary program of the proletariat that Engels protested. In 1891 he saw only the *very feeble* beginnings of opportunism in his Party, and, therefore, he expressed himself on the subject very cautiously:

". . . As almost without exception workers, or recognized representatives of the workers, sat in the Commune, its decisions bore a decidedly proletarian character. Either they decreed reforms which the republican bourgeoisie had failed to pass solely out of cowardice, but which provided a necessary basis for the free activity of the working class—such as the realization of the principle that *in relation to the state* religion is a purely private matter—or they promulgated decrees which were in the direct interests of the working class and to some extent cut deeply into the old order of society."

Engels deliberately emphasized the words "in relation to the state," as a straight thrust at the heart of German opportunism, which had declared religion to be a private matter *in relation to the Party,* thus degrading the party of the revolutionary proletariat to the level of the most vulgar "free-thinking" philistinism, which is prepared to allow a non-denominational status, but which renounces the *Party* struggle against the religious opium which stupefies the people.

The future historian of German Social-Democracy, in investigating the basic causes of its shameful collapse in 1914, will find no lack of interesting material on this question, from the evasive declarations in the articles of the ideological leader of the Party, Kautsky, which opened wide the door to opportunism, to the attitude of the Party towards the *Los-von-Kirche Bewegung* (the "leave the church" movement) in 1913.

But let us see how, twenty years after the Commune, Engels summed up its lessons for the fighting proletariat.

Here are the lessons to which Engels attached prime importance:

". . . It was precisely the oppressing power of the former centralized government, army, political police and bureaucracy, which Napoleon has created in 1798 and since then had been taken over by every new government as a welcome instrument and used against its opponents, it was precisely this power which was to fall everywhere, just as it had already fallen in Paris.

"From the outset the Commune was compelled to recognize that the working class, once come to power, could not manage with the old state machine; that in order not to lose again its only just conquered supremacy, this working class must, on the one hand, do away with all the old repressive machinery previously used against it itself, and, on the other, safeguard itself against its own deputies and officials, by declaring them all, without exception, subject to recall at any moment. . . ."

Engels emphasizes again and again that the state remains a state, *i.e.*, it retains its fundamental and characteristic feature of transforming the officials, the "servants of society," its organs, into the *masters* of society not only under a monarchy, but *also in a democratic republic.*

"Against this transformation of the state and the organs of the state from servants of society into masters of society—an inevitable transformation in all previous states—the Commune made use of two infallible expedients. In the first place it filled all posts—administrative, judicial and educational—by election on the basis of universal suffrage of all concerned, with the right of the same electors to recall their delegate at any time. And, in the second place, all officials, high or low, were paid only the wages received by other workers. The highest salary paid by the Commune to anyone was 6,000 francs.[1] In this way, an effective barrier to place-hunting and careerism was set up, even apart from the binding mandates to delegates to representative bodies which were also added in profusion. . . ."

Engels here approaches the interesting boundary line at which consistent democracy is *transformed* into socialism and at which it *demands* socialism. For, in order to abolish the state, the functions of the Civil Service must be converted into the simple operations of control and accounting that can be performed by the vast majority of the population, and, ultimately, by every single individual. And in order to abolish careerism it must be made *impossible* for "honorable" though not lucrative posts in the public service to be used as a springboard to highly lucrative posts in banks or joint-stock companies, as *constantly* happens in all the freest capitalist countries.

But Engels did not make the mistake some Marxists make in dealing, for example, with the right of nations to self-

[1] Nominally about 2,400 rubles per annum; according to the present rate of exchange about 6,000 rubles. Those Bolsheviks who propose that a salary of 9,000 rubles be paid to members of municipal councils, for instance, instead of proposing a maximum salary of 6,000 rubles *for the whole country*—quite an adequate sum—are committing an unpardonable error.

determination, *i.e.*, argue that this is impossible under capitalism and will be unnecessary under socialism. Such a seemingly clever but really incorrect statement might be made in regard to *any* democratic institution, including moderate salaries for officials; because fully consistent democracy is impossible under capitalism, and under socialism all democracy *withers away*.

It is a sophism that is similar to the old humorous problem: will a man become bald if he loses one more hair?

To develop democracy *to its logical conclusion*, to find the *forms* for this development, to test them by practice, and so forth—all this is one of the constituent tasks of the struggle for the social revolution. Taken separately, no sort of democracy will bring socialism. But in actual life democracy will never be "taken separately"; it will be "taken together" with other things, it will exert its influence on economics, will stimulate *its* reformation; and in its turn it will be influenced by economic development, and so on. Such are the dialectics of living history.

Engels continues:

> "This blowing up [*Sprengung*] of the former state power and its replacement by a new and really democratic state is described in detail in the third section of *The Civil War*. But it was necessary to dwell briefly here once more on some of its features, because in Germany particularly the superstitious belief in the state has been carried over from philosophy into the general consciousness of the bourgeoisie and even of many workers. According to the philosophical notion, the state is the 'realization of the idea,' or the Kingdom of God on earth, translated into philosophical terms, the sphere in which eternal truth and justice is or should be realized. And from this follows a superstitious reverence for the state and everything connected with it, which takes root the more readily as people from their childhood are accustomed to imagine that the affairs and interests common to the whole of society could not be looked after otherwise than they have been looked after in the past, that is, through the state and its well-paid officials. And people think they have taken quite an extraordinarily bold step forward when they have rid themselves of belief in hereditary monarchy and swear by the democratic republic. In reality, however, the state is nothing but a machine for the oppression of one class by another, and indeed in the democratic republic no less than in the monarchy; and at best an evil inherited by the proletariat after its victorious struggle for class supremacy, whose worst sides the proletariat, just like the Commune, cannot avoid having to lop off at the earliest possible moment, until such time as a new generation reared in new and free social conditions will be able to throw the entire lumber of the state on the scrap-heap."

Engels warned the Germans not to forget the fundamentals of socialism on the question of the state in general in connection with the substitution of a republic for the monarchy. His warnings now read like a lecture to Messrs. Tseretelli and Chernov, who in their coalition practice revealed a superstitious belief in and a superstitious reverence for the state!

Two more points. First: the fact that Engels said that in a democratic republic, "no less" than in a monarchy, the state remains a "machine for the oppression of one class by another" does not signify that the *form* of oppression is a matter of indifference to the proletariat, as some anarchists "teach." A wider, freer and more open *form* of the class struggle and of class oppression greatly assists the proletariat in its struggle for the abolition of all classes.

Second: why will only a new generation be able to throw all the useless lumber of the state on the scrap-heap? This question is bound up with the question of overcoming democracy, with which we shall deal now.

6. Engels on Overcoming Democracy

Engels had occasion to speak on this subject in connection with the question of the term "Social-Democrat" being *scientifically* wrong.

In a preface to an edition of his articles of the 'seventies on various subjects, mainly on "international" questions (*Internationales aus dem Volksstaat*), dated January 3, 1894, *i.e.,* written a year and a half before his death, Engels wrote that in all his articles he used the word "Communist," *not* "Social-Democrat," because at that time it was the Proudhonists in France and the Lassalleans in Germany who called themselves Social-Democrats.

> "For Marx and me it was therefore quite impossible to choose such an elastic term to characterize our special point of view. Today things are different, and the word ['Social-Democrat'] may perhaps pass muster [*mag passieren*], however unsuitable [*unpassend*] it still is for a party whose economic program is not merely socialist in general, but directly Communist, and whose ultimate political aim is to overcome the whole state and therefore democracy as well. The names of *genuine* [Engels' italics] political parties, however, are never wholly appropriate; the party develops while the name persists."

The dialectician Engels remains true to dialectics to the end of his days. Marx and I, he says, had a splendid, scientifically exact name for the party, but there was no real party, *i.e.,* no proletarian mass party. Now, at the end of the nineteenth century, there is a real party, but its name is scientifically inexact. Never mind, it will "pass muster," if only the party *develops,* if only the scientific inexactness of its name is not hidden from it and does not hinder its development in the right direction!

Perhaps some humorist will begin consoling us Bolsheviks in the manner of Engels: we have a genuine party, it is developing splendidly; even such a meaningless and ugly term as "Bolshevik" will "pass muster," although it expresses nothing but the purely accidental fact that at the Brussels-London Congress of 1903 we were in the majority. . . . Perhaps, now that the persecution of our Party by republican and "revolutionary" petty-bourgeois democracy in July and August has made the name "Bolshevik" such a universally respected one; that, in addition, this persecution signalizes the great historical progress our Party has made in its *actual* development, even I would hesitate to insist on the suggestion I made in April to change the name of our Party. Perhaps I would propose a "compromise" to our comrades, *viz.,* to call ourselves the Communist Party, but to retain the word "Bolsheviks" in brackets. . . .

But the question of the name of the Party is incomparably less important than the question of the attitude of the revolutionary proletariat to the state.

In the arguments usually advanced about the state, the mistake is constantly made against which Engels uttered his warning and which we have in passing indicated above, namely, it is constantly forgotten that the abolition of the state means also the abolition of democracy; that the withering away of the state means the withering away of democracy.

At first sight this assertion seems exceedingly strange and incomprehensible; indeed, someone may even begin to fear that we are expecting the advent of an order of society in which the principle of the subordination of the minority to the majority will not be respected—for is not democracy the recognition of this principle?

No, democracy is *not* identical with the subordination of the minority to the majority. Democracy is a *state* which recognizes the subordination of the minority to the majority, *i.e.,* an organization for the systematic use of *violence* by one class against the other, by one section of the population against another.

We set ourselves the ultimate aim of abolishing the state, *i.e.*, all organized and systematic violence, all use of violence against man in general. We do not expect the advent of an order of society in which the principle of the subordination of the minority to the majority will not be observed. But in striving for socialism we are convinced that it will develop into communism and, hence, that the need for violence against people in general, the need for the *subjection* of one man to another, and of one section of the population to another, will vanish, since people will *become accustomed* to observing the elementary conditions of social life *without force* and *without subordination.*

In order to emphasize this element of habit, Engels speaks of a *new generation,* "reared in new and free social conditions," which "will be able to throw the entire lumber of the state"—of every kind of state, including even the democratic-republican state—"on the scrap-heap."

In order to explain this it is necessary to examine the question of the economic basis of the withering away of the state.

CHAPTER V

THE ECONOMIC BASIS OF THE WITHERING AWAY OF THE STATE

Marx explains this question most thoroughly in his *Critique of the Gotha Program* (letter to Bracke, May 5, 1875, printed only in 1891, in *Neue Zeit,* Vol. IX, 1, and in a special Russian edition). The polemical part of this remarkable work, consisting of a criticism of Lassalleanism, has, so to speak, overshadowed its positive part, namely, the analysis of the connection between the development of communism and the withering away of the state.

1. Marx's Presentation of the Question

From a superficial comparison of Marx's letter to Bracke (May 5, 1875) with Engels' letter to Bebel (March 28, 1875), which we examined above, it might appear that Marx was much more "pro-state" than Engels, and that the difference of opinion between the two writers on the question of the state was very considerable.

Engels suggested to Bebel that all the chatter about the state be dropped; that the word "state" be eliminated from the program and the word "community" substituted for it. Engels even declared that the Commune was really no longer a state in the proper sense of the word, while Marx spoke of the "future state in communist society," *i.e.*, apparently he recognized the need for a state even under communism.

But such a view would be fundamentally wrong. A closer examination shows that Marx's and Engels' views on the state and its withering away were completely identical, and that Marx's expression quoted above refers merely to this *withering away* of the state.

Clearly, there can be no question of defining the exact moment of the *future* withering away—the more so since it must obviously be a rather lengthy process. The apparent difference between Marx and Engels is due to the different subjects they dealt with, the different aims they were pursuing. Engels set out to show Bebel plainly, sharply and in broad outline the absurdity of the prevailing prejudices concerning the state, shared to no small degree by Lassalle. Marx, on the other hand, only touched upon *this* question in passing, being interested mainly in another subject, *viz.*, the *development* of communist society.

The whole theory of Marx is an application of the theory of development—in its most consistent, complete, thought-out and replete form—to modern capitalism. It was natural for Marx to raise the question of applying this theory both to the *forthcoming* collapse of capitalism and to the *future* development of *future* communism.

On the basis of what *data* can the question of the future development of future communism be raised?

On the basis of the fact that *it has its origin* in capitalism, that it develops historically from capitalism, that it is the result of the action of a social force to which capitalism *has given birth*. There is no trace of an attempt on Marx's part to conjure up a utopia, to make idle guesses about what cannot be known. Marx treats the question of communism in the same way as a naturalist would treat the question of the development of, say, a new biological species, if he knew that such and such was its origin, and such and such the direction in which it was changing.

Marx, first of all, brushes aside the confusion the Gotha Program brings into the question of the relation between state and society. He writes:

" 'Present-day society' is capitalist society, which exists in all civilized countries, more or less free from mediæval admixture, more or less modified by the special historical development of each country and more or less developed. On the other hand the 'present-day state' changes with a country's frontier. It is different in the Prusso-German Empire from what it is in Switzerland, it is different in England from what it is in the United States. 'The present-day state' is therefore a fiction.

"Nevertheless the different states of the different civilized countries, in spite of their varied diversity of form, all have this in common that they are based on modern bourgeois society, only one more or less capitalistically developed. They have therefore also certain essential features in common. In this sense it is possible to speak of the 'present-day state,' in contrast to the future, in which its present root, bourgeois society, will have died away.

"The question then arises: what transformation will the state undergo in communist society? In other words, what social functions will remain in existence there that are analogous to the present functions of the state? This question can only be answered scientifically and one does not get a flea-hop nearer to the problem by a thousand-fold combination of the word people with the word state."

Having thus ridiculed all talk about a "people's state," Marx formulates the question and warns us, as it were, that to arrive at a scientific answer one must rely only on firmly established scientific data.

The first fact that has been established with complete exactitude by the whole theory of development, by science as a whole—a fact which the utopians forget, and which is forgotten by present-day opportunists who are afraid of the socialist revolution—is that, historically, there must undoubtedly be a special stage or epoch of *transition* from capitalism to communism.

2. The Transition from Capitalism to Communism

Marx continues:

"Between capitalist and communist society lies the period of the revolutionary transformation of the one into the other. There corresponds to this also a political transition period in which the state can be nothing but *the revolutionary dictatorship of the proletariat.*"

Marx bases this conclusion on an analysis of the role played by the proletariat in modern capitalist society, on the data concerning the development of this society, and on the irreconcilability of the antagonistic interests of the proletariat and the bourgeoisie.

Earlier the question was put in this way: in order to achieve its emancipation, the proletariat must overthrow the bourgeoisie, conquer political power and establish its own revolutionary dictatorship.

Now the question is put somewhat differently: the transition from capitalist society—which is developing towards communism—to a communist society is impossible without a "political transition period," and the state in this period can only be the revolutionary dictatorship of the proletariat.

What, then, is the relation of this dictatorship to democracy?

We have seen that *The Communist Manifesto* simply places the two ideas side by side: "to raise the proletariat to the position of the ruling class" and "to win the battle of democracy." On the basis of all that has been said above, it is possible to determine more precisely how democracy changes in the transition from capitalism to communism.

In capitalist society, under the conditions most favorable to its development, we have more or less complete democracy in the democratic republic. But this democracy is always restricted by the narrow framework of capitalist exploitation, and consequently always remains, in reality, a democracy for the minority, only for the possessing classes, only for the rich. Freedom in capitalist society always remains about the same as it was in the ancient Greek republics: freedom for the slave-owners. Owing to the conditions of capitalist exploitation the modern wage-slaves are also so crushed by want and poverty that "they cannot be bothered with democracy," "they cannot be bothered with politics"; in the ordinary peaceful course of events the majority of the population is debarred from participating in social and political life.

The correctness of this statement is perhaps most clearly proved by Germany, precisely because in that country constitutional legality lasted and remained stable for a remarkably long time—for nearly half a century (1871-1914)—and because during this period Social-Democracy was able to achieve far more in Germany than in other countries in the way of "utilizing legality," and was able to organize a larger proportion of the working class into a political party than anywhere else in the world.

What is this largest proportion of politically conscious and active wage-slaves that has so far been observed in capitalist society? One million members of the Social-Democratic Party—out of fifteen million wage-workers! Three million organized in trade unions—out of fifteen million!

Democracy for an insignificant minority, democracy for the rich—that is the democracy of capitalist society. If we look more closely into the mechanism of capitalist democracy, everywhere, in the "petty"—so-called petty—details of the suffrage (residential qualification, exclusion of women, etc.), and in the technique of the representative institutions, in the actual obstacles to the right of assembly (public buildings are not for "beggars"!), in the purely capitalist organization of the daily press, etc., etc.—on all sides we see restriction after restriction upon democracy. These restrictions, exceptions, exclusions, obstacles for the poor, seem slight, especially in the eyes of one who has never known want himself and has never been in close contact with the oppressed classes in their mass life (and nine-tenths, if not ninety-nine hundredths, of the bourgeois publicists and politicians are of this category); but in their sum total these restrictions exclude and squeeze out the poor from politics, from taking an active part in democracy.

Marx grasped this *essence* of capitalist democracy splendidly, when, in analyzing the experience of the Commune, he said that the oppressed were allowed, once every few years, to decide which particular representatives of the oppressing class should misrepresent them in parliament!

But from this capitalist democracy—inevitably narrow, tacitly repelling the poor, and therefore hypocritical and false to the core—development does not proceed simply, smoothly and directly to "greater and greater democracy," as the liberal professors and petty-bourgeois opportunists would have us believe. No, development—towards communism—proceeds through the dictatorship of the proletariat; it cannot do otherwise, for the *resistance* of the capitalist exploiters cannot be *broken* by anyone else or in any other way.

But the dictatorship of the proletariat, *i.e.*, the organization of the vanguard of the oppressed as the ruling class for the purpose of crushing the oppressors, cannot result merely in an expansion of democracy. *Simultaneously* with an immense expansion of democracy which *for the first time* becomes democracy for the poor, democracy for the people, and not democracy for the rich, the dictatorship of the proletariat imposes a series of restrictions on the freedom of the oppressors, the exploiters, the capitalists. We must crush them in order to free humanity from wage-slavery; their resistance must be broken by force; it is clear that where there is suppression there is also violence, there is no freedom, no democracy.

Engels expressed this splendidly in his letter to Bebel when he said, as the reader will remember, that

> "so long as the proletariat still *uses* the state it does not use it in the interests of freedom but in order to hold down its adversaries, and as soon as it becomes possible to speak of freedom the state as such ceases to exist."

Democracy for the vast majority of the people, and suppression by force, *i.e.*, exclusion from democracy, of the exploiters and oppressors of the people—this is the change democracy undergoes during the *transition* from capitalism to communism.

Only in communist society, when the resistance of the capitalists has been completely broken, when the capitalists have disappeared, when there are no classes (*i.e.*, when there is no difference between the members of society as regards their relation to the social means of production), *only then* does "the state . . . cease to exist," and it *"becomes possible to speak of freedom."* Only then will really complete democracy, democracy without any exceptions, be possible and be realized. And only then will democracy itself begin to *wither away* owing to the simple fact that, freed from capitalist slavery, from the untold horrors, savagery, absurdities and infamies of capitalist exploitation, people will gradually *become accustomed* to observing the elementary rules of social life that have been known for centuries and repeated for thousands of years in all copy-book maxims; they will become accustomed to observing them without force, without compulsion, without subordination, without the *special apparatus* for compulsion which is called the state.

The expression "the state *withers away*" is very well chosen, for it indicates both the gradual and the spontaneous nature of the process. Only habit can, and undoubtedly will, have such an effect; for we see around us millions of times how readily people become accustomed to observing the necessary rules of social life if there is no exploitation, if there is nothing that causes indignation, that calls forth protest and revolt and has to be *suppressed*.

Thus, in capitalist society we have a democracy that is curtailed, wretched, false; a democracy only for the rich, for the minority. The dictatorship of the proletariat, the period of transition to communism, will, for the first time, create democracy for the people, for the majority, in addition to the necessary suppression of the minority—the exploiters. Communism alone is capable of giving really complete democracy, and the more complete it is the more quickly will it become unnecessary and wither away of itself.

In other words: under capitalism we have a state in the proper sense of the word, that is, a special machine for the suppression of one class by another, and of the majority by the minority at that. Naturally, the successful discharge of such a task as the systematic suppression of the exploited majority by the exploiting minority calls for the greatest ferocity and savagery in the work of suppression, it calls for seas of blood through which mankind has to wade in slavery, serfdom and wage-labor.

Furthermore, during the *transition* from capitalism to communism, suppression is *still* necessary; but it is the suppression of the exploiting minority by the exploited majority. A special apparatus, a special machine for suppression, the "state," is *still* necessary, but this is now a transitory state; it is no longer a state in the proper sense; for the suppression of the minority of exploiters by the majority of the wage-slaves *of yesterday* is comparatively so easy, simple and natural a task that it will entail far less bloodshed than the suppression of the risings of slaves, serfs or wage-laborers, and it will cost mankind far less. This is compatible with the diffusion of democracy among such an overwhelming majority of the population that the need for a *special machine* of suppression will begin to disappear. The exploiters are, naturally, unable to suppress the people without a very complex machine for performing this task; but *the people* can suppress the exploiters with a very simple "machine," almost without a "machine," without a special apparatus, by the simple *organization of the armed masses* (such as the Soviets of Workers' and Soldiers' Deputies, we may remark, running ahead a little).

Finally, only communism makes the state absolutely unnecessary, for there is *no one* to be suppressed—"no one" in the sense of a *class,* in the sense of a systematic struggle against a definite section of the population. We are not utopians, and we do not in the least deny the possibility and inevitability of excesses on the part of *individual persons,* or the need to suppress *such* excesses. But, in the first place, no special machine, no special apparatus of repression is needed for this: this will be done by the armed people itself, as simply and as readily as any crowd of civilized people, even in modern society, parts two people who are fighting, or interferes to prevent a woman from being assaulted. And, secondly, we know that the fundamental social cause of excesses, which consist in violating the rules of social life, is the exploitation of the masses, their want and their poverty. With the removal of this chief cause, excesses will inevitably begin to "*wither away.*" We do not know how quickly and in what order, but we know that they will wither away. With their withering away, the state will also *wither away.*

Without dropping into utopias, Marx defined more fully what can be defined *now* regarding this future, namely the difference between the lower and higher phases (degrees, stages) of communist society.

3. The First Phase of Communist Society

In the *Critique of the Gotha Program,* Marx goes into some detail to disprove Lassalle's idea that under socialism the worker will receive the "undiminished" or "whole proceeds of his labor." Marx shows that from the whole of the social labor of society it is necessary to deduct a reserve fund, a fund for the expansion of production, for the replacement of "worn-out" machinery, and so on; then, also, from the means of consumption must be deducted a fund for the expenses of management, for schools, hospitals, homes for the aged, and so on.

Instead of Lassalle's hazy, obscure, general phrase—"the whole proceeds of his labor to the worker"—Marx makes a sober estimate of exactly how socialist society will have to manage its affairs. Marx proceeds to make a *concrete* analysis of the conditions of life of a society in which there is no capitalism, and says:

> "What we have to deal with here [in analyzing the program of the Party] is a communist society not as it has *developed* on its own foundations, but on the contrary as it *emerges* from capitalist society; which is thus in every respect economically, morally and intellectually still stamped with the birth marks of the old society from whose womb it emerges."

And it is the communist society—a society which has just come into the world out of the womb of capitalism and which, in every respect, bears the birth marks of the old society—that Marx terms the "first," or lower, phase of communist society.

The means of production are no longer the private property of individuals. The means of production belong to the whole of society. Every member of society, performing a certain part of socially-necessary labor, receives a certificate from society to the effect that he has done such and such an amount of work. According to this certificate, he receives from the public warehouses, where articles of consumption are stored, a corresponding quantity of products. Deducting that proportion of labor which goes to the public fund, every worker, therefore, receives from society as much as he has given it.

"Equal right," seems to reign supreme.

But when Lassalle, having such a social order in view (generally called socialism, but termed by Marx the first phase of communism), speaks of this as "equitable distribution," and says that this is "the equal right" of "all members of society" to "equal proceeds of labor," he is mistaken, and Marx exposes his error.

"Equal right," says Marx, we indeed have here; but it is *still* a "bourgeois right," which, like every right, *presupposes inequality*. Every right is an application of the *same* measure to *different* people who, in fact, are not the same and are not equal to one another; that is why "equal right" is really a violation of equality and an injustice. As a matter of fact, every man having performed as much social labor as another receives an equal share of the social product (less the above-mentioned deductions).

But people are not alike: one is strong, another is weak; one is married, another is not; one has more children, another has less, and so on. And the conclusion Marx draws is:

> ". . . with an equal output and hence an equal share in the social consumption fund, one will in fact receive more than another, one will be richer than another and so on. To avoid all these defects, right, instead of being equal, would have to be unequal."

Hence, the first phase of communism cannot produce justice and equality; differences, and unjust differences, in wealth will still exist, but the *exploitation* of man by man will have become impossible, because it will be impossible to seize the *means of production*, the factories, machines, land, etc., as private property. In smashing Lassalle's petty-bourgeois, confused phrases about "equality" and "justice" *in general*, Marx shows the *course of development* of communist society, which, at first, is compelled to abolish *only* the "injustice" of the means of production having been seized by private individuals and which *cannot* at once abolish the other injustice of the distribution of articles of consumption "according to the amount of work performed" (and not according to needs).

The vulgar economists, including the bourgeois professors and also "our" Tugan-Baranovsky, constantly reproach the Socialists with forgetting the inequality of people and with "dreaming" of abolishing this inequality. Such a reproach, as we see, only proves the extreme ignorance of Messieurs the bourgeois ideologists.

Marx not only scrupulously takes into account the inevitable inequality of men; he also takes into account the fact that the mere conversion of the means of production into the common property of the whole of society (generally called "socialism") *does not remove* the defects of distribution and the inequality of "bourgeois right" which *continue to prevail* as long as the products are divided "according to the amount of work performed." Continuing, Marx says:

> "But these defects are inevitable in the first phase of communist society as it is when it has just emerged after prolonged birthpangs from capitalist society. Right can never be higher than the economic structure of society and the cultural development thereby determined."

And so, in the first phase of communist society (generally called socialism) "bourgeois right" is *not* abolished in its entirety, but only in part, only in proportion to the economic transformation so far attained, *i.e.,* only in respect of the means of production. "Bourgeois right" recognizes them as the private property of separate individuals. Socialism converts them into *common* property. *To that extent,* and to that extent alone, "bourgeois right" disappears.

However, it continues to exist so far as its other part is concerned; it remains in the capacity of regulator (determining factor) in the distribution of products and allotment of labor among the members of society. The socialist principle: "He who does not work, neither shall he eat," is *already* realized; the other socialist principle: "An equal amount of labor for an equal quantity of products," is also *already* realized. But this is not yet communism, and it does not abolish "bourgeois right," which gives to unequal individuals, in return for an unequal (actually unequal) amount of work, an equal quantity of products.

This is a "defect," says Marx, but it is unavoidable in the first phase of communism; for if we are not to fall into utopianism, we cannot imagine that, having overthrown capitalism, people will at once learn to work for society *without any standard of right;* indeed, the abolition of capitalism *does not immediately* create the economic prerequisites for *such* a change.

And there is as yet no other standard than that of "bourgeois right." To this extent, therefore, there is still need for a state, which, while safeguarding the public ownership of the means of production, would safeguard the equality of labor and equality in the distribution of products.

The state withers away in so far as there are no longer any capitalists, any classes, and consequently, no *class* can be *suppressed.*

But the state has not yet completely withered away, since there still remains the protection of "bourgeois right" which sanctifies actual inequality. For the complete withering away of the state, complete communism is necessary.

4. The Higher Phase of Communist Society

Marx continues:

"In a higher phase of communist society after the enslaving subordination of individuals under division of labor, and therewith also the antithesis between mental and physical labor, has vanished; after labor has become not merely a means to live but has become itself the primary necessity of life; after the productive forces have also increased with the all-round development of the individual, and all the springs of co-operative wealth flow more abundantly—only then can the narrow horizon of bourgeois right be fully left behind and society inscribe on its banners: from each according to his ability, to each according to his needs!"

Only now can we appreciate to the full the correctness of Engels' remarks in which he mercilessly ridiculed the absurdity of combining the words "freedom" and "state." While the state exists there is no freedom. When freedom exists, there will be no state.

The economic basis for the complete withering away of the state is the high stage of development of communism in which the antithesis between mental and physical labor disappears, that is to say, when one of the principal sources of modern *social* inequality—a source, moreover, which cannot be removed immediately by the mere conversion of the means of production into public property, by the mere expropriation of the capitalists—disappears.

This expropriation will *facilitate* the enormous development of the productive forces. And seeing how capitalism is already *retarding* this development to an incredible degree, seeing how much progress could be achieved even on the basis of the present level of modern technique, we have a right to say with the fullest confidence that the expropriation of the capitalists will inevitably result in the enormous development of the productive forces of human society. But how rapidly this development will proceed, how soon it will reach the point of breaking away from the division of labor, of removing the antithesis between mental and physical labor, of transforming work into the "primary necessity of life"—we do not and *cannot* know.

That is why we have a right to speak only of the inevitable withering away of the state; we must emphasize the protracted nature of this process and its dependence upon the rapidity of development of the *higher phase* of communism; and we leave the question of length of time, or the concrete forms of the withering away, quite open, because *no material is available* to enable us to answer these questions.

The state will be able to wither away completely when society can apply the rule: "From each according to his ability, to each according to his needs," *i.e.*, when people have become so accustomed to observing the fundamental rules of social life and when their labor is so productive that they will voluntarily work *according to their ability*. "The narrow horizon of bourgeois right," which compels one to calculate with the shrewdness of a Shylock whether he has not worked half an hour more than another, whether he is not getting less pay than another—this narrow horizon will then be left behind. There will then be no need for society to make an exact calculation of the quantity of products to be distributed to each of its members; each will take freely "according to his needs."

From the bourgeois point of view, it is easy to declare such a social order to be "a pure utopia," and to sneer at the Socialists for promising everyone the right to receive from society, without any control of the labor of the individual citizen, any quantity of truffles, automobiles, pianos, etc. Even now, most bourgeois "savants" make shift with such sneers, thereby displaying at once their ignorance and their selfish defense of capitalism.

Ignorance—for it has never entered the head of any Socialist to "promise" that the higher phase of communism will arrive; and the great Socialists, in *foreseeing* its arrival, presupposed both a productivity of labor unlike the present and a person *unlike the present* man in the street who, like the seminary students in Pomyalovsky's story, is capable of damaging the stores of social wealth "just for fun," and of demanding the impossible.

Until the "higher" phase of communism arrives, the Socialists demand the *strictest* control, by society *and by the state,* of the amount of labor and the amount of consumption; but this control must *start* with the expropriation of the capitalists, with the establishment of workers' control over the capitalists, and must be carried out, not by a state of bureaucrats, but by a state of *armed workers.*

The selfish defense of capitalism by the bourgeois ideologists (and their hangers-on, like Messrs. Tseretelli, Chernov and Co.) lies in their *substituting* controversies and discussions about the distant future for the essential imperative questions of *present-day* policy, *viz.,* the expropriation of the capitalists, the conversion of *all* citizens into workers and employees of *one* huge "syndicate"—the whole state—and the complete subordination of the whole of the work of this syndicate to the really democratic state of the *Soviets of Workers' and Soldiers' Deputies.*

In reality, when a learned professor, and following him some philistine, and following the latter Messrs. Tseretelli and Chernov, talk of the unreasonable utopias, of the demagogic promises of the Bolsheviks, of the impossibility of "introducing" socialism, it is the higher stage or phase of communism which they have in mind, and which no one has ever promised, or has even thought of "introducing," because, generally speaking, it cannot be "introduced."

And this brings us to the question of the scientific difference between socialism and communism which Engels touched on in his above-quoted argument about the incorrectness of the name "Social-Democrat." The political difference between the first, or lower, and the higher phase of communism will in time, no doubt, be tremendous; but it would be ridiculous to take cognizance of this difference now, under capitalism; only some isolated anarchist, perhaps, could invest it with primary importance (if there are still any people among the anarchists who have learned nothing from the "Plekhanovist" conversion of the Kropotkins, the Graveses, the Cornelisens and other "leading lights" of anarchism into social-chauvinists or "anarcho-trenchists," as Ge, one of the few anarchists who has still preserved a sense of honor and a conscience, has expressed it).

But the scientific difference between socialism and communism is clear. What is generally called socialism was termed by Marx the "first" or lower phase of communist society. In so far as the means of production become *common* property, the word "communism" is also applicable here, providing we do not forget that it is *not* complete communism. The great significance of Marx's explanations lies in that here, too, he consistently applies materialist dialectics, the theory of development, and regards communism as something which develops *out* of capitalism. Instead of scholastically invented, "concocted" definitions and fruitless disputes about words (what is socialism? what is communism?), Marx gives an analysis of what may be called stages in the economic ripeness of communism.

In its first phase, or first stage, communism *cannot* as yet be economically ripe and entirely free from all the traditions and all traces of capitalism. Hence the interesting phenomenon that communism in its first phase retains "the narrow horizon of *bourgeois* right." Of course, bourgeois right in regard to distribution of articles of *consumption* inevitably presupposes the existence of the *bourgeois state,* for right is nothing without an apparatus capable of *enforcing* the observance of the standards of right.

Consequently, for a certain time not only bourgeois right, but even the bourgeois state remains under communism, without the bourgeoisie!

This may sound like a paradox or simply a dialectical puzzle which Marxism is often accused of inventing by people who would not take the slightest trouble to study its extraordinarily profound content.

As a matter of fact, however, the remnants of the old surviving in the new confront us in life at every step, in nature as well as in society. Marx did not smuggle a scrap of "bourgeois" right into communism of his own accord; he indicated what is economically and politically inevitable in the society which is emerging *from the womb* of capitalism.

Democracy is of great importance for the working class in its struggle for freedom against the capitalists. But democracy is by no means a boundary that must not be overstepped; it is only one of the stages in the process of development from feudalism to capitalism, and from capitalism to communism.

Democracy means equality. The great significance of the proletariat's struggle for equality and the significance of equality as a slogan will be clear if we correctly interpret it as meaning the abolition of *classes.* But democracy means only *formal* equality. As soon as equality is obtained for all members of society *in relation to* the ownership of the means of production, that is, equality of labor and equality of wages, humanity will inevitably be confronted with the question of going beyond formal equality to real equality, *i.e.*, to applying the rule, "from each according to his ability, to each according to his needs." By what stages, by what practical measures humanity will proceed to this higher aim—we do not and cannot know. But it is important to realize how infinitely mendacious is the ordinary bourgeois conception of socialism as something lifeless, petrified, fixed once for all, whereas in reality *only* under socialism will a rapid, genuine, really mass movement, embracing first the *majority* and then the whole of the population, commence in all spheres of social and individual life.

Democracy is a form of state, one of its varieties. Consequently, like every state, it, on the one hand, represents the organized, systematic application of force against persons; but, on the other hand, it signifies the formal recognition of the equality of all citizens, the equal right of all to determine the structure and administration of the state. This, in turn, is connected with the fact that, at a certain stage in the development of democracy, it first rallies the proletariat as a revolutionary class against capitalism, and gives it the opportunity to crush, to smash to atoms, to wipe off the face of the earth the bourgeois, even the republican bourgeois, state machine, the standing army, the police and bureaucracy; to substitute for all this a *more* democratic, but still a state machine in the shape of the armed masses of workers who become transformed into a universal people's militia.

Here "quantity is transformed into quality": *such* a degree of democracy is connected with overstepping the boundaries of bourgeois society, with the beginning of its socialist reconstruction. If, indeed, *all* take part in the administration of the state, capitalism cannot retain its hold. The development of capitalism, in turn, itself creates the *prerequisites* that *enable* indeed "all" to take part in the administration of the state. Some of these prerequisites are: universal literacy, already achieved in most of the advanced capitalist countries, then the "training and disciplining" of millions of workers by the huge, complex and socialized apparatus of the post-office, the railways, the big factories, large-scale commerce, banking, etc., etc.

With such *economic* prerequisites it is quite possible, immediately, overnight, after the overthrow of the capitalists and bureaucrats, to supersede them in the *control* of production and distribution, in the work of *keeping account* of labor and its products by the armed workers, by the whole of the armed population. (The question of control and accounting must not be confused with the question of the scientifically educated staff of engineers, agronomists and so on. These gentlemen are working today and obey the capitalists; they will work even better tomorrow and obey the armed workers.)

Accounting and control—these are the *principal* things that are necessary for the "setting up" and correct functioning of the *first phase* of communist society. *All* citizens are transformed into the salaried employees of the state, which consists of the armed workers. *All* citizens become employees and workers of a *single* national state "syndicate." All that is required is that they should work equally—do their proper share of work—and get paid equally. The accounting and control necessary for this have been so utterly *simplified* by capitalism that they have become the extraordinarily simple operations of checking, recording and issuing receipts, which anyone who can read and write and who knows the first four rules of arithmetic can perform.[1]

When the *majority* of the people themselves begin everywhere to keep such accounts and maintain such control over the capitalists (now converted into employees) and over the intellectual gentry, who preserve their capitalist habits, this control will really become universal, general, national; and there will be no way of getting away from it, there will be "nowhere to go."

The whole of society will have become a single office and a single factory with equality of work and equality of pay.

But this "factory" discipline, which the proletariat will extend to the whole of society after the defeat of the capitalists and the overthrow of the exploiters, is by no means our ideal, or our ultimate goal. It is but a necessary *step* for the purpose of thoroughly purging society of all the hideousness and foulness of capitalist exploitation, *and for the purpose of advancing further.*

From the moment all members of society, or even only the

[1] When most of the functions of the state are reduced to this accounting and control by the workers themselves, it ceases to be a "political state," the "public functions will lose their political character and be transformed into . . . simple administrative functions" (*cf.* above, chapter IV, §2, Engels "Controversy With the Anarchists").

overwhelming majority, have learned to administer the state *themselves,* have taken this business into their own hands, have "set up" control over the insignificant minority of capitalists, over the gentry, who wish to preserve their capitalist habits, and over the workers who have been completely demoralized by capitalism—from this moment the need for government begins to disappear. The more complete democracy becomes, the nearer the moment approaches when it becomes unnecessary. The more democratic the "state" of the armed workers—which is "no longer a state in the proper sense of the word"—becomes, the more rapidly does *the state* begin to wither away.

For when *all* have learned the art of administration, and will indeed independently administer social production, will independently keep accounts, control the idlers, the gentlefolk, the swindlers and similar "guardians of capitalist traditions," the escape from this national accounting and control will in-inevitably become so increasingly difficult, such a rare exception, and will probably be accompanied by such swift and severe punishment (for the armed workers are practical men and not sentimental intellectuals, and they will scarcely allow anyone to trifle with them), that very soon the *necessity* of observing the simple, fundamental rules of human intercourse will become a *habit.*

The door will then be wide open for the transition from the first phase of communist society to its higher phase, and with it to the complete withering away of the state.

CHAPTER VI

THE VULGARIZATION OF MARXISM BY THE OPPORTUNISTS

The question of the relation of the state to the social revolution, and of the social revolution to the state, like the question of revolution generally, troubled the prominent theoreticians and publicists of the Second International (1889-1914) very little. But the most characteristic thing in the process of the gradual growth of opportunism, which led to the collapse of the Second International in 1914, is the fact that even when these people actually were confronted with this question they *tried to evade it* or else failed to notice it.

In general, it may be said that *evasiveness* on the question of the relation of the proletarian revolution to the state—an evasiveness which was to the advantage of opportunism and fostered it—resulted in the *distortion* of Marxism and in its complete vulgarization.

To characterize this lamentable process briefly, we shall take the most prominent theoreticians of Marxism: Plekhanov and Kautsky.

1. Plekhanov's Controversy With the Anarchists

Plekhanov wrote a special pamphlet on the question of the relation of anarchism to socialism, entitled *Anarchism and Socialism,* published in German in 1894.

Plekhanov managed somehow to treat this subject while completely ignoring the most vital, topical, and politically essential point in the struggle against anarchism, *viz.,* the relation of the revolution to the state, and the question of the state in general! His pamphlet is divided into two parts: one, historical and literary, containing valuable material on the history of the ideas of Stirner, Proudhon and others; the other is philistine, and contains a clumsy dissertation on the theme that an anarchist cannot be distinguished from a bandit.

An amusing combination of subjects and most characteristic of Plekhanov's whole activity on the eve of the revolution and during the revolutionary period in Russia. Indeed, in the years 1905 to 1917, Plekhanov revealed himself as a semi-doctrinaire and semi-philistine who, in politics, followed in the wake of the bourgeoisie.

We have seen how, in their controversy with the anarchists, Marx and Engels very thoroughly explained their views on the relation of revolution to the state. In 1891, in his foreword to Marx's *Critique of the Gotha Program,* Engels wrote that "we"—that is, Engels and Marx—"were at that time, hardly two years after the Hague Congress of the [First] International, engaged in the most violent struggle against Bakunin and his anarchists."

The anarchists had tried to claim the Paris Commune as their "own," so to say, as a corroboration of their doctrine; and they betrayed utter inability to understand its lessons and Marx's analysis of these lessons. Anarchism has failed to give anything even approaching a true solution of the concrete political problems, *viz.,* must the old state machine be *smashed?* and *what* should supersede it?

But to speak of "anarchism and socialism" and evade the question of the state, *to fail to take note* of the whole development of Marxism before and after the Commune, inevitably means slipping into opportunism. For the very thing opportunism needs is that the two questions just mentioned should *not* be raised at all. This is *already* a victory for opportunism.

2. Kautsky's Controversy With the Opportunists

Undoubtedly an immeasurably larger number of Kautsky's works have been translated into Russian than into any other language. It is not without reason that German Social-Democrats sometimes say in jest that Kautsky is read more in Russia than in Germany (we may say, parenthetically, that there is deeper historical significance in this jest than those who first made it suspected; for the Russian workers, by creating in 1905 an extraordinarily strong, an unprecedented demand for the best works of the best Social-Democratic literature in the world, and by receiving translations and editions of these works in quantities unheard of in other countries, transplanted at an accelerated tempo, so to speak, the enormous experience of a neighboring, more advanced country to the young soil of our proletarian movement).

Besides his popularization of Marxism, Kautsky is particularly well known in our country because of his controversy with the opportunists, headed by Bernstein. But one fact is almost unknown, one which cannot be overlooked if we are to set ourselves the task of investigating how it was that Kautsky drifted into the unbelievably disgraceful morass of confusion and defense of social-chauvinism during the great crisis of 1914-15. This fact is the following: shortly before he came out against the prominent representatives of opportunism in France (Millerand and Jaurès) and in Germany (Bernstein), Kautsky betrayed very considerable vacillation. The Marxian journal, *Zarya,* which was published in Stuttgart in 1901-02, and advocated revolutionary proletarian views, was forced to *enter into* controversy with Kautsky, to characterize as "elastic" the half-hearted, evasive and conciliatory resolution on the opportunists that he proposed at the International Socialist Congress in Paris in 1900. Kautsky's letters published in Germany reveal no less hesitancy on his part before he took the field against Bernstein.

Of immeasurably greater significance, however, is the fact that, in his controversy with the opportunists, in his formulation of the question and his method of treating it, we can observe, now that we are investigating the *history* of his latest betrayal of Marxism, his systematic gravitation towards opportunism precisely on the question of the state.

Let us take Kautsky's first important work against opportunism, *Bernstein und das sozialdemokratische Programm.* Kautsky refutes Bernstein in detail, but the characteristic thing about it is the following:

Bernstein, in his famous (the fame of Herostratus) *Voraussetzungen des Sozialismus,* accuses Marxism of *"Blanquism"* (an accusation since repeated thousands of times by the opportunists and liberal bourgeois in Russia against the representatives of revolutionary Marxism, the Bolsheviks). In this connection Bernstein dwells particularly on Marx's *Civil War in France,* and tries, quite unsuccessfully, as we have seen, to identify Marx's views on the lessons of the Commune with those of Proudhon. Bernstein pays particular attention to Marx's conclusion, which the latter emphasized in his preface of 1872 to *The Communist Manifesto, viz.,* that "the working class cannot simply lay hold of the ready-made state machinery, and wield it for its own purposes."

This utterance "pleased" Bernstein so much that he repeated it no less than three times in his book—interpreting it in the most distorted opportunist sense.

As we have seen, Marx wanted to say that the working class must *smash, break, blow up (Sprengung*—the expression used by Engels) the whole state machine. But according to Bernstein it would appear as though Marx in these words warned the working class *against* excessive revolutionary zeal when seizing power.

A cruder and uglier distortion of Marx's idea cannot be imagined.

How, then, did Kautsky proceed in his detailed refutation of Bernsteinism?

He refrained from probing the depths of the distortion of Marxism by opportunism on this point. He cited the above-quoted passage from Engels' preface to Marx's *Civil War* and said that according to Marx the working class cannot *simply* lay hold of the *ready-made* state machine, but generally speaking, *it can lay hold of* it—and that was all. Not a word does Kautsky utter about the fact that Bernstein attributed to Marx the *very opposite* of Marx's real views, about the fact that the task of the proletarian revolution which Marx advanced in 1852 was to "smash" the state machine.

The result was that the most essential difference between Marxism and opportunism on the tasks of the proletarian revolution was glossed over!

Writing *"in opposition"* to Bernstein, Kautsky said:

"We can safely leave the solution of the problem of the proletarian dictatorship to the future."

This is not an argument *against* Bernstein, but in essence, a *concession* to him, a surrender to opportunism; for at present the opportunists ask nothing better than to "safely leave to the future" all fundamental questions of the tasks of the proletarian revolution.

From 1852 to 1891, for forty years, Marx and Engels taught the proletariat that it must smash the state machine. In 1899, Kautsky, confronted on this point with the complete betrayal of Marxism by the opportunists, fraudulently *substituted* for the question of whether it was necessary to smash this machine the question of the concrete forms in which it was to be smashed, and then tried to escape behind the screen of the "indisputable" (and barren) philistine truth that concrete forms cannot be known in advance!!

A gulf separates Marx and Kautsky in their respective attitudes towards the task of the proletarian party in preparing the working class for revolution.

We shall take the next, more mature, work by Kautsky, which also, to a large extent, was written to refute opportunist errors. This is his pamphlet, *The Social Revolution.* In this pamphlet the author chose as his special theme the question of "the proletarian revolution" and the "proletarian regime." In it he gave much that was exceedingly valuable, but he *evaded* the question of the state. Throughout the pamphlet the author speaks of the conquest of political power—and nothing else; that is, he chooses a formula which makes a concession to the opportunists, for it *admits* the possibility of power being seized *without* destroying the state machine. The very thing which Marx, in 1872, declared to be "obsolete" in the program of *The Communist Manifesto* is revived by Kautsky in 1902!

In the pamphlet a special section is devoted to "the forms and weapons of the social revolution." Here Kautsky speaks of the political mass strike, of civil war, and of "instruments of force at the disposal of the modern large state, such as the bureaucracy and the army"; but not a word does he say about what the Commune had already taught the workers. Evidently,

Engels' warning, particularly to the German Socialists, against "superstitious reverence" for the state was not an idle one.

Kautsky explains the matter by stating that the victorious proletariat "will carry out the democratic program," and then he formulates the clauses of this program. But not a word does Kautsky utter about the new things the year 1871 taught us concerning bourgeois democracy being superseded by proletarian democracy. Kautsky disposes of the question by "ponderous" sounding banalities such as:

> "Still, it goes without saying that we shall not achieve power under present conditions. Revolution itself presupposes long and deep-going struggles, which will change our present political and social structure."

Undoubtedly this "goes without saying," as much as the statement that horses eat oats, or that the Volga flows into the Caspian Sea. It is a pity that an empty and bombastic phrase about "deep-going" struggles is used as a means of *evading* the question that is urgent for the revolutionary proletariat, namely, *what* expresses the "deep-going" nature of *its* revolution in relation to the state, in relation to democracy, as distinct from previous, non-proletarian revolutions.

By evading this question, Kautsky *really* makes a concession to opportunism on this very essential point, although *in words* he declared terrible war against it and emphasizes the importance of the "idea of revolution" (how much is this "idea" worth if one is afraid to teach the workers the concrete lessons of revolution?), or says, "revolutionary idealism before everything," or declares that the English workers are now "little more than petty bourgeois."

Kautsky writes:

> "The most varied forms of enterprises—bureaucratic [??], trade union, co-operative, private . . . can exist side by side in socialist society.
>
> ". . . There are enterprises which cannot do without a bureaucratic [??] organization, for example the railways. Here the democratic organization might take the following form: the workers will elect delegates who will form a sort of parliament, which draws up the working regulations and superintends the management of the bureaucratic apparatus. The management of other enterprises may be transferred to the trade unions, and still others may become co-operative enterprises."

This reasoning is erroneous, and is a step backward compared with what Marx and Engels explained in the 'seventies, using the lessons of the Commune as an example.

As far as the alleged need for a "bureaucratic" organization is concerned, there is no difference whatever between railways and any other enterprise in large-scale machine industry, any factory, any large store, or large-scale capitalist agricultural enterprise. The technique of all such enterprises requires the very strictest discipline, the greatest accuracy on the part of everyone in carrying out his allotted task, for otherwise the whole enterprise would fail to work, or machinery or goods would be damaged. In all such enterprises the workers will, of course, "elect delegates who will form *a sort of parliament.*"

But the whole point is that this "sort of parliament" will *not* be a parliament like the bourgeois-parliamentary institutions. The whole point is that this "sort of parliament" will *not* merely "draw up the working regulations" and "superintend the management of the bureaucratic apparatus," as Kautsky, whose ideas do not go beyond the framework of bourgeois parliamentarism, imagines. In socialist society the "sort of parliament" consisting of workers' deputies, will, of course, draw up the working regulations and superintend the management of the "apparatus"—*but* this apparatus will *not* be "bureaucratic." The workers, having conquered political power, will smash the old bureaucratic apparatus, they will shatter it to its very foundations, they will not leave a single stone of it standing; and they will put in its place a new one consisting of workers and office employees, *against* whose transformation into bureaucrats measures will at once be taken, as Marx and Engels pointed out in detail: 1) not only election, but also recall at any time; 2) payment no higher than that of ordinary workers; 3) immediate introduction of control and superintendence by *all,* so that *all* shall become "bureaucrats" for a time and so that, therefore, *no one* can become a "bureaucrat."

Kautsky has not reflected at all on Marx's words:

> "The Commune was to be a working, not a parliamentary body, executive and legislative at the same time."

Kautsky has not in the least understood the difference between bourgeois parliamentarism, which combines democracy *(not for the people)* with bureaucracy *(against the people),* and proletarian democracy, which will take immediate steps to cut bureaucracy down to the roots, and which will be able to carry out these measures to the end, to the complete abolition of bureaucracy, to the introduction of complete democracy for the people.

Kautsky here betrays the old "superstitious reverence" for the state, and "superstitious belief" in bureaucracy.

We shall now pass on to the last and best of Kautsky's works against the opportunists, his pamphlet, *Der Weg zur Macht* (which, I believe, has not been translated into Russian, for it was published at the time when the severest reaction reigned here, in 1909). This pamphlet marks a considerable step forward, inasmuch as it does not deal with the revolutionary program in general, as in the pamphlet of 1899 against Bernstein, nor with the tasks of the social revolution irrespective of the time of its occurrence, as in the pamphlet, *The Social Revolution,* 1902; it deals with the concrete conditions which compel us to recognize that the "revolutionary era" *is approaching.*

The author definitely calls attention to the intensification of class antagonisms in general and to imperialism, which plays a particularly important part in this connection. After the "revolutionary period of 1789-1871" in Western Europe, he says, a similar period began in the East in 1905. A world war is approaching with menacing rapidity. "It [the proletariat] can no longer talk of premature revolution." "We have entered a revolutionary period." The "revolutionary era is beginning."

These declarations are perfectly clear. Kautsky's pamphlet must serve as a measure of comparison between what German Social-Democracy *promised to be* before the imperialist war and the depth of degradation to which it fell—Kautsky included—when the war broke out.

In the pamphlet we are examining Kautsky wrote:

> "The present situation brings the danger that we" (*i.e.,* German Social-Democracy) "may easily appear to be 'more moderate' than we are."

Actually, it turned out that the German Social-Democratic Party was much more moderate and opportunist than it appeared to be!

The more characteristic is it, therefore, that although he definitely declared that the revolutionary era had already begun, Kautsky, in the pamphlet which he himself said was devoted precisely to an analysis of the "*political* revolution," again completely evaded the question of the state.

The sum total of all these evasions of the question, omissions and equivocations, inevitably led to complete surrender to opportunism, of which we shall soon have to speak.

German Social-Democracy, in the person of Kautsky, seems to have declared: I keep to revolutionary views (1899); I recognize, in particular, the inevitability of the social revolution of the proletariat (1902); I recognize the approach of a new revolutionary era (1909); still, now that the question of the tasks of the proletarian revolution in relation to the state is raised, I go backward compared with what Marx said as long ago as 1852 (1912).

It was precisely in this direct form that the question was put in Kautsky's controversy with Pannekoek.

3. Kautsky's Controversy with Pannekoek

In opposing Kautsky, Pannekoek came out as one of the representatives of the "Left radical" movement which counted in its ranks Rosa Luxemburg, Karl Radek and others. Advocating revolutionary tactics, they were united in the conviction that Kautsky was going over to the position of the "center," which wavered without principles between Marxism and opportunism. The correctness of this view was fully confirmed by the war, when this "center" trend, or Kautskyism, wrongly called Marxian, revealed itself in all its repulsive wretchedness.

In an article touching on the question of the state, entitled "Mass Action and Revolution" (*Neue Zeit,* 1912, Vol. XXX, 2), Pannekoek characterized Kautsky's position as an attitude of "passive radicalism," as "a theory of inactive waiting." "Kautsky loses sight of the process of revolution," said Pannekoek.

In representing the problem in this way, Pannekoek approached the subject which interests us, namely, the tasks of the proletarian revolution in relation to the state. He wrote:

> "The struggle of the proletariat is not merely a struggle against the bourgeoisie with state power as the objective, but a struggle *against* the state power. The content of this revolution is the destruction and dissolution [*Auflösung*] of the instruments of power of the state with the aid of the instruments of power of the proletariat." "The struggle will cease only when the organization of the state is utterly destroyed. The organization of the majority will then have demonstrated its superiority by having destroyed the organization of the ruling minority."

The formulation in which Pannekoek presented his ideas suffers from serious defects, but its meaning is sufficiently clear; and it is interesting to note *how* Kautsky combated it. He wrote:

"Up to now the difference between the Social-Democrats and the anarchists has been that the former wished to conquer state power while the latter wished to destroy it. Pannekoek wants to do both."

Although Pannekoek's exposition lacks precision and concreteness—not to speak of other defects in his article which have no bearing on the present subject—Kautsky seized on the *principle* of the issue indicated by Pannekoek; and *on this fundamental* question of *principle* Kautsky abandoned the Marxian position entirely, completely surrendered to opportunism. His definition of the difference between the Social-Democrats and the anarchists is absolutely wrong, and he utterly vulgarized and distorted Marxism.

The difference between the Marxists and the anarchists is this: 1) the former, while aiming at the complete abolition of the state, recognize that this aim can only be achieved after classes have been abolished by the socialist revolution, as the result of the establishment of socialism which leads to the withering away of the state. The latter want to abolish the state completely overnight, failing to understand the conditions under which the state can be abolished; 2) the former recognize that after the proletariat has conquered political power it must utterly destroy the old state machine and substitute for it a new one consisting of the organization of armed workers, after the type of the Commune. The latter, while advocating the destruction of the state machine, have absolutely no clear idea of *what* the proletariat will put in its place and *how* it will use its revolutionary power; the anarchists even deny that the revolutionary proletariat should utilize its state power, its revolutionary dictatorship; 3) the former demand that the proletariat be prepared for revolution by utilizing the present state; the latter reject this.

In this controversy it is Pannekoek and not Kautsky who represents Marxism, for it was Marx who taught that it is not enough for the proletariat simply to conquer state power in the sense that the old state apparatus passes into new hands, but that the proletariat must smash, break this apparatus and substitute a new one for it.

Kautsky abandons Marxism for the opportunists, because precisely this destruction of the state machine, which is utterly unacceptable to the opportunists, completely disappears from his argument, and he leaves a loophole for them which enables them to interpret "conquest" as simply winning a majority.

To cover up his distortion of Marxism, Kautsky behaves like a Schoolman: he juggles with "quotations" from Marx.

In 1850 Marx wrote that "a decisive centralization of power in the hands of the state" was necessary, and Kautsky triumphantly asks: does Pannekoek want to destroy "centralism"?

This is simply a trick similar to Bernstein's identification of the views of Marxism and Proudhonism on federalism *versus* centralism.

Kautsky's "quotation" has nothing to do with the case. The new state machine permits of centralism as much as the old; if the workers voluntarily unite their armed forces, this will be centralism, but this centralism will be based on the "complete destruction" of the centralized state apparatus—the standing army, the police and the bureaucracy. Kautsky acts exactly like a swindler when he ignores the perfectly well-known arguments of Marx and Engels on the Commune and pulls out a quotation which has nothing to do with the case.

He continues:

> "Perhaps he [Pannekoek] wants to abolish the state functions of the officials? But we cannot do without officials in the Party and the trade unions, much less in the state administration. Our program does not demand the abolition of state officials, but that they be elected by the people. . . .
>
> "We are not discussing here the form the administrative apparatus of the 'future state' will assume, but whether our political struggle will dissolve [*auflöst*] the state power *before we have captured it* [Kautsky's italics]. Which Ministry and its officials could be abolished?"

Then follows an enumeration of the Ministries of Education, Justice, Finance and War.

> "No, not one of the present Ministries will be removed by our political struggle against the government. . . . I repeat in order to avoid misunderstanding: we are not discussing here the form the future state will assume as a result of the victory of Social-Democracy, but the effect our opposition will have on the present state."

This is an obvious trick: Pannekoek raised the question of *revolution.* Both the title of his article and the passages quoted above clearly indicate this. In skipping to the question of "opposition," Kautsky substitutes the opportunist point of view for the revolutionary point of view. What he says is: at present, opposition; we shall discuss the other matter *after* we have captured power. *Revolution has vanished!* This is exactly what the opportunists wanted.

Opposition and the political struggle in general are beside

the point; we are concerned with *revolution*. Revolution means that the proletariat will *destroy* the "administrative apparatus" and the *whole* state machine, and substitute for it a new one consisting of the armed workers. Kautsky reveals a "superstitious reverence" for Ministries; but why can they not be superseded, say, by commissions of specialists, working under sovereign, all-powerful Soviets of Workers' and Soldiers' Deputies?

The point is not whether the "Ministries" will remain, or whether "commissions of specialists" or other kinds of institutions will be set up; this is quite unimportant. The point is whether the old state machine (connected by thousands of threads with the bourgeoisie and completely saturated with routine and inertia) shall remain, or be *destroyed* and superseded by a *new* one. Revolution must not mean that the new class will command, govern with the aid of the *old* state machine, but that this class will *smash* this machine and command, govern with the aid of a *new* machine. Kautsky either slurs over or has utterly failed to understand this *fundamental* idea of Marxism.

His question about officials clearly shows that he does not understand the lessons of the Commune or the teachings of Marx.

> "We cannot do without officials in the Party and the trade unions. . . ."

We cannot do without officials *under capitalism, under the rule of the bourgeoisie*. The proletariat is oppressed, the masses of the toilers are enslaved by capitalism. Under capitalism democracy is restricted, cramped, curtailed, mutilated by all the conditions of wage-slavery, the poverty and misery of the masses. This is why and the only reason why the officials of our political and industrial organizations are corrupted—or, more precisely, tend to be corrupted—by the conditions of capitalism, why they betray a tendency to become transformed into bureaucrats, *i.e.*, into privileged persons divorced from the masses and *superior to* the masses.

This is the *essence* of bureaucracy, and until the capitalists have been expropriated and the bourgeoisie overthrown, *even* proletarian officials will inevitably be "bureaucratized" to some extent.

According to Kautsky, since we shall have elected officials under socialism, we shall still have bureaucrats; "bureaucracy" will remain! This is exactly where he is wrong. It was precisely the example of the Commune that Marx quoted to show that under socialism officials will cease to be "bureaucrats," "officials"; they will cease to be such *in proportion as,* in addition to the election of officials, the principle of recall at any time is introduced, *and* as salaries are reduced to the level of the wages of the average worker, *and* as the parliamentary institutions are superseded by "working bodies, executive and legislative at the same time."

In essence, the whole of Kautsky's argument against Pannekoek, and particularly his splendid point that we cannot do without officials even in our Party and trade union organizations, is merely a repetition of Bernstein's "arguments" against Marxism in general. In his renegade book, *Die Voraussetzungen des Sozialismus,* Bernstein combats "primitive" democracy, combats what he calls "doctrinaire democracy": imperative mandates, unpaid officials, impotent central representative bodies, etc. To prove that "primitive democracy" is worthless, Bernstein refers to the experience of the British trade unions, as interpreted by the Webbs. Seventy years of development "in absolute freedom," he says (p. 137, German edition), convinced the trade unions that primitive democracy was useless, and they substituted ordinary democracy, *i.e.,* parliamentarism combined with bureaucracy, for it.

As a matter of fact the trade unions did not develop "in absolute freedom" *but in absolute capitalist slavery,* under which a number of concessions to the prevailing evil, violence, falsehood, exclusion of the poor from the affairs of the "higher" administration "cannot be avoided." Under socialism much of the "primitive" democracy will inevitably be revived, since, for the first time in the history of civilized society, the *mass* of the population will rise to *independent* participation, not only in voting and elections, *but also in the everyday administration of affairs.* Under socialism, *all* will take part in the work of government in turn and will soon become accustomed to no one governing.

Marx's critico-analytical genius perceived in the practical measures of the Commune the *turning point,* which the opportunists fear and do not want to recognize because of their cowardice, because they are reluctant to break irrevocably with the bourgeoisie, and which the anarchists do not want to perceive, either through haste or through a general lack of understanding of the conditions of great social changes. "We must not even think of destroying the old state machine; how can we do without Ministries and without officials?" argues the opportunist who is completely saturated with philistinism, and who, in fact, not only does not believe in revolution, in the creative power of revolution, but actually lives in mortal dread of it (like our Mensheviks and Socialist-Revolutionaries).

"We must think *only* of destroying the old state machine; it is no use studying the *concrete* lessons of previous proletarian revolutions and analyzing *what* to put in the place of what has been destroyed and *how*" argues the anarchist (the best of the anarchists, of course, and not those who, with Messrs. Kropotkin and Co., follow in the wake of the bourgeoisie); consequently, the tactics of the anarchist become the tactics of *despair* instead of a ruthlessly bold revolutionary effort to solve concrete problems while taking into account the practical conditions of the mass movement.

Marx teaches us to avoid both kinds of error; he teaches us to display boundless audacity in destroying the whole of the old state machine, and at the same time he teaches us to put the question concretely: the Commune was able, within a few weeks, to *start* building a *new*, proletarian state machine by introducing such and such measures to secure wider democracy and to uproot bureaucracy. Let us learn revolutionary audacity from the Communards; let us see in their practical measures *the outline* of the practically-urgent and immediately-possible measures, and then, *pursuing this road,* we shall achieve the complete destruction of bureaucracy.

The possibility of this destruction is guaranteed by the fact that socialism will shorten the working day, will raise the *masses* to a new life, will create conditions for the *majority* of the population that will enable *everybody,* without exception, to perform "state functions," and this will lead to the *complete withering away* of the state in general.

Kautsky continues:

> "Its [the mass strike's] object cannot be to destroy the state power; its only object can be to wring concessions from the government on some particular question, or to replace a hostile government with one that would be more yielding [*entgegenkommende*] to the proletariat. . . . But never, under any conditions, can it [the proletarian victory over a hostile government] lead to the *destruction* of the state power; it can lead only to a certain shifting [*Verschiebung*] of the relation of forces *within the state power*. . . . The aim of our political struggle remains, as hitherto, the conquest of state power by winning a majority in parliament and by converting parliament into the master of the government."

This is nothing but the purest and most vulgar opportunism: a repudiation of revolution in deeds, while accepting it in words. Kautsky's imagination goes no further than a "government . . . that would be more yielding to the proletariat"; this is a step backward to philistinism compared with 1847, when *The Communist Manifesto* proclaimed "the organization of the proletariat as the ruling class."

Kautsky will have to achieve his beloved "unity" with the Scheidemanns, Plekhanovs and Vanderveldes, all of whom will agree to fight for a government "that would be more yielding to the proletariat."

But we shall go forward to a split with these traitors to socialism, and we shall fight for the complete destruction of the old state machine in order that the armed proletariat itself shall *become the government*. There is a "big difference" between the two.

Kautsky may enjoy the pleasant company of the Legiens, Davids, Plekhanovs, Potresovs, Tseretellis and Chernovs, who are quite willing to work for the "shifting of the relation of forces within the state power," for "winning a majority in parliament," and converting parliament into the "master of the government." A very worthy object, which is wholly acceptable to the opportunists and which keeps everything within the framework of the bourgeois parliamentary republic.

We shall go forward to a split with the opportunists; and the whole of the class conscious proletariat will be with us—not for the purpose of "shifting . . . the relation of forces," but for the purpose of *overthrowing the bourgeoisie, destroying* bourgeois parliamentarism, for a democratic republic after the type of the Commune, or a republic of Soviets of Workers' and Soldiers' Deputies, for the revolutionary dictatorship of the proletariat.

* * *

To the Right of Kautsky in international Socialism there are trends such as the *Sozialistische Monatshefte* in Germany (Legien, David, Kolb and many others, including the Scandinavians, Stauning and Branting); the followers of Jaurès and Vandervelde in France and Belgium; Turati, Treves and other representatives of the Right wing of the Italian Party; the Fabians and "Independents" (the Independent Labor Party, which, in fact, is always dependent on the Liberals) in England; and the like. All these gentry, while playing a great, very often a predominant role in parliamentary work and in the Party press, openly repudiate the dictatorship of the proletariat and pursue a policy of unconcealed opportunism. In the eyes of these gentry, the "dictatorship" of the proletariat "contradicts" democracy!! There is really no essential difference between them and the petty-bourgeois democrats.

Taking this circumstance into consideration, we are right in drawing the conclusion that the Second International, in the persons of the overwhelming majority of its official representatives, has completely sunk into opportunism. The experience of the Commune has been not only forgotten, but distorted. Instead of inculcating in the workers' minds the idea that the time is near when they must rise up and smash the old state machine and substitute for it a new one, and in this way make their political rule the foundation for the socialist reconstruction of society, they have actually taught the workers the very opposite and have depicted the "conquest of power" in a way that has left thousands of loopholes for opportunism.

The distortion and hushing up of the question of the relation of the proletarian revolution to the state could not but play an immense role at a time when the states, with their military apparatus enlarged as a consequence of imperialist rivalry, became transformed into military monsters which were exterminating millions of people in order to decide whether England or Germany—this or that finance capital—was to rule the world.

SUGGESTIONS FOR FURTHER READING

For those who wish to pursue the subject of Lenin's philosophy of communism in theory and action, obviously the study of Lenin's other works will be valuable. For those who wish to follow other paths of inquiry, the following suggestions may be of use.

For a biographical study of Lenin: *The Life of Lenin,* by Louis Fischer. Or, for those who desire a brief biographical introduction, with many excellent illustrations: *Lenin,* by Nina Gourfinkel.

For an over-all view of Russian history: *A History of Russia,* by Bernard Pares, generally accepted as the standard one-volume survey. And, for a more extensive study of Soviet Russia, *History of Soviet Russia,* by Edward Hallett Carr. Any reading in Russian history, by the way, would be greatly aided by having at hand for ready reference *A Concise Encyclopaedia of Russia,* by S. V. Utechin.

For an engrossing study of communism within the context of modern history and culture: *To the Finland Station,* by Edmund Wilson. And, for a more extensive study of communism and socialism: *History of Socialist Thought,* by G. D. H. Cole. And for the background of communism in the United States: *The Roots of American Communism,* by Theodore Draper.

BIOGRAPHICAL INDEX

AXELROD, PAVEL (1850-1928), an associate of Plekhanov in the latter's transition from populism to Marxism in the 1880's, a leading member of Plekhanov's circle of Marxist thinkers, and subsequently a prominent Menshevik opponent of Lenin.

BEBEL, AUGUST (1840-1913), a leader of the German Social Democratic Party and a member of its parliamentary delegation in the Reichstag.

BELINSKY, VISSARION (1810-1848), early spokesman of the non-noble radical intellectuals in Russia and originator of a sociological school of literary criticism.

BERNSTEIN, EDUARD (1850-1932), a leading theoretician of the German Social Democratic Party, rejected Marxist concepts of class struggle and inevitable world revolution, originated "revisionist" theory of evolutionary socialism.

BISSOLATI-BERGAMASCHI, LEONIDA (1857-1920), a founding member of the Italian Socialist Party in 1892, editor of the socialist newspaper, *Avanti!*, and founder of the Reformist Socialist Party in 1912.

BRANTING, KARL (1860-1925), socialist journalist and editor, founding leader of the Swedish Social Democratic Party in 1889, first Social Democrat elected to the Riksdag in 1896, first Social Democratic Premier of Sweden, 1920, and again Premier 1921-23 and 1924-25, awarded the Nobel Peace Prize in 1921.

BUKHARIN, NIKOLAI (1888-1938), Bolshevik leader, headed the "Left Communists" in opposition to Lenin in 1918, but maintained good personal relations with Lenin, and was co-author with him of the Communist platform adopted in 1919. Following Lenin's death, Bukharin supported Stalin against Trotsky, and became head of the Politburo in 1925. Leader of the "Right Opposition" against Stalin in 1928-29, he was dismissed from his major posts; subsequently, he became a prominent defendant in a show trial during Stalin's Great Purge in March, 1938, and was executed.

CHERNYSHEVSKY, NIKOLAI (1828-1889), Russian literary critic and theoretician of revolutionary populism, significant forerunner of Bolshevik thought.

DÜHRING, EUGEN (1833-1921), German philosopher and economist who advocated the retention of capitalism in a reformed version with a strong labor movement.

FOURIER, CHARLES (1772-1837), French social philosopher and leading utopian socialist, originated the doctrine of a social utopia organized in phalanxes, the inspiration for Brook Farm and other Fourierist communities in the United States.

GUESDE, JULES (1845-1922), French socialist active in the Paris Commune of 1871, and subsequently a spokesman for Marxism within the French Left.

HENDERSON, ARTHUR (1863-1935), several times chairman of the British Labour Party, entered House of Commons in 1903, member of the coalition government during World War I, Foreign Secretary in the second ministry of Ramsay MacDonald, 1929-31, awarded the Nobel Peace Prize in 1934.

HERZEN, ALEKSANDR (1812-1870), Russian social philosopher and journalist, lived abroad after 1847, founded the first Russian émigré press, attacked tsarist autocracy and advocated humanitarian, democratic socialism.

HOBSON, JOHN ATKINSON (1858-1940), British economist, criticized classical theories of economics and asserted that economic theory should promote social reform.

KAUTSKY, KARL (1854-1938), prominent socialist theoretician, literary executor of Marx and Engels, leader of the German Social Democratic Party, founder of the Independent Social Democratic Party in Germany, and leading spokesman of the Second International. He developed an independent theory of Marxism which rejected both Leninist Bolshevism and Bernstein Revisionism.

KROPOTKIN, PRINCE PETER (1842-1921), geographer and revolutionary anarchist, a Russian nobleman who renounced his title, was imprisoned in both Russia and France, lived in exile in Britain, returned to Russia following the Bolshevik Revolution. He consistently advocated Communist Anarchism, and opposed state power in any form.

LASSALLE, FERDINAND (1825-1864), German socialist leader, probably the most famous nineteenth-century German socialist next to Marx and Engels, laid the foundation for the German Social Democratic Party. He differed with Marx on the role of the state, seeing the state as a prospective instrument for social reform, and advocated a state system of workers' cooperatives.

LIEBKNECHT, KARL (1871-1919), son of a founder of the German Social Democratic Party, Wilhelm Liebknecht (1826-1900), the younger Liebknecht was, like his father, a prominent

Social Democratic member of the Reichstag. Karl Liebknecht refused to support the German government in World War I, bolted the German Social Democratic Party and founded the Spartacus Party, forerunner of the German Communist Party. Together with Rosa Luxemburg, he led the unsuccessful Spartacist revolt of 1919 against the moderate Social Democratic government of the Weimar Republic; both were killed in the uprising.

MARTOV, YULI (1873-1923), pseudonym of Yuli Tsederbaum, a revolutionary colleague of Lenin who broke with him in 1903 and became a leading Menshevik theoretician, left Russia in 1920 and went into exile.

MIKHAILOVSKY, NIKOLAI (1842-1904), Russian literary critic, pioneering sociologist, and leading theoretician of "legal populism."

MILLERAND, ALEXANDRE (1859-1943), French socialist leader best known as the first socialist to become a cabinet member in a liberal, non-socialist "bourgeois" government.

PLEKHANOV, GEORGIY (1857-1918), Russian intellectual often referred to as "the father of Russian Marxism," he supported Lenin up to and through the Russian Social Democratic congress of 1903, but subsequently joined the Mensheviks.

PROUDHON, PIERRE JOSEPH (1809-1865), French social philosopher, best known for his work, *What Is Property?*, a vigorous criticism of the abuses of private property.

RADEK, KARL (1885-?), Russian socialist who, like Lenin, refused to support any government during World War I, joined Bolsheviks at time of Bolshevik Revolution, subsequently active in Soviet affairs, purged by Stalin.

SAINT-SIMON, CLAUDE HENRI DE ROUVROY, COMTE DE (1760-1825), French social philosopher and utopian socialist.

SCHEIDEMANN, PHILIPP (1865-1939), German socialist journalist and editor, entered Reichstag in 1903, became secretary of the German Social Democratic Party, entered coalition government in 1918, was minister in and later head of the 1919 republican government following abdication of Kaiser Wilhelm, fled Nazis and died in exile in Denmark.

STRUVE, PETER (1870-1944), Russian economist and sociologist, Marxist theoretician in the 1890's, drafted the 1898 manifesto of the Russian Social Democratic Labor Party, subsequently joined the Constitutional Democratic Party, of which he became a leading theoretician and which he represented in the Duma.

TUGAN-BARANOVSKY, MIKHAIL (1865-1919), Russian economist and a noted theoretician of "legal Marxism" in the 1890's.

VANDERVELDE, ÉMILE (1866-1938), Belgian socialist, elected to Chamber of Deputies in 1894, Premier of the World War I coalition government and minister in subsequent governments.

WEBB, SIDNEY (1859-1947) and BEATRICE (1858-1943), British historians and social philosophers, among the founders and leading spokesmen of the Fabian Society, greatly influenced the formation and direction of the British Labour Party.

WEYDEMEYER, JOSEPH (1818-1866), German communist, personal friend of Marx, and advocate of radical Marxism.

GLOSSARY OF RUSSIAN TERMS

Significant movements and personalities are discussed at length in the Introduction and in the notes accompanying each selection; however, the reader also should be familiar with a few Russian terms which appear in Lenin's writings. These follow in alphabetical order, with a brief explanation for each.

barshchina—The system of unpaid labor due from a serf to his landlord prior to the emancipation of the serfs in 1861.

Black Hundreds—see Union of the Russian People.

Chernoperedelists—"Black Redistributionists," advocates of the redistribution of land; the more advanced of the nineteenth-century Russian Populists.

gubernia—Territorial administrative unit, roughly equivalent to province.

khvostism—In Russian, the word *"khvost"* is tail; hence, literally, "tailism"; from Lenin's point of view, the practice of always being at the tail-end of the movement, the last to agree to programs and the last to act on their behalf.

kulak—In Russian, the word is literally "tightfist"; village usurers, either merchants or prosperous peasants, who exploited the masses of peasants.

kustar—Village handicraft artisan.

mir—Village commune, an institution dating from medieval Russia, in which peasants exercised self-government, collecting their own taxes and regulating use of land.

muzhik—Average, typical poor peasant.

Oblomov—A literary character who came to symbolize the indolent prerevolutionary landlord.

otrabotki—see *barshchina.*

Reform—When capitalized, this term refers specifically to the emancipation of the serfs in 1861.

Union of the Russian People—Known as the Black Hundreds, this organization was founded in St. Petersburg in 1905 and acted at the community level through some 3,000 local committees. A reactionary, ultranationalistic movement, the Black Hundreds vigorously opposed even the most moderate social, economic and political reforms, and actively persecuted Russian minority groups, particularly Jews, Finns and Poles.

uyezd—Territorial administrative unit, roughly equivalent to county.

Zemlya i Volya—In Russian, "Land and Freedom"; nineteenth-century Russian Populist movement.

Zemsky Nachalniks—Officials, usually members of the nobility, who exercised local administrative and judicial authority over the peasants.

zemstvo—Administrative unit of local self-government, created in the 1860's. The *zemstvos*, which were elected locally, had considerable authority over such local matters as education and public health. They were a center of activity for liberal and radical intellectuals working to improve social and economic conditions.

19928536R00212

Printed in Great Britain
by Amazon